한국 남부발전

통합기본서

시대에듀

2026 최신판 시대에듀 한국남부발전 통합기본서

Always **with you**

사람의 인연은 길에서 우연하게 만나거나 함께 살아가는 것만을 의미하지는 않습니다.
책을 펴내는 출판사와 그 책을 읽는 독자의 만남도 소중한 인연입니다.
시대에듀는 항상 독자의 마음을 헤아리기 위해 노력하고 있습니다. 늘 독자와 함께하겠습니다.

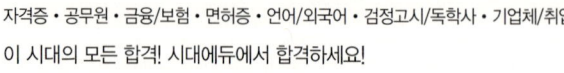

머리말 PREFACE

친환경 에너지로 미래를 밝히는 글로벌 에너지리더가 되기 위해 노력하는 한국남부발전은 2025년 하반기에 신입사원을 채용할 예정이다. 한국남부발전의 채용절차는 「지원서 접수 → 서류심사 → 필기전형 → 면접전형 → 최종합격자 발표」 순서로 이루어지며, 필기전형은 직무능력평가와 전공기초로 진행된다. 그중 직무능력평가는 의사소통능력, 수리능력, 문제해결능력, 자원관리능력, 직업윤리 5개의 영역을 평가하며, 2025년 상반기에는 피듈형으로 진행되었다. 전공기초는 직렬별로 출제범위가 상이하므로 반드시 확정된 채용공고를 확인해야 한다. 또한 필기전형에서 고득점을 받기 위해 다양한 유형에 대한 폭넓은 학습과 문제풀이능력을 높이는 등 철저한 준비가 필요하다.

한국남부발전 필기전형 합격을 위해 시대에듀에서는 기업별 NCS 시리즈 누적 판매량 1위의 출간 경험을 토대로 다음과 같은 특징을 가진 도서를 출간하였다.

도서의 특징

❶ 기출복원문제를 통한 출제 유형 확인!
- 2025년 상반기 주요 공기업 NCS 기출복원문제를 수록하여 공기업별 출제경향을 파악할 수 있도록 하였다.

❷ 출제 영역 맞춤 문제를 통한 실력 상승!
- 직무능력평가 대표기출유형&기출응용문제를 수록하여 유형별로 대비할 수 있도록 하였다.

❸ 최종점검 모의고사를 통한 완벽한 실전 대비!
- 철저한 분석을 통해 실제 유형과 유사한 최종점검 모의고사를 수록하여 자신의 실력을 점검할 수 있도록 하였다.

❹ 다양한 콘텐츠로 최종 합격까지!
- 한국남부발전 채용 가이드와 면접 기출질문을 수록하여 채용 전반에 대비할 수 있도록 하였다.
- 온라인 모의고사를 무료로 제공하여 필기전형에 대비할 수 있도록 하였다.

끝으로 본 도서를 통해 한국남부발전 채용을 준비하는 모든 수험생 여러분이 합격의 기쁨을 누리기를 진심으로 기원한다.

SDC(Sidae Data Center) 씀

한국남부발전 기업분석 INTRODUCE

◇ 미션

안전하고 깨끗한 에너지로 **지속가능한 미래를 창출**하여
국민 삶의 질 향상에 기여한다.

◇ 비전

친환경 에너지로 미래를 밝히는 **글로벌 에너지 리더**

◇ 핵심가치

- 미래선도
- 혁신성장
- 책임윤리
- 상생협력

◇ 인재상

세계 최고를 향해 나아가는 **성장인**

변화와 혁신을 주도하는 **도전인**

상호존중과 협력으로 헌신하는 **소통인**

◇ 전략방향 & 전략과제

전략방향	전략과제
지속성장 지향의 미래에너지 실현	▸ 대용량 중심의 재생에너지 확대 ▸ 청정수소발전 생태계 선도 ▸ 해외거점 확대 및 신사업 다각화
탄소중립 선도의 사업경쟁력 확대	▸ 경쟁력 기반 에너지 전환 ▸ 전력시장 변화 대응 강화 ▸ 저탄소 · 친환경 발전체제 고도화
상생협력 기반의 따뜻한 책임경영	▸ 안전 최우선 경영 ▸ 민생을 위한 상생협력 가속화 ▸ 청렴 · 공정한 신뢰경영 선도
성과효율 중심의 경영혁신 강화	▸ AX 중심 인프라 혁신 선도 ▸ 재무 성과관리 고도화 ▸ 역량 강화 기반 관리체계 효율화

◇ CIP

한국남부발전 심볼마크(Symbolmark)는 한국남부발전(주)를 대표하는 시각적 표상으로, 한국남부발전(주)의 CI, 시스템에서 레터마크와 더불어 중요한 요소 중의 하나이다.

심볼마크(Symbolmark)는 매뉴얼에 제시된 항목별 사용규정에 따라 정확하게 사용하여야 하며 어떠한 경우라도 임의로 변경 사용할 수 없다.

신입 채용 안내 INFORMATION

◇ 지원자격(일반)

❶ 연령 : 제한 없음

※ 단, 회사 정년(만 60세)에 도달한 자는 지원 불가

❷ 학력 · 자격 · 어학 : 제한 없음

❸ 병역 : 병역법 제76조에서 정한 병역의무 불이행자에 해당하지 않는 자

※ 단, 현역의 경우 최종합격자 발표일 이전에 전역 가능한 자

❹ 한국남부발전 인사관리규정 제10조 신규채용자의 결격사유에 해당하지 않는자

❺ 채용 결정 직후 즉시 근무가 가능한 자

◇ 필기전형

구분	직렬	출제범위
직무능력평가(K-JAT)	전 직렬	의사소통능력, 수리능력, 문제해결능력, 자원관리능력, 직업윤리
전공기초	사무(상경분야)	경제학, 회계학, 경영학 분야 지식
	기술	지원 분야 기사 수준

◇ 면접전형

구분	NCS 기반 역량면접전형
평가요소	• Presentation, Group Discussion, 실무역량, 인성 및 조직적합성
평가내용	• NCS 직업기초능력 및 직무수행능력 검증

❖ 채용 안내는 2025년 하반기 채용공고를 기준으로 작성하였으므로 세부사항은 확정된 채용공고를 확인하기 바랍니다.

2025년 상반기 기출분석 ANALYSIS

총평

한국남부발전 필기전형은 피듈형으로 출제되었으며, 난이도는 평이했다는 후기가 많았다. 다만, 70분 이내에 NCS 70문제를 풀어야 하여 시간이 부족했다는 의견이 있었으므로, 시간 분배에 대한 연습이 필요해 보인다. 의사소통능력의 경우 한자성어나 어휘에 대한 문제가 출제되었으므로 자주 출제되는 한자성어나 어휘에 대한 학습을 하는 것이 좋다. 또한, 문제해결능력이나 직업윤리 등에서 모듈형 문제가 출제되었으므로 모듈이론에 대한 준비를 해두면 합격에 도움이 될 것이라고 판단된다.

◇ 영역별 출제 비중

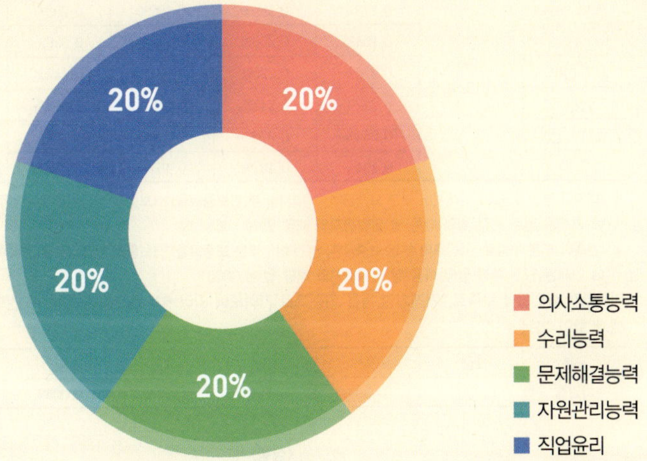

구분	출제 특징	출제 키워드
의사소통능력	• 문서 내용 이해 문제가 출제됨 • 한자성어 문제가 출제됨	• 의존명사, 조사, 탄소중립, 신재생, 발전소, ESG 등
수리능력	• 응용 수리 문제가 출제됨 • 자료 이해 문제가 출제됨	• 거리 · 속력 · 시간, 확률, 평균 등
문제해결능력	• 모듈형 문제가 출제됨 • 자료 해석 문제가 출제됨	• 상황, 판단, SMART 기법 등
자원관리능력	• 시간 계획 문제가 출제됨	• 가구, 제작, 배송일, 일정 등
직업윤리	• 예절 관련 문제가 출제됨 • 윤리 문제가 출제됨	• 악수, 명함, 예절, 도덕성, 공정성 등

PSAT형

| 수리능력

04 다음은 신용등급에 따른 아파트 보증률에 대한 사항이다. 자료와 상황에 근거할 때, 갑(甲)과 을(乙)의 보증료의 차이는 얼마인가?(단, 두 명 모두 대지비 보증금액은 5억 원, 건축비 보증금액은 3억 원이며, 보증서 발급일로부터 입주자 모집공고 안에 기재된 입주 예정 월의 다음 달 말일까지의 해당 일수는 365일이다)

• (신용등급별 보증료)=(대지비 부분 보증료)+(건축비 부분 보증료)

• 신용평가 등급별 보증료율

구분	대지비 부분	건축비 부분				
		1등급	2등급	3등급	4등급	5등급
AAA, AA	0.138%	0.178%	0.185%	0.192%	0.203%	0.221%
A^+		0.194%	0.208%	0.215%	0.226%	0.236%
A^-, BBB^+		0.216%	0.225%	0.231%	0.242%	0.261%
BBB^-		0.232%	0.247%	0.255%	0.267%	0.301%
BB^+ ~ CC		0.254%	0.276%	0.296%	0.314%	0.335%
C, D		0.404%	0.427%	0.461%	0.495%	0.531%

※ (대지비 부분 보증료)=(대지비 부분 보증금액)×(대지비 부분 보증료율)×(보증서 발급일로부터 입주자 모집공고 안에 기재된 입주 예정 월의 다음 달 말일까지의 해당 일수)÷365

※ (건축비 부분 보증료)=(건축비 부분 보증금액)×(건축비 부분 보증료율)×(보증서 발급일로부터 입주자 모집공고 안에 기재된 입주 예정 월의 다음 달 말일까지의 해당 일수)÷365

• 기여고객 할인율 : 보증료, 거래기간 등을 기준으로 기여도에 따라 6개 군으로 분류하며, 건축비 부분 요율에서 할인 가능

구분	1군	2군	3군	4군	5군	6군
차감률	0.058%	0.050%	0.042%	0.033%	0.025%	0.017%

〈상황〉

• 갑 : 신용등급은 A^+이며, 3등급 아파트 보증금을 내야 한다. 기여고객 할인율에서는 2군으로 선정되었다.

• 을 : 신용등급은 C이며, 1등급 아파트 보증금을 내야 한다. 기여고객 할인율은 3군으로 선정되었다.

① 554,000원
② 566,000원
③ 582,000원
④ 591,000원
⑤ 623,000원

특징
▸ 대부분 의사소통능력, 수리능력, 문제해결능력을 중심으로 출제(일부 기업의 경우 자원관리능력, 조직이해능력을 출제)
▸ 자료에 대한 추론 및 해석 능력을 요구

대행사
▸ 엑스퍼트컨설팅, 커리어넷, 태드솔루션, 한국행동과학연구소(행과연), 휴노 등

모듈형

| 문제해결능력

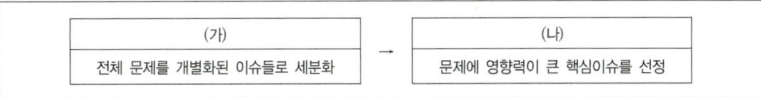

41 문제해결절차의 문제 도출 단계는 (가)와 (나)의 절차를 거쳐 수행된다. 다음 중 (가)에 대한 설명으로 적절하지 않은 것은?

(가)	→	(나)
전체 문제를 개별화된 이슈들로 세분화		문제에 영향력이 큰 핵심이슈를 선정

① 문제의 내용 및 영향 등을 파악하여 문제의 구조를 도출한다.
② 본래 문제가 발생한 배경이나 문제를 일으키는 메커니즘을 분명히 해야 한다.
③ 현상에 얽매이지 말고 문제의 본질과 실제를 봐야 한다.
④ 눈앞의 결과를 중심으로 문제를 바라봐야 한다.
⑤ 문제 구조 파악을 위해서 Logic Tree 방법이 주로 사용된다.

특징
- 이론 및 개념을 활용하여 푸는 유형
- 채용 기업 및 직무에 따라 NCS 직업기초능력평가 10개 영역 중 선발하여 출제
- 기업의 특성을 고려한 직무 관련 문제를 출제
- 주어진 상황에 대한 판단 및 이론 적용을 요구

대행사
- 인트로맨, 휴스테이션, ORP연구소 등

피듈형(PSAT형 + 모듈형)

| 자원관리능력

07 다음 자료를 근거로 판단할 때, 연구모임 A ~ E 중 세 번째로 많은 지원금을 받는 모임은?

〈지원계획〉

- 지원을 받기 위해서는 한 모임당 5명 이상 9명 미만으로 구성되어야 한다.
- 기본지원금은 모임당 1,500천 원을 기본으로 지원한다. 단, 상품개발을 위한 모임의 경우는 2,000천 원을 지원한다.
- 추가지원금

등급	상	중	하
추가지원금(천 원/명)	120	100	70

※ 추가지원금은 연구 계획 사전평가결과에 따라 달라진다.

- 협업 장려를 위해 협업이 인정되는 모임에는 위의 두 지원금을 합한 금액의 30%를 별도로 지원한다.

〈연구모임 현황 및 평가결과〉

특징
- 기초 및 응용 모듈을 구분하여 푸는 유형
- 기초인지모듈과 응용업무모듈로 구분하여 출제
- PSAT형보다 난도가 낮은 편
- 유형이 정형화되어 있고, 유사한 유형의 문제를 세트로 출제

대행사
- 사람인, 스카우트, 인크루트, 커리어케어, 트리피, 한국사회능력개발원 등

한국중부발전

벤치마킹 ▸ 키워드

2025년 적중

13 다음 벤치마킹의 종류에 대한 설명으로 옳은 것은?

> 네스프레소는 가정용 커피머신 시장의 선두주자이다. 이러한 성장 배경에는 기존의 산업 카테고리를 벗어나 랑콤, 이브로쉐 등 고급 화장품 업계의 채널 전략을 벤치마킹했다. 고급 화장품 업체들은 독립 매장에서 고객들에게 화장품을 직접 체험할 수 있는 기회를 제공하고, 이를 적극적으로 수요와 연계하고 있었다. 네스프레소는 이를 통해 신규 수요를 창출하기 위해서는 커피머신의 기능을 강조하는 것이 아니라, 즉석에서 추출한 커피의 신선한 맛을 고객에게 체험하게 하는 것이 중요하다는 인사이트를 도출했다. 이후 전 세계 유명 백화점에 오프라인 단독 매장들을 개설해 고객에게 커피를 시음할 수 있는 기회를 제공했다. 이를 통해 네스프레소의 수요는 급속도로 늘어나 매출 부문에서 30~40%의 고속성장을 거두게 됐고 전 세계로 확장되며 여전히 높은 성장세를 이어가고 있다.

① 자료수집이 쉬우며 효과가 크지만 편중된 내부시각에 대한 우려가 있다는 단점이 있다.
② 비용 또는 시간적 측면에서 상대적으로 많이 절감할 수 있다는 장점이 있다.
③ 문화 및 제도적인 차이에 대한 검토가 부족하면 잘못된 결과가 나올 수 있다.
④ 새로운 아이디어가 나올 가능성이 높지만 가공하지 않고 사용한다면 실패할 수 있다.

SUMIF ▸ 키워드

2025년 적중

12 S사원은 구입물품 중 의류의 총개수를 파악하고자 한다. S사원이 입력해야 할 함수로 옳은 것은?

① =SUMIF(A2:A9,A2,C2:C9)
② =COUNTIF(C2:C9,C2)
③ =VLOOKUP(A2,A2:A9,1,0)
④ =HLOOKUP(A2,A2:A9,1,0)

한국남동발전

비행기 시각 ▶ 유형

2025년 적중

※ K공사에서 근무하는 A부장은 적도기니로 출장을 가려고 한다. 이어지는 질문에 답하시오. [3~4]

〈경유지, 도착지 현지시각〉

국가(도시)	현지시각
한국(인천)	2024. 08. 05 AM 08:40
중국(광저우)	2024. 08. 05 AM 07:40
에티오피아(아디스아바바)	2024. 08. 05 AM 02:40
적도기니(말라보)	2024. 08. 05 AM 00:40

〈경로별 비행시간〉

비행경로	비행시간
인천 → 광저우	3시간 50분
광저우 → 아디스아바바	11시간 10분
아디스아바바 → 말라보	5시간 55분

〈경유지별 경유시간〉

경유지	경유시간
광저우	4시간 55분
아디스아바바	6시간 10분

지구 온난화 ▶ 키워드

2025년 적중

08 다음 글의 빈칸에 들어갈 내용으로 가장 적절한 것은?

오존층 파괴의 주범인 프레온 가스로 대표되는 냉매는 그 피해를 감수하고도 사용할 수밖에 없는 필요악으로 인식되어 왔다. 지구 온난화 문제를 해결할 수 있는 대체 물질이 요구되는 이러한 상황에서 최근 이를 만족할 수 있는 4세대 신냉매가 새롭게 등장해 각광을 받고 있다. 그중 온실가스 배출량을 크게 줄인 대표적인 4세대 신냉매가 수소불화올레핀(HFO)계 냉매이다.

HFO는 기존 냉매에 비해 비싸고 불에 탈 수 있다는 단점이 있으나, 온실가스 배출이 거의 없고 에너지 효율성이 높은 장점이 있다. 이러한 장점으로 4세대 신냉매에 대한 관심이 최근 급격히 증가하고 있다. 지난 2003 ~ 2017년 중 냉매 관련 특허 출원 건수는 총 686건이었고, 온실가스 배출량을 크게 줄인 4세대 신냉매 관련 특허 출원들은 꾸준히 늘어나고 있다. 특히 2008년부터 HFO계 냉매를 포함한 출원 건수가 큰 폭으로 증가하면서 같은 기간의 HFO계 비중이 65%까지 증가했다. 이러한 출원 경향은 국제 규제로 2008년부터 온실가스를 많이 배출하는 기존 3세대 냉매의 생산과 사용을 줄이면서 4세대 신냉매가 필수적으로 요구되었기 때문으로 분석된다.

냉매는 자동차, 냉장고, 에어컨 등 우리 생활 곳곳에 사용되는 물질로서 시장 규모가 대단히 크지만, 최근 환경 피해와 관련된 엄격한 국제 표준이 요구되고 있다. 우수한 친환경 냉매가 조속히 개발될 수 있도록 관련 특허 동향을 제공해야 한다. 4세대 신냉매 개발은 ______________

① 인공지능 기술의 확장을 열게 될 것이다.
② 엄격한 환경 국제 표준을 약화시킬 것이다.
③ 또 다른 오존층 파괴의 원인으로 이어질 것이다.
④ 지구 온난화 문제 해결의 열쇠가 될 것이다.

한국동서발전

맞춤법 ▸ 유형

2025년 적중

01 다음 글의 밑줄 친 ㉠~㉣ 중 한글 맞춤법상 옳지 않은 것은?

> 우리나라를 넘어서 세계적인 겨울 축제로 ㉠ 자리매김한 '화천 산천어 축제'가 올해도 어김없이 첫날부터 ㉡ 북적였다. 축제가 열리는 장소인 강원도 화천군 화천읍 화천천 얼음 벌판은 축제 시작일 이른 아침부터 방한복으로 중무장한 사람들로 ㉢ 북새통을 이루기 시작했고, 이곳저곳에서 산천어를 낚는 사람들의 환호성이 끊이질 않고 있다. 또 세계적인 축제답게 많은 외국인 관광객들도 잇달아 낚싯대를 늘어뜨리고 있다.
> 이 축제가 이처럼 전 세계적으로 유명세를 타기 시작한 건 지난 2009년 미국의 유명잡지인 'TIME'지에 축제 사진이 실리면서부터였다. 이후 미국 채널인 'CNN'이 겨울철 7대 ㉣ 불가사이한 축제라며 이 축제를 언급했고 이후 지금까지 매년 100만 명이 찾는 유명 축제로 그 명성을 계속 유지하고 있다.

① ㉠ 자리매김한
② ㉡ 북적였다
③ ㉢ 북새통
④ ㉣ 불가사이한

빈칸 계산 ▸ 유형

2025년 적중

05 다음은 총 진료비 대비 노인 진료비 변화 추이에 대한 자료이다. 빈칸 ㉠, ㉡, ㉢, ㉣에 들어갈 수치로 옳은 것은?(단, 백 원 단위에서 반올림한다)

〈총 진료비 대비 노인 진료비 변화 추이〉

구분	2021년	2022년	2023년	2024년
노인인구(천 명)	5,740	6,005	6,569	6,445
전체 진료비 대비 노인 진료비 구성비(%)	34.5	35.5	36.8	38.0
노인 진료비(억 원)	175,283	193,551	213,615	245,643
국민 1인당 진료비(천 원)	1,015	1,084	1,149	1,274
노인 1인당 진료비(천 원)	㉠	㉡	㉢	㉣

	㉠	㉡	㉢	㉣
①	3,054	3,123	3,200	3,798
②	3,054	3,223	3,252	3,811
③	3,154	3,333	3,352	3,958
④	3,154	4,123	3,412	4,048

한국전력공사

IF 함수 ▶ 키워드

2025년 적중

06 다음은 J공사에 지원한 지원자들의 PT면접 점수를 정리한 자료이며, 각 사원들의 점수 자료를 통해 면접 결과를 정리하고자 한다. 이를 위해 [F3] 셀에 〈보기〉와 같은 함수식을 입력하고, 채우기 핸들을 이용하여 [F6] 셀까지 드래그 했을 경우, [F3] ~ [F6] 셀에 나타나는 결괏값으로 옳은 것은?

	A	B	C	D	E	F
1						(단위 : 점)
2	이름	발표내용	발표시간	억양	자료준비	결과
3	조재영	85	92	75	80	
4	박슬기	93	83	82	90	
5	김현진	92	95	86	91	
6	최승호	95	93	92	90	

보기

=IF(AVERAGE(B3:E3)>=90,"합격","불합격")

	[F3]	[F4]	[F5]	[F6]
①	불합격	불합격	합격	합격
②	합격	합격	불합격	불합격
③	합격	불합격	합격	불합격
④	불합격	합격	불합격	합격
⑤	불합격	불합격	불합격	합격

성과급 ▶ 키워드

2025년 적중

03 다음은 4분기 성과급 지급 기준이다. 부서원 A ~ E에 대한 성과평가가 다음과 같을 때, 성과급을 가장 많이 받을 직원 2명은?

〈성과급 지급 기준〉

• 성과급은 성과평가등급에 따라 다음 기준으로 지급한다.

등급	A	B	C	D
성과급	200만 원	170만 원	120만 원	100만 원

• 성과평가등급은 성과점수에 따라 다음과 같이 산정된다.

성과점수	90점 이상 100점 이하	80점 이상 90점 미만	70점 이상 80점 미만	70점 미만
등급	A	B	C	D

• 성과점수는 개인실적점수, 동료평가점수, 책임점수, 가점 및 벌점을 합산하여 산정한다.
  - 개인실적점수, 동료평가점수, 책임점수는 각각 100점 만점으로 산정된다.
  - 세부 점수별 가중치는 개인실적점수 40%, 동료평가점수 30%, 책임점수 30%이다.
  - 가점 및 벌점은 개인실적점수, 동료평가점수, 책임점수에 가중치를 적용하여 합산한 값에 합산한다.
• 가점 및 벌점 부여기준
  - 분기 내 수상내역 1회, 신규획득 자격증 1개당 가점 2점 부여

도서 200% 활용하기 STRUCTURES

1 기출복원문제로 출제경향 파악

2025년 상반기
주요 공기업 NCS 기출복원문제

정답 및 해설 p.002

※ 다음 글의 내용으로 적절하지 않은 것을 고르시오. [1~2]

| 코레일 한국철도공사 / 의사소통능력

01

요즘은 콘텐츠 이용 편의를 위해 오디오북을 제공하는 책들을 종종 접할 수 있다. 하지만 모든 책들이 오디오북화되고 있는 것은 아닌데, 이는 제작 환경에서 발생하는 막대한 비용 때문이다.
10시간짜리 오디오북을 만들기 위해서는 그 이상의 실제 녹음 시간이 필요하다. 또한 편집 과정에 들어가는 시간과 비용, 전문 성우에게 지급하는 비용까지 고려하면 결국 제작 비용의 한계에 부딪히게 된다.
이러한 현실에서 고안된 방법이 AI 음성 합성 기술이다. 이 기술을 통해 오디오북 제작 비용과 시간은 줄이고, 오디오북 제작률은 높여 이용자의 편의를 높일 수 있게 된 것이다.
하지만 이 기술에도 한계는 존재하는데, 이는 현재 AI 음성 합성 기술이 사람의 감정까지 담아 표현할 수 없다는 것이다. 이에 따라 현재는 전문 성우가 반드시 필요하지는 않은 경제, 과학 등과 관련된 비문학 도서들은 AI 음성 합성 기술로 제작하고, 소설·동화 등 문학 도서는 전문 성우들이 낭독하는 방식으로 제작이 되고 있다.

① AI 음성 합성 기술이 전문 성우의 녹음보다 더 효율적이다.
② AI 음성 합성 기술이 오디오북 제작에서 전문 성우의 역할을 대체할 수 있다.
③ 문학보다는 비문학이 AI 음성 합성 기술을 통한 오디오북화에 더 유리하다.
④ 전문 성우들의 오디오북 녹음에는 많은 시간이 소요되어 제작에 어려움을 겪고 있다.
⑤ 전문 성우들의 오디오북 녹음에는 막대한 비용이 소요되어 현실적으로 제작이 어렵다.

| 코레일 한국철도공사 / 의사소통능력

02

민족의 대명절인 설날과 추석은 가족과 친지를 만나기 위해 전국 각지로 이동하는 사람들이 급증하는 시기다. 이때 코레일의 기차 이용률은 평소보다 훨씬 높아진다. 예매가 시작되면 몇 분 만에 전 노선의 승차권이 매진되고, 예매 경쟁률이 수십 배에 달하는 경우도 흔하다. 그만큼 명절 기간 기차는 국민들의 중요한 이동 수단으로 자리 잡았지만, 최근에는 '노쇼' 문제로 인해 심각한 어려움을 겪고 있다. 이 문제는 명절 기간에 더욱 두드러지며, 해마다 노쇼 비율이 증가하는 추세이다.
2024년 설 연휴 기간 코레일이 판매한 승차권은 약 408만 매에 이른다. 추석 연휴 역시 약 120만 매가 판매되어 명절에 기차 이용 수요가 얼마나 폭발적인지 알 수 있다. 하지만 이 중 상당수가 실제 탑승하지 않아 공석으로 남는 일이 반복되고 있다. 2024년 설날 노쇼 비율은 무려 46%에 달했으며, 이 중 약 19만 매 이상의 좌석이 재판매되지 못해 빈 좌석으로 운행되었다. 추석 연휴에도 비슷한 수준의 노쇼와 공석 운행 문제가 발생했다. 이는 단순히 좌석이 비어 있는 것 이상의 심각한 문제를 야기한다.
공석 운행은 여러 측면에서 부정적인 영향을 끼친다. 우선, 실제로 기차를 타고자 하는 실수요자들이 좌석을 구하지 못하는 상황이 발생한다. 예매 경쟁이 매우 치열한 명절 기간에 노쇼로 인해 좌석이 비어 있음에도 불구하고, 다른 승객들이 그 좌석을 이용하지 못하는 것은 매우 불합리하다. 결국 노쇼는 국민들의 이동권을 제한하는 결과를 낳는다. 두 번째로, 공석 운행은 철도 운영의 효율성을 떨어뜨린다. 빈 좌석을 채우지 못한 채 열차를 운행하는 것은 불필요한 에너지와 인력, 비용 낭비로 이어진다. 이는 코레일뿐 아니라 국가적으로도 큰 손실이다. 세 번째로, 노쇼 문제는 사회적 비용 증가로 연결된다. 노쇼를 줄이기 위한 정책 마련과 시스템 개선에 투입되는 비용, 그리고 이에 따른 환불 정책 변경 등은 모두 국민의 부담으로 돌아올 수밖에 없다.
이러한 문제를 해결하기 위해 코레일은 다양한 대책을 시행하고 있다. 2025년부터 명절 특별수송기간에 출발 후 20분까지의 위약금을 기존 15%에서 30%로 상향 조정하는 등 노쇼 억제에 나서고 있으며, 취소·반환 기준 시점을 앞당겨 승객들이 불필요한 예약을 조기에 취소할 수 있도록 유도하고 있다. 이와 함께 좌석 재판매율을 높이기 위한 시스템 개선 작업도 진행 중이다.
하지만 노쇼 문제는 단순히 코레일의 노력만으로 해결되기 어렵다. 근본적인 제도 개선과 국민 인식 변화가 함께 이루어져야 한다. 예매 시스템의 투명성 강화, 노쇼에 대한 법적 제재 강화, 그리고 국민들의 책임감 있는 예약 문화 정착이 필요하다. 또한 실수요자 중심의 예약 정책과 더불어, 노쇼 발생 시 불이익을 명확히 하는 제도적 장치도 마련되어야 한다. 이러한 종합적인 접근이 이루어질 때 비로소 명절 노쇼 문제를 효과적으로 줄이고, 국민 모두가 편리하고 공정하게 기차를 이용할 수 있을 것이다.

① 명절에는 승차권 예매 경쟁이 평소보다 수십 배에 달한다.
② 노쇼로 인해 발생하는 비용은 결국 국민의 부담으로 돌아온다.

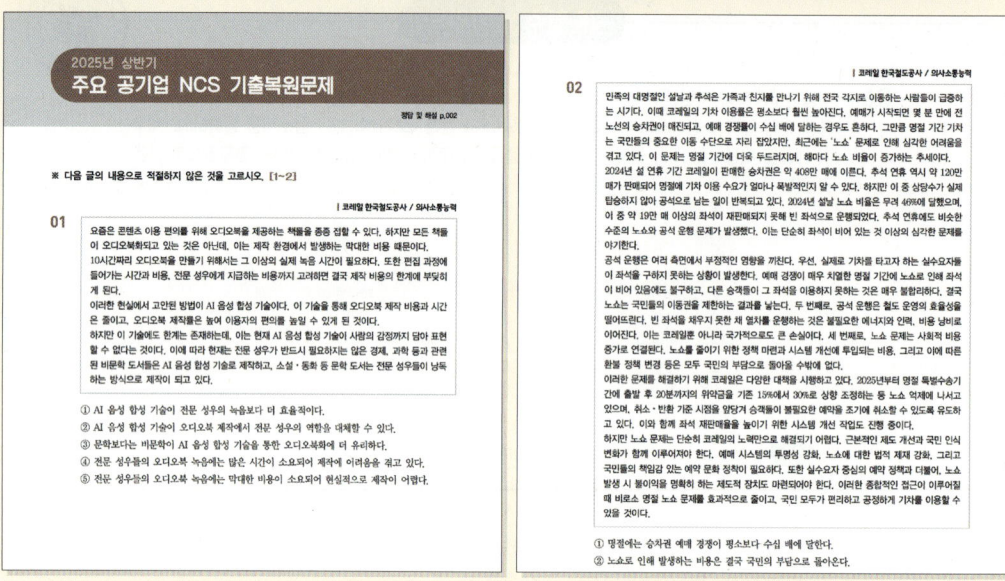

▸ 2025년 상반기 주요 공기업 NCS 기출복원문제를 수록하여 공기업별 출제경향을 파악할 수 있도록 하였다.

2 출제 영역 맞춤 문제로 필기전형 완벽 대비

대표기출유형

01 문서 내용 이해

| 유형분석 |

- 주어진 지문을 읽고 선택지를 고르는 전형적인 독해 문제이다.
- 지문은 주로 신문기사(보도자료 등)나 업무 보고서, 시사 등이 제시된다.
- 공사공단에 따라 자사와 관련된 내용의 기사나 법조문, 보고서 등이 출제되기도 한다.

다음 글의 내용으로 적절하지 않은 것은?

물가 상승률은 일반적으로 가격 수준의 상승 속도를 나타내며, 소비자 물가지수(CPI)와 같은 지표를 사용하여 측정된다. 높은 물가 상승률은 소비재와 서비스의 가격이 상승하고, 돈의 구매력이 감소한다. 이는 소비자들이 더 많은 돈을 지출하여 물가 상승에 따른 가격 상승을 감수해야 함을 의미한다.
물가 상승률은 경제에 다양한 영향을 미친다. 먼저 소비자들의 구매력이 저하되므로 가계소득의 실질 가치가 줄어든다. 이는 소비 지출의 감소와 경기 둔화를 초래할 수 있다. 또한 물가 상승률은 기업의 의사결정에도 영향을 준다. 예를 들어 높은 물가 상승률은 이자율의 상승과 함께 대출 조건을 악화시키므로 기업들은 생산 비용 상승과 이로 인한 이윤 감소에 직면하게 된다.
정부와 중앙은행은 물가 상승률을 통제하기 위해 다양한 금융 정책을 사용하며 대표적으로 세금 조정, 통화량 조절, 금리 조정 등이 있다.
물가 상승률은 경제 활동에 큰 영향을 주는 중요한 요소이므로 정부, 기업, 투자자 및 개인은 이를 주의 깊게 모니터링하고 전망을 평가하는 데 활용해야 한다. 또한 소비자의 구매력과 경기 상황에 직접적·간접적인 영향을 주므로 경제 주체들은 물가 상승률의 변동에 대응하여 적절한 전략을 수립해야 한다.

① 지나친 물가 상승은 소비 심리를 위축시킨다.
② 중앙은행의 금리 조정으로 지나친 물가 상승을 진정시킬 수 있다.
③ 정부와 중앙은행이 실행하는 금융 정책의 목적은 물가 안정성을 유지하는 것이다.
④ 소비재와 서비스의 가격이 상승하므로 기업의 입장에서는 물가 상승률이 커질수록 이득이다.

대표기출유형 01 기출응용문제

01 다음 글을 읽고 알 수 있는 내용으로 적절하지 않은 것은?

온실가스를 배출하지 않는 진정한 수소경제를 구축하기 위한 그린수소 생산은 '수전해*' 설비 없이는 불가능하다. 따라서 우리나라뿐만 아니라 세계 주요국들이 수전해 설비 개발과 확충에 총력을 기울이고 있다. 특히 재생에너지의 증가와 이에 따른 잉여전력의 대용량, 장기간 저장 방식으로 수전해 기술혁신이 더욱 요구되고 있다. 즉, 수전해와 연료전지 응용 분야, 장기간 에너지 저장장치는 상호 연관성이 큰 기술들로 부가가치 창출효과가 크기 때문에 미래 유망 기술들에 대한 선제적 대응이 필요하다.
정부와 기업은 차세대 그린수소 분야의 국산 수전해 설비 기술 경쟁력을 높이고 관련 시장을 확대하여 비용 절감에 더욱 힘써야 할 것이다. 현재 우리나라는 수전해 기술 관련 연구개발 역사가 짧고 아직 관련 시장이 크지 않기 때문에 국산 수전해 설비의 효율이 경쟁국에 비해 낮고 핵심 소재 기술도 부족한 실정이다. 이에 국가 주도의 기술개발 및 육성을 위한 지원이 필요한 상황으로 과학기술정보통신부는 수전해 기술을 포함해 친환경적인 방법으로 수소를 생산하고 효과적으로 저장하는 기술에 2021년 33억 원을 포함하여 향후 6년간 총 253억 원을 투입하고 연료전지 핵심기술 개발에도 예산을 지원할 방침이다.
국내 연구기관들은 수전해 셀 구성 재료의 저가화와 고효율, 고내구성 등 기계적·안정적 측면에서 실용화 연구 중심으로 적극적으로 검토하고, 기업들은 MW급 대용량 전해조 시스템 개발과 투자비를 현저히 낮출 수 있는 기술 개발에 박차를 가해야 할 것이다.
또한 국제표준 선점을 위한 수소기술 관련 핵심 가스산업기술 표준화와 같이 재생에너지원을 이용한 그린수소 제조 기술의 표준화 프로세스와 안전 기준의 체계적 구축이 필요하다.
그리고 국내 그린수소 생산을 위한 지리적인 제약 요인으로 2030년부터는 해외 그린수소 수입이 불가피한 상황이기 때문에 해외 기술교류 및 해외 공동 사업을 적극 추진할 필요가 있다. 수소시장 참여자 간 전략적 제휴 모색과 해외 수전해 사업 참여, 국제협력 네트워크 구축 강화 노력이 결합될 때 더 저렴한 그린수소 생산이 가능할 것이다.

* 수전해 : 수소의 생산 방법 중 하나로, 물을 전기분해하여 수소를 추출하는 것을 뜻함. 추출 과정에서 이산화탄소를 전혀 배출하지 않아 친환경 에너지 기술로 주목받고 있음

① 수소를 생산하기 위해서는 수전해 설비의 구축이 필요하다.
② 수전해 기술의 상용화를 위해서는 비용을 낮추는 것이 중요하다.
③ 과학기술정보통신부는 수전해 기술 발전을 위해 2021년에만 253억 원을 지원했다.

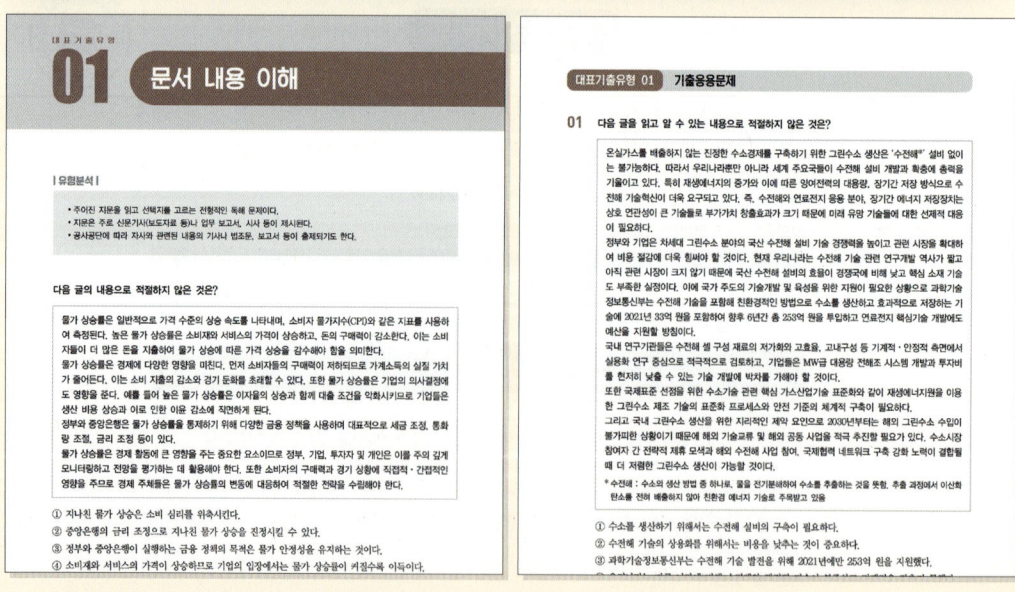

▸ 직무능력평가 대표기출유형&기출응용문제를 수록하여 유형별로 대비할 수 있도록 하였다.

3 최종점검 모의고사 + OMR을 활용한 실전 연습

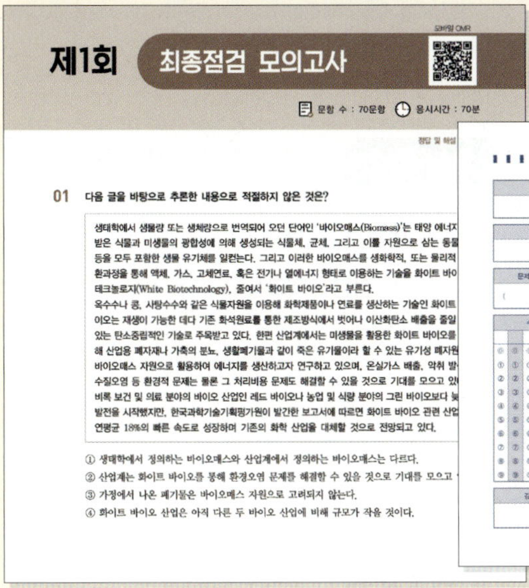

모바일 OMR

제1회 최종점검 모의고사

문항 수 : 70문항 응시시간 : 70분

정답 및 해설

01 다음 글을 바탕으로 추론한 내용으로 적절하지 않은 것은?

생태학에서 생물량 또는 생체량으로 번역되어 오던 단어인 '바이오매스(Biomass)'는 태양 에너지 받은 식물과 미생물의 광합성에 의해 생성되는 식물체, 균체, 그리고 이를 자원으로 삼는 동물 등을 모두 포함한 생물 유기체를 일컫는다. 그리고 이러한 바이오매스를 생화학적, 또는 물리적 환과정을 통해 액체, 가스, 고체연료, 혹은 전기나 열에너지 형태로 이용하는 기술을 화이트 바이 테크놀로지(White Biotechnology), 줄여서 '화이트 바이오'라고 부른다.
옥수수나 콩, 사탕수수와 같은 식물자원을 이용해 화학제품이나 연료를 생산하는 기술인 화이트 이오는 재생이 가능한 데다 기존 화석원료를 통한 제조방식에서 벗어나 이산화탄소 배출을 줄일 있는 탄소중립적인 기술로 주목받고 있다. 한편 산업계에서는 미생물을 활용한 화이트 바이오를 해 산업용 폐자재나 가축의 분뇨, 생활폐기물과 같이 죽은 유기물이라 할 수 있는 유기성 폐자원 바이오매스 자원으로 활용하여 에너지를 생산하고자 연구하고 있으며, 온실가스 배출, 악취 발 수질오염 등 환경적 문제는 물론 그 처리비용 문제도 해결할 수 있을 것으로 기대를 모으고 있 비록 보건 및 의료 분야의 바이오 산업인 레드 바이오나 농업 및 식량 분야의 그린 바이오보다 늦 발전을 시작했지만, 한국과학기술기획평가원이 발간한 보고서에 따르면 화이트 바이오 관련 산업 연평균 18%의 빠른 속도로 성장하며 기존의 화학 산업을 대체할 것으로 전망되고 있다.

① 생태학에서 정의하는 바이오매스와 산업계에서 정의하는 바이오매스는 다르다.
② 산업계는 화이트 바이오를 통해 환경오염 문제를 해결할 수 있을 것으로 기대를 모으고
③ 가정에서 나온 폐기물은 바이오매스 자원으로 고려되지 않는다.
④ 화이트 바이오 산업은 아직 다른 두 바이오 산업에 비해 규모가 작을 것이다.

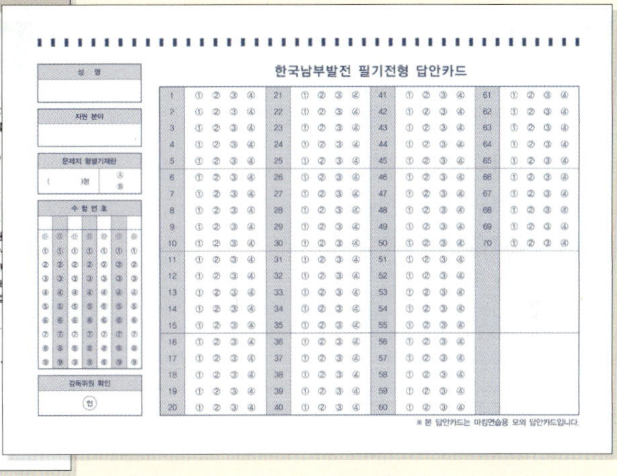

한국남부발전 필기전형 답안카드

성 명

지원 분야

문제지 형별기재란 ( )형 Ⓐ Ⓑ

수 험 번 호

감독위원 확인 (인)

1–70: ① ② ③ ④

※ 본 답안카드는 마킹연습용 모의 답안카드입니다.

- 최종점검 모의고사와 OMR 답안카드를 수록하여 실제로 시험을 보는 것처럼 마무리 연습을 할 수 있도록 하였다.
- 모바일 OMR 답안채점/성적분석 서비스를 통해 필기전형에 대비할 수 있도록 하였다.

4 인성검사부터 면접까지 한 권으로 최종 마무리

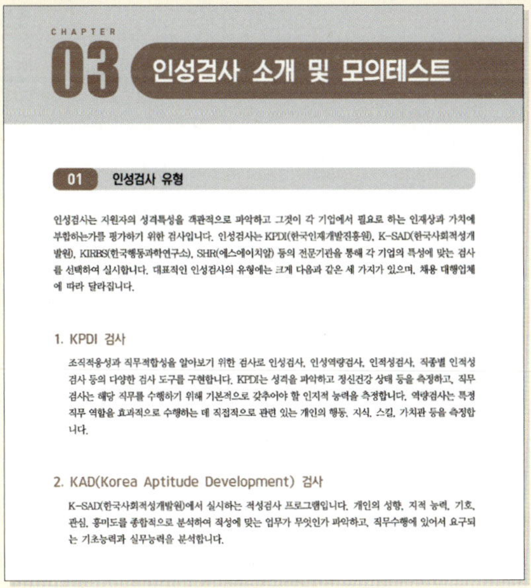

CHAPTER 03 인성검사 소개 및 모의테스트

01 인성검사 유형

인성검사는 지원자의 성격특성을 객관적으로 파악하고 그것이 각 기업에서 필요로 하는 인재상과 가치에 부합하는가를 평가하기 위한 검사입니다. 인성검사는 KPDI(한국인재개발진흥원), K-SAD(한국사회적성개발원), KIRBS(한국행동과학연구소), SHR(에스에이치알) 등의 전문기관을 통해 각 기업의 특성에 맞는 검사를 선택하여 실시합니다. 대표적인 인성검사의 유형에는 크게 다음과 같은 세 가지가 있으며, 채용 대행업체에 따라 달라집니다.

1. KPDI 검사

조직적응성과 직무적합성을 알아보기 위한 검사로 인성검사, 인성역량검사, 인적성검사, 직종별 인적성검사 등의 다양한 검사 도구를 구현합니다. KPDI는 성격을 파악하고 정신건강 상태 등을 측정하고, 직무검사는 해당 직무를 수행하기 위해 기본적으로 갖추어야 할 인지적 능력을 측정합니다. 역량검사는 특정 직무 역할을 효과적으로 수행하는 데 직접적으로 관련 있는 개인의 행동, 지식, 스킬, 가치관 등을 측정합니다.

2. KAD(Korea Aptitude Development) 검사

K-SAD(한국사회적성개발원)에서 실시하는 적성검사 프로그램입니다. 개인의 성향, 지적 능력, 기호, 관심, 흥미도를 종합적으로 분석하여 적성에 맞는 업무가 무엇인가 파악하고, 직무수행에 있어서 요구되는 기초능력과 실무능력을 분석합니다.

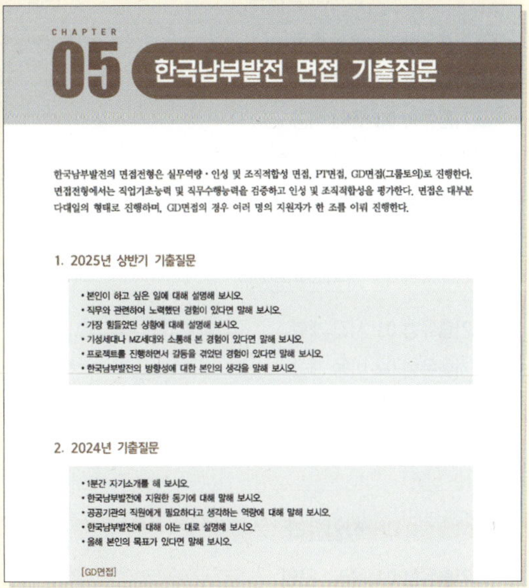

CHAPTER 05 한국남부발전 면접 기출질문

한국남부발전의 면접전형은 실무역량·인성 및 조직적합성 면접, PT면접, GD면접(그룹토의)로 진행한다. 면접전형에서는 직업기초능력 및 직무수행능력을 검증하고 인성 및 조직적합성을 평가한다. 면접은 대부분 다대일의 형태로 진행하며, GD면접의 경우 여러 명의 지원자가 한 조를 이뤄 진행한다.

1. 2025년 상반기 기출질문

- 본인이 하고 싶은 일에 대해 설명해 보시오.
- 직무와 관련하여 노력했던 경험이 있다면 말해 보시오.
- 가장 힘들었던 상황에 대해 설명해 보시오.
- 기성세대나 MZ세대와 소통해 본 경험이 있다면 말해 보시오.
- 프로젝트를 진행하면서 갈등을 겪었던 경험이 있다면 말해 보시오.
- 한국남부발전의 방향성에 대한 본인의 생각을 말해 보시오.

2. 2024년 기출질문

- 1분간 자기소개를 해 보시오.
- 한국남부발전에 지원한 동기에 대해 말해 보시오.
- 공공기관의 직원에게 필요하다고 생각하는 역량에 대해 말해 보시오.
- 한국남부발전에 대해 아는 대로 설명해 보시오.
- 올해 본인의 목표가 있다면 말해 보시오.

[GD면접]

- 인성검사 모의테스트를 수록하여 인성검사 유형 및 문항을 확인할 수 있도록 하였다.
- 한국남부발전 면접 기출질문을 통해 실제 면접에서 나오는 질문을 미리 파악하고 연습할 수 있도록 하였다.

이 책의 차례 CONTENTS

Add+

2025년 상반기 주요 공기업 NCS 기출복원문제

※ 기출복원문제는 수험생들의 후기를 통해 시대에듀에서 복원한 문제로 실제 문제와 다소 차이가 있을 수 있으며, 본 저작물의 무단전재 및 복제를 금합니다.

주요 공기업 NCS 기출복원문제

정답 및 해설 p.002

※ 다음 글의 내용으로 적절하지 않은 것을 고르시오. **[1~2]**

| 코레일 한국철도공사 / 의사소통능력

01

요즘은 콘텐츠 이용 편의를 위해 오디오북을 제공하는 책들을 종종 접할 수 있다. 하지만 모든 책들이 오디오북화되고 있는 것은 아닌데, 이는 제작 환경에서 발생하는 막대한 비용 때문이다.
10시간짜리 오디오북을 만들기 위해서는 그 이상의 실제 녹음 시간이 필요하다. 또한 편집 과정에 들어가는 시간과 비용, 전문 성우에게 지급하는 비용까지 고려하면 결국 제작 비용의 한계에 부딪히게 된다.
이러한 현실에서 고안된 방법이 AI 음성 합성 기술이다. 이 기술을 통해 오디오북 제작 비용과 시간은 줄이고, 오디오북 제작률은 높여 이용자의 편의를 높일 수 있게 된 것이다.
하지만 이 기술에도 한계는 존재하는데, 이는 현재 AI 음성 합성 기술이 사람의 감정까지 담아 표현할 수 없다는 것이다. 이에 따라 현재는 전문 성우가 반드시 필요하지는 않은 경제, 과학 등과 관련된 비문학 도서들은 AI 음성 합성 기술로 제작하고, 소설·동화 등 문학 도서는 전문 성우들이 낭독하는 방식으로 제작이 되고 있다.

① AI 음성 합성 기술이 전문 성우의 녹음보다 더 효율적이다.
② AI 음성 합성 기술이 오디오북 제작에서 전문 성우의 역할을 대체할 수 있다.
③ 문학보다는 비문학이 AI 음성 합성 기술을 통한 오디오북화에 더 유리하다.
④ 전문 성우들의 오디오북 녹음에는 많은 시간이 소요되어 제작에 어려움을 겪고 있다.
⑤ 전문 성우들의 오디오북 녹음에는 막대한 비용이 소요되어 현실적으로 제작이 어렵다.

02

민족의 대명절인 설날과 추석은 가족과 친지를 만나기 위해 전국 각지로 이동하는 사람들이 급증하는 시기다. 이때 코레일의 기차 이용률은 평소보다 훨씬 높아진다. 예매가 시작되면 몇 분 만에 전 노선의 승차권이 매진되고, 예매 경쟁률이 수십 배에 달하는 경우도 흔하다. 그만큼 명절 기간 기차는 국민들의 중요한 이동 수단으로 자리 잡았지만, 최근에는 '노쇼' 문제로 인해 심각한 어려움을 겪고 있다. 이 문제는 명절 기간에 더욱 두드러지며, 해마다 노쇼 비율이 증가하는 추세이다.
2024년 설 연휴 기간 코레일이 판매한 승차권은 약 408만 매에 이른다. 추석 연휴 역시 약 120만 매가 판매되어 명절에 기차 이용 수요가 얼마나 폭발적인지 알 수 있다. 하지만 이 중 상당수가 실제 탑승하지 않아 공석으로 남는 일이 반복되고 있다. 2024년 설날 노쇼 비율은 무려 46%에 달했으며, 이 중 약 19만 매 이상의 좌석이 재판매되지 못해 빈 좌석으로 운행되었다. 추석 연휴에도 비슷한 수준의 노쇼와 공석 운행 문제가 발생했다. 이는 단순히 좌석이 비어 있는 것 이상의 심각한 문제를 야기한다.
공석 운행은 여러 측면에서 부정적인 영향을 끼친다. 우선, 실제로 기차를 타고자 하는 실수요자들이 좌석을 구하지 못하는 상황이 발생한다. 예매 경쟁이 매우 치열한 명절 기간에 노쇼로 인해 좌석이 비어 있음에도 불구하고, 다른 승객들이 그 좌석을 이용하지 못하는 것은 매우 불합리하다. 결국 노쇼는 국민들의 이동권을 제한하는 결과를 낳는다. 두 번째로, 공석 운행은 철도 운영의 효율성을 떨어뜨린다. 빈 좌석을 채우지 못한 채 열차를 운행하는 것은 불필요한 에너지와 인력, 비용 낭비로 이어진다. 이는 코레일뿐 아니라 국가적으로도 큰 손실이다. 세 번째로, 노쇼 문제는 사회적 비용 증가로 연결된다. 노쇼를 줄이기 위한 정책 마련과 시스템 개선에 투입되는 비용, 그리고 이에 따른 환불 정책 변경 등은 모두 국민의 부담으로 돌아올 수밖에 없다.
이러한 문제를 해결하기 위해 코레일은 다양한 대책을 시행하고 있다. 2025년부터 명절 특별수송기간에 출발 후 20분까지의 위약금을 기존 15%에서 30%로 상향 조정하는 등 노쇼 억제에 나서고 있으며, 취소·반환 기준 시점을 앞당겨 승객들이 불필요한 예약을 조기에 취소할 수 있도록 유도하고 있다. 이와 함께 좌석 재판매율을 높이기 위한 시스템 개선 작업도 진행 중이다.
하지만 노쇼 문제는 단순히 코레일의 노력만으로 해결되기 어렵다. 근본적인 제도 개선과 국민 인식 변화가 함께 이루어져야 한다. 예매 시스템의 투명성 강화, 노쇼에 대한 법적 제재 강화, 그리고 국민들의 책임감 있는 예약 문화 정착이 필요하다. 또한 실수요자 중심의 예약 정책과 더불어, 노쇼 발생 시 불이익을 명확히 하는 제도적 장치도 마련되어야 한다. 이러한 종합적인 접근이 이루어질 때 비로소 명절 노쇼 문제를 효과적으로 줄이고, 국민 모두가 편리하고 공정하게 기차를 이용할 수 있을 것이다.

① 명절에는 승차권 예매 경쟁이 평소보다 수십 배에 달한다.
② 노쇼로 인해 발생하는 비용은 결국 국민의 부담으로 돌아온다.
③ 2024년 설날에 판매된 승차권 중 46%는 노쇼로 인해 공석으로 운행되었다.
④ 2025년부터 명절 특별수송기간에는 승차권 취소 위약금이 평소보다 높아진다.
⑤ 노쇼 문제를 해결하기 위해서는 코레일의 노력뿐만 아니라 국민 의식 변화와 정부의 제도 개선이 필요하다.

03 **다음 제시된 표현법에 대한 사례로 가장 적절한 것은?**

> 관용의 격률이란 자신의 이익은 최소화하고 부담은 최대화하여 말하는 표현법이다. 관용의 격률에 따르면 자신의 부담이 커질수록 상대에게는 예의 있는 표현으로 여겨지기 때문에 어떠한 문제를 자신 탓으로 돌려 말하는 것이라고도 해석된다.

① 민재 : 조은 씨는 좋겠네요. 아들이 훤칠한데 공부까지 잘해서요.
② 지우 : 설명이 너무 어려워서 이해가 되지 않아요. 더 쉽게 설명해 주시겠어요?
③ 다예 : 제가 다음 주에 발표가 있으니, 이번 주까지 자료 정리해서 보내줄 수 있나요?
④ 동현 : 짐을 옮겨야 되는데 너무 무거워서, 미안한데 잠깐 도와 줄 수 있을까요?
⑤ 선주 : 제가 시력이 안 좋아서 잘 보이지가 않네요. 조금 더 크게 보여주실 수 있나요?

04 **다음 수식을 계산한 결과는 $\frac{q}{p}$의 기약분수 형태로 나타낼 수 있으며, p와 q는 서로소이다. 이때, $p+q$의 값은?**

$$\frac{18\times(15^2+12+3)}{90^2-2\times45\times4}+1$$

① 90 ② 100
③ 110 ④ 120
⑤ 130

05 **K시의 전철 요금은 1회 탑승 시 1,500원이며, 오전 6시 30분 이전에 탑승할 경우 20%의 할인이 적용된다. K시에 사는 A씨는 전철을 이용하여 한 달간 총 22일의 출근과 퇴근을 할 예정이다. 한 달 전철 요금을 62,000원 이하로 유지하려면 A씨가 할인을 받아야 하는 날은 최소 며칠이어야 하는가?(단, A씨는 오후 6시에 회사에서 퇴근한다)**

① 12일 ② 13일
③ 14일 ④ 15일
⑤ 16일

06 K공사의 사내 보안시스템은 숫자 1부터 6까지를 사용해 4자리 비밀번호를 설정할 수 있다. 이때, 다음 〈조건〉을 만족하는 4자리 비밀번호는 모두 몇 가지인가?

> **조건**
> - 각 자릿수에는 1부터 6까지의 숫자 중 하나가 들어간다.
> - 같은 숫자는 최대 2번까지만 사용할 수 있다.
>
> 예 1123, 2331, 4455 가능 / 1112, 2122, 4444 불가능

① 1,170가지
② 1,196가지
③ 1,236가지
④ 1,241가지
⑤ 1,296가지

07 다음은 K쇼핑몰에서 판매된 상품에 대한 월별 리뷰 수와 반품 및 환불률을 조사한 자료이다. 상품을 구매한 사람이 모두 1건씩 리뷰를 작성하였다고 가정할 때, 조사기간 동안 발생한 반품 건수와 환불 건수를 모두 합하면?

〈K쇼핑몰 월별 리뷰 수 및 반품·환불 비율〉

(단위 : 건, %)

구분	리뷰 수	반품률	환불률
1월	1,000	3	2
2월	1,200	2	3
3월	1,500	4	1
4월	1,300	3	2

① 240건
② 246건
③ 248건
④ 250건
⑤ 252건

| 코레일 한국철도공사 / 수리능력

08 다음은 서울시 전철 3개 주요 역사에서 시간대별 탑승 및 하차 인원수를 정리한 자료이다. 이에 대한 설명으로 옳은 것은?

〈서울시 전철 3개 주요 역사 시간대별 탑승 및 하차 인원수〉

(단위 : 명)

구분	역삼역		시청역		구로디지털단지역	
	탑승	하차	탑승	하차	탑승	하차
07:00 ~ 09:00 (출근시간)	1,150	350	620	870	2,300	400
12:00 ~ 14:00 (점심시간)	480	520	530	500	900	950
17:00 ~ 19:00 (퇴근시간)	390	1,250	420	1,480	280	2,150

① 역삼역은 모든 시간대에서 탑승 인원이 하차 인원보다 많다.
② 시청역은 점심시간대보다 퇴근시간대에 탑승 인원이 더 많다.
③ 역삼역은 전 시간대를 통틀어 탑승 인원보다 하차 인원이 많은 유일한 역이다.
④ 시청역은 출근시간대 대비 퇴근시간대 하차 인원의 증가 폭이 역삼역보다 크다.
⑤ 구로디지털단지역은 퇴근시간대 하차 인원이 출근시간대 하차 인원의 5배 이상이다.

| 코레일 한국철도공사 / 문제해결능력

09 다음 사례에서 나타나는 창의적 사고 개발방법으로 가장 적절한 것은?

3개의 노선이 교차하는 환승역인 K역은 복잡한 역사 구조로 인해 승객들이 길을 헤매는 문제가 있다. A주임은 이러한 문제를 창의적으로 해결하기 위해 지하철역과 비슷하게 사람이 많고 구조가 복잡한 쇼핑센터의 사례를 탐색하였다. 탐색 결과 쇼핑센터에서 입점 가게 위치를 스마트폰 증강현실 지도로 보여주는 기술이 있음을 확인하고, 이를 바탕으로 K역에 적용하여 QR코드를 찍고, 환승구역이나 나가는 곳을 입력하면, 그 위치를 스마트폰 증강현실을 통해 안내하는 서비스를 기획하였다.

① NM법
② Synectics
③ 체크리스트
④ SCAMPER
⑤ 브레인스토밍

10 다음 사례에서 나타나는 A씨의 논리적 오류로 가장 적절한 것은?

> 매일 지하철을 이용하여 출퇴근하는 A씨는 혼잡해진 지하철 상황에 불만을 가지고 있다. 어느 날 혼잡한 출근시간에 지하철이 흔들려 어떤 학생이 A씨와 부딪히게 되었다. 부딪힌 학생은 즉시 A씨에게 사과하였지만, A씨는 화를 내며 요즘 젊은이들은 전부 조심성도 없고 남을 배려하지도 않는다고 학생을 비난하였다.

① 무지의 오류
② 결합의 오류
③ 애매성의 오류
④ 과대 해석의 오류
⑤ 성급한 일반화의 오류

11 다음은 철도사업을 수행하는 K공사에 대한 SWOT 분석 결과이다. 기회(Opportunity)요인에 해당하는 사례를 〈보기〉에서 모두 고르면?

> 보기
>
> ㄱ. 신재생 관련 법안 개정으로 인한 철도 이용객 수 증가
> ㄴ. 높은 국내 철도망 운영 노하우
> ㄷ. 도시철도에 대한 민간투자의 확대
> ㄹ. 정부의 교통요금 동결 정책 지속
> ㅁ. 직원 수 부족으로 인해 저조한 고객 만족도
> ㅂ. 글로벌 공동 철도 프로젝트 참여

① ㄱ, ㄴ, ㅁ
② ㄱ, ㄷ, ㅂ
③ ㄴ, ㄷ, ㄹ
④ ㄴ, ㅁ, ㅂ
⑤ ㄷ, ㅁ, ㅂ

12 다음은 한국철도공사의 문제해결 사례이다. 〈보기〉의 사례와 문제해결 방법을 바르게 연결한 것은?

보기

ㄱ. 한국철도공사는 65세 이상의 노인을 위한 복지 정책으로 노인 무임승차제도를 실시하고 있다. 그러나 한국철도공사의 재정문제와 더불어 이용자 세대별 형평성 문제로 인해 무임승차 혜택에 대해 이용자들의 갈등이 첨예해졌다. 이 문제를 해결하기 위해 A차장은 노인 이용자 대표를 한국철도공사에 초청하여 노인 무임승차제도 혜택 축소를 목적으로 합의점을 찾기 위한 토론회를 개최하였다.

ㄴ. 최근 한국철도공사의 고객센터에는 노인들이 매표 키오스크를 사용하기 불편하다는 불만이 자주 들어오고 있다. A센터장은 직원들에게 이 사실을 알리고, 노인 이용자가 편하게 키오스크를 사용할 수 있는 방법을 모색하기 위해 노인 역할극 및 브레인스토밍을 통해 아이디어를 모으도록 유도하였다. 그 결과 직원들의 아이디어를 결합하여 키오스크를 조작하는 동안 잠시 기대어 앉을 수 있는 간이 의자와 주요 기능을 크게 강조하는 방안이 채택되어 노인 이용자들이 편하게 이용할 수 있게 되었다.

ㄷ. 신입사원 B는 철도회사 업무에 익숙하지 않아 발생하는 실수로 팀 내부에서 갈등을 일으키고 있다. 이를 해결하기 위해 A팀장은 B사원에게 철도업무에서 실수가 있을 때, 어떤 상황이 일어날 수 있는지 넌지시 이야기하며 헷갈리는 일이 있을 때는 팀원들의 도움을 받는 것이 좋다고 조언하였고, 다른 팀원들에게는 신입사원 시절에는 모두가 실수가 많았다며 B사원이 업무에 빨리 적응할 수 있도록 도와달라고 격려하였다. 이후 B사원과 다른 팀원들의 노력으로 B사원은 빠르게 업무에 적응하게 되었다.

	ㄱ	ㄴ	ㄷ
①	소프트 어프로치	하드 어프로치	퍼실리테이션
②	소프트 어프로치	퍼실리테이션	하드 어프로치
③	하드 어프로치	소프트 어프로치	퍼실리테이션
④	하드 어프로치	퍼실리테이션	소프트 어프로치
⑤	퍼실리테이션	소프트 어프로치	하드 어프로치

13 다음 중 제시된 단어와 가장 비슷한 어휘는?

된서리

① 타계(他界)
② 타격(打擊)
③ 타점(打點)
④ 타락(墮落)
⑤ 타산(打算)

14 다음 중 빈칸에 들어갈 단어로 가장 적절한 것은?

정조는 애민주의를 ______하며 백성들을 위한 정책을 펼쳤다.

① 표징(表徵)
② 표집(標集)
③ 표방(標榜)
④ 표류(漂流)
⑤ 표리(表裏)

※ 다음 글의 주제로 가장 적절한 것을 고르시오. **[15~16]**

| 한국전력공사 / 의사소통능력

15

온실가스를 적게 배출하면서도 높은 경제성을 가진 원자력 발전소는 원전에서 나오는 방사성 물질의 차단이나, 외부 오염물질의 유입을 방지하기 위한 강력한 공기조화시스템(공조시스템)이 필요하다. 특히 공기 중으로 떠다닐 수 있는 에어로졸 형태의 방사성 물질 크기는 1 ~ 10㎛ 정도의 아주 작은 물질이지만, 높은 밀도의 방사성 기체는 인체에 치명적일 수 있으며, 환경 오염문제 또한 발생할 수 있다. 따라서 원자력 발전소의 공조시스템에는 이러한 미립자를 걸러내기 위하여 헤파필터(HEPA Filter)를 사용하고 있다.
헤파필터는 'High Efficiency Particulate Air Filter'의 약자로, 공기 중의 아주 미세한 입자까지 효과적으로 걸러내는 고성능 필터이다. 일상 생활에서는 주로 공기청정기, 진공청소기, 에어컨 등에 사용되며, 0.3㎛ 크기의 입자(MPPS; Most Penetrating Particle Size)를 99.97% 이상 포획할 수 있는 고성능 필터이다. 헤파필터는 주로 유리섬유나 폴리프로필렌 같은 합성섬유로 만들어지는데, 0.5 ~ 2.0㎛의 섬유가 불규칙하게 얽혀 있는 거미줄 구조로 구성되어 있다. 오염물질이 포함된 공기가 헤파필터를 통과할 때, 헤파필터의 간격보다 큰 오염물질은 걸러지고 그보다 작은 오염물질은 공기 흐름을 따라 진행하다 섬유에 닿아 달라붙게 된다. 헤파필터는 등급에 따라 E10(85%), E11(95%), E12(99.5%), H13(99.75%), H14(99.975%) 등으로 나뉘며, 등급이 높을수록 더 작은 입자까지 더 많이 걸러낼 수 있다. 특히 H13 이상을 트루 헤파필터라고 부르며 원자력 발전소의 경우 H13 이상의 트루 헤파필터를 사용하는 등·일반적인 산업용 필터보다 더욱 엄격한 기준을 충족해야 한다.
이처럼 헤파필터는 원자력 발전소의 안전을 지키는 핵심 장치로, 방사성 입자와 미세먼지, 바이러스까지도 효과적으로 제거하는 중요한 역할을 한다. 특히 헤파필터의 정화 성능을 보장하기 위하여 ASME AG-1이나 KEPIC-MH 등 국내외에서 기술기준을 정해 시설, 유지, 보수 등 관리법의 기준을 제시하고 있으며, 엄격한 안전관리가 필요한 원자력 발전소 특성상 없어서는 안 될 중요한 안전설비이다.

① 헤파필터의 여과 원리
② 헤파필터의 등급별 성능
③ 방사성 물질의 위험과 대처 방법
④ 원자력 발전소에서의 헤파필터의 역할
⑤ 원자력 발전소의 발전 효율과 미래 전망

16

결핵은 기원전 7000년경 석기 시대의 화석에서도 흔적이 발견될 만큼 인류와 오랜 시간을 함께 해온 질병이다. 결핵균(Mycobacterium Tuberculosis)에 의해 발병하는 결핵은 치료법이 없던 시기에는 수많은 사람의 생명을 앗아가 백색 페스트라고 불릴 정도로 전염성과 치명률이 높은 질병이다.
그러나 결핵균에 감염된다 하더라도 모든 사람이 즉시 결핵이 발병하지는 않는다. 상당수의 감염자는 결핵균에 노출된 후에도 바로 증상을 보이지 않는데, 이를 일컬어 잠복결핵감염(LTBI; Latent TuBerculosis Infection)이라 한다. 잠복결핵감염은 결핵균에 감염되어 있지만, 몸속에 들어온 결핵균이 활동하지 않아 결핵 증상이 없고, 몸 밖으로 균이 배출되지 않아 전염성 또한 없는 상태이다. 증상과 전염성이 없어 잠복결핵감염은 별것 아닌 것 같아 보이지만, 이는 면역체계가 결핵균을 억제하고 있기 때문이며, 면역력이 약해지는 경우 언제든지 결핵으로 이어질 가능성이 있음을 의미한다. 잠복결핵감염이 결핵으로 악화되는 경우는 약 5 ~ 10% 수준으로 특히 고령자, 당뇨병 환자, 면역억제 치료를 받는 환자 등 면역력이 저하된 사람들에게서 더욱 빈번하게 발생한다. 잠복결핵감염이 활동성 결핵으로 진행된 경우 이미 다른 요인에 의해 면역력이 떨어진 상황이므로 독성이 더욱 강력하며, 본인은 물론 주변 사람들에게도 광범위하게 결핵을 전파할 수 있어 공중보건상의 심각한 문제를 야기한다.
잠복결핵감염은 증상이 없기 때문에 본인이 감염 사실을 인지하지 못하는 경우가 많다. 따라서 결핵 발생률이 높은 국가에서는 결핵 환자와 밀접하게 접촉한 사람, 면역 저하자, 의료업계 종사자 등 고위험군을 대상으로 잠복결핵감염 검사를 권고하고 있다. 대표적인 검사 방법으로는 투베르쿨린 피부반응 검사(TST)와 인터페론 감마 분비 검사(IGRA)가 있다. 만일 잠복결핵감염에 양성 반응이 있을 경우 3 ~ 9개월 동안 꾸준한 투약 치료가 필요하며, 적절한 치료를 받을 경우 결핵 발병 확률의 60 ~ 90%까지 예방할 수 있다.
잠복결핵감염의 위험성은 단순히 개인의 건강 문제를 넘어 사회 전체의 공중보건과 직결되는 문제이므로 무증상이라고 방치할 것이 아니라, 적극적인 검사와 예방적 치료를 통해 결핵의 확산을 차단하는 노력이 필요하다. 특히 우리나라의 경우 보건소나 가까운 의료 기관에서 잠복결핵감염 치료를 전액 무료로 치료받을 수 있으므로 평소에 잠복결핵감염에 관심을 가지고, 미연에 예방하는 것이 가장 중요할 것이다.

① 잠복결핵감염의 위험성
② 잠복결핵감염의 치료 과정
③ 잠복결핵의 증상과 전염성
④ 효과적인 결핵의 억제 방법
⑤ 잠복결핵감염이 활동성 결핵으로 이어지는 과정

17 다음은 J식당의 메뉴에 따른 판매가격과 재료비 및 고정비용에 대한 정보이다. 손익분기점을 넘기 위해 필요한 판매량이 가장 많은 메뉴는?

〈J식당 메뉴의 판매가격 · 재료비 · 고정비용〉

(단위 : 원)

구분	판매가격	재료비	고정비용
제육볶음	10,000	2,000	2,800,000
오징어볶음	12,000	2,000	3,300,000
돈가스	9,000	1,500	2,600,000
라면	6,000	800	1,800,000
고등어구이	11,000	2,000	3,100,000

※ 판매가격과 재료비는 1인분당 비용임
※ 손익분기점을 넘기기 위해서는 순이익[(판매가격)−(재료비)]이 고정비용을 초과해야 함

① 제육볶음
② 오징어볶음
③ 돈가스
④ 라면
⑤ 고등어구이

18 K주임이 다음 〈조건〉에 따라 출장을 갈 때, K주임이 C지점에 도착한 시각과 A지점에서 C지점까지 이동할 때의 평균 속력이 바르게 연결된 것은?(단, 평균 속력에는 B지점에서의 업무 시간을 포함하지 않으며, 가속 · 정차 등 제시된 조건 이외의 사항은 고려하지 않는다)

조건

- K주임은 A지점에서 정오에 회사 차량을 이용하여 출장을 간다.
- K주임의 이동 경로는 A지점 → B지점 → C지점 순서이다.
- A지점에서 B지점까지 시속 100km로 이동하였다.
- B지점에서 C까지는 시속 80km로 이동하였다.
- A지점에서 C지점까지의 거리는 190km이다.
- A지점에서 B지점까지의 거리는 B지점에서 C지점까지의 거리보다 110km 길다.
- K주임은 B지점에 도착하여 1시간 동안 업무를 수행하였다.

	도착 시각	평균 속력
①	오후 2시	90km/h
②	오후 2시	92km/h
③	오후 2시	95km/h
④	오후 3시	90km/h
⑤	오후 3시	95km/h

19 다음 중 J공사 직원들이 본회의를 시작할 수 있는 가장 빠른 시각은?

J공사의 직원들은 공사 프로젝트 회의를 1시간 동안 진행하려고 한다. 회의 시작 30분 전에는 반드시 회의실에서 회의 준비를 해야 하며, 본회의 이후 30분 동안 회의록을 작성해야 한다. 회의 준비, 본회의, 회의록 작성은 다음 조건에 따라 연속적으로 이루어져야 한다.

- 회의실은 오전 9시부터 오후 6시 사이에 사용할 수 있다.
- J공사의 점심시간은 12:00 ~ 13:00로 이 시간에는 회의 및 준비, 회의록 작성이 불가능하다.
- 참석자 중 1명이 15:00 ~ 16:00에 외부 미팅이 있어 이 시간에는 회의 및 준비, 회의록 작성이 불가능하다.
- 현재 회의실은 10:00 ~ 10:30, 14:00 ~ 14:30에 이미 예약되어 사용할 수 없다.

① 오전 9시 30분 ② 오전 11시
③ 오후 1시 ④ 오후 4시
⑤ 오후 4시 30분

20 다음은 J국가자격 필기시험 결과이다. 이를 토대로 할 때 합격한 사람은 모두 몇 명인가?

〈J국가자격 필기시험 결과〉

(단위 : 점)

구분	필기시험				가점
	객관식 1과목	객관식 2과목	논술형	약술형	
A	85	52	61	57	6
B	75	71	67	81	–
C	67	81	72	54	2
D	87	72	57	48	5
E	66	82	58	78	–

※ 한 과목이라도 50점 이하 득점 시 과락 처리
※ 전체 평균 점수에 가점을 합하여 70점 이상 득점 시 합격

① 1명 ② 2명
③ 3명 ④ 4명
⑤ 5명

| 한국전력공사 / 정보능력

21 다음 중 SSD와 비교했을 때 HDD의 특징으로 옳은 것은?

① 무게가 가볍다.
② 전력 소모가 적다.
③ 가격이 저렴하다.
④ 데이터 접근 속도가 빠르다.
⑤ 외부 충격에 대한 내구력이 높다.

| 한국전력공사 / 정보능력

22 다음 중 점수(참조 대상)가 90점 이상이면 '합격'을, 그렇지 않으면 '불합격'을 출력하는 엑셀 함수식으로 옳은 것은?

① =IF(참조 대상>90,"합격","불합격")
② =IF(참조 대상>=90,"불합격","합격")
③ =IF(참조 대상>=90,"합격","불합격")
④ =CHOOSE(참조 대상<=90,"불합격","합격")
⑤ =CHOOSE(참조 대상>=90,"합격","불합격")

23 다음 글의 주제로 가장 적절한 것은?

> 일생에 한 번쯤 누구나 경험할 수 있는 건강 문제인 허리 통증은 다양한 원인으로 인해 발생한다. 허리 통증은 나이 증가에 따른 허리 근력 약화, 허리에 무리를 주는 취미생활, 임신과 출산을 경험한 여성 등 개인적 요인으로 인해 발생할 수 있지만, 가장 큰 원인은 바로 직업적 요인이다.
> 첫 번째 직업적 요인은 중량물 취급이다. 중량물을 한 번만 들어도 급성 요통이나 추간판탈출증이 발생할 수 있으며, 이러한 작업을 반복하면 허리 통증의 위험이 더욱 높아질 뿐 아니라 척추와 추간판의 퇴행성 변화가 촉진되어 추간판탈출증과 척추협착증의 위험도 증가한다. 특히 10kg 이상의 물건을 들어야 할 때는 허리를 구부려 드는 것이 아니라, 물건을 몸에 밀착시키고 다리의 힘으로 들어 올려야 한다는 점에 유의해야 한다.
> 두 번째 직업적 요인은 허리의 자세이다. 허리를 앞으로 혹은 옆으로 구부리거나 비트는 동작은 허리가 구부러지는 각도가 커질수록 추간판에 가해지는 압력이 증가해 허리 부상의 위험이 높아진다. 특히 구부린 자세로 장시간 작업할 경우 허리 통증과 추간판탈출증이 유발될 수 있다. 실제로 건설노동자나 조선업 노동자처럼 허리 구부림이 많은 업종에서 타 업종보다 허리 통증 관련 산재 신청률과 승인율이 높은 것으로 알려져 있다.
> 마지막 직업적 요인은 전신 진동이다. 전신 진동은 몸 전체가 상하로 흔들리는 상태로, 주로 버스, 트럭, 건설용 차량 운전자가 경험한다. 이러한 진동은 척추와 추간판에 자극을 가해 퇴행성 변화를 일으키고, 결국 추간판탈출증과 척추협착증의 위험을 높인다. 최근 도로 노면이 개선되고 버스 운전석 의자에 진동 흡수 기능이 도입되면서 위험성이 줄었으나, 트럭이나 건설장비 운전자는 여전히 허리 질환에 노출되어 있다.

① 허리 통증의 직업적 요인
② 허리 질환별 통증 관리 방법
③ 직업에 따라 다르게 유발되는 허리 질환
④ 직업 환경에 따라 다른 허리 통증 관련 산재 신청 빈도

24 다음은 보건의료 빅데이터 심포지엄의 발표 순서이다. 이를 참고할 때, 각 발표자의 자료 준비로 적절하지 않은 것은?

〈2024년 보건의료 빅데이터 활용 성과공유 심포지엄〉

1부 : 빅데이터 · AI 기반 건강보험 서비스 혁신

1. 인공지능(AI) 기술을 통해 공단이 어떻게 데이터 기반의 가입자 맞춤형 서비스를 제공하고, 보험자의 역할을 보다 강화할 수 있을지에 대한 비전
   – ○○대병원 A교수
2. 'sLLM(소형 언어 모델)을 활용한 건강보험 내 · 외부 서비스 향상'을 주제로 인공지능(AI) 기술을 통한 고객 서비스와 업무 효율성 증대 사례
   – ○○대 B교수
3. 공단이 보유한 방대한 건강보험 데이터를 어떻게 인공지능(AI)을 통해 분석하고 활용할 수 있는지에 대한 방안
   – 공단 C실장(빅데이터연구개발실)

2부 : 건강보험 빅데이터를 활용한 우수 연구 성과

1. 야간 인공조명이 인간의 건강에 미치는 영향에 대한 분석 결과
   – ○○대 D교수
2. 결핵 빅데이터인 국가결핵통합자료원(K–TB–N Cohort) 구축을 통해 국가 결핵 관리 정책 · 사업의 효과를 평가, 정책을 수립 · 보완할 근거를 생산
   – ○○청 E과장
3. 병원 내에서 발생하는 폐렴 데이터의 분석을 통해, 이를 예방하기 위한 실효성 있는 병원 내 감염관리 체계 마련 필요성 제시
   – 공단 F팀장(빅데이터연구개발실)

① A교수 : 사람과의 직접 대면이 아닌 인공지능 기술로 대체할 수 있는 공단의 서비스에 대한 자료가 필요하겠군.

② B교수 : 인공지능 기술을 활용해 건강보험 서비스를 이용한 고객과 공단 근로자에게 편리성 및 효율성에 대한 설문조사를 진행해야겠군.

③ D교수 : 자연광에만 주로 노출된 사람과 자연광과 더불어 인공조명에 많이 노출된 사람의 건강 상태를 비교할 수 있는 자료가 필요하겠군.

④ F팀장 : 병원 내 병동별 폐렴 발생 현황과 주로 발병하는 연령대에 대한 조사가 필요하겠군.

25 다음 글을 읽고 추론한 내용으로 적절하지 않은 것은?

> 만성질환이란 증상이 극심하지는 않지만 오래 지속되는 질환인 탓에 삶의 질을 저하시키고, 관리를 소홀히 할 경우 합병증의 발생으로 사망까지 이를 수 있어, 운동이나 식이 등 꾸준한 관리가 필요한 질환을 말한다.
> 만성질환에는 당뇨 · 천식 · 심장병 · 허리 통증 등이 있으며, 만성질환이라 하더라도 모든 운동이 좋은 것은 아니며, 질환별로 또 환자의 상태에 따라 맞는 운동 방법과 강도는 천차만별이다.
> 당뇨병의 경우 인슐린 분비량이 없거나 또는 적어 인슐린이 혈당을 낮추는 기능을 정상적으로 수행할 수 없는 상태를 말한다. 따라서 혈당 조절에 효과적인 유산소 운동을 통해 인슐린이 더 효율적으로 사용되도록 하여 혈당 수치를 낮출 수 있다. 또한 규칙적인 유산소 운동은 심혈관계를 향상시켜 심장 건강을 개선시킬 수 있다.
> 운동 중 또는 운동 후에 호흡곤란과 반복적이고 발작적인 기침이 나타날 수 있는 천식의 경우 운동 시 각별히 주의하여야 한다. 특히 건조하거나 찬 공기가 있는 환경에서 운동하거나, 갑작스레 격렬한 운동을 할 경우 천식 발작이 일어날 수 있다. 따라서 수영과 같이 건조하지 않고, 심장 박동이나 호흡수가 급격히 증가하지 않는 환경에서 운동하는 것이 도움이 될 수 있다.
> 허리 통증의 경우는 유산소 운동보다는 코어 운동이 도움이 된다. 코어 운동을 통해 척추 주위의 근육이 강화되면서 척추를 지지하는 힘이 늘어나 허리 통증이 감소되는 것이다.

① 당뇨 환자는 달리기나 등산, 수영과 같은 운동을 하는 것이 혈당 개선에 도움이 된다.
② 규칙적인 걷기 운동은 당뇨 환자와 심장병 환자의 질환을 개선시킬 수 있다.
③ 천식 환자는 심장박동 및 호흡수를 증가시키는 달리기나 줄넘기보다는 등산이 좋다.
④ 허리 통증을 가진 환자에게는 허리의 중심 부위를 강화시키는 플랭크나 브릿지와 같은 운동이 좋다.

26 **다음 제시된 서론에 이어질 문단을 논리적 순서대로 바르게 나열한 것은?**

> 국민건강보험공단은 담배 소송 제12차 변론에서 직접 손해배상 청구권을 포함해 지금까지의 주요 쟁점에 관련한 전반적 입장을 적극적으로 표명했다.
>
> (가) 또한 흡연과 암 발생의 인과관계를 과학적 근거에 따라 분명히 하기 위해 대상 암종을 소세포암과 편평세포암으로 흡연 기간이 30년 이상이고, 하루 한 갑의 담배를 20년 이상 흡연한 대상자로 구분하였기에 이번 변론에서는 흡연과 암 발생의 인과관계를 의학적으로 또 국민 상식에 부합하도록 인정하여야 한다고 강조했다.
>
> (나) 공단은 담배 회사들이 담배라는 제품에 대한 중독성과 건강 위해성을 인지하고 있음에도 수십 년 동안 이를 소비자에게 정확히 알리지 않고 막대한 이득을 취한 것은 소비자를 기만한 것이자 기업의 사회적 책임을 다하지 않은 중대한 문제임을 지적하며, 특히 담배 회사가 흡연 중독 피해를 개인의 선택으로 치부한 것은 소비자를 두 번 기만한 것이라며 비판했다.
>
> (다) 마지막으로 공단은 이번 변론을 준비하면서 국민들의 보험료가 주요 재원인 건강보험 재정이 담배로 인해 발생되는 질병으로 재산상 손해가 발생한 점에 대해 당연히 담배 회사에 법적으로 책임을 물어야 한다고 주장하며, 이에 대한 국민들의 관심과 지지가 필요하다고 호소했다.
>
> (라) 아울러 공단은 이 주장을 입증하기 위한 뒷받침 자료로 대한폐암학회와 호흡기내과 전문의 의견서, 담배 중독에 대한 한국중독정신의학회와 정신건강의학과 전문의 의견서, 대한금연학회에서 실시한 담배 중독 감정서와 이들 중 일부에 대한 흡연 경험 심층 사례 분석 결과, 공단 내부 연구 결과 등을 추가 증거로 제출하였다.

① (가) – (나) – (라) – (다)　　② (가) – (라) – (나) – (다)

③ (나) – (가) – (라) – (다)　　④ (나) – (라) – (가) – (다)

※ 다음은 K국의 지역별 및 5대 업종별 기업 현황이다. 이어지는 질문에 답하시오. **[27~28]**

〈K국의 조사 지역별 기업 현황〉

(단위 : 개소)

구분	대기업	중소기업	5인 미만	법인			기타	합계
					사단법인	재단법인		
수도권	5,000	10,000	200,000	60,000	50,000	( )	5,000	( )
강원권	500	2,000	10,000	1,000	500	( )	500	( )
충청권	2,000	3,000	30,000	2,500	( )	800	500	( )
호남권	3,000	5,000	30,000	3,000	( )	1,000	1,000	( )
영남권	3,000	5,000	20,000	2,500	1,500	( )	500	( )
전체	13,500	25,000	290,000	69,000	55,700	13,300	7,500	405,000

※ 조사 기업 종류는 대기업, 중소기업, 5인 미만, 법인, 기타만 존재함

※ 조사 지역은 수도권, 강원권, 충청권, 호남권, 영남권으로만 구성함

〈K국의 5대 업종별 기업 현황〉

(단위 : 개소)

구분	대기업	중소기업	5인 미만	법인			기타
					사단법인	재단법인	
IT업	6,000	5,000	30,000	3,000	2,000	1,000	500
건설업	2,000	5,000	70,000	4,000	3,000	1,000	300
운송업	1,000	9,000	100,000	7,000	5,000	2,000	200
마케팅업	1,000	1,000	30,000	7,000	5,000	2,000	500
제조업	1,000	2,000	5,000	8,000	5,000	3,000	500
합계	11,000	22,000	235,000	29,000	20,000	9,000	2,000

27 **다음 중 자료에 대한 설명으로 옳지 않은 것은?**

① 조사 지역별 법인 기업에서 사단법인이 차지하는 비율이 세 번째로 높은 지역은 영남권이다.
② 5대 업종의 대기업 중 IT업에 속하지 않는 기업의 수는 수도권 지역 기타 기업의 수와 같다.
③ 조사 지역에서 대기업이 20% 증가하고, 중소기업이 10% 감소한다면 전체 기업 수는 증가한다.
④ 조사 지역의 재단법인 중 강원권 재단법인이 차지하는 비율은 조사 지역의 대기업 중 강원권 대기업이 차지하는 비율보다 크다.

28 **다음은 자료를 토대로 작성한 보고서이다. 이에 대한 내용으로 옳지 않은 것은?**

〈기업 현황 보고서〉

① 조사 지역의 전체 기업 중 5인 미만인 기업은 70% 이상을 차지하고 있으며, 이는 중소기업 수의 10배 이상이다. 특히, 5인 미만인 기업은 수도권에 밀집되어 있는데 ② 조사 지역의 5인 미만 기업 중 수도권이 차지하는 비율 또한 60% 이상이다.
모든 지역에 걸쳐 대기업보단 중소기업이, 중소기업보단 5인 미만 기업의 수가 많았는데, 5인 미만 기업 수 대비 대기업의 수는 영남권이 가장 높았다. 5대 업종만을 분석했을 때 역시 대기업보단 중소기업이, 중소기업보단 5인 미만 기업이 많았으며, 사단법인이 재단법인보다 많았다. ③ 이에 따라 자료의 조사 지역의 전체 기업 중 5대 업종에 해당하지 않는 기업도 앞선 순서와 동일하였다. 또한 ④ 조사 지역의 전체 기업 중 운송업에 해당하는 기업 비율은 5인 미만 기업이 중소기업보다 높았다.

※ 다음은 K국의 연도별 7대 주요 범죄 발생 현황과 교도소별 복역자 현황에 대한 자료이다. 이어지는 질문에 답하시오. **[29~30]**

〈K국의 연도별 7대 주요 범죄 발생 현황〉

(단위 : 건)

구분	살인	사기	폭행	강도	절도	성범죄	방화
1989년	500	2,000	5,000	4,000	25,000	3,000	500
1990년	600	2,500	7,000	8,000	20,000	2,500	600
1991년	700	3,000	10,000	5,000	23,000	2,000	800
1992년	800	2,000	15,000	8,000	18,000	2,500	700
1993년	900	3,000	10,000	10,000	20,000	3,000	1,000
1994년	1,000	2,000	20,000	10,000	27,000	5,000	900
1995년	1,100	3,500	17,000	9,000	34,000	2,000	1,100

※ 현 시점은 2025년임

〈K국 교도소의 잔여 형량별 복역자 수〉

(단위 : 명)

구분	A교도소	B교도소	C교도소	D교도소	E교도소	F교도소
1년 미만	3,000	4,000	5,000	6,000	7,000	8,000
1년 이상 3년 미만	1,500	1,000	2,000	3,000	2,000	2,500
3년 이상 5년 미만	400	400	500	600	800	1,000
5년 이상 10년 미만	350	250	250	300	400	50
10년 이상 20년 미만	30	35	40	60	55	35
20년 이상	20	15	10	40	45	15
합계	5,300	5,700	7,800	10,000	10,300	11,600

※ K국의 교도소는 A ~ F 6개만 존재함

29 **다음 중 자료에 대한 설명으로 옳지 않은 것은?**

① 살인이 가장 많이 발생한 해에는 절도 역시 가장 많이 발생하였다.
② 모든 교도소에서 잔여 형량이 많을수록 복역자 수는 감소한다.
③ 범죄가 가장 많이 발생한 해는 폭행도 가장 많이 발생하였다.
④ 잔여 형량이 1년 미만인 경우가 가장 많은 교도소는 전체 복역자 수가 가장 많다.

30 **다음 중 자료를 계산하여 해석한 내용으로 옳지 않은 것은?**

① 1990년부터 1995년까지 전년 대비 살인 사건 발생 변화율은 매년 감소한다.
② K국 전체 교도소 복역자 수 중 D교도소 복역자 수의 비율은 20% 이하이다.
③ 1993년부터 1995년까지 7대 주요 범죄 중 절도가 차지하는 비율은 45% 이하이다.
④ 교도소별 잔여 형량이 1년 미만인 복역자 수 대비 3년 이상 5년 미만인 복역자 수의 비율은 F교도소가 가장 높다.

※ 다음은 2025년 2월 10일 기준 국내 월평균 식재료 가격이다. 이어지는 질문에 답하시오. [31~32]

〈월평균 식재료 가격(2025.02.10 기준)〉

구분	세부항목	2024년						2025년
		7월	8월	9월	10월	11월	12월	1월
곡류	쌀 (원/kg)	1,992	1,083	1,970	1,895	1,850	1,809	1,805
채소류	양파 (원/kg)	1,385	1,409	1,437	1,476	1,504	1,548	1,759
	배추 (원/포기)	2,967	4,556	7,401	4,793	3,108	3,546	3,634
	무 (원/개)	1,653	1,829	2,761	3,166	2,245	2,474	2,543
수산물	물오징어 (원/마리)	2,286	2,207	2,267	2,375	2,678	2,784	2,796
	건멸치 (원/kg)	23,760	23,760	24,100	24,140	24,870	25,320	25,200
축산물	계란 (원/30개)	5,272	5,332	5,590	5,581	5,545	6,621	9,096
	닭 (원/kg)	5,436	5,337	5,582	5,716	5,579	5,266	5,062
	돼지 (원/kg)	16,200	15,485	15,695	15,260	15,105	15,090	15,025
	소_국산 (원/kg)	52,004	52,220	52,608	52,396	51,918	51,632	51,668
	소_미국산 (원/kg)	21,828	22,500	23,216	21,726	23,747	22,697	21,432
	소_호주산 (원/kg)	23,760	23,777	24,122	23,570	23,047	23,815	24,227

※ 주요 식재료 소매가격 : 물오징어는 냉동과 생물의 평균 가격, 계란은 특란의 평균 가격, 돼지는 국내 냉장과 수입 냉동의 평균 가격, 국산 소고기는 갈비, 등심, 불고기의 평균 가격, 미국산 소고기는 갈비, 갈빗살, 불고기의 평균 가격, 호주산 소고기는 갈비, 등심, 불고기의 평균 가격

※ 표시 가격은 주요 재료의 월평균 가격이며, 조사 주기는 일별로 조사함

| 국민건강보험공단 / 문제해결능력

31 **다음 중 자료를 이해한 내용으로 옳지 않은 것은?**

① 2024년 8월 대비 9월 쌀 가격의 증가율은 2024년 11월 대비 12월 무 가격의 증가율보다 크다.
② 소의 가격은 국산, 미국산, 호주산 모두 2024년 7월부터 9월까지 증가하다가 10월에 감소한다.
③ 계란 가격은 2024년 7월부터 2025년 1월까지 꾸준히 증가하고 있다.
④ 쌀 가격은 2024년 8월에 감소했다가 9월에 증가한 후 그 후로 계속 감소하고 있다.

| 국민건강보험공단 / 문제해결능력

32 **K식품회사에 재직 중인 A사원은 국내 농수산물의 동향과 관련한 보고서를 쓰기 위해 자료를 토대로 2024년 12월 대비 2025년 1월 식재료별 가격의 증감률을 구하고 있으며, 다음은 A사원이 작성한 보고서의 일부이다. 다음 중 증감률이 가장 큰 재료는?(단, 소수점 셋째 자리에서 버림한다)**

〈국내 농수산물 가격 동향에 따른 보고서〉

식품개발팀 A사원

저희 개발팀에서 올해 기획하고 있는 신제품 출시를 위하여 국내 농수산물 가격 동향을 조사하였습니다. 하단에 월평균 식재료 증감률을 첨부하였으니 신제품 개발 일정을 수립하는 데 참고하시면 될 것 같습니다. 자세한 사항은 식품개발팀 B과장님께 문의하십시오.

〈월평균 식재료 증감률(2025.02.10 기준)〉

구분	세부항목	2024년 12월	2025년 1월	증감률(%)
곡류	쌀(원/kg)	1,809	1,805	
채소류	양파(원/kg)	1,548	1,759	
	무(원/개)	2,474	2,543	
수산물	건멸치(원/kg)	25,320	25,200	
… 생략 …				

① 쌀
② 양파
③ 무
④ 건멸치

33 다음은 K사의 신입사원 선발 조건이다. 〈보기〉의 지원자 중 최고득점자와 최저득점자를 바르게 연결한 것은?

〈K사 신입사원 선발 조건〉

• 다음과 같은 항목에 따른 점수를 합산하여 최종점수(100점 만점)을 산정하고 점수가 가장 높은 지원자 2명을 신입사원으로 선발한다.

– 학위점수(30점 만점)

학위	학사	석사	박사
점수(점)	18	25	30

– 어학점수(20점 만점)

어학시험점수 (300점 만점)	0점 이상 50점 미만	50점 이상 150점 미만	150점 이상 220점 미만	220점 이상
점수(점)	8	14	17	20

– 면접점수(30점 만점)

면접	미흡	보통	우수
점수(점)	18	24	30

– 실무경험점수(20점 만점)

총 인턴근무 기간	4개월 미만	4개월 이상 8개월 미만	8개월 이상 12개월 미만	12개월 이상
점수(점)	12	16	18	20

보기

구분	학위	어학시험점수	면접	총 인턴근무 기간
A	학사	228	우수	8개월
B	석사	204	보통	11개월
C	학사	198	보통	9개월
D	박사	124	미흡	3개월

	최고득점자	최저득점자
①	A	B
②	A	D
③	B	C
④	C	D

| 한국중부발전 / 의사소통능력

34 **다음 글과 가장 관련 있는 한자성어는?**

> A씨는 대학 졸업 후 창업에 도전하기로 결심했다. 그는 자신의 아이디어에 확신을 가지고 작은 카페를 열었지만, 예상치 못한 문제들이 끊임없이 발생했다. 위치 선정이 잘못되었고, 경쟁이 치열했으며, 운영 경험 부족으로 인해 손님을 끌어들이지 못했다. 결국 1년 만에 카페는 문을 닫아야 했고, A씨는 큰 빚과 좌절감 속에서 실패를 받아들여야 했다.
> 하지만 A씨는 실패를 통해 얻은 교훈을 놓치지 않았다. 그는 자신이 부족했던 점들을 분석하며 경영과 마케팅에 대해 더 깊이 공부하기 시작했다. 또한 카페를 운영하며 쌓은 고객 관리 경험과 식음료 산업에 대한 이해를 바탕으로 새로운 방향을 모색했다. 그러던 중, 그는 소규모 카페 운영자들이 겪는 어려움 해소를 돕기 위해 전문 컨설팅 서비스를 제공하는 사업 아이디어를 떠올렸다.
> A씨는 이전의 실패를 발판 삼아 철저히 준비한 끝에 컨설팅 회사를 설립했다. 그의 서비스는 소규모 카페 운영자들에게 실질적인 도움을 제공하며 빠르게 입소문을 탔고, 사업은 성공적으로 성장했다.

① 전화위복(轉禍爲福)
② 사필귀정(事必歸正)
③ 일취월장(日就月將)
④ 우공이산(愚公移山)

| 한국중부발전 / 의사소통능력

35 **다음 중 밑줄 친 단어의 의미가 다른 것은?**

① 인간은 네 번째 <u>차원</u>인 시간을 인식하며 살아간다.
② 그의 능력은 취미의 <u>차원</u>을 넘어 예술의 경지로 나아갔다.
③ 과도한 사탕발림이 예의의 <u>차원</u>을 넘어 불편하게 다가왔다.
④ 독창적인 아이디어가 한 <u>차원</u> 높은 수준의 품질을 이끌어 내었다.

36 다음 글에 대한 설명으로 적절하지 않은 것은?

> 큐비트(Qubit)는 양자 컴퓨터에서 정보를 저장하고 처리하는 기본 단위다. 기존의 컴퓨터가 정보를 0과 1로 이루어진 비트(Bit)로 표현하는 것과 달리, 큐비트는 양자역학의 특성을 활용해 더 복잡하고 강력한 방식으로 정보를 다룬다.
> 큐비트는 0과 1의 상태를 동시에 가질 수 있는 양자 중첩 특성을 가지고 있다. 양자 중첩이란 빛이 입자와 파동 2가지 상태를 가진 것과 마찬가지로 미시적 세계에서 여러 양자 상태가 동시에 존재할 수 있는 현상을 뜻하며, 측정하기 전까지는 양자 상태를 정확히 파악할 수 없고 관측과 동시에 상태가 결정되는 것을 의미한다. 이처럼 큐비트 또한 측정하기 전까지 0과 1의 상태를 동시에 가진 중첩 상태가 유지되며 측정 시에는 0 또는 1 중 하나의 값으로 확정된다. 이를 통해 큐비트는 병렬 계산을 가능하게 만들어 복잡한 문제를 빠르게 해결할 수 있다.
> 또한 두 개 이상의 큐비트가 양자 얽힘 상태에 있으면, 한 큐비트의 상태가 다른 큐비트의 상태와 즉각적으로 연결된다. 이에 따라 한 큐비트가 측정되면 얽혀 있는 다른 큐비트의 상태 또한 자동으로 결정되므로 큐비트 간의 빠른 정보 전달과 협력 계산을 가능하게 한다.
> 양자 컴퓨터에 사용되는 큐비트는 다양한 방식으로 개발되고 있으며 대표적인 방식은 초전도 회로, 이온 트랩, 광자, 스핀 등이 있다. 초전도 회로는 전기적 초전도체를 활용해 양자 상태를 생성하고, 이온 트랩은 전기장으로 이온을 가두고 조작한다. 광자는 빛 입자를 이용한 정보 저장 및 전송에 사용되며, 스핀은 전자의 스핀 상태를 활용한다.
> 큐비트는 기존 컴퓨터보다 훨씬 더 많은 정보를 처리할 수 있다. 예를 들어, 20개의 큐비트를 활용하면 2^{20}, 즉 약 100만 개의 상태를 동시에 표현할 수 있다. 이는 암호 해독이나 복잡한 시뮬레이션 같은 문제에서 기존 컴퓨터보다 월등히 빠른 성능을 발휘한다. 하지만 현재 기술로는 큐비트를 안정적으로 유지하고 제어하는 데 한계가 있다. 환경적 요인으로 인해 양자 상태가 쉽게 붕괴되기 때문에 이를 극복하기 위한 연구가 활발히 진행 중이다.
> 큐비트는 양자역학의 원리를 기반으로 기존 컴퓨터와는 완전히 다른 방식으로 정보를 처리한다. 중첩과 얽힘 같은 특성 덕분에 복잡한 계산 문제를 해결하는 데 강력한 도구가 될 수 있지만, 기술적 도전 과제도 많다. 앞으로 양자 컴퓨팅 기술이 발전하면 큐비트를 활용한 혁신적인 응용이 더욱 확대될 것으로 기대된다.

① 큐비트의 값은 측정과 동시에 정해진다.

② 큐비트는 정보를 0와 1의 2진수로 나타내는 것이다.

③ 큐비트는 측정하기 전까지는 양자 중첩 상태로 존재한다.

④ 4개의 큐비트를 활용하면 16번의 상태를 동시에 표현할 수 있다.

37 다음 글에 대한 설명으로 가장 적절한 것은?

> 소형 모듈 원전(SMR; Small Modular Reactor)은 기존 대형 원자로와는 다른 설계와 운영 방식을 가진 차세대 원자력 발전 기술이다. SMR은 전기 출력이 300MWe 이하로 소형화된 원자로를 의미하며, 크기가 작고 유연한 설계 덕분에 다양한 환경에서 활용 가능하다. 주요 특징 중 하나는 모듈화된 설계로, 주요 기기를 모듈화하여 공장에서 제작한 뒤 현장으로 운송해 조립한다. 이로 인해 건설 기간이 단축되고 초기 투자 비용을 줄일 수 있다.
>
> SMR은 기존 원전에 비해 안정성 또한 높다. 자연 순환 냉각 방식을 채택해 전력 공급 없이도 중력과 밀도 차, 자연 대류를 활용해 원자로를 냉각할 수 있다. 이는 사고 발생 시 노심 용융 가능성을 낮추며, 방사성 물질의 저장 및 관리 측면에서도 유리하다. 또한 다양한 입지 조건에서 설치가 가능하여 전력망이 없는 지역이나 해상에서도 활용할 수 있다. 이는 탄소 배출이 적은 에너지원으로서 기후 변화 대응에도 기여할 수 있다.
>
> SMR의 경제성도 강점이다. 공장에서 미리 제작된 모듈을 현장에서 조립하는 방식은 전통적인 대형 원전보다 건설 비용과 기간을 줄인다. 그러나 단위 출력당 건설 비용이 높아질 수 있어 대량 생산과 표준화를 통해 비용을 절감해야 한다. 기술적 검증도 중요한 과제로, 안전성과 경제성을 동시에 만족시켜야 한다. 기후 변화에 따른 환경적 취약성도 고려해야 하며, 이를 극복하기 위해 각국 정부와 민간 기업들은 협력하여 연구 개발에 투자하고 있다.
>
> SMR은 탄소 중립 시대를 맞아 중요한 에너지원으로 주목받고 있으며, 다양한 분야에서 활용 가능성이 높다. 한국을 포함한 여러 국가가 SMR 개발에 적극적으로 나서고 있으며, 이를 통해 글로벌 에너지 시장에서 새로운 패러다임을 제시할 것으로 보인다. SMR은 단순히 기존 원전을 대체하는 것을 넘어 안전하고 지속 가능한 에너지 시스템 구축에 기여할 핵심 기술로 자리 잡아가고 있다.

① SMR은 방사성 폐기물이 발생하지 않는다.

② SMR은 기존의 원전보다 다양한 환경에서 건설이 가능하다.

③ SMR은 원전 부지에서 모듈을 생산하여 조립하는 방식으로 건설된다.

④ 선진국에서는 기존 원전 대부분이 SMR로 전환되어 탄소 중립을 실천하고 있다.

38 다음은 J공사의 컴퓨터 비밀번호 규칙에 대한 글이다. 〈보기〉 중 J공사 비밀번호 규칙에 맞지 않는 것은 모두 몇 개인가?

> J공사의 직원들은 업무를 시작하기 위해 컴퓨터에 직원별 비밀번호를 입력해야 한다. 직원들의 비밀번호는 9자리의 숫자와 문자로 구성되어 있다. 첫 번째 자리는 직원 종류별 코드로 정직원은 1, 계약직은 2, 파견직은 3이 부여된다. 두 번째 자리부터는 직원별 입사일이 YYMMDD 방식으로 부여된다. 이후 데이터의 진위 여부를 확인하기 위해 체크데이터로 앞의 숫자를 모두 더한 뒤, 2를 뺀 값에 해당하는 알파벳이 대문자로 부여된다. 마지막으로 비밀번호 식별의 용이성을 위해 첫 번째 자리의 숫자와 동일한 숫자가 부여된다.

보기

- 3011210F3
- 2981111U2
- 3051231M3
- 1241215N2
- 4200817T4
- 1942131S1
- 1840624W1
- 1211014H1
- 2210830P2
- 2191229Z2

① 2개　② 3개
③ 4개　④ 5개

39 다음 사례에서 나타나는 논리적 오류로 가장 적절한 것은?

> A씨는 오랜만에 고향 친구를 만났다. 약속 장소에서 A씨는 고향 친구가 말끔한 정장을 입고 나온 것을 보고, 그가 부자일 확률보다 부자이면서 좋은 차를 끌고 다닐 확률이 높다고 생각하였다.

① 결합의 오류
② 무지의 오류
③ 연역법의 오류
④ 과대해석의 오류

※ 다음은 J기업의 본사와 부속 공장 간의 도로에 대한 자료이다. 이어지는 질문에 답하시오. **[40~41]**

〈본사와 부속 공장 간 도로〉

(단위 : km)

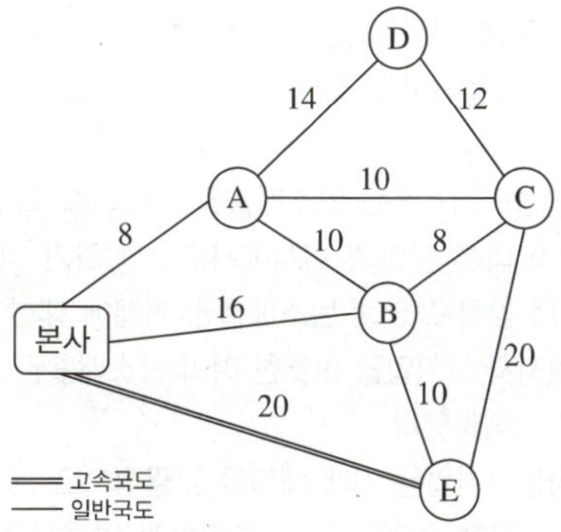

| 한국중부발전 / 자원관리능력

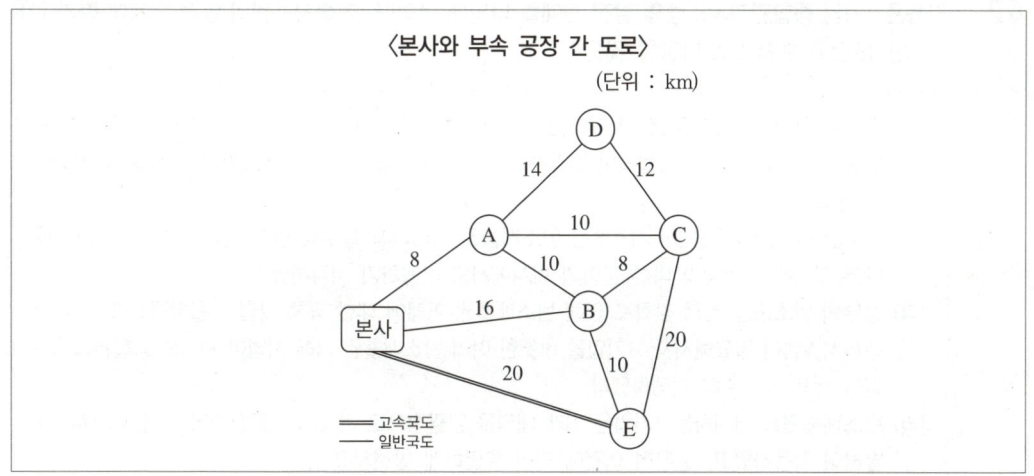

40 S대리는 본사에서 출발하여 모든 부속 공장을 방문한 뒤, 본사로 복귀하려고 한다. S대리가 일반국도만을 이용한다면, 최단거리는 몇 km인가?(단, 한 번 방문한 공장은 다시 방문하지 않는다)

① 72km ② 76km

③ 80km ④ 84km

| 한국중부발전 / 자원관리능력

41 S대리는 회사로부터 교통비를 지원받아 고속국도를 이용할 수 있게 되었다. S대리가 고속국도를 이용하여 모든 부속 공장을 방문한 뒤, 본사로 복귀할 때의 최단거리는 고속국도를 이용하지 않을 때의 최단거리와 몇 km 차이가 나는가?(단, 한 번 방문한 공장은 다시 방문하지 않는다)

① 6km ② 8km

③ 10km ④ 12km

| 한국중부발전 / 기술능력

42 다음은 J기업 종합관리시스템의 발전 단계를 나타낸 글이다. 기술시스템의 발전 단계에 따라 (가) ~ (라) 문단을 순서대로 나열한 것은?

> (가) 종합관리시스템 납품 경쟁에서 승리한 J기업의 종합관리시스템은 정부기관에서도 사용하게 되었으며, 기술표준으로 확립되어 여러 산업 기술이 J기업의 종합관리시스템에 맞춰져 개발되기에 이르렀다.
> (나) J기업이 개발한 종합관리시스템은 탄소배출권 거래에서 실무적 안정성을 인정받아 J기업 내 다른 부서뿐만 아니라 다른 분야의 회사에서도 차용하기 시작하였다.
> (다) 정부의 탄소중립 정책 강화로 인해 탄소배출권 거래에 대한 국책 사업이 활발해졌고, 국가적 관리시스템이 필요해지자, J기업을 비롯한 여러 탄소배출권 거래 기업이 자사의 종합관리시스템을 납품하기 위해 경쟁하였다.
> (라) 탄소배출권을 거래하는 J기업은 거래 내역을 일괄적으로 관리하는 종합관리시스템을 자체 개발하여 사용하였고, 실무적 여건에 따라 유연하게 발전시켰다.

① (다) – (가) – (나) – (라)
② (다) – (라) – (나) – (가)
③ (라) – (나) – (다) – (가)
④ (라) – (다) – (나) – (가)

| 한국중부발전 / 정보능력

43 다음은 A주임의 상사가 평소 엑셀을 능숙하게 다루는 A주임에게 요청한 내용이다. A주임이 상사의 요청을 수행하면서 사용한 엑셀 단축키가 아닌 것은?

> A주임. 지금 회사 거래 내역이 담긴 엑셀 파일을 수정해야 하는데, 제 컴퓨터의 마우스가 고장이 나서 단축키로만 작업을 해야 합니다. A주임이 엑셀을 능숙하게 쓴다고 들어서 도와주셨으면 합니다. [F12] 셀에서 왼쪽에 있는 값을 모두 선택하여 차트를 만들고, [F13] 셀에는 오늘 날짜를 입력해 주세요.

① 〈Ctrl〉+〈1〉
② 〈Ctrl〉+〈;〉
③ 〈Alt〉+〈F1〉
④ 〈Shift〉+〈Home〉

| K-water 한국수자원공사 / 의사소통능력

44 다음 중 단어의 뜻이 나머지와 다른 것은?

① 호도(糊塗)
② 맹아(萌芽)
③ 무마(撫摩)
④ 은폐(隱蔽)

| K-water 한국수자원공사 / 의사소통능력

45 다음 중 밑줄 친 어휘가 나머지와 다른 의미로 사용된 것은?

① 건조한 환경으로 인해 쉽게 <u>불이 붙었다</u>.
② 새로운 소재로 <u>불이 붙는</u> 것을 방지하였다.
③ 토론은 양측이 첨예하게 대립해 <u>불이 붙었다</u>.
④ 들판에 <u>불이 붙자</u> 걷잡을 수 없이 퍼져 나갔다.

| K-water 한국수자원공사 / 수리능력

46 K고등학교의 운동장은 윗변이 20m, 밑변이 50m, 높이가 20m인 등변 사다리꼴 형태이다. 운동장의 가장자리에 2m마다 의자를 놓고 학생을 앉힐 때, 의자에 앉을 수 있는 학생의 수로 옳은 것은?

① 59명
② 60명
③ 61명
④ 62명

47 다음 중 제시된 자료를 그래프로 바르게 변환한 것은?

〈K-water 한강유역 대수력 발전소 연간 발전량〉

(단위 : GWh)

구분	2019년	2020년	2021년	2022년	2023년	2024년
소양강댐	347	551	314	600	430	490
충주댐	484	769	574	680	706	759

①
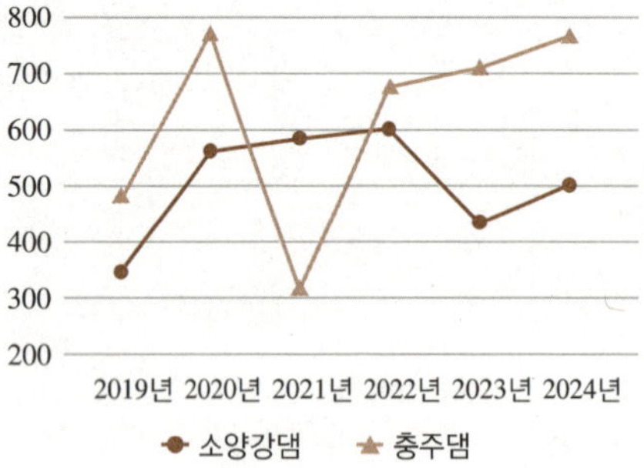

②
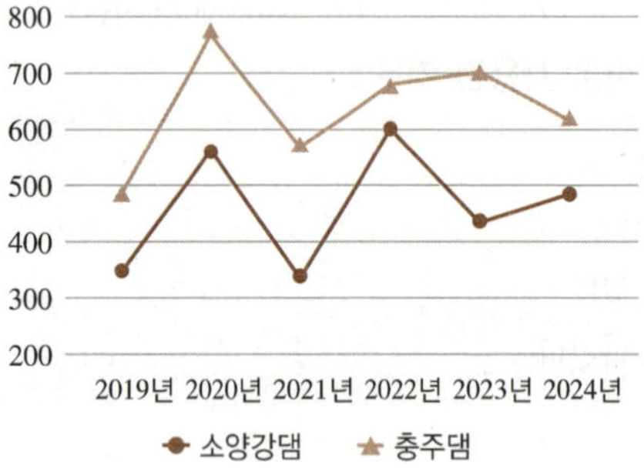

③
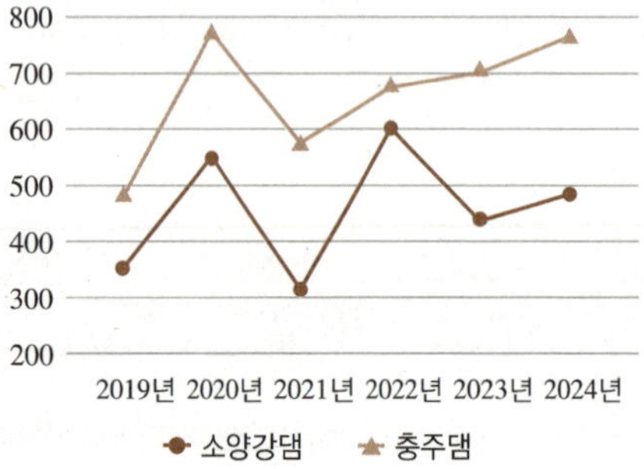

④
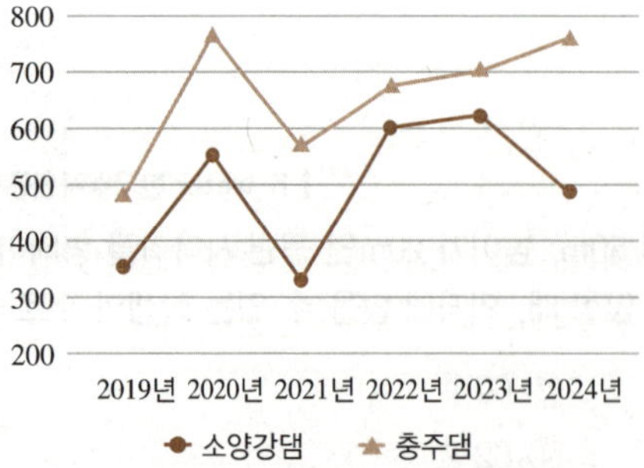

| K-water 한국수자원공사 / 자원관리능력

48 **다음 중 효과적인 시간관리를 통하여 빠르고 효율적인 생산으로 작업 소요 시간을 단축시켰을 때, 기업의 입장에서 나타나는 효과로 옳지 않은 것은?**

① 가격 인상
② 위험 감소
③ 정확한 예산 분배
④ 시장 점유율 증가

| K-water 한국수자원공사 / 자원관리능력

49 **다음 중 효율적이고 합리적인 인사관리 원칙 중 해당 직무 수행에 가장 적합한 인재를 배치해야 한다는 원칙으로 옳은 것은?**

① 단결의 원칙
② 공정 인사의 원칙
③ 종업원 안정의 원칙
④ 적재적소 배치의 원칙

| K-water 한국수자원공사 / 자원관리능력

50 **다음 사례에서 나타나는 물적자원관리의 원칙으로 옳은 것은?**

> 편의점 점장인 A씨는 상품의 판매량과 입고량을 파악하여 많이 팔리고, 많이 들어오는 상품은 출입구에 가깝게 위치시켰으며, 적게 팔려서 주문할 양이 적은 상품은 매장 안쪽에 배치하여 상품의 입·출하가 원활하게 이루어지도록 하였다.

① 동일성의 원칙
② 유사성의 원칙
③ 회전대응의 원칙
④ 기호화의 원칙

M E M O

PART 1

직무능력평가

CHAPTER 01 의사소통능력

합격 CHEAT KEY

의사소통능력은 평가하지 않는 공사·공단이 없을 만큼 필기시험에서 중요도가 높은 영역으로, 세부 유형은 문서 이해, 문서 작성, 의사 표현, 경청, 기초 외국어로 나눌 수 있다. 문서 이해·문서 작성과 같은 지문에 대한 주제 찾기, 내용 일치 문제의 출제 비중이 높으며, 문서의 특성을 파악하는 문제도 출제되고 있다.

01 문제에서 요구하는 바를 먼저 파악하라!

의사소통능력에서 가장 중요한 것은 제한된 시간 안에 빠르고 정확하게 답을 찾아내는 것이다. 의사소통능력에서는 지문이 아니라 문제가 주인공이므로 지문을 보기 전에 문제를 먼저 파악해야 하며, 문제에 따라 전략적으로 빠르게 풀어내는 연습을 해야 한다.

02 잠재되어 있는 언어 능력을 발휘하라!

세상에 글은 많고 우리가 학습할 수 있는 시간은 한정적이다. 이를 극복할 수 있는 방법은 다양한 글을 접하는 것이다. 실제 시험장에서 어떤 내용의 지문이 나올지 아무도 예측할 수 없으므로 평소에 신문, 소설, 보고서 등 여러 글을 접하는 것이 필요하다.

03 상황을 가정하라!

업무 수행에 있어 상황에 따른 언어 표현은 중요하다. 같은 말이라도 상황에 따라 다르게 해석될 수 있기 때문이다. 그런 의미에서 자신의 의견을 효과적으로 전달할 수 있는 능력을 평가하는 것이다. 업무를 수행하면서 발생할 수 있는 여러 상황을 가정하고 그에 따른 올바른 언어표현을 정리하는 것이 필요하다.

04 말하는 이의 입장에서 생각하라!

잘 듣는 것 또한 하나의 능력이다. 상대방의 이야기에 귀 기울이고 공감하는 태도는 업무를 수행하는 관계 속에서 필요한 요소이다. 그런 의미에서 다양한 상황에서 듣는 능력을 평가하는 것이다. 말하는 이가 요구하는 듣는 이의 태도를 파악하고, 이에 따른 판단을 할 수 있도록 언제나 말하는 사람의 입장이 되는 연습이 필요하다.

대표기출유형

01 문서 내용 이해

| 유형분석 |

- 주어진 지문을 읽고 선택지를 고르는 전형적인 독해 문제이다.
- 지문은 주로 신문기사(보도자료 등)나 업무 보고서, 시사 등이 제시된다.
- 공사·공단에 따라 자사와 관련된 내용의 기사나 법조문, 보고서 등이 출제되기도 한다.

다음 글의 내용으로 적절하지 않은 것은?

물가 상승률은 일반적으로 가격 수준의 상승 속도를 나타내며, 소비자 물가지수(CPI)와 같은 지표를 사용하여 측정된다. 높은 물가 상승률은 소비재와 서비스의 가격이 상승하고, 돈의 구매력이 감소한다. 이는 소비자들이 더 많은 돈을 지출하여 물가 상승에 따른 가격 상승을 감수해야 함을 의미한다.
물가 상승률은 경제에 다양한 영향을 미친다. 먼저 소비자들의 구매력이 저하되므로 가계소득의 실질 가치가 줄어든다. 이는 소비 지출의 감소와 경기 둔화를 초래할 수 있다. 또한 물가 상승률은 기업의 의사결정에도 영향을 준다. 예를 들어 높은 물가 상승률은 이자율의 상승과 함께 대출 조건을 악화시키므로 기업들은 생산 비용 상승과 이로 인한 이윤 감소에 직면하게 된다.
정부와 중앙은행은 물가 상승률을 통제하기 위해 다양한 금융 정책을 사용하며 대표적으로 세금 조정, 통화량 조절, 금리 조정 등이 있다.
물가 상승률은 경제 활동에 큰 영향을 주는 중요한 요소이므로 정부, 기업, 투자자 및 개인은 이를 주의 깊게 모니터링하고 전망을 평가하는 데 활용해야 한다. 또한 소비자의 구매력과 경기 상황에 직접적·간접적인 영향을 주므로 경제 주체들은 물가 상승률의 변동에 대응하여 적절한 전략을 수립해야 한다.

① 지나친 물가 상승은 소비 심리를 위축시킨다.
② 중앙은행의 금리 조정으로 지나친 물가 상승을 진정시킬 수 있다.
③ 정부와 중앙은행이 실행하는 금융 정책의 목적은 물가 안정성을 유지하는 것이다.
④ 소비재와 서비스의 가격이 상승하므로 기업의 입장에서는 물가 상승률이 커질수록 이득이다.

정답 ④

높은 물가 상승률은 이자율의 상승과 함께 대출 조건을 악화시키므로 기업들은 생산 비용 상승과 이로 인한 이윤 감소에 직면하게 된다.

풀이 전략!

주어진 선택지에서 키워드를 체크한 후, 지문의 내용과 비교해 가면서 내용의 일치 유무를 빠르게 판단한다.

대표기출유형 01 기출응용문제

01 다음 글을 읽고 알 수 있는 내용으로 적절하지 않은 것은?

> 온실가스를 배출하지 않는 진정한 수소경제를 구축하기 위한 그린수소 생산은 '수전해*' 설비 없이는 불가능하다. 따라서 우리나라뿐만 아니라 세계 주요국들이 수전해 설비 개발과 확충에 총력을 기울이고 있다. 특히 재생에너지의 증가와 이에 따른 잉여전력의 대용량, 장기간 저장 방식으로 수전해 기술혁신이 더욱 요구되고 있다. 즉, 수전해와 연료전지 응용 분야, 장기간 에너지 저장장치는 상호 연관성이 큰 기술들로 부가가치 창출효과가 크기 때문에 미래 유망 기술들에 대한 선제적 대응이 필요하다.
>
> 정부와 기업은 차세대 그린수소 분야의 국산 수전해 설비 기술 경쟁력을 높이고 관련 시장을 확대하여 비용 절감에 더욱 힘써야 할 것이다. 현재 우리나라는 수전해 기술 관련 연구개발 역사가 짧고 아직 관련 시장이 크지 않기 때문에 국산 수전해 설비의 효율이 경쟁국에 비해 낮고 핵심 소재 기술도 부족한 실정이다. 이에 국가 주도의 기술개발 및 육성을 위한 지원이 필요한 상황으로 과학기술정보통신부는 수전해 기술을 포함해 친환경적인 방법으로 수소를 생산하고 효과적으로 저장하는 기술에 2021년 33억 원을 포함하여 향후 6년간 총 253억 원을 투입하고 연료전지 핵심기술 개발에도 예산을 지원할 방침이다.
>
> 국내 연구기관들은 수전해 셀 구성 재료의 저가화와 고효율, 고내구성 등 기계적·안정적 측면에서 실용화 연구 중심으로 적극적으로 검토하고, 기업들은 MW급 대용량 전해조 시스템 개발과 투자비를 현저히 낮출 수 있는 기술 개발에 박차를 가해야 할 것이다.
>
> 또한 국제표준 선점을 위한 수소기술 관련 핵심 가스산업기술 표준화와 같이 재생에너지원을 이용한 그린수소 제조 기술의 표준화 프로세스와 안전 기준의 체계적 구축이 필요하다.
>
> 그리고 국내 그린수소 생산을 위한 지리적인 제약 요인으로 2030년부터는 해외 그린수소 수입이 불가피한 상황이기 때문에 해외 기술교류 및 해외 공동 사업을 적극 추진할 필요가 있다. 수소시장 참여자 간 전략적 제휴 모색과 해외 수전해 사업 참여, 국제협력 네트워크 구축 강화 노력이 결합될 때 더 저렴한 그린수소 생산이 가능할 것이다.
>
> * 수전해 : 수소의 생산 방법 중 하나로, 물을 전기분해하여 수소를 추출하는 것을 뜻함. 추출 과정에서 이산화탄소를 전혀 배출하지 않아 친환경 에너지 기술로 주목받고 있음

① 수소를 생산하기 위해서는 수전해 설비의 구축이 필요하다.
② 수전해 기술의 상용화를 위해서는 비용을 낮추는 것이 중요하다.
③ 과학기술정보통신부는 수전해 기술 발전을 위해 2021년에만 253억 원을 지원했다.
④ 우리나라는 다른 나라에 비해 수전해와 관련된 기술이 부족하고 경쟁력을 갖추지 못했다.

※ 다음 글의 내용으로 가장 적절한 것을 고르시오. [2~3]

02

상업 광고는 기업은 물론이고 소비자에게도 요긴하다. 기업은 마케팅 활동의 주요한 수단으로 광고를 적극적으로 이용하여 기업과 상품의 인지도를 높이려 한다. 소비자는 소비 생활에 필요한 상품의 성능, 가격, 판매 조건 등의 정보를 광고에서 얻으려 한다. 광고를 통해 기업과 소비자가 모두 이익을 얻는다면 이를 규제할 필요는 없을 것이다. 그러나 광고에서 기업과 소비자의 이익이 상충하는 경우도 있고, 광고가 사회 전체에 폐해를 낳는 경우도 있어 다양한 규제 방식이 모색되었다.
이때 문제가 된 것은 과연 광고로 인한 피해를 책임질 당사자로서 누구를 상정할 것인가였다. 초기에는 '소비자 책임 부담 원칙'에 따라 광고 정보를 활용한 소비자의 구매 행위에 대해 소비자가 책임을 져야 한다고 보았다. 여기에는 광고 정보가 정직한 것인지와는 관계없이 소비자는 이성적으로 이를 판단하여 구매할 수 있어야 한다는 전제가 있었다. 그래서 기업은 광고에 의존하여 물건을 구매한 소비자가 입은 피해에 대하여 책임을 지지 않았고, 광고의 기만성에 대한 입증 책임도 소비자에게 있었다.
책임 주체로 기업을 상정하여 '기업 책임 부담 원칙'이 부상하게 된 배경은 복합적이다. 시장의 독과점 상황이 광범위해지면서 소비자의 자유로운 선택이 어려워졌고, 상품에 응용된 과학 기술이 복잡해지고 첨단화되면서 상품 정보에 대한 소비자의 정확한 이해도 기대하기 어려워졌다. 또한 다른 상품 광고와의 차별화를 위해 통념에 어긋나는 표현이나 장면도 자주 활용되었다. 그리하여 경제적, 사회·문화적 측면에서 광고로부터 소비자를 보호해야 한다는 당위를 바탕으로 기업이 광고에 대해 책임을 져야 한다는 공감대가 확산되었다.
오늘날 행해지고 있는 여러 광고 규제는 크게 법적 규제와 자율 규제로 나눌 수 있다. 구체적인 법 조항을 통해 광고를 규제하는 법적 규제는 광고 또한 사회적 활동의 일환이라는 점에 근거한다. 특히 자본주의 사회에서는 기업이 시장 점유율을 높여 다른 기업과의 경쟁에서 승리하기 위하여 사실에 반하는 광고나 소비자를 현혹하는 광고를 할 가능성이 높다. 법적 규제는 허위 광고나 기만 광고 등을 불공정 경쟁의 수단으로 간주하여 정부 기관이 규제를 가하는 것이다.
자율 규제는 법적 규제에 대한 기업의 대응책으로 등장했다. 법적 규제가 광고의 역기능에 따른 피해를 막기 위한 강제적 조치라면, 자율 규제는 광고의 순기능을 극대화하기 위한 자율적 조치이다. 광고에 대한 기업의 책임감에서 비롯된 자율 규제는 법적 규제를 보완하는 효과가 있다.

① 광고 주체의 자율 규제가 잘 작동될수록 광고에 대한 법적 규제의 역할도 커진다.
② 기업의 이익과 소비자의 이익이 상충하는 정도가 클수록 법적 규제와 자율 규제의 필요성이 약화된다.
③ 시장의 독과점 상황이 심각해지면서 기업 책임 부담 원칙이 약화되고 소비자 책임 부담 원칙이 부각되었다.
④ 첨단 기술을 강조한 상품의 광고일수록 소비자가 광고 내용을 정확히 이해하지 못한 채 상품을 구매할 가능성이 커진다.

03

특허출원이란 발명자가 자신의 발명을 개인 또는 변리사를 통해 특허출원 명세서에 기재한 후 특허청에 등록 여부 판단을 받기 위해 신청하는 행위의 전반을 의미한다. 특허출원은 주로 경쟁자로부터 자신의 제품이나 서비스를 지키기 위해 이루어진다. 그러나 선두업체로 기술적 우위를 표시하기 위해 또는 벤처기업 등의 인증을 받기 위해 이루어지기도 한다. 단순하게 발명의 보호를 받아 타인의 도용을 막는 것뿐만 아니라 다양한 이유로 진행되고 있는 것이다.
특허출원 시에는 특허출원서와 특허명세서를 제출해야 한다. 특허출원서는 출원인 정보, 발명자 정보 등의 서지사항을 기재하는 문서이며, 특허명세서는 발명의 구체적인 내용을 기재하는 문서이다. 특허명세서에는 발명의 명칭, 발명의 효과, 발명의 실시를 위한 구체적인 내용, 청구범위, 도면 등의 항목들을 작성하는데, 이때 권리로 보호받고자 하는 사항을 기재하는 청구범위가 명세서의 가장 핵심적인 부분이 된다. 청구범위를 별도로 구분하는 이유는 특허등록 후 권리 범위가 어디까지인지 명확히 구분하기 위한 것이다. 청구범위가 존재하지 않는다면 상세한 설명으로 권리 범위를 판단해야 하는데, 권리 범위가 다양하게 해석된다면 분쟁의 원인이 될 수 있다.
특허를 출원할 때 많은 부분을 보호받고 싶은 마음에 청구범위를 넓게 설정하는 경우가 있다. 그러나 이는 다른 선행기술들과 저촉되는 일이 발생하게 되므로 특허가 거절될 가능성이 매우 높아진다. 그렇다고 특허등록 가능성을 높이기 위해 청구범위를 너무 좁게 설정해서도 안 된다. 청구범위가 좁을 경우 특허등록 가능성은 높아지지만, 보호 범위가 좁아져 제3자가 특허 범위를 회피할 가능성이 높아지게 된다. 따라서 기존에 존재하는 선행기술에 저촉되지 않는 범위 내에서 청구범위를 설정하는 것이 중요하다.

① 자신의 발명을 특허청에 등록하기 위해서는 반드시 본인이 특허출원 명세서를 기재해야 한다.
② 청구범위가 넓을 경우 제3자가 특허 범위를 회피할 가능성이 높아지게 된다.
③ 특허출원서는 발명의 명칭, 발명의 효과, 청구범위 등의 항목을 모두 작성하여야 한다.
④ 청구범위가 넓으면 특허등록의 가능성이 낮아지고, 좁으면 특허등록의 가능성이 높아진다.

04 다음 글의 내용으로 적절하지 않은 것은?

> 스마트 팜은 사물인터넷이나 빅데이터 등의 정보통신기술을 활용해 농업시설의 생육환경을 원격 또는 자동으로 제어할 수 있는 농장으로, 노동력과 생산비 절감효과가 커 네덜란드와 같은 농업 선진국에서도 적극적으로 활용되고 있다. 관련 핵심 직업으로는 농장의 설계·구축·운영 등을 조언하고 지도하는 '스마트 팜 컨설턴트'와 농업인을 대상으로 스마트 팜을 설치하고 소프트웨어를 개발하는 '스마트 팜 구축가'가 있다.
> 바이오헬스는 바이오기술과 정보를 활용해 질병 예방·진단·치료·건강증진에 필요한 제품과 서비스를 생산하는 의약·의료산업이다. 국내 바이오헬스의 전체 기술력은 최고 기술국인 미국 대비 78% 수준으로 약 3.8년의 기술격차가 있다. 해외에서는 미국뿐만 아니라 영국·중국·일본 등이 글로벌 시장 선점을 위해 경쟁적으로 투자를 늘리고 있다. 관련 핵심 직업으로는 생물학·의약 등의 이론 연구로 다양한 생명현상을 탐구하는 '생명과학연구원', IT 건강관리 서비스를 기획하는 '스마트헬스케어 전문가' 등이 있다. 자연·의약학 계열의 전문 지식이 필요한 생명과학연구원은 향후 10년간 고용이 증가할 것으로 예측되며, 의료·IT·빅데이터의 지식이 필요한 스마트헬스케어 전문가도 연평균 20%씩 증가할 것으로 전망되는 시장규모에 따라 성장 가능성이 높을 것으로 보인다.
> 한편, 스마트시티는 건설과 정보통신 신기술을 활용해 다양한 서비스를 제공하는 도시로, 국내에서는 15개 지자체를 대상으로 U-City 사업이 추진되는 등 민간과 지자체의 아이디어를 도입하고 있다. 관련 직업으로는 토지 이용계획을 수립하고 설계하는 '도시계획가', 교통상황 및 영향요인을 분석하는 '교통전문가' 등이 있으며, 도시공학·교통공학 등의 지식이 필요하다.

① 현재 국내 15개 지자체에서 U-City 사업이 추진되고 있다.
② 미국은 우리나라보다 3년 이상 앞서 바이오헬스 산업에 투자하기 시작했다.
③ 정보통신기술을 활용한 스마트 팜을 통해 노동력과 생산비를 절감할 수 있다.
④ 스마트시티와 관련된 직업을 갖기 위해서는 도시공학·교통공학 등의 지식이 필요하다.

05 다음은 K공사의 미술관 사용 시 유의사항이다. 이에 대한 설명으로 가장 적절한 것은?

〈미술관 사용 시 유의사항〉

1. 전시 전에 역장에게 꼭 전시를 신고한 후 직원의 안내를 받아 전시하여 주시기 바랍니다.
   ※ 경복궁역 미술관 1, 2관 : 경복궁역 역무실(6110-3271) / 개방시간 07:00 ~ 22:00
2. 전시면 사용요령
   - 전시장 벽면 사용 시 양면테이프나 못 등은 사용할 수 없으며, 스프레이를 뿌리거나 페인트를 사용하는 것은 절대 불가합니다.
   - 미술관 1·2관에서 현수막 사용 시 미술관 입구에 현수막 봉이 설치되어 있으므로 현수막을 봉에 설치하여 주시기 바랍니다.
     ※ 현수막 크기 : 가로 4.7m×세로 1m
   - 전시 벽면에 액자틀 먼지로 인해 자국이 남는 경우가 있으니 액자틀 뒷면을 깨끗이 닦은 상태에서 사용해 주시기 바랍니다.
   - 전시작품 설치 시 반드시 전시 고리를 이용하여 작품을 설치하여 주시고, 작품설명표지는 액자틀에 부착하여 주시기 바랍니다(전시 고리는 역무실에서 수령).
   - 전시 고리는 작품 부착 시 불량 상태를 꼭 확인한 후 사용하여 주시고, 불량 고리는 역무실에 교체를 요구하여 주시기 바랍니다.
     ※ 전시 고리 분실 시 분실 수량만큼 구매하여 역무실에 반납하여야 함
   - 전시면 이외의 공간(유리문 등)은 사용이 불가하며, 이용승객 통행에 지장을 주는 작품을 설치할 수 없습니다.
3. 쓰레기 처리요령
   - 화환 등 대형 폐기물은 판매처에서 회수하도록 하시거나 분해하여 꽃은 종량제 규격봉투에 담고 받침대 등은 정리하여 끈으로 묶은 후 대형 폐기물 스티커를 부착하여 주시기 바랍니다(무단 방치 금지).
   - 일반쓰레기는 종로구 종량제 규격봉투에 담아 처리하여 주시기 바랍니다.
4. 기타사항
   조명등의 위치는 변경할 수 없습니다.
5. 다음 전시회를 위해 전시작품 철거는 전시 마지막 날 오후 4시 이전까지 완료하여 주시기 바랍니다.

① 일반쓰레기는 아무 비닐봉투에 담아 역사 내 쓰레기통에 버린다.

② 전시 고리 중 불량 고리를 확인했다면 개인 사비로 사야 한다.

③ 벽면에 작품을 부착할 때 필요시 관리자에게 요청한 후 못으로 고정할 수 있다.

④ 2관에서 현수막을 사용하려면 가로 4.7m×세로 1m 크기로 제작해 미술관 입구에 있는 현수막 봉에 설치해야 한다.

PART 1

대표기출유형

02 글의 주제 · 제목

| 유형분석 |

- 주어진 지문을 파악하여 전달하고자 하는 핵심 주제를 고르는 문제이다.
- 정보를 종합하고 중요한 내용을 구별하는 능력이 필요하다.
- 설명문부터 주장, 반박문까지 다양한 성격의 지문이 제시되므로 글의 성격별 특징을 알아두는 것이 좋다.

다음 글의 주제로 가장 적절한 것은?

멸균이란 곰팡이, 세균, 박테리아, 바이러스 등 모든 미생물을 사멸시켜 무균 상태로 만드는 것을 의미한다. 멸균 방법에는 물리적, 화학적 방법이 있으며, 멸균 대상의 특성에 따라 적절한 멸균 방법을 선택하여 실시할 수 있다. 먼저 물리적 멸균법에는 열이나 화학약품을 사용하지 않고 여과기를 이용하여 세균을 제거하는 여과법, 병원체를 불에 태워 없애는 소각법, 100℃에서 10 ~ 20분간 물품을 끓이는 자비소독법, 미생물을 자외선에 직접 노출시키는 자외선 소독법, 160 ~ 170℃의 열에서 1 ~ 2시간 동안 건열 멸균기를 사용하는 건열법, 포화된 고압증기 형태의 습열로 미생물을 파괴시키는 고압증기 멸균법 등이 있다. 다음으로 화학적 멸균법은 화학약품이나 가스를 사용하여 미생물을 파괴하거나 성장을 억제하는 방법으로, E.O 가스, 알코올, 염소 등 여러 가지 화학약품이 사용된다.

① 멸균의 중요성
② 뛰어난 멸균 효과
③ 다양한 멸균 방법
④ 멸균 시 발생할 수 있는 부작용

정답 ③

제시문에서는 멸균에 대해 언급하며, 멸균 방법을 물리적 · 화학적으로 구분하여 다양한 멸균 방법에 대해 설명하고 있다. 따라서 글의 주제로 ③이 가장 적절하다.

풀이 전략!

'결국', '즉', '그런데', '그러나', '그러므로' 등의 접속어 뒤에 주제가 드러나는 경우가 많다는 것에 주의하면서 지문을 읽는다.

01 다음 글의 주제로 가장 적절한 것은?

힘 있는 나라를 가지고 싶어 하는 것은 인류의 공통적인 염원이다. 이것은 시간의 고금(古今)을 가리지 아니하고 공간의 동서(東西)를 따질 것이 없는 한결같은 진리다. 그래서 위대하지 아니한 나라에서 태어난 사람은 태어난 나라를 위대하게 만들기 위하여 혼신의 힘을 기울인다. 보잘것없는 나라의 국민이 된다는 것은 내세울 것 없는 집안의 후손인 것 이상으로 우리를 슬프게 한다. 세계 여러 나라 사람이 모인 곳에 간다고 가정해 보자. 누가 여기서 가장 큰소리치면서 위세 당당하게 처신할 것인가? 얼핏 생각하면 이목구비가 시원하게 생긴 사람, 지식과 화술이 뛰어난 사람, 교양과 인품이 훌륭한 사람, 외국어에 능통한 사람이 돋보일 것처럼 생각된다. 실제로 그런 사람들이 국제 무대에서 뛰어난 활약을 하는 것은 사실이다. 그래서 사람은 스스로 다듬고 기르는 것이 아닌가? 그러나 실제에 있어서 어떤 사람을 국제 사회에서 돋보이게 하는 것은 그가 등에 업고 있는 조국의 국력이다.

① 배움에 힘쓰자.
② 일등 국민을 본받자.
③ 문호 개방을 확대하자.
④ 국력을 키우자.

02 다음 글의 제목으로 가장 적절한 것은?

미래 사회에서는 산업 구조에 변화가 일어나고 대량 생산 방식에 변화가 일어나면서 전반적인 사회 조직의 원리도 크게 바뀔 것이다. 즉, 산업 사회에서는 대량 생산 체계를 발전시키기 위해 표준화·집중화·거대화 등의 원리에 의해 사회가 조직되었지만, 미래 사회에서는 그와는 반대로 다원화·분산화·소규모화 등이 사회조직의 원리가 된다는 것이다. 사실상 산업 사회에서 인간 소외 현상이 일어났던 것이 이러한 표준화·집중화·거대화 등의 조직 원리로 인한 것이었다면, 미래 사회의 조직 원리라고 할 수 있는 다원화·분산화·소규모화 등은 인간 소외와 비인간화 현상을 극복하는 데도 많은 도움을 줄 수 있을 것이다.

① 산업 사회와 대량 생산
② 미래 사회조직의 원리
③ 미래 사회의 산업 구조
④ 인간 소외와 비인간화 현상

대표기출유형

03 내용 추론

| 유형분석 |

- 주어진 지문을 바탕으로 도출할 수 있는 내용을 찾는 문제이다.
- 선택지의 내용을 정확하게 확인하고 지문의 정보와 비교하여 추론하는 능력이 필요하다.

다음 글을 읽고 추론한 내용으로 적절하지 않은 것은?

1977년 개관한 퐁피두 센터의 정식명칭은 국립 조르주 퐁피두 예술문화 센터로, 공공정보기관(BPI), 공업창작센터(CCI), 음악·음향의 탐구와 조정연구소(IRCAM), 파리 국립 근현대 미술관(MNAM) 등이 있는 종합 문화예술 공간이다. 퐁피두라는 이름은 이 센터의 창설에 힘을 기울인 조르주 퐁피두 대통령의 이름을 딴 것이다.

1969년 당시 대통령이었던 퐁피두는 파리의 중심지에 미술관이면서 동시에 조형예술과 음악, 영화, 서적 그리고 모든 창조적 활동의 중심이 될 수 있는 문화 복합센터를 지어 프랑스 미술을 더욱 발전시키고자 했다. 요즘 미술관들은 미술관의 이러한 복합적인 기능과 역할을 인식하고 변화를 시도하는 곳이 많다. 미술관은 더 이상 전시만 보는 곳이 아니라 식사도 하고 영화도 보고 강연도 들을 수 있는 곳으로, 대중과의 거리 좁히기를 시도하고 있는 것도 그리 특별한 일은 아니다. 그러나 이미 40년 전에 21세기 미술관의 기능과 역할을 미리 내다볼 줄 아는 혜안을 가지고 설립된 퐁피두 미술관은 프랑스가 왜 문화강국이라 불리는지를 알 수 있게 해준다.

① 퐁피두 미술관을 찾는 사람들의 목적은 다양할 것이다.
② 퐁피두 미술관은 전통적인 예술작품들을 선호할 것이다.
③ 퐁피두 미술관의 모습은 기존 미술관의 모습과 다를 것이다.
④ 퐁피두 미술관은 파격적인 예술작품들을 배척하지 않을 것이다.

정답 ②

제시문에 따르면 퐁피두 미술관은 모든 창조적 활동을 위한 공간이므로 퐁피두가 전통적인 예술작품을 선호할 것이라는 내용은 추론할 수 없다.

풀이 전략!

주어진 지문이 어떠한 내용을 다루고 있는지 파악한 후 선택지의 키워드를 확실하게 체크하고, 지문의 정보에서 도출할 수 있는 내용을 찾는다.

대표기출유형 03 기출응용문제

01 다음 글을 읽고 추론한 내용으로 적절하지 않은 것은?

세계적으로 기후 위기의 심각성이 커지면서 '탄소 중립'은 거스를 수 없는 흐름이 되고 있다. 이에 국제사회의 에너지정책도 기존 화석연료 발전 중심의 전력공급체계를 태양광과 풍력 등 재생에너지 중심으로 빠르게 재편하는 작업이 추진되고 있다. 이러한 재생에너지 보급 확대는 기존 전력 설비 부하의 가중으로 이어질 수밖에 없다. 재생에너지 사용 확대에 앞서 송배전 시스템의 확충이 필수적인 이유다.

한국전력공사는 재생에너지 발전사업자의 접속지연 문제를 해소하기 위해 기존 송배전 전력 설비의 재생에너지 접속용량을 확대하는 특별대책을 시행하고 나섰다. 한국전력공사는 그동안 재생에너지 발전설비 밀집 지역을 중심으로 송배전설비의 접속 가능용량이 부족할 경우 설비 보강을 통해 문제를 해결해왔다. 이는 1MW 이하 소규모 신재생에너지 발전사업자가 전력계통 접속을 요청하면 한국전력공사가 비용을 부담해 공용전력망을 보강하고 접속을 보장해 주는 방식이었다. 덕분에 신재생에너지 발전 사업자들의 참여가 늘어났지만 재생에너지 사용량이 기하급수적으로 늘면서 전력계통설비의 연계용량 부족 문제가 뒤따랐다.

이에 한국전력공사는 산업통상자원부가 운영하는 '재생에너지 계통접속 특별점검단'에 참여해 대책을 마련했다. 배전선로에 상시 존재하는 최소부하를 고려한 설비 운영 개념을 도입해 변전소나 배전선로 증설 없이 재생에너지 접속용량을 확대하는 방안이다. 재생에너지 발전 시 선로에 상시 존재하는 최소부하 용량만큼 재생에너지 발전량이 상쇄되고, 잔여 발전량이 전력계통으로 유입되기 때문에 상쇄된 발전량만큼 재생에너지의 추가접속을 가능케 하는 방식이다. 한국전력공사는 현장 실증을 통해 최소부하가 1MW를 초과하는 경우 배전선로별 재생에너지 접속허용용량을 기존 12MW에서 13MW로 확대했다. 또 재생에너지 장기 접속지연이 발생한 변전소에 대해서는 최소부하를 고려해 재생에너지 접속허용용량을 200MW에서 평균 215MW로 상향했다. 이 같은 개정안이 전기위원회 심의를 통과하면서 변전소 및 배전선로 보강 없이도 재생에너지 317MW의 추가 접속이 가능해졌다.

① 재생에너지 사업 확충에 노후된 송전 설비는 걸림돌이 된다.
② 태양광 에너지는 고갈 염려가 없다고 볼 수 있기 때문에 주목받는 신재생에너지이다.
③ 기존의 화석연료 중심의 에너지 발전은 탄소 배출량이 많아 환경에 악영향을 주었다.
④ 현재까지는 재생에너지 사업 확충에 따른 문제들을 해결하는 방법 중 설비 보강이 가장 좋은 해결법이다.

02 다음 중 ㉠, ㉡에 대한 설명으로 적절하지 않은 것은?

> 동영상 플랫폼 유튜브(Youtube)에는 'Me at the zoo'라는 제목으로, 한 남성이 캘리포니아 동물원의 코끼리 우리 앞에 서서 18초 남짓한 시간 동안 코끼리 코를 칭찬하는 다소 평범한 내용의 영상이 게재돼 있다. 이 영상은 유튜브 최초의 동영상으로, 누구나, 언제, 어디서나, 손쉽게 소통이 가능하다는 비디오 콘텐츠의 장점을 여실히 보여주고 있다. 국내 온라인 커머스에서도 이러한 비디오 콘텐츠에 주목한다.
> 스마트폰 보급률이 높아짐에 따라 모바일을 이용해 상품을 구매하는 소비자층이 늘어났다. 날이 갈수록 모바일 체류 시간이 늘고 있는 소비자들을 잡기 위해서는 최적화된 마케팅이 필요하다. 모바일을 활용한 마케팅은 기존 PC보다 작은 화면 안의 면밀하고 계획적인 공간 활용과 구성이 필요하다. 제품을 소개하는 글을 줄여 스크롤 압박을 최소화해야 하고, 재미와 즐거움을 줌으로써 고객들을 사로잡아야 한다. 이런 부분에서 비디오 콘텐츠가 가장 효과적인 마케팅으로 볼 수 있다. 모든 것을 한 화면 안에서 보여줄 뿐만 아니라 시각과 청각을 자극해 시선을 끌기 쉽고, 정보를 효과적으로 전달하는 장점이 있기 때문이다.
> 비디오 콘텐츠를 활용한 ㉠ 비디오 커머스(V-commerce)는 기존 ㉡ 홈쇼핑과 유사한 맥락을 가지지만, 전달 형식에서 큰 차이가 있다. 홈쇼핑이 제품의 상세 설명이라면, 비디오 커머스는 제품의 사용 후기에 보다 집중된 모습을 보여준다. 또한 홈쇼핑을 정형화되고 깔끔하게 정리된 A급 콘텐츠라고 본다면, 비디오 커머스의 콘텐츠는 일상생활에서 흔하게 접할 수 있는 에피소드를 바탕으로 영상을 풀어나가는 B급 콘텐츠가 주를 이룬다. 주요 이용자가 40 ~ 50대인 홈쇼핑과 달리 모바일의 주요 이용자는 20 ~ 30대로, 이들의 눈높이에 맞추다 보니 쉽고 가벼운 콘텐츠가 많이 등장하고 있는 것이다. 향후 비디오 커머스 시장이 확대되면 재미는 물론 더욱 다양한 상품정보와 소비욕구를 충족시키는 콘텐츠가 많이 등장할 것이다.
> 일반 중소상인들에게 홈쇼핑채널을 통한 입점과 판매는 진입장벽이 높지만, 비디오 커머스는 진입장벽이 낮고 SNS와 동영상 플랫폼을 잘 이용하면 전 세계 어디에나 진출할 수 있다는 장점이 있다. 동영상 콘텐츠 하나로 채널과 국가, 나아가 모든 영역을 넘나드는 새로운 비즈니스 모델의 창출이 가능한 셈이다.

① ㉠은 ㉡과 달리 일반 중소상인들에게 진입장벽이 낮다.
② 소비자에게 ㉠은 제품 사용 후기를, ㉡은 제품에 대한 상세 설명을 전달한다.
③ ㉠과 ㉡은 주로 이용하는 대상이 각각 다르기 때문에 콘텐츠 내용에서 차이가 난다.
④ 모바일을 이용하는 소비자가 늘어남에 따라 ㉡이 효과적인 마케팅으로 주목받고 있다.

03 다음 글이 참일 때 항상 거짓인 것은?

'콘크리트'는 건축 재료로 다양하게 사용되고 있다. 일반적으로 콘크리트가 근대 기술의 산물로 알려져 있지만 콘크리트는 이미 고대 로마 시대에도 사용되었다. 로마 시대의 탁월한 건축미를 보여주는 판테온은 콘크리트 구조물인데, 반구형의 지붕인 돔은 오직 콘크리트로만 이루어져 있다. 로마인들은 콘크리트의 골재 배합을 달리하면서 돔의 상부로 갈수록 두께를 점점 줄여 지붕을 가볍게 할 수 있었다. 돔 지붕이 지름 45m 남짓의 넓은 원형 내부 공간과 이어지도록 하였고, 지붕의 중앙에는 지름 9m가 넘는 원형의 천창을 내어 빛이 내부 공간을 채울 수 있도록 하였다.
콘크리트는 시멘트에 모래와 자갈 등의 골재를 섞어 물로 반죽한 혼합물이다. 콘크리트에서 결합재 역할을 하는 시멘트가 물과 만나면 점성을 띠는 상태가 되며, 시간이 지남에 따라 수화 반응이 일어나 골재, 물, 시멘트가 결합하면서 굳어진다. 콘크리트의 수화 반응이 상온에서 일어나기 때문에 작업하기가 좋다. 반죽 상태의 콘크리트를 거푸집에 부어 경화시키면 다양한 형태와 크기의 구조물을 만들 수 있다. 콘크리트의 골재는 종류에 따라 강도와 밀도가 다양하므로 골재의 종류와 비율을 조절하여 콘크리트의 강도와 밀도를 다양하게 변화시킬 수 있다. 그리고 골재들 간의 접촉을 높여야 강도가 높아지기 때문에, 서로 다른 크기의 골재를 배합하는 것이 효과적이다.
콘크리트가 철근 콘크리트로 발전함에 따라 건축은 구조적으로 더욱 견고해지고, 형태 면에서는 더욱 다양하고 자유로운 표현이 가능해졌다. 일반적으로 콘크리트는 누르는 힘인 압축력에는 쉽게 부서지지 않지만 당기는 힘인 인장력에는 쉽게 부서진다. 압축력이나 인장력에 재료가 부서지지 않고 견딜 수 있는 단위 면적당 최대의 힘을 각각 압축 강도와 인장 강도라 한다. 콘크리트의 압축 강도는 인장 강도보다 10배 이상 높다.

① 고대 로마 시기에는 콘크리트를 이용해 건축물을 짓기도 했다.
② 콘크리트를 만들기 위해서는 시멘트와 모래, 자갈 등이 필요하다.
③ 수화 반응을 일으키기 위해서 콘크리트는 영하에서 제작한다.
④ 콘크리트의 강도를 높이기 위해선 크기가 다른 골재들을 배합해야 한다.

04 문서 작성 · 수정

| 유형분석 |

- 기본적인 어휘력과 어법에 대한 지식을 필요로 하는 문제이다.
- 글의 내용을 파악하고 문맥을 읽을 줄 알아야 한다.

다음 글에서 ㉠~㉣의 수정 방안으로 적절하지 않은 것은?

학부모들을 상대로 설문조사를 한 결과, 사교육비 절감에 가장 큰 도움을 준 제도는 바로 교과교실제(영어, 수학 교실 등 과목전용교실 운영)였다. 사교육비 중에서도 가장 ㉠ 많은 비용이 차지하는 과목이 영어와 수학이라는 점을 고려해 보면 공교육에서 영어, 수학을 집중적으로 가르쳐 주는 것이 사교육비 절감에 큰 도움이 되었다는 점을 이해할 수 있다. 한때 사교육비 절감을 기대하며 도입했던 '방과 후 학교'는 사교육비를 절감하지 못했는데, 이는 학생들을 학교에 묶어 놓는 것만으로는 사교육을 막을 수 없다는 점을 시사한다. 학생과 학부모가 적지 않은 비용을 지불하면서도 사교육을 찾게 되는 이유는 ㉡ 입시에 도움이 된다. 공교육에서는 정해진 교과 과정에 맞추어 수업을 해야 하고 실력 차이가 나는 학생들을 ㉢ 개별적으로 가르쳐야 하기 때문에 입시에 초점을 맞추기가 쉽지 않다. 따라서 공교육만으로는 입시에 뒤처진다고 생각하는 사람들이 많은 것이다. ㉣ 그래서 교과교실제에 이어 사교육비 절감에 도움이 되었다고 생각하는 요인이 '다양하고 좋은 학교의 확산'이라는 점을 보면 공교육에도 희망이 있다고 할 수 있다. 학교가 인문계, 예체능계, 실업계, 특목고 정도로만 나눠졌던 과거에 비해 지금은 학생의 특기와 적성에 맞는 다양하고 좋은 학교가 많이 생겨났다. 좋은 대학에 입학하려는 이유가 대학의 서열화와 그에 따른 취업경쟁 때문이라는 것을 생각해 보면 고등학교 때부터 미래를 위해 공부할 수 있는 학교는 사교육비 절감과 더불어 공교육의 강화, 과도한 입시 경쟁 완화에 도움이 될 것이다.

① ㉠ : 조사가 잘못 쓰였으므로 '많은 비용을 차지하는'으로 수정한다.

② ㉡ : 호응 관계를 고려하여 '입시에 도움이 되기 때문이다.'로 수정한다.

③ ㉢ : 문맥을 고려하여 '집중적으로'로 수정한다.

④ ㉣ : 앞 내용과 상반된 내용이 이어지므로 '하지만'으로 수정한다.

정답 ③

제시문의 내용에 따르면 공교육에서는 학생들의 실력 차이를 모두 고려할 수가 없다. 따라서 '한꺼번에'로 수정하는 것이 적절하다.

풀이 전략!

문장에서 주어와 서술어의 호응 관계가 적절한지 주어와 서술어를 찾아 확인해 보는 연습을 하며, 문서 작성의 원칙과 주의사항은 미리 알아 두는 것이 좋다.

01 다음 글에서 ㉠ ~ ㉣의 수정 방안으로 적절하지 않은 것은?

> 근대화는 전통 사회의 생활양식에 큰 변화를 가져온다. 특히 급속한 근대화로 인해 전통 사회의 해체 과정이 빨라진 만큼 ㉠ 급격한 변화를 일으킨다. 생활양식의 급격한 변화는 전통 사회 문화의 해체 과정이라고 보아도 ㉡ 무던할 정도이다.
> 전통문화의 해체는 새롭게 변화하는 사회 구조에 대해서 전통적인 문화가 당면하게 되는 적합성(適合性)의 위기에서 초래되는 것이다. ㉢ 이처럼 근대화 과정에서 외래문화와 전통문화가 많은 갈등을 겪었다. ㉣ 오랫동안 생활양식으로 유지되었던 전통 사회의 문화가 사회 구조 변화의 속도에 맞먹을 정도로 신속하게 변화할 수는 없다.
> 따라서 문화적 전통을 확립한다는 것은 과거의 전통문화가 고유성을 유지하면서도 현재의 변화된 사회에 적합성을 가지는 것이라 할 수 있다.

① ㉠ : 필요한 문장 성분이 생략되었으므로 '급격한' 앞에 '문화도'를 추가한다.
② ㉡ : 문맥에 어울리지 않으므로 '무방할'로 고친다.
③ ㉢ : 글의 흐름에 어긋나는 내용이므로 삭제한다.
④ ㉣ : 띄어쓰기가 옳지 않으므로 '오랫 동안'으로 고친다.

02 다음 중 공문서의 특징에 대한 설명으로 가장 적절한 것은?

① 회사 내부로 전달되는 글이므로 육하원칙이 드러나지 않아도 된다.
② 날짜 다음에 괄호를 사용할 경우 반드시 마침표를 찍어야 한다.
③ 복잡한 내용은 도표를 통해 시각화하여 이해도를 높인다.
④ 반드시 일정한 양식과 격식을 갖추어 작성하여야 한다.

03 다음 상황에서 차팀장이 이부장에게 제출한 문서의 종류로 가장 적절한 것은?

> B사업의 시행을 담당하고 있는 김사원은 업무 진행 과정에서 B사업과 관련된 특이 사항을 발견하였다. 사안의 중대성을 깨닫고 혼자서 해결하기 어렵다고 생각한 김사원은 차팀장에게 이를 보고하였다. 차팀장은 문제를 해결하기 위한 방안을 문서로 작성하여 결재권자인 이부장에게 제출하였다.

① 결의서
② 품의서
③ 기안서
④ 기획서

05 맞춤법 · 어휘

| 유형분석 |

- 맞춤법에 맞는 단어를 찾거나 주어진 지문의 내용에 어울리는 단어를 찾는 문제가 주로 출제된다.
- 단어 사이의 관계에 대한 문제가 출제되므로 뜻이 비슷하거나 반대되는 단어를 함께 학습하는 것이 좋다.
- 자주 출제되는 단어나 헷갈리는 단어에 대한 학습을 꾸준히 하는 것이 좋다.

다음 중 밑줄 친 단어와 바꿔 사용할 수 있는 것은?

최저임금법 시행령 제5조 제1항 제2호 및 제3호는 주 단위 또는 월 단위로 지급된 임금에 대해 1주 또는 월의 소정근로시간 수로 나눈 금액을 시간에 대한 임금으로 규정하고 있다. 그러나 최저임금 산정을 위한 소정근로시간 수에 대해 고용노동부와 대법원의 해석이 어긋나 눈길을 끈다. 고용노동부는 소정근로시간에 유급주휴시간을 포함하여 계산하여 통상임금 산정기준 근로시간 수와 동일하게 본 반면, 대법원은 최저임금 산정을 위한 소정근로시간 수에 유급주휴시간을 제외하고 산정하였다.

① 배치되어　　② 도치되어

③ 대두되어　　④ 전도되어

정답 ①

- 어긋나다 : 방향이 비껴서 서로 만나지 못하다.
- 배치하다 : 서로 반대로 되어 어그러지거나 어긋나다.

오답분석

② 도치하다 : 차례나 위치 따위를 서로 뒤바꾸다.
③ 대두하다 : 어떤 세력이나 현상이 새롭게 나타나다.
④ 전도하다 : 거꾸로 되거나 거꾸로 하다.

풀이 전략!

문제에서 물어보는 단어를 정확히 확인해야 하고, 문제에서 다루고 있는 단어의 앞뒤 내용을 읽고 글의 전체적 흐름을 생각하며 문제에 접근해야 한다.

대표기출유형 05 기출응용문제

01 **다음 중 밑줄 친 단어의 표기가 옳은 것은?**

① 가만이 앉아 눈을 감고 상상해 봐.
② 먹을만큼만 접시에 담도록 해.
③ 그는 한숨을 내쉬며 담배에 불을 붙였다.
④ 그녀가 우산을 바쳐 들고 빗속을 걸어갔다.

02 **다음 글을 참고할 때, 문법형태소가 가장 많이 포함된 문장은?**

문법형태소(文法形態素)는 문법적 의미가 있는 형태소로, 어휘형태소와 함께 쓰여 그들 사이의 관계를 나타내는 기능을 하는 형태소를 말한다. 한국어에서는 조사와 어미가 이에 해당한다. 의미가 없고 문장의 형식 구성을 보조한다는 의미에서 형식형태소(形式形態素)라고도 한다.

① 동생이 나 몰래 사탕을 먹었다.
② 우리 오빠는 키가 작았다.
③ 봄이 오니 산과 들에 꽃이 피었다.
④ 나는 가게에서 김밥과 돼지고기를 샀다.

03 **다음 중 ㉠, ㉡의 관계와 가장 유사한 것은?**

남성적 특성과 여성적 특성을 모두 가지고 있는 사람이 남성적 특성 혹은 여성적 특성만 지니고 있는 사람에 비하여 훨씬 더 다양한 ㉠ 자극에 대하여 다양한 ㉡ 반응을 보일 수 있다. 이렇게 여러 개의 반응 레퍼토리를 가지고 있다는 것은 다시 말하면, 그때그때 상황의 요구에 따라 적합한 반응을 보일 수 있다는 것이며, 이는 곧 사회적 환경에 더 유연하고 효과적으로 대처할 수 있다는 것을 의미한다.

① 개인 – 사회
② 정신 – 육체
③ 물고기 – 물
④ 입력 – 출력

대표기출유형

06 한자성어 · 속담

| 유형분석 |

- 실생활에서 활용되는 한자성어 또는 속담을 이해할 수 있는지 평가한다.
- 제시된 상황과 일치하는 한자성어 또는 속담을 고르거나 한자의 훈음 · 독음을 맞히는 등 다양한 유형이 출제된다.

다음 상황과 가장 관련 있는 한자성어는?

> 대규모 댐 건설 사업 공모에 K건설회사가 참여하였다. 해당 사업은 막대한 자금과 고도의 건설 기술이 필요했기에 K건설회사가 감당하기 어려운 것이었다. 많은 사람들은 무리하게 공모에 참여한 K건설회사에 대해 무모하다고 여겼다.

① 각골난망(刻骨難忘)　② 난공불락(難攻不落)
③ 빈천지교(貧賤之交)　④ 당랑거철(螳螂拒轍)

정답 ④

'당랑거철(螳螂拒轍)'은 '제 역량을 생각하지 않고 강한 상대나 되지 않을 일에 덤벼드는 무모한 행동거지'를 비유하는 말로, 댐 건설 사업 공모에 무리하게 참여한 K건설회사의 상황에 가장 적절한 한자성어이다.

오답분석

① 각골난망(刻骨難忘) : '은혜를 입은 고마움이 뼈에 깊이 새겨져 잊히지 않음'을 뜻한다.
② 난공불락(難攻不落) : '공격하기에 어려울 뿐 아니라 결코 함락되지 않음'을 뜻한다.
③ 빈천지교(貧賤之交) : '가난하고 어려울 때 사귄 사이 또는 벗'을 일컫는 말이다.

풀이 전략!

- 한자성어 또는 속담 관련 문제의 경우 일정 수준 이상의 사전지식을 요구하므로, 지원하고자 하는 기업 관련 기사 및 이슈를 틈틈이 찾아보며 한자성어 또는 속담에 대입하는 연습을 하면 효과적으로 대처할 수 있다.
- 문제에 제시된 한자성어의 의미를 파악하기 어렵다면, 먼저 알고 있는 한자가 있는지 확인한 후 글의 문맥과 상황에 대입하며 선택지를 하나씩 소거해 나가는 것이 효율적이다.

대표기출유형 06 기출응용문제

01 다음 글과 가장 관련 있는 한자성어는?

> 사회 초년생인 A씨는 최근 많은 뉴스에서 주식으로 돈을 벌었다는 소식을 듣고 자신도 주식하면 돈을 벌 수 있다는 확신을 가졌다. 아무런 지식도 없지만 남들이 다 샀다는 주식을 산 이후 오르기만을 기다렸다. 하지만 주식가격은 점점 내려갔고, 주변에서도 그 주식은 처분해야 된다는 말을 들었지만 A씨는 오를 거라 확신하며 기다렸다. 하지만 이후에도 주가는 오르지 않고 계속 내려갔으며, A씨는 그래도 오를 거라 믿으면서 주변의 만류에도 불구하고 그 주식만 쳐다보고 있다.

① 사필귀정(事必歸正)
② 조삼모사(朝三暮四)
③ 수주대토(守株待兎)
④ 새옹지마(塞翁之馬)

02 다음 글과 가장 관련 있는 속담은?

> 한국을 방문한 외국인들을 대상으로 한 설문조사에서 인상 깊은 한국의 '빨리빨리' 문화로 '자판기에 손 넣고 기다리기, 웹사이트가 3초 안에 안 나오면 창 닫기, 엘리베이터 닫힘 버튼 계속 누르기' 등이 뽑혔다. 외국인들에게 가장 큰 충격을 준 것은 바로 '가게 주인의 대리 서명'이었다. 외국인들은 가게 주인이 카드 모서리로 대충 사인을 하는 것을 보고 큰 충격을 받았다고 하였다. 외국에서는 서명을 대조하여 확인하기 때문에 대리 서명은 상상도 할 수 없다는 것이다.

① 가재는 게 편이다.
② 우물에 가 숭늉 찾는다.
③ 하나를 듣고 열을 안다.
④ 낙숫물이 댓돌을 뚫는다.

대표기출유형

07 경청 · 의사 표현

| 유형분석 |

- 주로 특정 상황을 제시한 뒤 올바른 경청이나 의사 표현 방법을 묻는 형태의 문제이다.
- 경청과 관련한 이론에 대해 묻거나 몇 개의 대화문 중에서 올바른 경청 자세로 이루어진 것을 고르는 유형으로도 출제된다.

다음 중 효과적인 경청 방법으로 적절하지 않은 것은?

① 대화의 내용을 주기적으로 요약한다.

② 상대방의 의견에 동조할 수 없더라도 일단 수용한다.

③ 질문에 대한 답이 즉각적으로 이루어질 때만 질문을 한다.

④ 말하는 사람의 모든 것에 집중해서 적극적으로 들어야 한다.

정답 ③

질문에 대한 답이 즉각적으로 이루어질 수 없는 상황이라고 하더라도 질문을 하면 경청하는 데 적극적인 자세가 되고 집중력 또한 높아진다.

풀이 전략!

별다른 암기 없이도 풀 수 있는 문제가 대부분이지만, 올바른 경청을 방해하는 요인이나 경청훈련 등에 대한 내용은 미리 숙지하고 있는 것이 좋다.

01 의사 표현에서는 말하는 사람이 말하는 순간 듣는 사람이 바로 알아들을 수 있어야 하므로 어떠한 언어를 사용하는지가 매우 중요하다. 다음 〈보기〉에서 의사 표현에 사용되는 언어로 적절하지 않은 것을 모두 고르면?

> 보기
>
> ㉠ 이해하기 쉬운 언어
> ㉡ 상세하고 구체적인 언어
> ㉢ 간결하면서 정확한 언어
> ㉣ 전문적 언어
> ㉤ 단조로운 언어
> ㉥ 문법적 언어

① ㉠, ㉡
② ㉡, ㉢
③ ㉢, ㉥
④ ㉣, ㉤

02 A씨 부부는 대화를 하다 보면 사소한 다툼으로 이어지곤 한다. A씨의 아내는 A씨가 자신의 이야기를 제대로 들어주지 않기 때문이라고 생각한다. 다음 사례에 나타난 A씨의 경청을 방해하는 습관은 무엇인가?

> A씨의 아내가 남편에게 직장에서 업무 실수로 상사에게 혼난 일을 이야기하자 A씨는 "항상 일을 진행하면서 꼼꼼하게 확인하라고 했잖아요. 당신이 일을 처리하는 방법이 잘못됐어요. 다음부터는 일을 하기 전에 미리 계획을 세우고 체크리스트를 작성해 보세요."라고 이야기했다. A씨의 아내는 이런 대답을 듣자고 이야기한 것이 아니라며 더 이상 이야기하고 싶지 않다고 말하고 밖으로 나가 버렸다.

① 짐작하기
② 걸러내기
③ 판단하기
④ 조언하기

CHAPTER 02 수리능력

합격 CHEAT KEY

수리능력은 사칙 연산 · 통계 · 확률의 의미를 정확하게 이해하고 이를 업무에 적용하는 능력으로, 기초 연산과 기초 통계, 도표 분석 및 작성의 문제 유형으로 출제된다. 수리능력 역시 채택하지 않는 공사 · 공단이 거의 없을 만큼 필기시험에서 중요도가 높은 영역이다.

특히, 난도가 높은 공사 · 공단의 시험에서는 도표 분석, 즉 자료 해석 유형의 문제가 많이 출제되고 있고, 응용 수리 역시 꾸준히 출제하는 공사 · 공단이 많기 때문에 기초 연산과 기초 통계에 대한 공식의 암기와 자료 해석 능력을 기를 수 있는 꾸준한 연습이 필요하다.

01 응용 수리의 공식은 반드시 암기하라!

응용 수리는 공사 · 공단마다 출제되는 문제는 다르지만, 사용되는 공식은 비슷한 경우가 많으므로 자주 출제되는 공식을 반드시 암기하여야 한다. 문제에서 묻는 것을 정확하게 파악하여 그에 맞는 공식을 적절하게 적용하는 꾸준한 노력과 공식을 암기하는 연습이 필요하다.

02 자료의 해석은 자료에서 즉시 확인할 수 있는 지문부터 확인하라!

수리능력 중 도표 분석, 즉 자료 해석 능력은 많은 시간을 필요로 하는 문제가 출제되므로, 증가·감소 추이와 같이 눈으로 확인이 가능한 지문을 먼저 확인한 후 복잡한 계산이 필요한 지문을 확인하는 방법으로 문제를 풀이한다면 시간을 조금이라도 아낄 수 있다. 또한, 여러 가지 보기가 주어진 문제 역시 지문을 잘 확인하고 문제를 풀이한다면 불필요한 계산을 생략할 수 있으므로 항상 지문부터 확인하는 습관을 들여야 한다.

03 도표 작성에서 지문에 작성된 도표의 제목을 반드시 확인하라!

도표 작성은 하나의 자료 혹은 보고서와 같은 수치가 표현된 자료를 도표로 작성하는 형식으로 출제되는데, 대체로 표보다는 그래프를 작성하는 형태로 많이 출제된다. 지문을 살펴보면 각 지문에서 주어진 도표에도 소제목이 있는 경우가 대부분이다. 이때, 자료의 수치와 도표의 제목이 일치하지 않는 경우 함정이 존재하는 문제일 가능성이 높으므로 도표의 제목을 반드시 확인하는 것이 중요하다.

01 응용 수리

| 유형분석 |

- 문제에서 제공하는 정보를 파악한 뒤, 사칙연산을 활용하여 계산하는 전형적인 수리문제이다.
- 문제를 풀기 위한 정보가 산재되어 있는 경우가 많으므로 주어진 조건 등을 꼼꼼히 확인해야 한다.

세희네 가족의 올해 휴가비용은 작년 대비 교통비는 15%, 숙박비는 24% 증가하였고, 전체 휴가비용은 20% 증가하였다. 작년 전체 휴가비용이 36만 원일 때, 올해 숙박비는?(단, 전체 휴가비는 교통비와 숙박비의 합이다)

① 160,000원　　② 184,000원
③ 200,000원　　④ 248,000원

정답 ④

작년 교통비를 x만 원, 숙박비를 y만 원이라 하면 다음과 같은 식이 성립한다.

$1.15x+1.24y=1.2(x+y)$ … ㉠

$x+y=36$ … ㉡

㉠과 ㉡을 연립하면 $x=16$, $y=20$이다.

따라서 올해 숙박비는 $20\times1.24=24.8$만 원이다.

풀이 전략!

문제에서 묻는 바를 정확하게 확인한 후, 필요한 조건 또는 정보를 구분하여 신속하게 풀어 나간다. 단, 계산에 착오가 생기지 않도록 유의한다.

대표기출유형 01 기출응용문제

01 K사는 전 직원을 대상으로 유연근무제에 대한 찬반투표를 진행하였다. 그 결과 전체 직원의 80%가 찬성하였고, 20%는 반대하였다. 전 직원의 40%는 여직원이고, 유연근무제에 찬성한 직원의 70%는 남직원이었다. 여직원 한 명을 뽑았을 때, 이 직원이 유연근무제에 찬성했을 확률은?(단, 모든 직원은 찬성이나 반대의 의사표시를 하였다)

① $\frac{1}{5}$ ② $\frac{2}{5}$

③ $\frac{3}{5}$ ④ $\frac{2}{3}$

02 농도가 10%인 소금물 200g에 농도가 15%인 소금물을 섞어서 농도가 13%인 소금물을 만들려고 한다. 이때, 농도가 15%인 소금물은 몇 g이 필요한가?

① 150g ② 200g

③ 250g ④ 300g

03 K중학교 1, 2, 3학년 학생들의 수학 점수 평균을 구했더니 각각 38점, 64점, 44점이었다. 각 학년의 학생 수가 50명, 20명, 30명이라고 할 때, K중학교 학생들의 전체 수학 점수 평균은?

① 43점 ② 44점

③ 45점 ④ 46점

04 나영이와 현지가 집에서 공원을 향해 150m/min의 속력으로 걸어가고 있다. 30분 정도 걸었을 때, 나영이가 지갑을 집에 두고 온 것을 기억하여 300m/min의 속력으로 집에 갔다가 같은 속력으로 다시 공원을 향해 걸어간다고 한다. 현지는 그 속력 그대로 20분 뒤에 공원에 도착했을 때, 나영이는 현지가 공원에 도착하고 몇 분 후에 공원에 도착할 수 있는가?(단, 집에서 공원까지의 거리는 직선이고, 이동시간 외 다른 소요시간은 무시한다)

① 20분 ② 25분
③ 30분 ④ 35분

05 A～C 세 사람은 주기적으로 집 청소를 한다. A는 6일마다, B는 8일마다, C는 9일마다 청소할 때, 세 명이 9월 10일에 모두 같이 청소를 했다면 다음에 같이 청소하는 날은 언제인가?

① 11월 5일 ② 11월 12일
③ 11월 16일 ④ 11월 21일

06 B대리는 주말마다 집 앞 산책로에서 운동을 한다. 길이가 10km인 산책로를 3km/h의 속력으로 걷다가 중간에 6km/h의 속력으로 뛰어 2시간 만에 완주할 때, B대리가 6km/h의 속력으로 뛰어간 거리는?

① 4km ② 6km
③ 8km ④ 10km

07 테니스 동아리에서 테니스장 사용료를 내려고 한다. 모두 같은 금액으로 한 명당 5,500원씩 내면 3,000원이 남고 5,200원씩 내면 300원이 부족하다. 이때, 테니스장 사용료는 얼마인가?

① 37,500원 ② 47,500원

③ 57,500원 ④ 67,500원

08 K공사의 해외사업부, 온라인 영업부, 영업지원부에서 각각 2명, 2명, 3명이 대표로 회의에 참석하기로 하였다. 원탁 테이블에 같은 부서 사람이 옆자리에 앉는다고 할 때, 7명이 앉을 수 있는 경우의 수는?

① 48가지 ② 42가지

③ 36가지 ④ 30가지

09 경언이는 고향인 진주에서 서울로 올라오려고 한다. 오전 8시에 출발하여 우등버스를 타고 340km를 달려 서울 고속터미널에 도착하였는데, 원래 도착 예정시간보다 2시간이 늦어졌다. 도착 예정시간은 평균 100km/h로 달리고 휴게소에서 30분 쉬는 것으로 계산되었으나 실제로 휴게소에서 36분을 쉬었다고 한다. 이때, 진주에서 서울로 이동하는 동안 경언이가 탄 버스의 평균 속도는?

① 약 49km/h ② 약 53km/h

③ 약 57km/h ④ 약 64km/h

대표기출유형

02 자료 계산

| 유형분석 |

- 제시된 자료를 통해 문제에서 주어진 특정한 값을 계산하거나 자료의 변동량을 구할 수 있는지 평가하는 유형이다.
- 자료상에 주어진 공식을 활용하는 계산문제와 증감률, 비율, 합, 차 등을 활용한 문제가 출제된다.
- 출제 비중은 낮지만, 숫자가 큰 경우가 많으므로 제시된 수치와 조건을 꼼꼼히 확인하여 정확하게 계산하는 것이 중요하다.

다음은 K국의 부양인구비를 나타낸 자료이다. 2024년 15세 미만 인구 대비 65세 이상 인구의 비율은 얼마인가?(단, 비율은 소수점 둘째 자리에서 반올림한다)

〈부양인구비〉

구분	2020년	2021년	2022년	2023년	2024년
부양비	37.3	36.9	36.8	36.8	36.9
유소년부양비	22.2	21.4	20.7	20.1	19.5
노년부양비	15.2	15.6	16.1	16.7	17.3

※ (유소년부양비)$=\frac{(15세\ 미만\ 인구)}{(15\sim64세\ 인구)}\times100$

※ (노년부양비)$=\frac{(65세\ 이상\ 인구)}{(15\sim64세\ 인구)}\times100$

① 72.4%
② 77.6%
③ 81.5%
④ 88.7%

정답 ④

2024년 15세 미만 인구를 x명, 65세 이상 인구를 y명, 15～64세 인구를 a명이라 하자.

15세 미만 인구 대비 65세 이상 인구 비율은 $\frac{y}{x}\times100$이므로 다음과 같은 식이 성립한다.

(2024년 유소년부양비)$=\frac{x}{a}\times100=19.5 \rightarrow a=\frac{x}{19.5}\times100 \cdots$ ㉠

(2024년 노년부양비)$=\frac{y}{a}\times100=17.3 \rightarrow a=\frac{y}{17.3}\times100 \cdots$ ㉡

㉠, ㉡을 연립하면 $\frac{x}{19.5}=\frac{y}{17.3} \rightarrow \frac{y}{x}=\frac{17.3}{19.5}$이므로, 15세 미만 인구 대비 65세 이상 인구의 비율은 $\frac{17.3}{19.5}\times100 \fallingdotseq 88.7$%이다.

풀이 전략!

계산을 위해 필요한 정보를 자료에서 확인하도록 하며, 복잡한 계산을 하기 전에 조건을 꼼꼼하게 확인하여 실수를 줄일 수 있도록 한다.

대표기출유형 02 기출응용문제

01 A와 B는 탁구 시합을 하여 3번의 시합에서 총점이 높은 사람이 이기는 것으로 하였다. 다음 A, B의 점수표를 참고하여 B의 총점이 A보다 4점 낮을 때, A가 첫 번째 경기에서 획득한 점수는 몇 점인가?

〈탁구경기 점수표〉

(단위 : 점)

구분	1회	2회	3회
A	x	$x+3$	6
B	8	5	6

① 10점
② 9점
③ 8점
④ 7점

02 K회사는 신년을 맞이하여 달력을 주문하려고 한다. A업체와 B업체를 고려하고 있다고 할 때, 달력을 최소 몇 권 이상 주문해야 A업체에서 주문하는 것이 B업체에서 주문하는 것보다 유리해지는가?

〈달력 가격 정보〉

구분	권당 가격(원)	배송비(원)
A업체	1,650	3,000
B업체	1,800	무료

① 19권
② 20권
③ 21권
④ 22권

03 다음은 농구 경기에서 갑 ~ 정 4개 팀의 월별 득점에 대한 자료이다. 빈칸에 들어갈 수치로 옳은 것은?(단, 각 수치는 매월 일정한 규칙으로 변화한다)

〈월별 득점 현황〉

(단위 : 점)

구분	1월	2월	3월	4월	5월	6월	7월	8월	9월	10월
갑	1,024	1,266	1,156	1,245	1,410	1,545	1,205	1,365	1,875	2,012
을	1,352	1,702	2,000	1,655	1,320	1,307	1,232	1,786	1,745	2,100
병	1,078	1,423	(　　)	1,298	1,188	1,241	1,357	1,693	2,041	1,988
정	1,298	1,545	1,658	1,602	1,542	1,611	1,080	1,458	1,579	2,124

① 1,358　　② 1,397

③ 1,450　　④ 1,498

04 다음은 2024년 우리나라의 LPCD(Liter Per Capital Day)에 대한 자료이다. 1인 1일 사용량에서 영업용 사용량이 차지하는 비중과 1인 1일 가정용 사용량에서 하위 두 항목이 차지하는 비중을 순서대로 나열한 것은?(단, 소수점 셋째 자리에서 반올림한다)

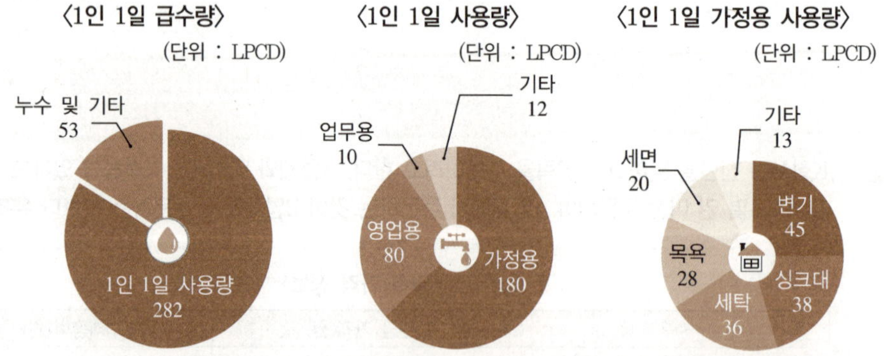

※ LPCD(Liter Per Capital Day) : 1인 1일 물 사용량으로 지역·국가 간 물 사용량을 비교할 수 있게 하고, 수자원을 효율적으로 활용할 수 있게 하는 지표

① 27.57%, 16.25%　　② 27.57%, 19.24%

③ 28.37%, 18.33%　　④ 28.37%, 19.24%

05 다음은 2024년 방송산업 종사자 수를 나타낸 자료이다. 2024년 추세에 언급되지 않은 분야의 인원은 고정되어 있었다고 할 때, 2023년 방송산업 종사자 수는 모두 몇 명인가?

〈2024년 방송산업 종사자 수〉

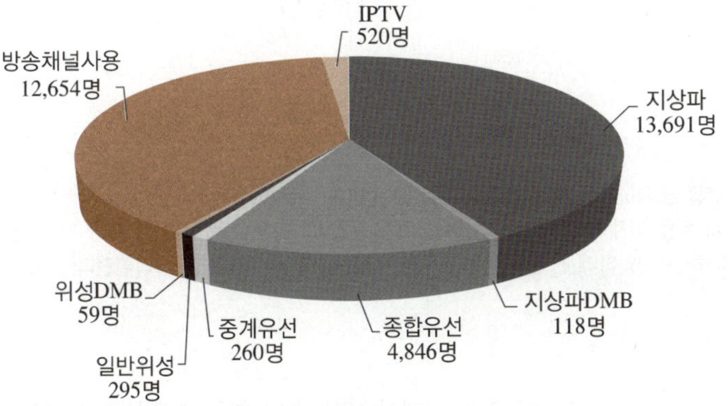

〈2024년 추세〉

지상파 방송사(지상파DMB 포함)는 전년보다 301명(2.2%p)이 증가한 것으로 나타났다. 직종별로 방송직에서는 PD(1.4%p 감소)와 아나운서(1.1%p 감소), 성우, 작가, 리포터, 제작지원 등의 기타 방송직(5%p 감소)이 감소했으나, 카메라, 음향, 조명, 미술, 편집 등의 제작관련직(4.8%p 증가)과 기자(0.5%p 증가)는 증가하였다. 그리고 영업홍보직(13.5%p 감소), 기술직(6.1%p 감소), 임원(0.7%p 감소)은 감소했으나, 연구직(11.7%p 증가)과 관리행정직(5.8%p 증가)은 증가했다.

① 20,081명
② 24,550명
③ 32,142명
④ 36,443명

03 자료 이해

| 유형분석 |

- 제시된 자료를 분석하여 선택지의 정답 유무를 판단하는 문제이다.
- 자료의 수치 등을 통해 변화량이나 증감률, 비중 등을 비교하여 판단하는 문제가 자주 출제된다.
- 지원하고자 하는 기업이나 산업과 관련된 자료 등이 문제의 자료로 많이 다뤄진다.

다음은 도시폐기물량 상위 10개국의 도시폐기물량지수와 한국의 도시폐기물량을 나타낸 자료이다. 〈보기〉 중 이에 대한 설명으로 옳은 것을 모두 고르면?

〈도시폐기물량 상위 10개국의 도시폐기물량지수〉

순위	2021년		2022년		2023년		2024년	
	국가	지수	국가	지수	국가	지수	국가	지수
1	미국	12.05	미국	11.94	미국	12.72	미국	12.73
2	러시아	3.40	러시아	3.60	러시아	3.87	러시아	4.51
3	독일	2.54	브라질	2.85	브라질	2.97	브라질	3.24
4	일본	2.53	독일	2.61	독일	2.81	독일	2.78
5	멕시코	1.98	일본	2.49	일본	2.54	일본	2.53
6	프랑스	1.83	멕시코	2.06	멕시코	2.30	멕시코	2.35
7	영국	1.76	프랑스	1.86	프랑스	1.96	프랑스	1.91
8	이탈리아	1.71	영국	1.75	이탈리아	1.76	튀르키예	1.72
9	튀르키예	1.50	이탈리아	1.73	영국	1.74	영국	1.70
10	스페인	1.33	튀르키예	1.63	튀르키예	1.73	이탈리아	1.40

※ $(\text{도시폐기물량지수})=\frac{(\text{해당 연도 해당 국가의 도시폐기물량})}{(\text{해당 연도 한국의 도시폐기물량})}$

〈한국의 도시폐기물량〉

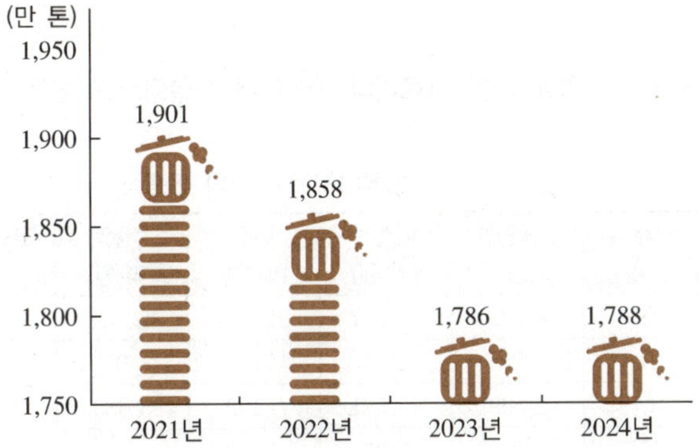

보기

㉠ 2024년 도시폐기물량은 미국이 일본의 4배 이상이다.
㉡ 2023년 러시아의 도시폐기물량은 8,000만 톤 이상이다.
㉢ 2024년 스페인의 도시폐기물량은 2021년에 비해 감소하였다.
㉣ 영국의 도시폐기물량은 튀르키예의 도시폐기물량보다 매년 많다.

① ㉠, ㉢
② ㉠, ㉣
③ ㉡, ㉢
④ ㉢, ㉣

정답 ①

㉠ 제시된 자료의 각주에 의해 같은 해의 각국의 도시폐기물량지수는 그해 한국의 도시폐기물량을 기준해 도출된다. 즉, 같은 해의 여러 국가의 도시폐기물량을 비교할 때 도시폐기물량지수로도 비교가 가능하다. 2024년 미국과 일본의 도시폐기물량지수는 각각 12.73, 2.53이며, 2.53×4=10.12<12.73이므로 옳은 설명이다.

㉢ 2021년 한국의 도시폐기물량은 1,901만 톤이므로 2021년 스페인의 도시폐기물량은 1,901×1.33=2,528.33만 톤이다. 도시폐기물량 상위 10개국의 도시폐기물량지수 자료를 보면 2024년 스페인의 도시폐기물량지수는 상위 10개국에 포함되지 않았음을 확인할 수 있다. 즉, 스페인의 도시폐기물량은 도시폐기물량지수 10위인 이탈리아의 도시폐기물량보다 적다. 2024년 한국의 도시폐기물량은 1,788만 톤이므로 이탈리아의 도시폐기물량은 1,788×1.40=2,503.2만 톤이다. 즉, 2024년 이탈리아의 도시폐기물량은 2021년 스페인의 도시폐기물량보다 적다. 따라서 2024년 스페인의 도시폐기물량은 2021년에 비해 감소하였음을 알 수 있다.

오답분석

㉡ 2023년 한국의 도시폐기물량은 1,786만 톤이므로 2023년 러시아의 도시폐기물량은 1,786×3.87=6,911.82만 톤이다.
㉣ 2024년의 경우 튀르키예의 도시폐기물량지수는 영국보다 높다. 따라서 2024년 영국의 도시폐기물량은 튀르키예의 도시폐기물량보다 적다.

풀이 전략!

평소 변화량이나 증감률, 비중 등을 구하는 공식을 알아두고 있어야 하며, 지원하는 기업이나 산업에 관한 자료 등을 확인하여 비교하는 연습을 한다.

대표기출유형 03 기출응용문제

01 다음은 신재생에너지 산업에 대한 자료이다. 이에 대한 설명으로 옳은 것은?

〈신재생에너지원별 산업 현황〉

구분	기업체 수(개)	고용인원(명)	매출액(억 원)	내수(억 원)	수출액(억 원)	해외공장 매출(억 원)	투자액(억 원)
태양광	127	8,698	75,637	22,975	33,892	18,770	5,324
태양열	21	228	290	290	0	0	1
풍력	37	2,369	14,571	5,123	5,639	3,809	583
연료전지	15	802	2,837	2,143	693	0	47
지열	26	541	1,430	1,430	0	0	251
수열	3	47	29	29	0	0	0
수력	4	83	129	116	13	0	0
바이오	128	1,511	12,390	11,884	506	0	221
폐기물	132	1,899	5,763	5,763	0	0	1,539
합계	493	16,178	113,076	49,753	40,743	22,579	7,966

① 태양광에너지 분야의 기업체 수가 가장 많다.

② 태양광에너지 분야에 고용된 인원은 전체 고용인원의 절반 이상을 차지한다.

③ 전체 매출액 중 풍력에너지 분야의 매출액이 차지하는 비율은 15% 이상이다.

④ 바이오에너지 분야의 수출액은 전체 수출액의 1% 미만이다.

02 다음은 기계 100대의 업그레이드 전·후 성능지수에 대한 자료이다. 이에 대한 설명으로 옳은 것은?

〈업그레이드 전·후 성능지수별 대수〉

(단위 : 대)

구분 \ 성능지수	65	79	85	100
업그레이드 전	80	5	0	15
업그레이드 후	0	60	5	35

※ 성능지수는 네 가지 값(65, 79, 85, 100)만 존재하고, 그 값이 클수록 성능지수가 향상됨을 의미함

〈성능지수 향상 폭 분포〉

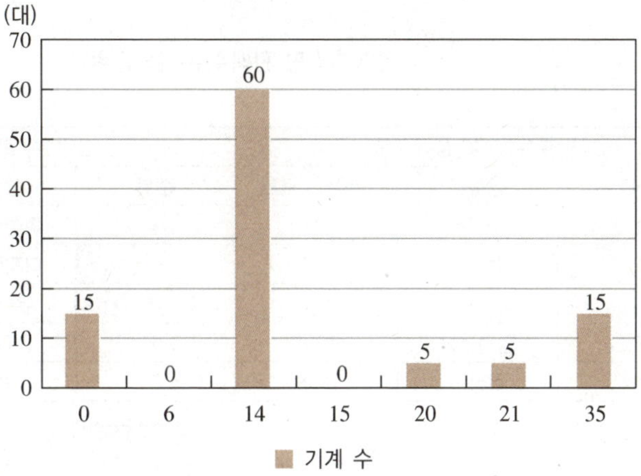

※ 업그레이드를 통한 성능 감소는 없음

※ (성능지수 향상 폭)=(업그레이드 후 성능지수)−(업그레이드 전 성능지수)

① 업그레이드 후 1대당 성능지수는 20 이상 향상되었다.

② 업그레이드 전 성능지수가 65였던 기계의 15%가 업그레이드 후 성능지수 100이 되었다.

③ 업그레이드 전 성능지수가 79였던 모든 기계가 업그레이드 후 성능지수 100이 된 것은 아니다.

④ 업그레이드를 통한 성능지수 향상 폭이 35인 기계 대수는 업그레이드 전 성능지수가 100이었던 기계 대수와 같다.

03 다음은 동일한 상품군을 판매하는 백화점과 TV홈쇼핑의 상품군별 2024년 판매수수료율에 대한 자료이다. 〈보기〉 중 이에 대한 설명으로 옳은 것을 모두 고르면?

〈백화점 판매수수료율 순위〉

(단위 : %)

판매수수료율 상위 5개			판매수수료율 하위 5개		
순위	상품군	판매수수료율	순위	상품군	판매수수료율
1	셔츠	33.9	1	디지털기기	11.0
2	레저용품	32.0	2	대형가전	14.4
3	잡화	31.8	3	소형가전	18.6
4	여성정장	31.7	4	문구	18.7
5	모피	31.1	5	신선식품	20.8

〈TV홈쇼핑 판매수수료율 순위〉

(단위 : %)

판매수수료율 상위 5개			판매수수료율 하위 5개		
순위	상품군	판매수수료율	순위	상품군	판매수수료율
1	셔츠	42.0	1	여행패키지	8.4
2	여성캐주얼	39.7	2	디지털기기	21.9
3	진	37.8	3	유아용품	28.1
4	남성정장	37.4	4	건강용품	28.2
5	화장품	36.8	5	보석	28.7

보기

ㄱ. 백화점과 TV홈쇼핑 모두 셔츠 상품군의 판매수수료율이 전체 상품군 중 가장 높았다.
ㄴ. 여성정장 상품군과 모피 상품군의 판매수수료율은 TV홈쇼핑이 백화점보다 더 낮았다.
ㄷ. 디지털기기 상품군의 판매수수료율은 TV홈쇼핑이 백화점보다 더 높았다.
ㄹ. 여행패키지 상품군의 판매수수료율은 백화점이 TV홈쇼핑의 2배 이상이었다.

① ㄱ, ㄴ
② ㄱ, ㄷ
③ ㄴ, ㄹ
④ ㄱ, ㄷ, ㄹ

04 다음은 자동차 생산 · 내수 · 수출 현황에 대한 자료이다. 이에 대한 설명으로 옳지 않은 것은?

〈자동차 생산 · 내수 · 수출 현황〉

(단위 : 대, %)

구분		2020년	2021년	2022년	2023년	2024년
생산	차량 대수	4,086,308	3,826,682	3,512,926	4,271,741	4,657,094
	증감률	(6.4)	(▽6.4)	(▽8.2)	(21.6)	(9.0)
내수	차량 대수	1,219,335	1,154,483	1,394,000	1,465,426	1,474,637
	증감률	(4.7)	(▽5.3)	(20.7)	(5.1)	(0.6)
수출	차량 대수	2,847,138	2,683,965	2,148,862	2,772,107	3,151,708
	증감률	(7.5)	(▽5.7)	(▽19.9)	(29.0)	(13.7)

① 2020년에는 전년 대비 생산, 내수, 수출이 모두 증가했다.

② 내수가 가장 큰 폭으로 증가한 해에는 생산과 수출이 모두 감소했다.

③ 수출이 증가한 해는 생산과 내수 모두 증가했다.

④ 생산이 증가했지만 내수나 수출이 감소한 해가 있다.

05 다음은 연령별 선물환거래 금액 비율을 나타낸 자료이다. 이에 대한 설명으로 옳은 것은?

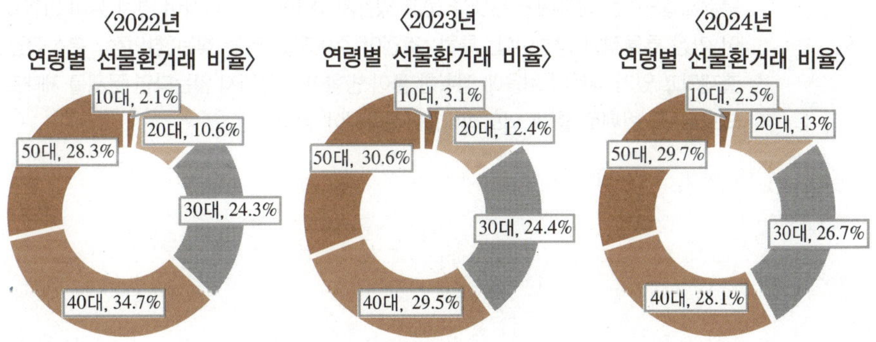

〈선물환거래 총금액〉

(단위 : 억 원)

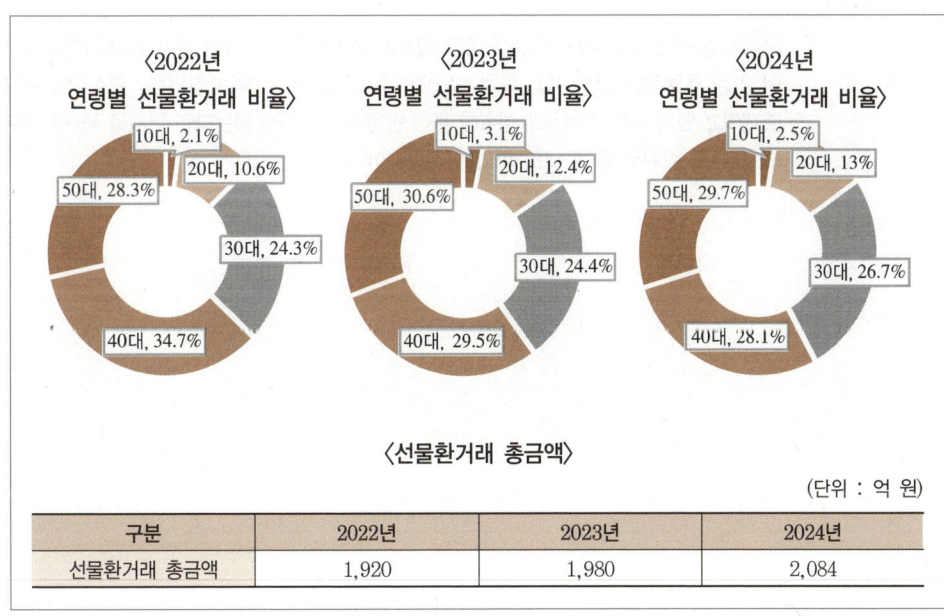

구분	2022년	2023년	2024년
선물환거래 총금액	1,920	1,980	2,084

① 2023 ~ 2024년의 전년 대비 10대와 20대의 선물환거래 금액 비율 증감 추이는 같다.

② 2023년 대비 2024년의 50대의 선물환거래 금액 증가량은 13억 원 이상이다.

③ 2023 ~ 2024년 동안 전년 대비 매년 40대의 선물환거래 금액은 지속적으로 감소하고 있다.

④ 2024년 10 ~ 40대의 선물환거래 금액 총비율은 2023년 50대의 비율의 2.5배 이상이다.

CHAPTER 03

문제해결능력

합격 CHEAT KEY

문제해결능력은 업무를 수행하면서 여러 가지 문제 상황이 발생하였을 때, 창의적이고 논리적인 사고를 통하여 이를 올바르게 인식하고 적절히 해결하는 능력으로, 하위 능력에는 사고력과 문제처리능력이 있다.

문제해결능력은 NCS 기반 채용을 진행하는 대다수의 공사·공단에서 채택하고 있으며, 다양한 자료와 함께 출제되는 경우가 많아 어렵게 느껴질 수 있다. 특히, 난도가 높은 문제로 자주 출제되기 때문에 다른 영역보다 더 많은 노력이 필요할 수는 있지만 그렇기에 차별화를 할 수 있는 득점 영역이므로 포기하지 말고 꾸준하게 노력해야 한다.

01 질문의 의도를 정확하게 파악하라!

문제해결능력은 문제에서 무엇을 묻고 있는지 정확하게 파악하여 먼저 풀이 방향을 설정하는 것이 가장 효율적인 방법이다. 특히, 조건이 주어지고 답을 찾는 창의적·분석적인 문제가 주로 출제되고 있기 때문에 처음에 정확한 풀이 방향이 설정되지 않는다면 문제를 제대로 풀지 못하게 되므로 첫 번째로 출제 의도 파악에 집중해야 한다.

02 중요한 정보는 반드시 표시하라!

출제 의도를 정확히 파악하기 위해서는 문제의 중요한 정보를 반드시 표시하거나 메모하여 하나의 조건, 단서도 잊고 넘어가는 일이 없도록 해야 한다. 실제 시험에서는 시간의 압박과 긴장감으로 정보를 잘못 적용하거나 잊어버리는 실수가 많이 발생하므로 사전에 충분한 연습이 필요하다.

03 반복 풀이를 통해 취약 유형을 파악하라!

문제해결능력은 특히 시간관리가 중요한 영역이다. 따라서 정해진 시간 안에 고득점을 할 수 있는 효율적인 문제 풀이 방법을 찾아야 한다. 이때, 반복적인 문제 풀이를 통해 자신이 취약한 유형을 파악하는 것이 중요하다. 정확하게 풀 수 있는 문제부터 빠르게 풀고 취약한 유형은 나중에 푸는 효율적인 문제 풀이를 통해 최대한 고득점을 맞는 것이 중요하다.

01 명제 추론

| 유형분석 |

- 주어진 문장을 토대로 논리적으로 추론하여 참 또는 거짓을 구분하는 문제이다.
- 대체로 연역추론을 활용한 명제 문제가 출제된다.
- 자료를 제시하고 새로운 결과나 자료에 주어지지 않은 내용을 추론해 가는 형식의 문제가 출제된다.

K공사는 공휴일 세미나 진행을 위해 인근의 가게 A ~ F에서 필요한 물품을 구매하고자 한다. 다음 〈조건〉을 참고할 때, 공휴일에 영업하는 가게의 수는?

조건

- C는 공휴일에 영업하지 않는다.
- B가 공휴일에 영업하지 않으면, C와 E는 공휴일에 영업한다.
- E 또는 F가 영업하지 않는 날이면, D는 영업한다.
- B가 공휴일에 영업하면, A와 E는 공휴일에 영업하지 않는다.
- B와 F 중 1곳만 공휴일에 영업한다.

① 2곳　　② 3곳

③ 4곳　　④ 5곳

정답 ①

주어진 조건을 순서대로 논리 기호화하면 다음과 같다.

- 첫 번째 조건 : $\sim C$
- 두 번째 조건 : $\sim B \rightarrow (C \land E)$
- 세 번째 조건 : $(\sim E \lor \sim F) \rightarrow D$
- 네 번째 조건 : $B \rightarrow (\sim A \land \sim E)$

첫 번째 조건이 참이므로 두 번째 조건의 대우 $(\sim C \lor \sim E) \rightarrow B$에 따라 B는 공휴일에 영업한다. 이때 네 번째 조건에 따라 A와 E는 영업하지 않고, 다섯 번째 조건에 따라 F도 영업하지 않는다. 마지막으로 세 번째 조건에 따라 D는 영업한다. 따라서 공휴일에 영업하는 가게는 B와 D 2곳이다.

풀이 전략!

명제와 관련한 기본적인 논법에 대해서는 미리 학습해 두며, 이를 바탕으로 각 문장에 있는 핵심단어 또는 문구를 기호화하여 정리한 후, 선택지와 비교하여 참 또는 거짓을 판단한다.

대표기출유형 01 기출응용문제

01 A ~ E학생이 영어, 수학, 국어, 체육 수업 중 두 개의 수업을 듣는다고 할 때, 다음 〈조건〉을 참고하여 E학생이 듣는 수업으로 옳은 것을 모두 고르면?

조건

- A학생과 B학생은 영어 수업만 같이 듣는다.
- B학생은 C학생, E학생과 수학 수업을 함께 듣는다.
- C학생은 D학생과 체육 수업을 함께 듣는다.
- A학생은 D학생, E학생과 어떤 수업도 같이 듣지 않는다.

① 영어, 수학
② 영어, 국어
③ 수학, 체육
④ 국어, 체육

02 K공사의 건물에서는 엘리베이터 여섯 대(1 ~ 6호기)를 6시간에 걸쳐 검사하고자 한다. 1시간에 한 대씩만 검사한다고 할 때, 다음 〈조건〉에 근거하여 바르게 추론한 것은?

조건

- 제일 먼저 검사하는 엘리베이터는 5호기이다.
- 가장 마지막에 검사하는 엘리베이터는 6호기가 아니다.
- 2호기는 6호기보다 먼저 검사한다.
- 3호기는 두 번째로 먼저 검사하며, 그다음으로 검사하는 엘리베이터는 1호기이다.

① 6호기는 4호기보다 늦게 검사한다.
② 마지막으로 검사하는 엘리베이터는 4호기가 아니다.
③ 4호기 다음으로 검사할 엘리베이터는 2호기이다.
④ 6호기는 1호기 다다음에 검사하며, 다섯 번째로 검사한다.

03 **K는 서점에서 소설, 에세이, 만화, 잡지, 수험서를 구매했다. 다음 〈조건〉이 모두 참일 때, K가 세 번째로 구매한 책으로 옳은 것은?**

조건

- 만화와 소설보다 잡지를 먼저 구매했다.
- 수험서를 가장 먼저 구매하지 않았다.
- 에세이와 만화를 연달아 구매하지 않았다.
- 수험서를 구매한 다음 곧바로 에세이를 구매했다.
- 에세이나 소설을 마지막에 구매하지 않았다.

① 소설
② 에세이
③ 만화
④ 잡지

04 **A～D 네 사람은 한 아파트에 살고 있고, 이 아파트는 1층과 2층, 층별로 1호, 2호로 구성되어 있다. 다음 〈조건〉을 참고할 때, 〈보기〉 중 옳은 것을 모두 고르면?**

조건

- 각 집에는 한 명씩만 산다.
- D는 2호에 살고, A는 C보다 위층에 산다.
- B와 C는 서로 다른 호수에 산다.
- A와 B는 이웃해 있다.

보기

㉠ 1층 1호 – C
㉡ 1층 2호 – B
㉢ 2층 1호 – A
㉣ 2층 2호 – D

① ㉠, ㉡
② ㉠, ㉢
③ ㉡, ㉢
④ ㉡, ㉣

05 이번 학기에 4개의 강좌 A ~ D가 새로 개설되는데, 강사 갑 ~ 무 중 4명이 한 강좌씩 맡으려 한다. 배정 결과를 궁금해 하는 5명은 다음과 같이 예측했다. 배정 결과를 보니 갑 ~ 무의 진술 중 1명의 진술만이 거짓이고 나머지는 참임이 드러났을 때, 바르게 추론한 것은?

> 갑 : 을이 A강좌를 담당하고 병은 강좌를 담당하지 않을 것이다.
> 을 : 병이 B강좌를 담당할 것이다.
> 병 : 정은 D강좌가 아닌 다른 강좌를 담당할 것이다.
> 정 : 무가 D강좌를 담당할 것이다.
> 무 : 을의 말은 거짓일 것이다.

① 갑은 A강좌를 담당한다.
② 을은 C강좌를 담당한다.
③ 병은 강좌를 담당하지 않는다.
④ 정은 D강좌를 담당한다.

06 회장실, 응접실, 탕비실과 재무회계팀, 홍보팀, 법무팀, 연구개발팀, 인사팀의 위치가 다음 〈조건〉에 따를 때, 인사팀의 위치는 어디인가?

	A	B	C	D	회의실1
출입문	복도				
	E	F	G	H	회의실2

조건

- A ~ H에는 빈 곳 없이 회장실, 응접실, 탕비실, 모든 팀 중 하나가 위치해 있다.
- 회장실은 출입문과 가장 가까운 위치에 있다.
- 회장실 맞은편은 응접실이다.
- 재무회계팀은 회장실 옆에 있고, 응접실 옆에는 홍보팀이 있다.
- 법무팀은 항상 홍보팀 옆에 있다.
- 연구개발팀은 회의실2와 같은 줄에 있다.
- 탕비실은 법무팀 맞은편에 있다.

① B　　② C
③ D　　④ G

대표기출유형

02 자료 해석

| 유형분석 |

- 주어진 자료를 해석하고 활용하여 풀어가는 문제이다.
- 꼼꼼하고 분석적인 접근이 필요한 다양한 자료들이 출제된다.

다음 중 정수장 수질검사 현황에 대해 바르게 설명한 사람은?

〈정수장 수질검사 현황〉

급수 지역	항목						검사결과	
	일반세균 100 이하 (CFU/mL)	대장균 불검출 (수/100mL)	NH3-N 0.5 이하 (mg/L)	잔류염소 4.0 이하 (mg/L)	구리 1 이하 (mg/L)	망간 0.05 이하 (mg/L)	적합 여부	기준 초과
함평읍	0	불검출	불검출	0.14	0.045	불검출	적합	없음
이삼읍	0	불검출	불검출	0.27	불검출	불검출	적합	없음
학교면	0	불검출	불검출	0.13	0.028	불검출	적합	없음
엄다면	0	불검출	불검출	0.16	0.011	불검출	적합	없음
나산면	0	불검출	불검출	0.12	불검출	불검출	적합	없음

① A사원 : 함평읍의 잔류염소는 가장 낮은 수치를 보였고, 기준치에 적합하네.
② B사원 : 모든 급수지역에서 일반세균이 나오지 않았어.
③ C사원 : 기준치를 초과한 곳은 없었지만 적합하지 않은 지역은 있어.
④ D사원 : 대장균과 구리가 검출되면 부적합 판정을 받는구나.

정답 ②

오답분석

① 잔류염소에서 가장 낮은 수치를 보인 지역은 나산면(0.12mg/L)이고, 함평읍(0.14mg/L)은 세 번째로 낮다.
③ 기준치를 초과한 곳도 없고, 모두 적합 판정을 받았다.
④ 함평읍과 학교면, 엄다면은 구리가 검출되었지만 적합 판정을 받았다.

풀이 전략!

문제 해결을 위해 필요한 정보가 무엇인지 먼저 파악한 후, 제시된 자료를 분석적으로 읽고 해석한다.

01 다음 자료와 상황을 근거로 판단할 때, 〈보기〉에서 옳은 것을 모두 고르면?

K국에서는 모든 법인에 대하여 다음과 같이 구분하여 주민세를 부과하고 있다.

구분	세액(원)
• 자본금액 100억 원을 초과하는 법인으로서 종업원 수가 100명을 초과하는 법인	500,000
• 자본금액 50억 원 초과 100억 원 이하 법인으로서 종업원 수가 100명을 초과하는 법인	350,000
• 자본금액 50억 원을 초과하는 법인으로서 종업원 수가 100명 이하인 법인 • 자본금액 30억 원 초과 50억 원 이하 법인으로서 종업원 수가 100명을 초과하는 법인	200,000
• 자본금액 30억 원 초과 50억 원 이하 법인으로서 종업원 수가 100명 이하인 법인 • 자본금액 10억 원 초과 30억 원 이하 법인으로서 종업원 수가 100명을 초과하는 법인	100,000
• 그 밖의 법인	50,000

〈상황〉

법인	자본금액(억 원)	종업원 수(명)
갑	200	?
을	20	?
병	?	200

보기

ㄱ. 갑이 납부해야 할 주민세 최소 금액은 20만 원이다.
ㄴ. 을의 종업원이 50명인 경우 10만 원의 주민세를 납부해야 한다.
ㄷ. 병이 납부해야 할 주민세 최소 금액은 10만 원이다.
ㄹ. 갑, 을, 병이 납부해야 할 주민세 금액의 합계는 최대 110만 원이다.

① ㄱ, ㄴ
② ㄱ, ㄹ
③ ㄴ, ㄷ
④ ㄴ, ㄹ

02 K사원은 자기계발을 위해 집 근처 학원들의 정보를 정리하였다. 다음 중 K사원이 배우려는 프로그램에 대한 설명으로 옳지 않은 것은?(단, 시간이 겹치는 프로그램은 수강할 수 없다)

〈프로그램 시간표〉

프로그램	수강료	횟수	강좌시간
필라테스	300,000원	24회	09:00 ~ 10:10
			10:30 ~ 11:40
			13:00 ~ 14:10
플라잉 요가	330,000원	20회	09:00 ~ 10:10
			10:30 ~ 11:40
			13:00 ~ 14:10
액세서리 공방	260,000원	10회	13:00 ~ 15:00
가방 공방	360,000원	12회	13:30 ~ 16:00
복싱	320,000원	30회	10:00 ~ 11:20
			14:00 ~ 15:20

※ 강좌시간이 2개 이상인 프로그램은 그중 원하는 시간에 수강이 가능함

① K사원은 오전에 운동을 하고, 오후에 공방에 가는 스케줄이 가능하다.

② 가방 공방의 강좌시간이 액세서리 공방의 강좌시간보다 길다.

③ 공방 프로그램 중 하나를 수강하면, 최대 두 개의 프로그램을 더 수강할 수 있다.

④ 강좌 1회당 수강료는 플라잉 요가가 가방 공방보다 15,000원 이상 저렴하다.

03 K공사는 창립 10주년을 맞이하여 전 직원 단합대회를 준비하고 있다. 이를 위해 여행상품 중 한 가지를 선정하려 하는데, 직원 투표 결과를 통해 결정하려고 한다. 직원 투표 결과와 여행지별 1인당 경비가 다음과 같고, 추가로 행사를 위한 부서별 고려사항을 참고하여 선택할 경우 〈보기〉 중 옳은 것을 모두 고르면?

〈직원 투표 결과〉

상품내용		투표 결과(표)					
여행상품	1인당 비용(원)	총무팀	영업팀	개발팀	홍보팀	공장1	공장2
A	500,000	2	1	2	0	15	6
B	750,000	1	2	1	1	20	5
C	600,000	3	1	0	1	10	4
D	1,000,000	3	4	2	1	30	10
E	850,000	1	2	0	2	5	5

〈여행상품별 혜택 정리〉

상품명	날짜	장소	식사제공	차량지원	편의시설	체험시설
A	5/10 ~ 5/11	해변	○	○	×	×
B	5/10 ~ 5/11	해변	○	○	○	×
C	6/7 ~ 6/8	호수	○	○	○	×
D	6/15 ~ 6/17	도심	○	×	○	○
E	7/10 ~ 7/13	해변	○	○	○	×

〈부서별 고려사항〉

- 총무팀 : 행사 시 차량 지원이 가능함
- 영업팀 : 6월 초순에 해외 바이어와 가격 협상 회의 일정이 있음
- 공장1 : 3일 연속 공장 비가동 시 제품의 품질 저하가 예상됨
- 공장2 : 7월 중순 공장 이전 계획이 있음

보기

㉠ 필요한 여행상품 비용은 총 1억 500만 원이 필요하다.
㉡ 투표 결과 가장 인기가 좋은 여행상품은 B이다.
㉢ 공장1의 A, B 투표 결과가 바뀐다면 여행상품 선택은 변경된다.

① ㉠
② ㉠, ㉡
③ ㉠, ㉢
④ ㉡, ㉢

대표기출유형

03 규칙 적용

| 유형분석 |

- 주어진 상황과 규칙을 종합적으로 활용하여 풀어 가는 문제이다.
- 일정, 비용, 순서 등 다양한 내용을 다루고 있어 유형을 한 가지로 단일화하기 어렵다.

A팀과 B팀은 보안등급 상에 해당하는 문서를 나누어 보관하고 있다. 이에 따라 두 팀은 보안을 위해 아래와 같은 규칙에 따라 각 팀의 비밀번호를 지정하였다. 다음 중 A팀과 B팀에 들어갈 수 있는 암호배열은?

〈규칙〉

- 1 ~ 9까지의 숫자로 (한 자릿수)×(두 자릿수)=(세 자릿수)=(두 자릿수)×(한 자릿수) 형식의 비밀번호로 구성한다.
- 가운데에 들어갈 세 자릿수의 숫자는 156이며 숫자는 중복 사용할 수 없다. 즉, 각 팀의 비밀번호에 1, 5, 6이란 숫자가 들어가지 않는다.

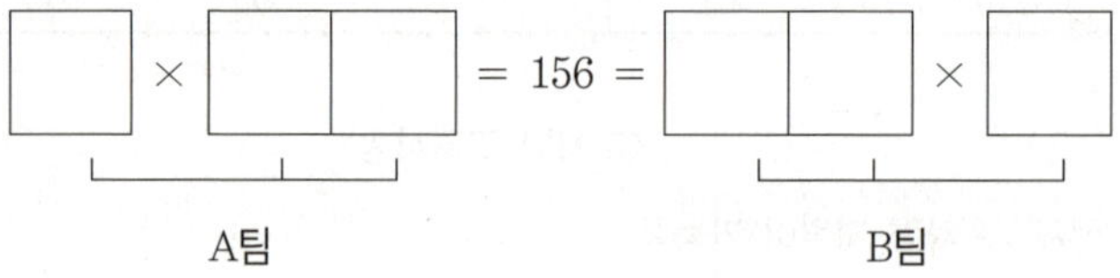

① 23 ② 27

③ 29 ④ 39

정답 ④

규칙에 따라 사용할 수 있는 숫자는 1, 5, 6을 제외한 나머지 2, 3, 4, 7, 8, 9의 총 6개이다. (한 자릿수)×(두 자릿수)=156이 되는 수를 알기 위해서는 156의 소인수를 구해보면 된다. 156의 소인수는 3, 2^2, 13으로 여기서 156이 되는 수의 곱 중에 조건을 만족하는 것은 2×78과 4×39이다. 따라서 선택지 중에 A팀 또는 B팀에 들어갈 수 있는 암호배열은 39이다.

풀이 전략!

문제에 제시된 조건이나 규칙을 정확히 파악한 후, 선택지나 상황에 적용하여 문제를 풀어 나간다.

대표기출유형 03 기출응용문제

01 다음 자료를 참고할 때, 〈보기〉의 주민등록번호 빈칸에 해당하는 숫자로 옳은 것은?

우리나라에서 국민에게 발급하는 주민등록번호는 각각의 번호가 고유한 번호로, 13자리 숫자로 구성된다. 13자리 숫자는 생년, 월, 일, 성별, 출생신고지역, 접수번호, 검증번호로 구분된다.

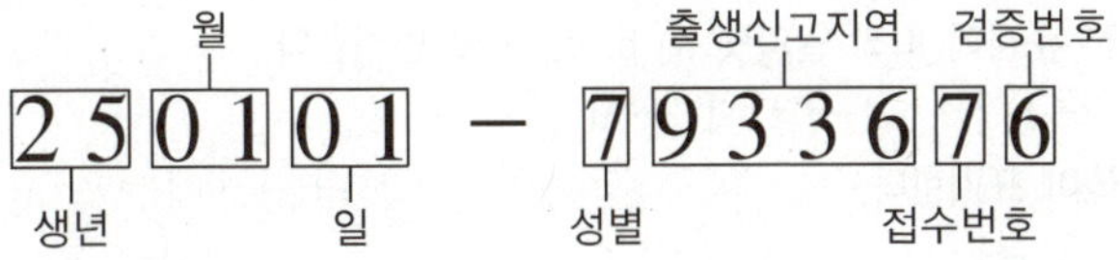

여기서 13번째 숫자인 검증번호는 주민등록번호의 정확성 여부를 검사하는 번호로, 앞의 12자리 숫자를 이용해서 구하는데 계산법은 다음과 같다.

- 1단계 : 주민등록번호의 앞 12자리 숫자에 가중치 2, 3, 4, 5, 6, 7, 8, 9, 2, 3, 4, 5를 곱한다.
- 2단계 : 가중치를 곱한 값의 합을 계산한다.
- 3단계 : 가중치의 합을 11로 나눈 나머지를 구한다.
- 4단계 : 11에서 나머지를 뺀 수를 10으로 나눈 나머지가 검증번호가 된다.

보기

2 4 0 2 0 2 – 8 0 3 7 0 1 ( )

① 4 ② 5

③ 6 ④ 7

※ 김대리는 사내 메신저의 보안을 위해 암호화 규칙을 만들어 동료들과 대화하기로 하였다. 이어지는 질문에 답하시오. **[2~3]**

〈암호화 규칙〉

- 한글 자음은 사전 순서에 따라 바로 뒤의 한글 자음으로 변환한다.
  예 ㄱ → ㄴ, …, ㅎ → ㄱ
- 쌍자음의 경우 자음 두 개로 풀어 표기한다.
  예 ㄲ → ㄴㄴ
- 한글 모음은 사전 순서에 따라 알파벳 a, b, c, …로 변환한다.
  예 ㅏ → a, ㅐ → b, …, ㅢ → t, ㅣ → u
- 겹받침의 경우 풀어 표기한다.
  예 맑다 → ㅂaㅁㄴㄹa
- 공백은 0으로 표현한다.

02

메신저를 통해 김대리가 오늘 점심 메뉴로 'ㄴuㅂㅋuㅊㅊuㄴb'를 먹자고 했을 때, 김대리가 말한 메뉴는?

① 김치김밥
② 김치찌개
③ 계란말이
④ 된장찌개

03

김대리는 이번 주 금요일에 사내 워크숍에서 사용할 조별 구호를 '존중과 배려'로 결정하였고, 메신저를 통해 조원들에게 알리려고 한다. 다음 중 김대리가 전달할 구호를 암호화 규칙에 따라 바르게 변환한 것은?

① ㅊiㄷㅊuㅈㄴjㅅbㅁg
② ㅊiㄷㅊnㅈㄴjㅅbㅁg
③ ㅊiㄷㅊnㅈㄴj0ㅅbㅁg
④ ㅊiㄷㅊnㅈㄴia0ㅅbㅁg

04 다음은 K국의 자동차 등록번호 부여방법이다. 이를 참고할 때 〈보기〉에서 자동차 등록번호가 바르게 부여되지 않은 자동차의 수는 모두 몇 대인가?(단, 자동차는 모두 비사업용 승용차이다)

〈자동차 등록번호 부여방법〉

- 차량종류 – 차량용도 – 일련번호 순으로 부여한다.
- 차량종류별 등록번호

승용차	승합차	화물차	특수차	긴급차
100 ~ 699	700 ~ 799	800 ~ 979	980 ~ 997	998 ~ 999

- 차량용도별 등록번호

구분	문자열
비사업용 (32개)	가, 나, 다, 라, 마 거, 너, 더, 러, 머, 버, 서, 어, 저 고, 노, 도, 로, 모, 보, 소, 오, 조 구, 누, 두, 루, 무, 부, 수, 우, 주
운수사업용	바, 사, 아, 자
택배사업용	배
렌터카	하, 허, 호

- 일련번호
  1000 ~ 9999 숫자 중 임의 발급

보기

- 680 더 3412
- 521 버 2124
- 431 사 3019
- 531 서 9898
- 501 라 4395
- 421 저 2031
- 241 가 0291
- 670 로 3502
- 702 나 2838
- 431 구 3050
- 600 루 1920
- 912 라 2034
- 321 우 3841
- 214 하 1800
- 450 무 8402
- 531 고 7123

① 3개 ② 4개
③ 5개 ④ 6개

04 SWOT 분석

| 유형분석 |

- 상황에 대한 환경 분석 결과를 통해 주요 과제를 도출하는 문제이다.
- 주로 3C 분석 또는 SWOT 분석을 활용한 문제들이 출제되고 있으므로 해당 분석도구에 대한 사전 학습이 요구된다.

다음 설명을 참고할 때 〈보기〉의 K자동차가 취할 수 있는 전략으로 가장 적절한 것은?

'SWOT'는 Strength(강점), Weakness(약점), Opportunity(기회), Threat(위협)의 머리글자를 따서 만든 단어로, 경영 전략을 세우는 방법론이다. SWOT로 도출된 조직의 내·외부 환경을 분석하고, 이 결과를 통해 대응전략을 구상할 수 있다. 'SO전략'은 기회를 활용하기 위해 강점을 사용하는 전략이고, 'WO전략'은 약점을 보완 또는 극복하여 시장의 기회를 활용하는 전략이다. 'ST전략'은 위협을 피하기 위해 강점을 활용하는 방법이며, 'WT전략'은 위협요인을 피하기 위해 약점을 보완하는 전략이다.

보기

- 새로운 정권의 탄생으로 자동차 업계 내 새로운 바람이 불 것으로 예상된다. A당선인이 이번 선거에서 친환경차 보급 확대를 주요 공약으로 내세웠고, 공약에 따라 공공기관용 친환경차 비율을 70%로 상향시키기로 하고, 친환경차 보조금 확대 등을 통해 친환경차 보급률을 높이겠다는 계획을 세웠다. 또한 최근 환경을 생각하는 국민 의식의 향상과 친환경차의 연비 절감 부분이 친환경차 구매 욕구 상승에 기여하고 있다.
- K자동차는 기존의 전기자동차 모델들을 꾸준히 출시하여 성장세가 두드러지고 있는 데다가 고객들의 다양한 구매 욕구를 충족시킬 만한 전기자동차 상품의 다양성을 확보하였다. 또한, K자동차의 전기자동차 미국 수출이 증가하고 있는 만큼 앞으로의 전망도 밝을 것으로 예상된다.

① SO전략
② WO전략
③ ST전략
④ WT전략

정답 ①

- Strength(강점) : K자동차는 전기자동차 모델들을 꾸준히 출시하여 성장세가 두드러지고 있는 데다가 고객들의 다양한 구매 욕구를 충족시킬 만한 전기자동차 상품의 다양성을 확보하였다.
- Opportunity(기회) : 새로운 정권에서 친환경차 보급 확대에 적극 나설 것으로 보인다는 점과 환경을 생각하는 국민 의식의 향상과 친환경차의 연비 절감 부분이 친환경차 구매 욕구 상승에 기여하고 있으며 K자동차의 미국 수출이 증가하고 있다.

따라서 해당 기사를 분석하면 SO전략이 가장 적절하다.

풀이 전략!

문제에 제시된 분석도구를 확인한 후, 분석 결과를 종합적으로 판단하여 각 선택지의 전략 과제와 일치 여부를 판단한다.

01 K공단의 기획팀 B팀장은 C사원에게 K공단에 대한 마케팅 전략 보고서를 요청하였다. C사원이 B팀장에게 제출한 SWOT 분석 결과가 다음과 같을 때, ㉠~㉣ 중 적절하지 않은 것은?

〈K공단 SWOT 분석 결과〉

강점(Strength)	• 새롭고 혁신적인 서비스 • ㉠ 직원들에게 가치를 더하는 공단의 다양한 측면 • 특화된 마케팅 전문 지식
약점(Weakness)	• 낮은 품질의 서비스 • ㉡ 경쟁사의 시장 철수로 인한 시장 진입 가능성
기회(Opportunity)	• ㉢ 합작회사를 통한 전략적 협력 구축 가능성 • 글로벌 시장으로의 접근성 향상
위협(Threat)	• ㉣ 주력 시장에 나타난 신규 경쟁사 • 경쟁사의 혁신적 서비스 개발 • 경쟁사와의 가격 전쟁

① ㉠ ② ㉡
③ ㉢ ④ ㉣

02 최근 라면시장이 3년 만에 마이너스 성장한 것으로 나타남에 따라 K사에 근무하는 A대리는 신제품 개발 이전 라면시장에 대한 환경 분석과 관련된 보고서를 제출하라는 과제를 받았다. 다음 중 A대리가 작성한 SWOT 분석 결과의 기회 요인에 작성할 수 있는 내용으로 옳지 않은 것은?

〈라면시장에 대한 SWOT 분석 결과〉

강점(Strength)	약점(Weakness)
• 식품그룹으로서의 시너지 효과 • 그룹 내 위상, 역할 강화 • M제품의 성공적인 개발 경험	• 유통업체의 영향력 확대 • 과도한 신제품 개발 • 신상품의 단명 • 유사상품의 영역침범 • 경쟁사의 공격적인 마케팅 대응 부족 • 원재료의 절대적 수입 비중
기회(Opportunity)	**위협(Threat)**
	• 저출산, 고령화로 취식인구 감소 • 소득증가 • 언론, 소비단체의 부정적인 이미지 이슈화 • 정부의 관리, 감독 강화

① 1인 가구의 증대(간편식, 편의식 선호) ② 조미료에 대한 부정적인 인식 개선
③ 1인 미디어 라면 먹방의 유행 ④ 난공불락의 B라면회사

대표기출유형

05 창의적 사고

| 유형분석 |

- 창의적 사고에 대한 개념을 묻는 문제가 출제된다.
- 창의적 사고 개발 방법에 대한 암기가 필요한 문제가 출제되기도 한다.

다음 글에서 설명하고 있는 창의적 사고의 개발 방법은?

> '신차 출시'라는 같은 주제에 대해서 판매방법, 판매대상 등의 힌트를 통해 사고 방향을 미리 정해서 발상한다. 이때, 판매방법이라는 힌트에 대해서는 '신규 해외 수출 지역을 물색한다.'라는 아이디어를 떠올릴 수 있을 것이다.

① 자유 연상법　　② 강제 연상법
③ 비교 발상법　　④ 비교 연상법

정답 ②

창의적 사고의 개발 방법

- 자유 연상법 : 어떤 생각에서 다른 생각을 계속해서 떠올리는 작용을 통해 어떤 주제에서 생각나는 것을 계속해서 열거해 나가는 방법 예 브레인스토밍
- 강제 연상법 : 각종 힌트에서 강제적으로 연결지어서 발상하는 방법 예 체크리스트
- 비교 발상법 : 주제와 본질적으로 닮은 것을 힌트로 하여 새로운 아이디어를 얻는 방법 예 NM법, Synetics

풀이 전략!

문제와 관련된 모듈이론에 대한 전반적인 학습을 미리 해두어야 하며, 이를 주어진 문제에 적용하여 빠르게 풀이한다.

대표기출유형 05 기출응용문제

01 다음 글에서 설명하고 있는 문제해결방법은?

> 깊이 있는 커뮤니케이션을 통해 서로의 문제점을 이해하고 공감함으로써 창조적인 문제해결을 도모하며, 구성원의 동기가 강화되고 팀워크도 한층 강화된다는 특징을 보인다. 이 방법을 이용한 문제해결은 구성원이 자율적으로 실행하는 것으로, 예정된 결론이 도출되어 가도록 해서는 안 된다.

① 소프트 어프로치
② 명목집단법
③ 하드 어프로치
④ 퍼실리테이션

02 다음 〈보기〉 중 문제해결절차에 따라 사용되는 문제해결방법을 순서대로 바르게 나열한 것은?

〈문제해결절차〉

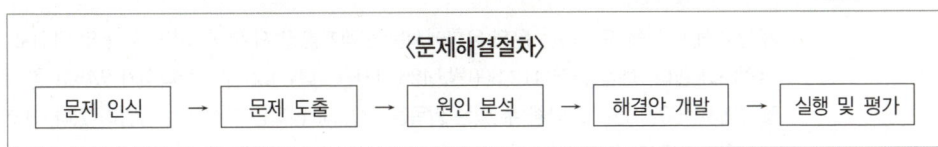

문제 인식 → 문제 도출 → 원인 분석 → 해결안 개발 → 실행 및 평가

보기

㉠ 주요 과제를 나무 모양으로 분해·정리한다.
㉡ 자사, 경쟁사, 고객사에 대해 체계적으로 분석한다.
㉢ 부분을 대상으로 먼저 실행한 후 전체로 확대하여 실행한다.
㉣ 전체적 관점에서 방향과 방법이 같은 해결안을 그룹화한다.

① ㉠－㉡－㉢－㉣
② ㉠－㉡－㉣－㉢
③ ㉡－㉠－㉢－㉣
④ ㉡－㉠－㉣－㉢

CHAPTER 04

자원관리능력

합격 CHEAT KEY

자원관리능력은 현재 NCS 기반 채용을 진행하는 많은 공사·공단에서 핵심영역으로 자리 잡아, 일부를 제외한 대부분의 시험에서 출제되고 있다.

세부 유형은 비용 계산, 해외파견 지원금 계산, 주문 제작 단가 계산, 일정 조율, 일정 선정, 행사 대여 장소 선정, 최단거리 구하기, 시차 계산, 소요 시간 구하기, 해외파견 근무 기준에 부합하는 또는 부합하지 않는 직원 고르기 등으로 나눌 수 있다.

01 시차를 먼저 계산하라!

시간 자원 관리의 대표유형 중 시차를 계산하여 일정에 맞는 항공권을 구입하거나 회의시간을 구하는 문제에서는 각각의 나라 시간을 한국 시간으로 전부 바꾸어 계산하는 것이 편리하다. 조건에 맞는 나라들의 시간을 전부 한국 시간으로 바꾸고 한국 시간과의 시차만 더하거나 빼면 시간을 단축하여 풀 수 있다.

02 선택지를 잘 활용하라!

계산을 해서 값을 요구하는 문제 유형에서는 선택지를 먼저 본 후 자리 수가 몇 단위로 끝나는지 확인해야 한다. 예를 들어 412,300원, 426,700원, 434,100원인 선택지가 있다고 할 때, 제시된 조건에서 100원 단위로 나올 수 있는 항목을 찾아 그 항목만 계산하는 방법이 있다. 또한, 일일이 계산하는 문제가 많다. 예를 들어 640,000원, 720,000원, 810,000원 등의 수를 이용해 푸는 문제가 있다고 할 때, 만 원 단위를 절사하고 계산하여 64, 72, 81처럼 요약하는 방법이 있다.

03 최적의 값을 구하는 문제인지 파악하라!

물적 자원 관리의 대표유형에서는 제한된 자원 내에서 최대의 만족 또는 이익을 얻을 수 있는 방법을 강구하는 문제가 출제된다. 이때, 구하고자 하는 값을 x, y로 정하고 연립방정식을 이용해 x, y 값을 구한다. 최소 비용으로 목표생산량을 달성하기 위한 업무 및 인력 할당, 정해진 시간 내에 최대 이윤을 낼 수 있는 업체 선정, 정해진 인력으로 효율적 업무 배치 등을 구하는 문제에서 사용되는 방법이다.

04 각 평가항목을 비교하라!

인적 자원 관리의 대표유형에서는 각 평가항목을 비교하여 기준에 적합한 인물을 고르거나, 저렴한 업체를 선정하거나, 총점이 높은 업체를 선정하는 문제가 출제된다. 이런 유형은 평가항목에서 가격이나 점수 차이에 영향을 많이 미치는 항목을 찾아 $1\sim2$개의 선택지를 삭제하고, 남은 $3\sim4$개의 선택지만 계산하여 시간을 단축할 수 있다.

01 시간 계획

| 유형분석 |

- 시간 자원과 관련된 다양한 정보를 활용하여 풀어 가는 유형이다.
- 대체로 교통편 정보나 국가별 시차 정보가 제공되며, 이를 근거로 '현지 도착시간 또는 약속된 시간 내에 도착하기 위한 방안'을 고르는 문제가 출제된다.

해외영업부 A대리는 B부장과 함께 샌프란시스코에 출장을 가게 되었다. 샌프란시스코의 시각은 한국보다 16시간 느리고, 비행 시간은 10시간 25분일 때 샌프란시스코 현지 시각으로 11월 17일 오전 10시 35분에 도착하는 비행기를 타려면 한국 시각으로 몇 시까지 인천공항에 도착해야 하는가?

〈비행 정보〉

구분	날짜	출발 시각	비행 시간	날짜	도착 시각
인천 → 샌프란시스코	11월 17일		10시간 25분	11월 17일	10:35
샌프란시스코 → 인천	11월 21일	17:30	12시간 55분	11월 22일	22:25

※ 비행기 출발 한 시간 전에 공항에 도착해 티켓팅을 해야 함

① 12:10
② 13:10
③ 14:10
④ 15:10

정답 ④

인천에서 샌프란시스코까지 비행 시간은 10시간 25분이므로, 샌프란시스코 도착 시각에서 거슬러 올라가면 샌프란시스코 시각으로 00시 10분에 출발한 것이 된다. 이때 한국은 샌프란시스코보다 16시간 빠르기 때문에 한국 시각으로는 16시 10분에 출발한 것이다. 하지만 비행기 티켓팅을 위해 출발 1시간 전에 인천공항에 도착해야 하므로 15시 10분까지 공항에 가야 한다.

풀이 전략!

문제에서 묻는 것을 정확히 파악한다. 특히 제한사항에 대해서는 빠짐없이 확인해 두어야 한다. 이후 제시된 정보(시차 등)에서 필요한 것을 선별하여 문제를 풀어 간다.

01 인사팀은 4월 월간 일정표와 〈조건〉을 고려하여 인사팀의 1박 2일 워크숍 날짜를 결정하려고 한다. 다음 중 인사팀의 워크숍 날짜로 가장 적절한 것은?

〈4월 월간 일정표〉

월	화	수	목	금	토	일
	1	2 오전 10시 연간 채용계획 발표(A팀장)	3	4 오전 10시 주간업무보고 오후 7시 B대리 송별회	5	6
7	8 오후 5시 총무팀과 팀 연합회의	9	10	11 오전 10시 주간업무보고	12	13
14 오전 11시 승진대상자 목록 취합 및 보고(C차장)	15	16	17 A팀장 출장	18 오전 10시 주간업무보고	19	20
21 오후 1시 팀미팅(30분 소요 예정)	22	23 D사원 출장	24 외부인사 방문 일정	25 오전 10시 주간업무보고	26	27
28 E대리 휴가	29	30				

조건

- 워크숍은 평일로 한다.
- 워크숍에는 모든 팀원들이 빠짐없이 참석해야 한다.
- 워크숍 일정은 첫날 오후 3시 출발부터 다음 날 오후 2시까지이다.
- 다른 팀과 함께하는 업무가 있는 주에는 워크숍 일정을 잡지 않는다.
- 매월 말일에는 월간 업무 마무리를 위해 워크숍 일정을 잡지 않는다.

① 4월 9 ~ 10일
② 4월 18 ~ 19일
③ 4월 21 ~ 22일
④ 4월 28 ~ 29일

02 **모스크바 지사에서 일하고 있는 A대리는 밴쿠버 지사와의 업무협조를 위해 4월 22일 오전 10시 15분에 밴쿠버 지사로 업무협조 메일을 보냈다. 다음 〈조건〉을 토대로 밴쿠버 지사에서 가장 빨리 메일을 읽었을 때, 모스크바의 시각은?**

조건

- 밴쿠버는 모스크바보다 10시간이 늦다.
- 밴쿠버 지사의 업무시간은 오전 10시부터 오후 6시까지이다.
- 밴쿠버 지사에서는 4월 22일 오전 10시부터 15분간 전력 점검이 있었다.

① 4월 22일 오전 10시 15분
② 4월 23일 오전 10시 15분
③ 4월 22일 오후 8시 15분
④ 4월 23일 오후 8시 15분

03 **A대리는 다가오는 9월에 결혼을 앞두고 있다. 다음 〈조건〉을 참고할 때, A대리의 결혼날짜로 가능한 날은?**

조건

- 9월은 1일부터 30일까지이며, 9월 1일은 금요일이다.
- 9월 30일부터 추석연휴가 시작되고 추석연휴 이틀 전엔 A대리가 주관하는 회의가 있다.
- A대리는 결혼식을 한 다음 날 8박 9일간 신혼여행을 간다.
- 회사에서 신혼여행으로 주는 휴가는 5일이다.
- A대리는 신혼여행과 겹치지 않도록 수요일 3주 연속 치과 진료가 예약되어 있다.
- 신혼여행에서 돌아오는 날 부모님 댁에서 하루 자고, 그 다음 날 출근할 예정이다.

① 1일　② 2일
③ 22일　④ 23일

04 **다음 중 A씨가 시간관리를 통해 일상에서 얻을 수 있는 효과로 적절하지 않은 것은?**

A씨는 일과 생활의 균형을 유지하기 위해 항상 노력한다. 매일 아침 가족들과 함께 아침 식사를 하며 대화를 나눈 후 출근 준비를 한다. 출근길 지하철에서는 컴퓨터 자격증 공부를 틈틈이 하고 있다. 업무를 진행하는 데 있어서 컴퓨터 사용 능력이 부족하다는 것을 스스로 느꼈기 때문이다. 회사에 출근 시간보다 여유롭게 도착하면 먼저 오늘의 업무 일지를 작성하여 무슨 일을 해야 하는지 파악한다. 근무 시간에는 일정표를 바탕으로 정해진 순서대로 일을 진행한다. 퇴근 후에는 가족과 영화를 보거나 저녁 식사를 하며 시간을 보낸다. A씨는 철저한 시간관리를 통해 후회 없는 생활을 하고 있다.

① 스트레스 감소
② 균형적인 삶
③ 생산성 향상
④ 사회적 인정

05 **시간관리의 중요성에 대한 사내 교육을 받은 A사원은 일일 업무에 대한 시간 계획을 세워보기로 결심했다. 다음 중 A사원이 시간 계획을 세우는 데 있어서 주의해야 할 사항으로 적절하지 않은 것은?**

① 시간 계획의 기본 원리에 따라 하루의 60%는 계획된 행동으로 구성하고, 나머지 40%는 계획 외의 행동과 자발적 행동으로 각각 20%씩 구성해야 한다.
② 당일에 예정된 행동은 모두 계획에 포함시키고, 작성한 시간 계획은 정기적·체계적으로 체크해서 일을 일관성 있게 마칠 수 있도록 해야 한다.
③ 부득이한 일이 생겨 계획에서 놓친 시간은 야근을 해서라도 미루지 않고 당일에 즉시 메우는 것이 좋다.
④ 야근을 해도 끝내지 못한 일은 나의 능력 밖의 일이므로 어쩔 수 없이 다른 사람에게 부탁하는 것이 좋다.

대표기출유형

02 비용 계산

| 유형분석 |

- 예산 자원과 관련된 다양한 정보를 활용하여 문제를 풀어간다.
- 대체로 한정된 예산 내에서 수행할 수 있는 업무 및 예산 가격을 묻는 문제가 출제된다.

연봉 실수령액을 구하는 식이 〈보기〉와 같을 때, 연봉이 3,480만 원인 A씨의 연간 실수령액은?(단, 원 단위는 절사한다)

보기

- (연봉 실수령액)=(월 실수령액)×12
- (월 실수령액)=(월 급여)−[(국민연금)+(건강보험료)+(고용보험료)+(장기요양보험료)+(소득세)+(지방세)]
- (국민연금)=(월 급여)×4.5%
- (건강보험료)=(월 급여)×3.12%
- (고용보험료)=(월 급여)×0.65%
- (장기요양보험료)=(건강보험료)×7.38%
- (소득세)=68,000원
- (지방세)=(소득세)×10%

① 30,944,400원　　② 31,078,000원
③ 31,203,200원　　④ 32,150,800원

정답 ①

A씨의 월 급여는 3,480만÷12=290만 원이다.
국민연금, 건강보험료, 고용보험료를 제외한 금액을 계산하면 다음과 같은 식이 성립한다.
290만−[290만×(0.045+0.0312+0.0065)]
→ 290만−(290만×0.0827)
→ 290만−239,830=2,660,170원

- 장기요양보험료 : (290만×0.0312)×0.0738≒6,670원(∵ 원 단위 이하 절사)
- 지방세 : 68,000×0.1=6,800원

따라서 A씨의 월 실수령액은 2,660,170−(6,670+68,000+6,800)=2,578,700원이고, 연간 실수령액은 2,578,700×12=30,944,400원이다.

풀이 전략!

제한사항인 예산을 고려하여 문제에서 묻는 것을 정확히 파악한 후, 제시된 정보에서 필요한 것을 선별하여 문제를 풀어간다.

01 K구에서는 주택을 소유하고 해당 주택에 거주하는 가구를 대상으로 주택 노후도 평가를 시행하여 그 결과에 따라 주택보수비용을 지원하고 있다. 다음 자료를 근거로 판단할 때 K구에 사는 C씨가 지원받을 수 있는 주택보수비용의 최대 액수는?

〈주택보수비용 지원 내용〉

구분	경보수	중보수	대보수
보수항목	도배 혹은 장판	수도시설 혹은 난방시설	지붕 혹은 기둥
주택당 보수비용 지원한도액	350만 원	650만 원	950만 원

〈소득인정액별 주택보수비용 지원율〉

구분	중위소득 25% 미만	중위소득 25% 이상 35% 미만	중위소득 35% 이상 43% 미만
지원율	100%	90%	80%

※ 소득인정액에 따라 위 보수비용 지원한도액의 80 ~ 100%를 차등 지원함

〈상황〉

C씨는 현재 거주하고 있는 A주택의 소유자이며, 소득인정액이 중위소득 40%에 해당한다. A주택의 노후도 평가 결과, 지붕의 수선이 필요한 주택보수비용 지원 대상에 선정되었다.

① 520만 원
② 650만 원
③ 760만 원
④ 855만 원

02 스포츠용품을 판매하는 K쇼핑몰을 운영하는 B씨는 최근 E축구사랑재단으로부터 대량주문을 접수 받았다. 다음 대화를 토대로 거래가 원활히 성사되었다면, 해당 거래에 의한 매출액은 총 얼마인가?

> A씨 : 안녕하세요? E축구사랑재단 구매담당자입니다. 이번에 축구공 기부행사를 진행할 예정이어서 견적을 받아 보았으면 합니다. 초등학교 2곳, 중학교 3곳, 고등학교 1곳에 각 용도에 맞는 축구공으로 300개씩 배송했으면 합니다. 그리고 견적서에 배송료 등 기타 비용이 있다면 함께 추가해서 보내 주세요.
>
> B씨 : 저희 쇼핑몰을 이용해 주셔서 감사합니다. 5천만 원 이상의 대량구매 건에 대해서 전체 주문금액의 10%를 할인하고 있습니다. 또한 기본 배송료는 5,000원이지만 3천만 원 이상 구매 시 무료 배송을 진행해 드리고 있습니다. 알려주신 정보로 견적서를 보내 드리겠습니다.

〈K쇼핑몰 취급 축구공 규격 및 가격〉

구분	3호	4호	5호
무게(g)	300 ~ 320	350 ~ 390	410 ~ 450
둘레(mm)	580	640	680
지름(mm)	180	200	220
용도	8세 이하 어린이용	8 ~ 13세 초등학생용	14세 이상 사용, 시합용
판매가격	25,000원	30,000원	35,000원

① 5,100만 원　　② 5,400만 원

③ 5,670만 원　　④ 6,000만 원

03 다음 중 빈칸 ㉠ ~ ㉤에 들어갈 말을 바르게 연결한 것은?

> 예산의 구성요소는 일반적으로 직접비용과 간접비용으로 구분된다. ___㉠___비용은 제품 또는 서비스를 창출하기 위해 ___㉡___ 소비된 것으로 여겨지는 비용을 말한다. 반면, ___㉢___비용은 과제를 수행하기 위해 소비된 비용 중 ___㉣___비용을 제외한 비용으로, 생산에 ___㉤___ 관련되지 않은 비용을 말한다.

	㉠	㉡	㉢	㉣	㉤
①	직접	직접	간접	직접	직접
②	직접	직접	간접	간접	직접
③	간접	직접	직접	간접	간접
④	간접	간접	직접	간접	직접

04 다음은 K공사의 여비규정이다. 대구로 출장을 다녀 온 B과장의 지출내역을 토대로 여비를 정산했을 때, B과장은 총 얼마를 받는가?

여비의 종류(제1조)

여비는 운임 · 숙박비 · 식비 · 일비 등으로 구분한다.

1. 운임 : 여행 목적지로 이동하기 위해 교통수단을 이용함에 있어 소요되는 비용을 충당하기 위한 여비
2. 숙박비 : 여행 중 숙박에 소요되는 비용을 충당하기 위한 여비
3. 식비 : 여행 중 식사에 소요되는 비용을 충당하기 위한 여비
4. 일비 : 여행 중 출장지에서 소요되는 교통비 등 각종 비용을 충당하기 위한 여비

운임의 지급(제2조)

1. 운임은 철도운임 · 선박운임 · 항공운임으로 구분한다.
2. 국내운임은 국내 여비 지급표에 따라 지급한다.

일비 · 숙박비 · 식비의 지급(제3조)

1. 국내 여행자의 일비 · 숙박비 · 식비는 국내 여비 지급표에 따라 지급한다.
2. 일비는 여행일수에 따라 지급한다.
3. 숙박비는 숙박하는 밤의 수에 따라 지급한다. 다만, 출장 기간이 2일 이상인 경우의 지급액은 출장기간 전체의 총액 한도 내 실비로 계산한다.
4. 식비는 여행일수에 따라 지급한다.

〈국내 여비 지급표〉

철도운임	선박운임	항공운임	일비(1인당)	숙박비(1박당)	식비(1일당)
실비 (일반실)	실비 (2등급)	실비	20,000원	실비 (상한액 40,000원)	20,000원

〈B과장의 지출내역〉

(단위 : 원)

항목	1일 차	2일 차	3일 차	4일 차
KTX 운임(일반실)	43,000	–	–	43,000
대구 시내 버스요금	5,000	4,000	–	2,000
대구 시내 택시요금	–	–	10,000	6,000
식비	15,000	45,000	35,000	15,000
숙박비	45,000	30,000	35,000	–

① 286,000원　　② 304,000원

③ 328,000원　　④ 356,000원

대표기출유형

03 품목 확정

| 유형분석 |

- 물적 자원과 관련된 다양한 정보를 활용하여 풀어 가는 문제이다.
- 주로 공정도 · 제품 · 시설 등에 대한 가격 · 특징 · 시간 정보가 제시되며, 이를 종합적으로 고려하는 문제가 출제된다.

K공사에 근무하는 김대리는 사내시험에서 2점짜리 문제를 8개, 3점짜리 문제를 10개, 5점짜리 문제를 6개를 맞혀 총 76점을 맞았다. 다음을 참고할 때 5점짜리 문제의 총개수와 최대리가 맞힌 문제의 총개수를 더하면 몇 개인가?

〈사내시험 규정〉

문제 수 : 43문제

만점 : 141점

- 2점짜리 문제 수는 3점짜리 문제 수보다 12문제 적다.
- 5점짜리 문제 수는 3점짜리 문제 수의 절반이다.

- 최대리가 맞힌 2점짜리 문제의 개수는 김대리와 동일하며, 이는 2점짜리 문제 가운데 80%이다.
- 최대리의 점수는 총 38점이다.

① 23개 ② 25개

③ 26개 ④ 28개

정답 ②

최대리는 2점짜리 문제를 김대리가 맞힌 개수만큼 맞혔으므로 8개, 즉 16점을 획득했다. 최대리가 맞힌 3점짜리와 5점짜리 문제를 합하면 38−16=22점이 나와야 한다. 3점과 5점의 합으로 22가 나오기 위해서는 3점짜리는 4문제, 5점짜리는 2문제를 맞혀야 한다. 그러므로 최대리가 맞힌 문제의 총개수는 8개(2점짜리)+4개(3점짜리)+2개(5점짜리)=14개이다. 또한 김대리와 최대리가 맞힌 2점짜리 문제의 개수는 8개이고 이때 8개가 80%라고 했으므로 2점짜리 문제는 모두 10문제이다. 그러므로 3점짜리 문제 수는 10+12=22개이고, 5점짜리 문제 수는 22×0.5=11개이다.

따라서 5점짜리 문제의 총개수와 최대리가 맞힌 문제의 총개수를 더하면 11+14=25개이다.

풀이 전략!

문제에서 묻고자 하는 바를 정확히 파악하는 것이 중요하다. 문제에서 제시한 물적 자원의 정보를 문제의 의도에 맞게 선별하면서 풀어 간다.

01 K사는 후문 공지 개발을 위한 시공업체를 선정하고자 한다. 업체 선정방식 및 참가업체에 대한 평가정보가 다음과 같을 때, 최종적으로 선정될 업체는?

〈선정방식〉

- 최종점수가 가장 높은 업체를 선정한다.
- 업체별 최종점수는 경영건전성 점수, 시공실적 점수, 전력절감 점수, 친환경 점수를 합산한 값의 평균에 가점을 가산하여 산출한다.
- 해당 업체의 평가항목별 점수는 심사위원들이 부여한 점수의 평균값이다.
- 다음 기준에 해당하는 경우 가점을 부여한다.

구분	가점
최근 5년 이내 무사고	1점
디자인 수상 실적 1회 이상	2점
입찰가격 150억 원 이하	2점

〈참가업체 평가정보〉

(단위 : 점)

구분	A업체	B업체	C업체	D업체
경영건전성 점수	85	91	79	88
시공실적 점수	79	82	81	71
전력절감 점수	71	74	72	77
친환경 점수	88	75	85	89
최근 5년 이내 사고 건수	1	−	3	−
디자인 수상 실적	2	1	−	−
입찰가격(원)	220억	172억	135억	110억

① A업체
② B업체
③ C업체
④ D업체

02 K공사 마케팅팀의 팀장은 팀원 50명에게 연말 선물을 하기 위해 물품을 구매하려고 한다. 다음은 업체별 품목 가격과 팀원들의 품목 선호도를 나타낸 자료이다. 이를 바탕으로 〈조건〉에 따라 팀장이 구매할 물품과 업체를 순서대로 바르게 나열한 것은?

〈업체별 품목 가격〉

구분		한 벌당 가격(원)
A업체	티셔츠	6,000
	카라 티셔츠	8,000
B업체	티셔츠	7,000
	후드 집업	10,000
	맨투맨	9,000

〈팀원 품목 선호도〉

순위	품목
1	카라 티셔츠
2	티셔츠
3	후드 집업
4	맨투맨

조건

- 팀원의 선호도를 우선으로 품목을 선택한다.
- 총구매금액이 30만 원 이상이면 총금액에서 5%를 할인해 준다.
- 차순위 품목이 1순위 품목보다 총금액이 20% 이상 저렴하면 차순위를 선택한다.

① 티셔츠, A업체　　② 카라 티셔츠, A업체
③ 맨투맨, B업체　　④ 후드 집업, B업체

03 다음은 K기업의 재고 관리에 대한 자료이다. 금요일까지 부품 재고 수량이 남지 않게 완성품을 만들 수 있도록 월요일에 주문할 부품 A ~ C의 개수가 바르게 연결된 것은?(단, 주어진 조건 이외에는 고려하지 않는다)

〈부품 재고 수량과 완성품 1개당 소요량〉

부품명	부품 재고 수량	완성품 1개당 소요량
A	500	10
B	120	3
C	250	5

〈완성품 납품 수량〉

항목 \ 요일	월	화	수	목	금
완성품 납품 개수	없음	30	20	30	20

※ 부품 주문은 월요일에 한 번 신청하며, 화요일 작업 시작 전에 입고됨

※ 완성품은 부품 A, B, C를 모두 조립해야 함

	A	B	C
①	100	100	100
②	100	180	200
③	500	100	100
④	500	180	250

04 다음 사례에 대한 물적자원관리의 방해 요인이 잘못 연결된 것은?

- A는 손톱깎이를 사용한 뒤 항상 아무 곳에나 놓는다. 그래서 손톱깎이가 필요할 때마다 한참 동안 집 안 구석구석을 찾아야 한다.
- B는 길을 가다가 귀여운 액세서리를 발견하면 그냥 지나치지 못한다. 그래서 B의 화장대 서랍에는 액세서리가 쌓여 있다.
- C는 지난주에 휴대폰을 잃어버려 얼마 전에 새로 구입하였다. 그런데 오늘 지하철에서 새로 산 휴대폰을 또 잃어버리고 말았다.
- D는 작년에 친구로부터 선물 받은 크리스마스 한정판 화장품을 잃어버린 후 찾지 못했고, 다시 구입하려고 하니 이미 판매가 끝난 상품이라 구입할 수 없었다.

① A : 보관 장소를 파악하지 못하는 경우

② B : 분명한 목적 없이 물건을 구입하는 경우

③ C : 물품을 분실한 경우

④ D : 보관 장소를 파악하지 못하는 경우

대표기출유형

04 인원 선발

| 유형분석 |

- 인적 자원과 관련된 다양한 정보를 활용하여 풀어 가는 문제이다.
- 주로 근무명단, 휴무일, 업무할당 등의 주제로 다양한 정보를 활용하여 종합적으로 풀어 가는 문제가 출제된다.

어느 버스회사에서 (가)시에서 (나)시를 연결하는 버스 노선을 개통하기 위해 새로운 버스를 구매하려고 한다. 다음 〈조건〉과 같이 노선을 운행하려고 할 때, 최소 몇 대의 버스를 구매해야 하며 이때 필요한 운전사는 최소 몇 명인가?

조건

1) 새 노선의 왕복 시간 평균은 2시간이다(승하차 시간을 포함).
2) 배차시간은 15분 간격이다.
3) 운전사의 휴식시간은 매 왕복 후 30분씩이다.
4) 첫차는 05시 정각에, 막차는 23시에 (가)시를 출발한다.
5) 모든 차는 (가)시에 도착하자마자 (나)시로 곧바로 출발하는 것을 원칙으로 한다.
   즉, (가)시에 도착하는 시간이 바로 (나)시로 출발하는 시간이다.
6) 모든 차는 (가)시에서 출발해서 (가)시로 복귀한다.

	버스	운전사
①	6대	8명
②	8대	10명
③	10대	12명
④	12대	14명

정답 ②

왕복 시간이 2시간, 배차 간격이 15분이라면 첫차가 재투입되는 데 필요한 버스의 수는 첫차를 포함해서 8대이다(∵ 15분×8대=2시간이므로 8대 버스가 운행된 이후 9번째에 첫차 재투입 가능).
운전사는 왕복 후 30분의 휴식을 취해야 하므로 첫차를 운전했던 운전사는 2시간 30분 뒤에 운전을 시작할 수 있다. 따라서 8대의 버스로 운행하더라도 운전사는 150분 동안 운행되는 버스 150÷15=10대를 운전해야 하므로 10명의 운전사가 필요하다.

풀이 전략!

문제에서 신입사원 채용이나 인력배치 등의 주제가 출제될 경우에는 주어진 규정 혹은 규칙을 꼼꼼히 확인하여야 한다. 이를 근거로 각 선택지가 어긋나지 않는지 검토하며 문제를 풀어 간다.

01 다음은 K사의 연가 제도를 나타낸 자료이다. 현재 날짜는 2025년 4월 8일이며 K사의 사원 A～D의 입사일자와 사용한 연가일수가 〈보기〉와 같을 때, 연가일수가 가장 많이 남은 사람은?

〈K사의 연가 제도〉

재직 기간	연가일수
3개월 이상 6개월 미만	3일
6개월 이상 1년 미만	6일
1년 이상 2년 미만	9일
2년 이상 3년 미만	12일
3년 이상 4년 미만	14일
4년 이상 5년 미만	17일
5년 이상 6년 미만	20일
6년 이상	21일

※ 재직 기간은 입사일자를 시작으로 현재 날짜까지의 근로기간을 의미함

보기

구분	입사일자	사용한 연가일수
A	2024.06.23.	1일
B	2021.04.17.	9일
C	2019.05.14.	13일
D	2023.10.22.	3일

① A　　② B

③ C　　④ D

02 K공사에서는 약 2개월 동안 근무할 인턴사원을 선발하고자 다음과 같은 공고를 게시하였다. A ~ D지원자 중 K공사의 인턴사원으로 가장 적절한 지원자는?

〈인턴사원 모집 공고〉

- 근무 기간 : 약 2개월(2 ~ 4월)
- 자격 요건
  - 1개월 이상 경력자
  - 포토샵 가능자
  - 근무 시간(9 ~ 18시) 이후에도 근무가 가능한 자
- 기타 사항
  - 경우에 따라서 인턴 기간이 연장될 수 있음

A지원자	• 경력 사항 : 출판사 3개월 근무 • 컴퓨터 활용 능력 中(포토샵, 워드 프로세서) • 대학 휴학 중(3월 복학 예정)
B지원자	• 경력 사항 : 없음 • 포토샵 능력 우수 • 전문대학 졸업
C지원자	• 경력 사항 : 마케팅 회사 1개월 근무 • 컴퓨터 활용 능력 上(포토샵, 워드 프로세서, 파워포인트) • 4년제 대학 졸업
D지원자	• 경력 사항 : 제약 회사 3개월 근무 • 포토샵 가능 • 저녁 근무 불가

① A지원자
② B지원자
③ C지원자
④ D지원자

03 K기업은 신입사원을 채용하기 위해 서류전형과 면접전형을 마치고 다음과 같은 평가지표 결과를 얻었다. 평가지표별 가중치를 바탕으로 각 지원자의 최종 점수를 합산하여 점수가 가장 높은 두 명을 채용할 때, K기업이 채용할 지원자는?

〈지원자별 평가지표 결과〉

(단위 : 점)

구분	면접 점수	영어 실력	팀내 친화력	직무 적합도	발전 가능성	비고
A지원자	3	3	5	4	4	군필자
B지원자	5	5	2	3	4	군필자
C지원자	5	3	3	3	5	−
D지원자	4	3	3	5	4	군필자
E지원자	4	4	2	5	5	군 면제자

※ 군필자(만기제대)에게는 5점의 가산점을 부여함

〈평가지표별 가중치〉

구분	면접 점수	영어 실력	팀내 친화력	직무 적합도	발전 가능성
가중치	3	3	5	4	5

※ 가중치는 해당 평가지표 결과 점수에 곱함

① A, D지원자　　② B, C지원자

③ B, E지원자　　④ D, E지원자

04 A사원은 인적 자원의 효과적 활용에 대한 강연을 듣고, 인맥을 활용하였을 때의 장점에 대해 다음과 같이 정리하였다. ㉠~㉣ 중 A사원이 잘못 메모한 내용은 모두 몇 개인가?

〈인적 자원의 효과적 활용〉

• 인적 자원이란?

… 중략 …

• 인맥 활용 시 장점
  - ㉠ 각종 정보와 정보의 소스 획득
  - ㉡ '나' 자신의 인간관계나 생활에 대해서 알 수 있음
    ↳ ㉢ 자신의 인생에 탄력이 생김
  - ㉣ '나' 자신만의 사업을 시작할 수 있음 ← 참신한 아이디어 획득

① 없음　　② 1개

③ 2개　　④ 3개

CHAPTER 05 직업윤리

합격 CHEAT KEY

직업윤리는 업무를 수행함에 있어 원만한 직업생활을 위해 필요한 태도, 매너, 올바른 직업관이다. 직업윤리는 필기시험뿐만 아니라 서류를 제출하면서 자기소개서를 작성할 때와 면접을 시행할 때도 포함되는 항목으로 들어가지 않는 공사·공단이 없을 정도로 필수 능력으로 꼽힌다.

직업윤리의 세부 능력은 근로 윤리·공동체 윤리로 나눌 수 있다. 구체적인 문제 상황을 제시하여 해결하기 위해 어떤 대안을 선택해야 할지에 관한 문제들이 출제된다.

01 오답을 통해 대비하라!

이론을 따로 정리하는 것보다는 문제에서 본인이 생각하는 모범답안을 선택하고 틀렸을 경우 그 이유를 정리하는 방식으로 학습하는 것이 효율적이다. 암기하기보다는 이해에 중점을 두고 자신의 상식으로 문제를 푸는 것이 아니라 해당 문제가 어느 영역 어떤 하위능력의 문제인지 파악하는 훈련을 한다면 답이 보일 것이다.

02 직업윤리와 일반윤리를 구분하라!

일반윤리와 구분되는 직업윤리의 특징을 이해해야 한다. 통념상 비윤리적이라고 일컬어지는 행동도 특정한 직업에서는 허용되는 경우가 있다. 그러므로 문제에서 주어진 상황을 판단할 때는 우선 직업의 특성을 고려해야 한다.

03 직업윤리의 하위능력을 파악해 두어라!

직업윤리의 경우 직장생활 경험이 없는 수험생들은 조직에서 일어날 수 있는 구체적인 직업윤리와 관련된 내용에 흥미가 없고 이를 이해하는 데 어려움이 있을 수 있다. 그러나 문제에서는 구체적인 상황·사례를 제시하는 문제가 나오기 때문에 직장에서의 예절을 정리하고 문제 상황에서 적절한 대처를 선택하는 연습을 하는 것이 중요하다.

04 면접에서도 유리하다!

많은 공사·공단에서 면접 시 직업윤리에 관련된 질문을 하는 경우가 많다. 직업윤리 이론 학습을 미리 해 두면 본인의 가치관을 세우는 데 도움이 되고 이는 곧 기업의 인재상과도 연결되기 때문에 미리 준비해 두면 필기시험에서 합격하고 면접을 준비할 때도 수월할 것이다.

대표기출유형

01 윤리 · 근면

| 유형분석 |

- 주어진 제시문 속의 비윤리적인 상황에 대하여 원인이나 대처법을 고르는 문제가 출제된다.
- 근면한 자세의 사례를 고르는 문제 또한 종종 출제된다.
- 직장생활 내에서 필요한 윤리적이고 근면한 태도에 대한 문제가 자주 출제된다.

다음 중 A～C의 비윤리적 행위에 대한 원인을 바르게 연결한 것은?

- A는 영화관 내 촬영이 금지된 것을 모르고 영화 관람 중 스크린을 동영상으로 촬영하였고, 이를 인터넷에 올렸다가 저작권 위반으로 벌금이 부과되었다.
- B는 얼마 전 친구에게 인터넷 도박 사이트를 함께 운영하자는 제안을 받았고, 그러한 행위가 불법인 줄 알았음에도 불구하고 많은 돈을 벌 수 있다는 친구의 말에 제안을 바로 수락했다.
- 평소에 화를 잘 내지 않는 C는 만취한 상태로 편의점에 들어가 물건을 구매하는 과정에서 직원과 말다툼을 하다가 화를 주체하지 못하고 주먹을 휘둘렀다.

	A	B	C
①	무절제	무지	무관심
②	무관심	무지	무절제
③	무지	무절제	무관심
④	무지	무관심	무절제

정답 ④

- A : 영화관 내 촬영이 불법인 줄 모르고 영상을 촬영하였으므로 무지로 인한 비윤리적 행위를 저질렀다.
- B : 불법 도박 사이트 운영이 불법임을 알고 있었지만, 이를 중요하게 여기지 않는 무관심으로 인한 비윤리적 행위를 저질렀다.
- C : 만취한 상태에서 자신을 스스로 통제하지 못하고 폭력을 행사하였으므로 무절제로 인한 비윤리적 행위를 저질렀다.

비윤리적 행위의 원인

- 무지 : 사람들은 무엇이 옳고, 무엇이 그른지 모르기 때문에 비윤리적 행위를 저지른다.
- 무관심 : 자신의 행위가 비윤리적이라는 것을 알고 있지만, 윤리적인 기준에 따라 행동해야 한다는 것을 중요하게 여기지 않는다.
- 무절제 : 자신의 행위가 잘못이라는 것을 알고 그러한 행위를 하지 않으려고 함에도 불구하고 자신의 통제를 벗어나는 어떤 요인으로 인하여 비윤리적 행위를 저지른다.

풀이 전략!

근로윤리는 우리 사회가 요구하는 도덕상에 기초하고 있다는 점을 유념하고, 다양한 사례를 익혀 문제에 적응한다.

대표기출유형 01 기출응용문제

01 **우리가 직면하는 윤리적 문제에 대하여 무감각하거나 행동하지 않는 것을 도덕적 타성이라고 할 한다. 다음 중 이러한 도덕적 타성이 생기는 원인으로 적절하지 않은 것은?**

① 윤리적인 문제에 대하여 제대로 인식하지 못하기 때문에
② 어떤 결과가 나쁜 것을 알지만 자신의 행위가 그러한 결과를 가져올 수 있다는 것을 모르기 때문에
③ 일상생활에서 윤리적인 배려가 선택의 우선순위에서 밀려나기 때문에
④ 사람들이 가지고 있는 낙관적인 성향, 즉 비윤리적인 행동이 미치는 영향에 대하여 별거 아니라고 생각하거나 저절로 좋아질 것이라고 생각하기 때문에

02 **다음 중 근면에 대한 설명으로 옳지 않은 것은?**

① 자아실현을 위해 자발적으로 능동적인 근무태도를 보이는 것은 근면에 해당한다.
② 직업에 귀천이 없다는 점은 근면한 태도를 유지해야 하는 근거로 볼 수 있다.
③ 근면은 게으르지 않고 부지런한 것을 의미한다.
④ 생계를 위해 어쩔 수 없이 기계적인 노동을 하며 부지런함을 유지하는 것은 근면에 해당하지 않는다.

03 **다음 〈보기〉 중 윤리적 인간에 해당하는 사람을 모두 고르면?**

> 보기
>
> ㉠ 다른 사람의 행복을 고려하는 사람
> ㉡ 삶의 가치와 도덕적 신념을 존중하는 사람
> ㉢ 눈에 보이는 육신의 안락을 중시하는 사람
> ㉣ 다른 사람을 배려하면서 행동하는 사람
> ㉤ 자신의 이익만을 생각하는 사람

① ㉠, ㉡, ㉢
② ㉠, ㉡, ㉣
③ ㉡, ㉢, ㉣
④ ㉢, ㉣, ㉤

04 근면에는 외부로부터 강요당한 근면과 스스로 자진해서 하는 근면 두 가지가 있다. 다음 〈보기〉 중 스스로 자진해서 하는 근면을 모두 고르면?

보기
㉠ 생계를 유지하기 위해 기계적으로 작업장에서 하는 일
㉡ 승진을 위해 외국어를 열심히 공부하는 일
㉢ 상사의 명령에 의해 하는 야근
㉣ 영업사원이 실적향상을 위해 노력하는 일

① ㉠, ㉡ ② ㉠, ㉢
③ ㉡, ㉢ ④ ㉡, ㉣

05 다음 중 (가)의 입장에서 (나)의 문제점을 해결하기 위해 제시할 수 있는 자세를 〈보기〉에서 모두 고르면?

(가) 모든 사회구성원이 공정하게 대우받는 정의로운 공동체를 만들기 위해서는 부패 행위를 방지해야 한다. 우리 조상들은 전통적으로 청렴 의식을 중요하게 여겨, 청렴 의식을 강조하는 전통 윤리를 지켜왔다.
(나) 부패 인식 지수는 공무원과 정치인이 얼마나 부패해 있는지에 대한 정도를 비교하여 국가별로 순위를 매긴 것이다. 100점 만점을 기준으로 점수가 높을수록 청렴하다. 2024년 조사한 결과 우리나라의 부패 인식 지수는 100점 만점에 64점으로, 조사대상국 180개국 중 30위를 기록했다.

보기
㉠ 공동체와 국가의 공사(公事)를 넘어서 개인의 일을 우선하는 정신을 기른다.
㉡ 공직자들은 개인적 이익과 출세만을 추구하지 않고 바른 마음과 정성을 가진다.
㉢ 부당한 방법으로 공익을 추구하려 하지 않고 개인의 이익을 가장 중요하게 여긴다.
㉣ 공직자들은 청빈한 생활 태도를 유지하면서 국가의 일에 충심을 다하려는 정신을 지닌다.

① ㉠, ㉡ ② ㉠, ㉢
③ ㉡, ㉢ ④ ㉡, ㉣

06 다음 중 직장에서의 명함 교환 예절에 대한 설명으로 가장 적절한 것은?

① 명함을 받으면 그대로 주머니에 넣는다.
② 서로 동시에 명함을 건넬 때에는 오른손으로 건네거나 받고 왼손으로 옮긴다.
③ 명함은 상급자가 먼저 꺼내어 건넨다.
④ 명함은 명함 지갑에서 꺼내어 건넨다.

07 다음 〈보기〉 중 직장에서의 예절에 대한 설명으로 적절하지 않은 것은?

> **보기**
> ㄱ. 악수를 할 때는 오른손을 사용하여 손끝만을 가볍게 잡는다.
> ㄴ. 상대와 눈을 맞추고 악수를 한다.
> ㄷ. 윗사람에게는 먼저 목례를 한 후에 악수를 한다.
> ㄹ. 인사는 자신의 기분을 드러낼 수 있어야 한다.

① ㄱ, ㄴ　　② ㄱ, ㄹ
③ ㄴ, ㄷ　　④ ㄴ, ㄹ

08 다음 대화를 읽고 K대리에게 필요한 윤리의식으로 가장 적절한 것은?

> K대리는 늦잠을 자서 약속시간 지키기가 빠듯했고, 과속으로 주행하다 결국 경찰에 단속되었다.
> 경찰 : 안녕하세요. 제한속도 60km 이상 과속하셨습니다.
> K대리 : 어머님이 위독하다는 연락을 받고 경황이 없어서 그랬습니다.
> 경찰 : 그래도 과속하셨습니다. 벌점 15점에 벌금 6만 원입니다.
> K대리 : 이번에 벌점을 받으면 면허정지입니다. 한 번만 봐주세요.

① 창의력　　② 협동심
③ 근면　　④ 준법

대표기출유형

02 봉사 · 책임 의식

| 유형분석 |

- 개인이 가져야 하는 책임 의식과 기업의 사회적 책임으로 양분되는 문제이다.
- 봉사의 의미를 묻는 문제가 종종 출제된다.

다음은 봉사에 대한 글이다. 영문 철자에서 봉사가 함유한 의미로 옳지 않은 것은?

봉사란 나라나 사회 혹은 타인을 위하여 자신의 이해를 돌보지 아니하고 몸과 마음을 다하여 일하는 것을 가리키며, 영문으로는 'Service'에 해당한다. 'Service'의 각 철자에서 봉사가 함유한 7가지 의미를 도출해 볼 수 있다.

① S : Smile & Speed
② E : Emotion
③ R : Repeat
④ V : Value

정답 ③

'R'은 반복하여 제공한다는 'Repeat'이 아니라 'Respect'로, 고객을 존중하는 것을 가리킨다.

오답분석

① 미소와 함께 신속한 도움을 제공한다는 의미이다.
② 고객에게 감동을 준다는 의미이다.
④ 고객에게 가치를 제공한다는 의미이다.

풀이 전략!

직업인으로서 요구되는 봉사 정신과 책임 의식에 관해 숙지하도록 한다.

대표기출유형 02 기출응용문제

01 다음 사례에서 나타나는 가장 중요한 역량은?

스칸디나비아항공은 고객이 예약 문의전화를 하고, 공항카운터를 방문하고, 티켓을 받은 후 탑승을 하고, 기내서비스를 받고, 공항을 빠져나오는 등의 모든 순간에 고객이 항공사와 함께 있다는 기분을 느낄 수 있도록 다양한 광고와 질 높은 서비스를 제공하는 MOT마케팅을 도입함으로써 수년간의 적자경영을 흑자경영으로 돌려놓는 결과를 낳았다. MOT마케팅은 고객이 여러 번에 걸쳐 최상의 서비스를 경험했다 하더라도 단 한 번의 불만족스러움을 느낀다면 결국 전체 서비스에 대한 만족도를 0으로 만들어버린다는 곱셈의 법칙(100−1=99가 아니라 100×0=0이라는 법칙)에 따라 고객과의 접점의 순간에서 최상의 서비스를 제공할 것을 강조한다.

① 근면
② 성실
③ 봉사
④ 책임감

02 다음 사례에서 알 수 있는 A와 B의 입장에 대한 설명으로 가장 적절한 것은?

A : 기업에게 이윤극대화 외에 사회적 책임을 강조하게 되면, 기업의 소유주나 주주들의 권익을 침해할 수 있어.
B : 기업은 이윤 추구 외에도 윤리경영, 환경보호활동 등 사회 전체의 행복을 증진시키는 일에 힘써야 하지.

① B는 기업의 목적이 이윤 추구에 있음을 부정한다.
② B는 기업이 공공선 실현에 기여해야 한다고 본다.
③ A는 기업이 공익사업에 적극 참여할 것을 강조한다.
④ A는 기업이 이윤 추구에만 몰두하는 것을 비효율적이라고 본다.

03 다음 중 직장에서 책임 있는 생활을 하고 있지 않은 사람은?

① A사원은 몸이 아파도 맡은 임무는 다하려고 한다.
② B과장은 자신이 맡은 일이라면 개인적인 일을 포기하고 그 일을 먼저 한다.
③ C대리는 자신과 상황을 최대한 객관적으로 판단한 뒤 책임질 수 있는 범위의 일을 맡는다.
④ D부장은 나쁜 상황이 일어났을 때 왜 그런 일이 일어났는지에 대해서만 끊임없이 분석한다.

04 **다음 중 직업윤리에 따른 직업인의 기본자세로 옳지 않은 것은?**

① 대체 불가능한 희소성을 갖추어야 한다.
② 봉사 정신과 협동 정신이 있어야 한다.
③ 소명 의식과 천직 의식을 가져야 한다.
④ 책임 의식과 전문 의식이 있어야 한다.

05 **다음 〈보기〉 중 서비스(Service)의 7가지 의미에 해당하는 것은 모두 몇 개인가?**

보기

ㄱ. 고객에게 효과적인 도움을 제공할 수 있어야 한다.
ㄴ. 고객에게 예의를 갖추고 서비스를 제공하여야 한다.
ㄷ. 고객에게 좋은 이미지를 심어주어야 한다.
ㄹ. 고객에게 정서적 감동을 제공할 수 있어야 한다.

① 1개 ② 2개
③ 3개 ④ 4개

PART 2

최종점검 모의고사

제1회 최종점검 모의고사

제2회 최종점검 모의고사

제1회
최종점검 모의고사

※ 한국남부발전 최종점검 모의고사는 2025년 하반기 채용공고 및 후기를 기준으로 구성한 것으로 실제 시험과 다를 수 있습니다.

■ 취약영역 분석

번호	O/×	영역	번호	O/×	영역	번호	O/×	영역
01		의사소통능력	26		수리능력	51		자원관리능력
02			27			52		
03			28			53		
04			29		문제해결능력	54		
05			30			55		
06			31			56		
07			32			57		직업윤리
08			33			58		
09			34			59		
10			35			60		
11			36			61		
12			37			62		
13			38			63		
14			39			64		
15		수리능력	40			65		
16			41			66		
17			42			67		
18			43		자원관리능력	68		
19			44			69		
20			45			70		
21			46					
22			47					
23			48					
24			49					
25			50					

평가문항	70문항	평가시간	70분
시작시간	:	종료시간	:
취약영역			

제1회 최종점검 모의고사

문항 수 : 70문항 응시시간 : 70분

정답 및 해설 p.040

01 다음 글을 바탕으로 추론한 내용으로 적절하지 않은 것은?

> 생태학에서 생물량 또는 생체량으로 번역되어 오던 단어인 '바이오매스(Biomass)'는 태양 에너지를 받은 식물과 미생물의 광합성에 의해 생성되는 식물체, 균체, 그리고 이를 자원으로 삼는 동물체 등을 모두 포함한 생물 유기체를 일컫는다. 그리고 이러한 바이오매스를 생화학적, 또는 물리적 변환과정을 통해 액체, 가스, 고체연료, 혹은 전기나 열에너지 형태로 이용하는 기술을 화이트 바이오테크놀로지(White Biotechnology), 줄여서 '화이트 바이오'라고 부른다.
> 옥수수나 콩, 사탕수수와 같은 식물자원을 이용해 화학제품이나 연료를 생산하는 기술인 화이트 바이오는 재생이 가능한 데다 기존 화석원료를 통한 제조방식에서 벗어나 이산화탄소 배출을 줄일 수 있는 탄소중립적인 기술로 주목받고 있다. 한편 산업계에서는 미생물을 활용한 화이트 바이오를 통해 산업용 폐자재나 가축의 분뇨, 생활폐기물과 같이 죽은 유기물이라 할 수 있는 유기성 폐자원을 바이오매스 자원으로 활용하여 에너지를 생산하고자 연구하고 있으며, 온실가스 배출, 악취 발생, 수질오염 등 환경적 문제는 물론 그 처리비용 문제도 해결할 수 있을 것으로 기대를 모으고 있다. 비록 보건 및 의료 분야의 바이오 산업인 레드 바이오나 농업 및 식량 분야의 그린 바이오보다 늦게 발전을 시작했지만, 한국과학기술기획평가원이 발간한 보고서에 따르면 화이트 바이오 관련 산업은 연평균 18%의 빠른 속도로 성장하며 기존의 화학 산업을 대체할 것으로 전망되고 있다.

① 생태학에서 정의하는 바이오매스와 산업계에서 정의하는 바이오매스는 다르다.
② 산업계는 화이트 바이오를 통해 환경오염 문제를 해결할 수 있을 것으로 기대를 모으고 있다.
③ 가정에서 나온 폐기물은 바이오매스 자원으로 고려되지 않는다.
④ 화이트 바이오 산업은 아직 다른 두 바이오 산업에 비해 규모가 작을 것이다.

02 다음 글의 내용으로 적절하지 않은 것은?

2050년 탄소중립 실현을 목표로 태양광·풍력 등 에너지 기술을 확보하기 위한 국가 전략이 확정됐다. 정부는 한국의 경우 탄소 배출량이 많은 석탄 발전과 제조업의 비중이 높아 이를 해결할 기술혁신이 무엇보다 시급하다고 진단했다. 과학기술정보통신부, 산업통상자원부, 기획재정부 등에서 추천한 산·학·연 전문가 88명이 참여해 우리나라에 필요한 10대 핵심기술을 선정했다.
10대 핵심기술의 첫 번째는 태양광·풍력 기술이다. 태양광의 경우 중국의 저가 기술 공세에 맞서 발전효율을 27%에서 2030년까지 35%로 높인다. 풍력의 경우 대형풍력의 국산화를 통해 발전용량을 5.5MW급에서 2030년까지 15MW급으로 늘린다.
수소와 바이오에너지 기술 수준도 높인다. 충전해 사용하는 방식인 수소는 충전단가를 kg당 7,000원에서 2030년까지 4,000원으로 절반 가까이 낮춘다. 단가가 화석연료의 1.5배 수준인 바이오에너지도 2030년까지 화석연료 수준으로 낮춘다.
제조업의 탄소 배출을 줄이기 위한 신공정 개발에도 나선다. 철강·시멘트·석유화학·반도체·디스플레이 등 산업이 포함된다. 철강의 경우 2040년까지 탄소 배출이 없는 수소환원제철 방식만으로 철강 전량을 생산한다. 반도체 공정에 필요한 불화가스를 대체해 온실가스 배출을 최적화한다.
자동차 등 모빌리티 분야에서도 무탄소 기술을 개발·적용해 주행거리를 406km에서 2045년까지 975km로 늘릴 계획이다. 태양광 등으로 에너지를 자체 생산하고 추가 소비하지 않는 제로에너지 건물 의무화, 통신·데이터 저전력화, 탄소포집(CCUS) 기술 상용화 등도 10대 핵심기술에 포함되었다.
반면, 원자력 관련 기술은 10대 핵심기술에서 제외됐다. 한국처럼 탄소중립을 선언한 일본, 중국이 화석연료의 비중을 낮추고 에너지 공백의 일부를 메우기 위해 탄소 배출이 없는 원자력의 비중을 높이기로 한 것과 대조된다.
규제 완화 등 정책 지원도 나선다. 탄소중립 관련 신기술의 상용화를 앞당기기 위해 관련 규제자유특구를 11개에서 2025년까지 20개로 확대한다. 탄소중립 분야 창업을 촉진하기 위한 '녹색금융' 지원도 확대한다. 현재 탄소중립 기술의 수준이 상대적으로 낮다는 점도 고려한다. 민간 기업이 탄소중립 기술을 도입할 경우 기존 기술보다 떨어질 경제성을 보상하기 위해 인센티브 제도를 연내 마련한다. 세액공제, 매칭투자, 기술료 부담 완화 등 지원책도 검토 중이다.
철강·시멘트·석유화학·미래차 등 7개 분야의 탄소중립을 이끌 고급 연구인력을 양성하기 위해 내년에 201억 원을 지원한다. 탄소중립에 대한 국민의 이해도를 높이기 위해 과학관 교육과 전시를 확대하고 과학의 달에는 '탄탄대로(탄소중립, 탄소제로, 대한민국 과학기술로)' 캠페인을 추진한다. 또한 '기후변화대응 기술개발촉진법'을 제정하고 '기후대응기금'을 신설해 지원을 위한 행정·제도적 기반을 만든다.
관계자는 "2050년 탄소중립 실현을 위해 시급한 기술혁신 과제들이 산재한 상황이다."라며 "과학기술정보통신부가 범부처 역량을 종합해 이번 전략을 선제적으로 마련했다."라고 말했다. 이어 "전략이 충실히 이행되어 탄소중립 실현을 견인할 수 있도록 관계부처와 긴밀히 협업해 나가겠다."라고 했다.

① 제조업은 이산화탄소가 많이 배출된다.
② 현재 기업이 탄소중립 기술을 도입할 경우 경제적으로 타격을 입게 된다.
③ 규제 완화를 위해 규제자유특구를 11개에서 2025년까지 20개로 늘릴 예정이다.
④ 탄소중립을 실현하기 위한 10대 핵심기술에는 태양광, 풍력, 원자력 등이 있다.

03 다음 글에서 ㉠ ~ ㉣의 수정 방안으로 적절하지 않은 것은?

> 행동경제학은 기존의 경제학과 ㉠ 다른 시선으로 인간을 바라본다. 기존의 경제학은 인간을 철저하게 합리적이고 이기적인 존재로 상정(想定)하여, 인간은 시간과 공간에 관계없이 일관된 선호를 보이며 효용을 극대화하는 방향으로 선택을 한다고 본다. ㉡ 기존의 경제학자들은 인간의 행동이 예측 가능하다는 것을 전제(前提)로 경제 이론을 발전시켜 왔다. 반면 행동경제학에서는 인간이 제한적으로 합리적이고 감성적인 존재라고 보며, 처한 상황에 따라 선호가 바뀌기 때문에 그 행동을 예측하기 어렵다고 생각한다. 또한 인간은 효용을 ㉢ 극대화하기 보다는 어느 정도 만족하는 선에서 선택을 한다고 본다. 행동경제학은 기존의 경제학이 가정하는 인간관을 지나치게 이상적이고 비현실적이라고 비판한다. ㉣ 그러나 행동경제학은 인간이 때로는 이타적인 행동을 하고 비합리적인 행동을 하는 존재라는 점을 인정하며, 실재하는 인간을 연구 대상으로 한다.

① ㉠ : 문맥을 고려하여 '같은'으로 고친다.

② ㉡ : 문장을 자연스럽게 연결하기 위해 문장 앞에 '그러므로'를 추가한다.

③ ㉢ : 띄어쓰기가 옳지 않으므로 '극대화하기보다는'으로 고친다.

④ ㉣ : 앞 문장과의 내용을 고려하여 '그래서'로 고친다.

04 다음 중 가장 적절한 의사 표현법을 사용하고 있는 사람은?

① A대리 : (늦잠으로 지각한 후배 사원의 잘못을 지적하며) 오늘도 지각을 했네요. 어제도 늦게 출근하지 않았나요? 왜 항상 지각하는 거죠?

② B대리 : (후배 사원의 고민을 들으며) 방금 뭐라고 이야기했죠? 미안해요. 아까 이야기한 고민에 대해서 어떤 답을 해줘야 할지 생각하고 있었어요.

③ C대리 : (후배 사원의 실수가 발견되어 이를 질책하며) 이번 프로젝트를 위해 많이 노력했다는 것은 압니다. 다만, 발신 메일 주소를 한 번 더 확인하는 습관을 갖는 것이 좋겠어요. 앞으로는 더 잘할 거라고 믿어요.

④ D대리 : (거래처 직원에게 변경된 계약서에 서명할 것을 설득하며) 이 정도는 그쪽에 큰 손해 사항도 아니지 않습니까? 지금 서명해 주지 않으시면 곤란합니다.

05 다음 글의 내용으로 적절하지 않은 것은?

1986년부터 2년에 걸쳐 조사된 백제 시대의 공산성에서는 원형의 인공 연못이 발굴되었다. 일반적으로 연못을 조성하는 방법은 지면을 깊게 파고 그 가장자리에 자연석으로 경계면을 쌓아 만드는 것이다. 발굴될 당시에는 '500년에 백제의 동성왕이 공산성 안에 못을 파 놀이터로 삼았으며'라는 『삼국사기』의 기록에 근거하여 공산성의 원형 연못도 이러한 방식으로 만들어진 것으로 추정하였다. 그러나 2004년 탄성파 굴절법으로 연못 지반의 특성을 조사하는 과정에서 공산성 원형 연못의 조성 방식이 일반적인 방식과는 차이가 있음을 알게 되었다.

탄성파 굴절법은 인공 지진파를 이용하여 지하에 매장되어 있는 석유, 가스와 같은 광물 자원을 탐사하기 위한 것이었는데, 궁궐터나 절터 등 문화재를 발굴하는 방법으로도 활용되고 있다. 탐사를 위해서는 먼저 해머 등으로 인공 지진파를 발생시켜야 한다. 인공 지진파는 지표와 지하를 이동하여 지표에 설치된 여러 수진기에 기록이 되는데, 이때 지표를 따라 수진기에 도달하는 직접파와 지하의 매질의 특성에 따라 서로 다르게 도착하는 굴절파로 나뉜다. 직접파는 진원지에서 출발하여 일정한 시간이 지나 수진기에 도착한다. 이와 달리 굴절파는 지하의 깊이와는 상관없이 구성하고 있는 매질*의 성격에 따라 이동하는 속도가 달라지는데 강도가 강한 매질을 통과한 굴절파일수록 빨라지게 된다. 따라서 직접파가 기준이 되어 굴절파들의 도착 속도를 비교하면 지하를 구성하고 있는 지반의 특성을 알 수 있게 되는 것이다. 이러한 방법으로 탐사한 결과인 표준 암반 기준에 의하면 굴절파의 속도가 200 ~ 700m/s인 경우는 다져지지 않은 풍화토층, 700 ~ 1,200m/s인 경우는 인공적인 힘에 의해 다져진 인공 다짐층, 1,200 ~ 1,900m/s인 경우는 보통암인 기반암으로 분류하고 있다.

공산성의 원형 연못 주변을 탐사한 결과, 공산성의 지반은 대략적으로 3층으로 구성되어 있음이 밝혀졌다. 첫 번째 층은 굴절파가 약 300m/s 속도를 가진 2m 두께의 풍화토층, 중간층은 약 900m/s 속도를 보인 4m 두께의 인공 다짐층이며, 최하부층은 2,500m/s의 속도와 약 7 ~ 10m의 범위를 보여주는 기반암임을 알 수 있었다. 따라서 오랜 세월의 흐름으로 자연히 쌓인 풍화토를 제외한다면 공산성 연못에는 인공적으로 만든 기초 지반이 형성되어 있을 가능성이 제기된 것이다. 다시 말해 공산성 원형 연못은 지면을 파서 연못을 조성한 것으로 보기보다는 일반적인 건축물을 지을 때와 같이 기반암 위에 인공적인 다짐층을 형성하고 그 위에 연못을 조성하는 쌓아 올림의 방식으로 만들어졌을 것으로 파악된다.

*매질 : 파동을 매개하는 물질

① 인공 지진파는 직접파와 굴절파로 나뉜다.
② 역사적 자료를 통해 유적지 조성 방식을 추측할 수 있다.
③ 탄성파 굴절법으로 액체와 기체의 광물도 탐사할 수 있다.
④ 탄성파 굴절법의 굴절파는 지하로 깊이 내려갈수록 속도가 빨라진다.

06 다음 밑줄 친 부분의 띄어쓰기가 모두 옳은 것은?

① 일과 여가 두가지를 어떻게 조화시키느냐하는 문제는 항상 인류의 관심대상이 되어 왔다.
② 최선의 세계를 만들기 위해서 무엇 보다 이 세계에 있는 모든 대상이 지닌 성질을 정확하게 인식해야 만 한다.
③ 내로라하는 영화배우 중 내 고향 출신도 상당수이다. 그래서 자연스럽게 영화배우를 꿈꿨고, 그러다 보니 영화는 내 생활의 일부가 되었다.
④ 실기시험은 까다롭게 심사하는만큼 준비를 철저히 해야 한다. 한 달 간 실전처럼 연습하면서 시험에 대비하자.

07 다음 글의 빈칸에 들어갈 한자성어로 가장 적절한 것은?

> 선물이 진솔한 정감을 실어 보내거나 잔잔한 애정을 표현하는 마음의 일단이면 얼마나 좋으랴. 그런데 ________이라는 말도 잊었는지 요즘 사람들은 너도나도 형식화된 물량 위주로 치닫는 경향이다.

① 과유불급(過猶不及)
② 소탐대실(小貪大失)
③ 안하무인(眼下無人)
④ 위풍당당(威風堂堂)

08 다음 글의 제목으로 가장 적절한 것은?

중소기업은 기발한 아이디어와 차별화된 핵심기술이 없으면 치열한 경쟁에서 뒤처질 수밖에 없다. 그러나 중소기업의 핵심기술은 항상 탈취유출 위험에 노출되어 있다고 해도 과언이 아니다. 목숨과도 같은 기술을 뺏기면 중소기업은 문을 닫아야 할 위기에 봉착하고 만다. 그러니 철저한 기술 보호는 중소기업의 생명과 직결된다고 볼 수 있다.

기업들의 기술 탈취 근절 공감대는 폭넓게 확산되고 있지만, 여전히 갈 길이 멀다. 그렇다 보니 당사자인 중소기업에는 기술 보호를 위한 선제적 노력이 요구된다. 중소기업 기술 보호의 첫걸음은 특허등록이다. 특허등록 시에는 두 가지를 꼭 고려해야 한다. 먼저 '똑똑한 특허'를 출원해야 한다. 비용과 시간이 들더라도 청구 범위가 넓은 특허가 필요하다. 기술 개발과 제품 론칭에만 신경 쓰다 보면 출원을 소홀히 해 '부실 특허'를 낳을 수 있다. 출원 비용이 만만찮다 보니 특허출원 수나 기간을 간과하는 경우도 흔한 일이다.

다음은 기술 유출 방지에 최선을 다해야 한다. 기술 유출 방지는 기술개발 못지않게 중요하다. 많은 중소기업은 기술개발이 끝난 뒤 특허등록을 추진하고 있다. 그렇지만 특허출원 이전에 내부 기술이 유출된다면 그동안의 노력은 물거품이 되고 만다. 기술개발 단계부터 특허등록을 염두에 두고 기술 유출 방지에 최선을 다해야 하는 이유이다.

특허등록과 더불어 필요한 것은 기술 보호 역량이다. 대부분의 중소기업은 기술력이 있어도 기술 보호 역량이 취약하다. 기술 보호에 대한 경각심도 높지 않은 편이다. 이러한 문제는 기술 및 지식재산권 분야 법률서비스를 제공하고, 관련 제도 정책을 교육하는 '중소기업 기술 보호 법무지원단'과 경쟁사의 기술 도용 등을 막는 강력한 제도인 '기술임치제' 등의 제도를 활용하면 기술 탈취, 불공정거래 행위 예방과 기술을 보호받을 수 있다.

① 중소기업 기술 보호의 방안
② 핵심기술 특허등록의 중요성
③ 비교분석을 통한 기술 보호 전략
④ 기술분쟁 사례와 선제적 대응 방안

PART 2

09 다음 〈보기〉 중 상황에 따른 문서 작성법에 대한 설명으로 옳지 않은 것을 모두 고르면?

보기

ㄱ. 요청이나 확인을 부탁하는 경우 일반적으로 공문서의 형태로 양식을 준수하여 작성하여야 한다.
ㄴ. 정보제공을 위해 문서를 작성하는 경우 시각적 자료는 내용전달을 방해할 수 있으므로 최소화하는 것이 좋다.
ㄷ. 정보제공을 위해 문서를 작성하는 경우 문서는 최대한 신속히 작성하여 전달하는 것이 효과적이다.
ㄹ. 제안이나 기획을 하려는 경우 상대방이 합리적으로 판단할 수 있게 객관적 사실만을 기입하고 개인의 주관은 포함시키지 않는 것이 좋다.

① ㄱ, ㄴ
② ㄱ, ㄹ
③ ㄴ, ㄷ
④ ㄴ, ㄹ

10 다음 글에서 나타나는 경청의 방해요인은?

내 친구는 한 번도 약속을 지킨 적이 없던 것 같다. 작년 크리스마스 때의 약속, 지난 주말에 했던 약속 모두 늦게 오거나 당일에 문자로 취소 통보를 했었다. 그 친구가 오늘 학교에서 나에게 다음 주 주말에 개봉하는 영화를 함께 보러 가자고 했고, 나는 당연히 다음 주에는 그 친구와 만날 수 없을 것이라고 생각했다.

① 판단하기
② 조언하기
③ 언쟁하기
④ 걸러내기

11 **다음 중 ㉠~㉢에 들어갈 단어를 바르게 연결한 것은?**

> 약속은 시간과 장소가 정확해야 한다. 새내기 영업사원 시절의 일이다. 계약 문제로 고객을 만나기 위해, 많은 차량으로 ㉠ 혼잡(混雜) / 요란(搖亂)한 회사 부근을 간신히 빠져나와 약속장소로 갔다. 그러나 고객은 그곳에 없었다. 급히 휴대전화로 연락을 해 보니, 다른 곳에서 기다리고 있다는 것이었다. 큰 실수였다. 약속 장소를 ㉡ 소동(騷動) / 혼동(混同)하여 고객을 기다리게 한 것이다. 약속을 정할 때 전에 만났던 곳에서 만나자는 말에 별생각 없이 그렇게 하겠다고 하는 바람에 이런 ㉢ 혼선(混線) / 갈등(葛藤)이 빚어졌던 것이다.

	㉠	㉡	㉢
①	요란	혼동	갈등
②	요란	소동	혼선
③	혼잡	소동	혼선
④	혼잡	혼동	혼선

12 **다음 사례와 가장 관련 있는 속담은 무엇인가?**

> 평소 놀기 좋아하는 A씨는 카드빚을 갚지 못하게 되자 방법을 궁리하다 대출을 받기로 결정하였다. 대출을 통해 카드빚을 갚은 A씨는 아무 걱정 없이 카드를 사용하다가 결국 다시 대출금을 갚을 수 없게 되자 가지고 있던 재산을 처분할 수밖에 없었다.

① 소 잃고 외양간 고치기
② 도랑 치고 가재 잡기
③ 언 발에 오줌 누기
④ 눈 가리고 아웅 하기

13 다음 글의 주제로 가장 적절한 것은?

지구 내부는 끊임없이 운동하며 막대한 에너지를 지표면으로 방출하고, 이로 인해 지구 표면에서는 지진이나 화산 등의 자연 현상이 일어난다. 그런데 이러한 자연 현상을 예측하기란 매우 어렵다. 그 이유는 무엇일까?
지구 내부는 지각, 상부 맨틀, 하부 맨틀, 외핵, 내핵이 층상 구조를 이루고 있다. 지구 내부로 들어갈수록 온도가 증가하는데, 이 때문에 외핵은 액체 상태로 존재한다. 고온의 외핵이 하부 맨틀의 특정 지점을 가열하면 이 부분의 중심부 물질은 상승류를 형성하여 움직이기 시작한다. 아주 느린 속도로 맨틀을 통과한 상승류는 지표면 가까이에 있는 판에 부딪치게 된다. 판은 매우 단단한 암석으로 이루어져 있어 거대한 상승류도 쉽게 뚫지 못한다. 그러나 간혹 상승류가 판의 가운데 부분을 뚫고 곧바로 지표면으로 나오기도 하는데, 이곳을 열점이라 한다. 열점에서는 지진과 화산 활동이 활발히 일어난다.
한편 딱딱한 판을 만난 상승류는 꾸준히 판에 힘을 가하여 거대한 길이의 균열을 만들기도 한다. 결국 판이 완전히 갈라지면 이 틈으로 아래의 물질이 주입되어 올라오고, 올라온 물질은 지표면에서 옆으로 확장되면서 새로운 판을 형성한다. 상승류로 인해 판이 갈라지는 이 부분에서도 지진과 화산 활동이 일어난다.
새롭게 생성된 판은 오랜 세월 천천히 이동하는 동안 식으면서 밀도가 높아지는데, 이미 존재하고 있던 다른 판 중 밀도가 낮은 판과 충돌하면 그 아래로 가라앉게 된다. 가라앉는 판이 상부 맨틀의 어느 정도 깊이까지 들어가면 용융 온도가 낮은 일부 물질은 녹는데, 이 물질이 이미 존재하던 판의 지표면으로 상승하면서 지진을 동반한 화산 활동이 일어나기도 한다. 그러나 녹지 않은 대부분의 물질은 위에서 내리누르는 판에 의해 큰 흐름을 만들면서 맨틀을 통과한다. 이 하강류는 핵과 하부 맨틀 경계면까지 내려와 외핵의 한 부분을 누르게 된다. 외핵은 액체로 되어 있으므로 한 부분을 누르면 다른 부분에서 위로 솟아오르는데, 솟아오른 이 지점에서 또 다른 상승류가 시작된다. 그런데 하강류가 규칙적으로 발생하지 않으므로 상승류가 언제 어디서 발생하는지 알기 어렵다.
지금까지 살펴본 바처럼 화산과 지진 등의 자연 현상은 맨틀의 상승류와 하강류로 인해 일어난다. 맨틀의 상승류와 하강류는 흘러가는 동안 여러 장애물을 만나게 되고 이로 인해 그 흐름이 불규칙하게 진행된다. 그런데 현대과학 기술로 지구 내부에 있는 이 장애물의 성질과 상태를 모두 밝혀내기는 어렵다. 바로 이것이 지진이나 화산과 같은 자연 현상을 쉽게 예측할 수 없는 이유이다.

① 지구 내부의 구조
② 내핵의 구성 성분
③ 판의 분포
④ 지각의 종류

14 다음 글을 읽고 추론한 반응으로 가장 적절한 것은?

> 환경 결정론을 간단히 정의하면 모든 인간의 행동, 노동과 창조 등은 환경 내의 자연적 요소들에 의해 미리 결정되거나 통제된다는 것이다. 이에 대하여 환경 가능론은 자연 환경은 단지 인간이 반응할 수 있는 다양한 가능성의 기회를 제공할 뿐이며, 인간은 환경을 변화시킬 수 있는 능동적인 힘을 가지고 있다고 반박한다.
>
> 환경 결정론 사조 형성에 영향을 준 사상은 1859년에 발표된 다윈의 진화론이다. 다윈의 진화 사상과 생물체가 환경에 적응한다는 개념은 인간도 특정 환경에 적응해야 한다는 것으로 수용되었다. 이러한 철학적 배경하에 형성되기 시작한 환경 결정론의 발달에 공헌한 사람으로는 라첼, 드모랭, 샘플 등이 있다. 라첼은 인간도 자연 법칙 아래에서 살고 있다고 보았으며, 문화의 형태도 자연적 조건에 의해 결정되고 적응한 결과로 간주하였다. 드모랭은 보다 극단적으로 사회 유형은 환경적 힘의 산물로 보고 초원 지대의 유목 사회, 지중해 연안의 상업 사회를 환경 결정론적 사고에 입각하여 해석하였다.
>
> 환경 결정론이 인간의 의지와 선택의 자유를 인정하지 않는다는 점이 문제라면 환경 가능론은 환경이 제공한 많은 가능성 중 왜 어떤 가능성이 선택되어야 하는가를 설명하기 힘들다. 과학기술의 발달에 의해 인간이 자연의 많은 장애물을 극복하게 된 것은 사실이지만, 실패로 인해 고통받는 사례도 많다. 사실 결정론이냐 가능론이냐 결론을 내리는 것은 그리 중요하지 않다. 인간과 환경의 관계는 매우 복잡하며, 지표상의 경관은 자연적인 힘과 문화적인 힘에 의해 이루어지기 때문에 어떤 한 가지 결정 인자를 과소평가하거나 과장하면 안 된다. 인간 활동의 결과로 인한 총체적인 환경 파괴 문제가 현대 문명 전반의 위기로까지 심화되는 오늘날, 인간과 자연의 진정한 상호 관계는 어떠해야 할지 생각해야 할 것이다. 이제 자연이 부여한 여러 가지 가능성 중에서 자연 환경과 조화를 이룰 수 있는 가능성을 선택해야 할 때이다.

① 인간과 자연은 항상 대립하고 있어. 자연의 위력 앞에서 우리는 맞서 싸워야 해.

② 자연의 힘은 대단해. 대해일이나 지진 관련 뉴스를 보면 인간이 얼마나 무력한지 알겠어.

③ 우리는 잘 살기 위해서 자연을 너무 훼손했어. 이제는 자연과 공존하는 삶을 생각해야 해.

④ 인간은 자연의 위대함 앞에 굴복해야 해. 인간의 끝없는 욕망이 오늘의 재앙을 불러왔다고 봐야 해.

PART 2

15 둘레가 6km인 공원을 나래는 자전거를 타고, 진혁이는 걷기로 했다. 두 사람이 같은 방향으로 돌면 1시간 30분 후에 다시 만나고, 서로 반대 방향으로 돌면 1시간 후에 만난다. 이때, 나래의 속력은?

① 4.5km/h ② 5km/h
③ 5.5km/h ④ 6km/h

16 다음은 소매 업태별 판매액을 나타낸 자료이다. 2022년 대비 2024년 두 번째로 높은 비율로 증가한 업태의 2022년 대비 2024년 판매액의 증가율은?(단, 소수점 첫째 자리에서 반올림한다)

〈소매 업태별 판매액〉

(단위 : 십억 원)

구분	2022년	2023년	2024년
백화점	29,028	29,911	29,324
대형마트	32,777	33,234	33,798
면세점	9,198	12,275	14,465
슈퍼마켓 및 잡화점	43,481	44,361	45,415
편의점	16,455	19,481	22,237
승용차 및 연료 소매점	91,303	90,137	94,508
전문 소매점	139,282	140,897	139,120
무점포 소매점	46,788	54,046	61,240
합계	408,312	424,342	440,107

① 57% ② 55%
③ 42% ④ 35%

17 농도가 10%인 A소금물 200g과 농도가 20%인 B소금물 300g이 있다. A소금물에 ag의 물을 첨가하고, B소금물은 bg을 버렸다. 늘어난 A소금물과 줄어든 B소금물을 합친 결과, 농도가 10%인 500g의 소금물이 되었을 때, A소금물에 첨가한 물의 양은?

① 100g
② 120g
③ 150g
④ 180g

18 다음은 K국의 세 도시의 30년간 인구수 변화를 나타낸 자료이다. 이에 대한 설명으로 옳지 않은 것은?

〈K국 도시별 인구수〉

(단위 : 천 명)

구분	1994년	2004년	2014년	2024년
A도시	9,725	10,342	10,011	9,860
B도시	6,017	8,305	12,813	20,384
C도시	30,304	33,587	35,622	38,001

① 2014년을 기점으로 인구수가 두 번째로 많은 도시가 바뀐다.
② 세 도시 중 조사기간 동안 인구가 감소한 도시가 있다.
③ B도시는 조사기간 동안 언제나 세 도시 중 가장 높은 인구 증가율을 보인다.
④ 연도별 인구가 최소인 도시의 인구수 대비 인구가 최대인 도시의 인구수의 비는 계속 감소한다.

19 다음은 한국소비자원이 20개 품목의 권장소비자가격과 판매가격의 괴리율을 조사한 자료이다. 이에 대한 설명으로 옳지 않은 것은?

〈권장소비자가격과 판매가격의 괴리율〉

(단위 : 개, 원, %)

구분	조사 제품 수			권장소비자가격과 판매가격의 괴리율		
	합계	정상가 판매제품 수	할인가 판매제품 수	권장소비자 가격	정상가 판매괴리율	할인가 판매괴리율
세탁기	43	21	22	640,000	23.1	25.2
유선전화기	27	11	16	147,000	22.9	34.5
와이셔츠	32	25	7	78,500	21.7	31.0
기성신사복	29	9	20	337,500	21.3	32.3
VTR	44	31	13	245,400	20.5	24.3
진공청소기	44	20	24	147,200	18.7	21.3
가스레인지	33	15	18	368,000	18.0	20.0
냉장고	41	23	18	1,080,000	17.8	22.0
무선전화기	52	20	32	181,500	17.7	31.6
청바지	33	25	8	118,400	14.8	52.0
빙과	19	13	6	2,200	14.6	15.0
에어컨	44	25	19	582,000	14.5	19.8
오디오세트	47	22	25	493,000	13.9	17.7
라면	70	50	20	1,080	12.5	17.2
골프채	27	22	5	786,000	11.1	36.9
양말	30	29	1	7,500	9.6	30.0
완구	45	25	20	59,500	9.3	18.6
정수기	17	4	13	380,000	4.3	28.6
운동복	33	25	8	212,500	4.1	44.1
기성숙녀복	32	19	13	199,500	3.0	26.2

※ [권장소비자가격과 판매가격의 괴리율(%)] $= \frac{\text{(권장소비자가격)} - \text{(판매가격)}}{\text{(권장소비자가격)}} \times 100$

※ 정상가 : 할인판매를 하지 않는 상품의 판매가격

※ 할인가 : 할인판매를 하는 상품의 판매가격

① 정상가 판매 시 괴리율과 할인가 판매 시 괴리율의 차가 가장 큰 품목은 청바지이다.

② 할인가 판매제품 수가 정상가 판매제품 수보다 많은 품목은 8개이다.

③ 할인가 판매제품 수와 정상가 판매제품 수의 차이가 가장 크게 나는 품목은 라면이다.

④ 권장소비자가격과 정상 판매가격의 격차가 가장 큰 품목은 세탁기이고, 가장 작은 품목은 기성숙녀복이다.

20 다음은 K국의 최종에너지 소비량에 대한 자료이다. 이에 대한 설명으로 옳은 것을 〈보기〉에서 모두 고르면?

〈2022 ~ 2024년 유형별 최종에너지 소비량 비중〉

(단위 : %)

구분	석탄		석유제품	도시가스	전력	기타
	무연탄	유연탄				
2022년	2.7	11.6	53.3	10.8	18.2	3.4
2023년	2.8	10.3	54.0	10.7	18.6	3.6
2024년	2.9	11.5	51.9	10.9	19.1	3.7

〈2024년 부문별 · 유형별 최종에너지 소비량〉

(단위 : 천 TOE)

구분	석탄		석유제품	도시가스	전력	기타	합계
	무연탄	유연탄					
산업	4,750	15,317	57,451	9,129	23,093	5,415	115,155
가정 · 상업	901	4,636	6,450	11,105	12,489	1,675	37,256
수송	0	0	35,438	188	1,312	0	36,938
기타	0	2,321	1,299	669	152	42	4,483
합계	5,651	22,274	100,638	21,091	37,046	7,132	193,832

보기

ㄱ. 2022 ~ 2024년 동안 전력 소비량은 매년 증가한다.
ㄴ. 2024년 산업부문의 최종에너지 소비량은 전체 최종에너지 소비량의 50% 이상을 차지한다.
ㄷ. 2022 ~ 2024년 동안 석유제품 소비량 대비 전력 소비량의 비율은 매년 증가한다.
ㄹ. 2024년에는 산업부문과 가정 · 상업부문에서 유연탄 소비량 대비 무연탄 소비량의 비율이 각각 25% 미만이다.

① ㄱ, ㄴ
② ㄱ, ㄹ
③ ㄴ, ㄷ
④ ㄴ, ㄹ

21 다음은 연대별로 정리한 유지관리 도로 거리 변천에 대한 자료이다. 이에 대한 설명으로 옳지 않은 것은?(단, 비중은 소수점 둘째 자리에서 반올림한다)

〈연대별 유지관리 도로 거리〉

(단위 : km)

구분	2차로	4차로	6차로	8차로	10차로	비고
1960년대	–	304.7	–	–	–	–
1970년대	761.0	471.8	–	–	–	–
1980년대	667.7	869.5	21.7	–	–	–
1990년대	367.5	1,322.6	194.5	175.7	–	–
2000년대	155.0		450.0	342.0	–	27개 노선
현재	–	3,130.0	508.0	434.0	41.0	29개 노선

〈연대별 유지관리 도로 총거리〉

(단위 : km)

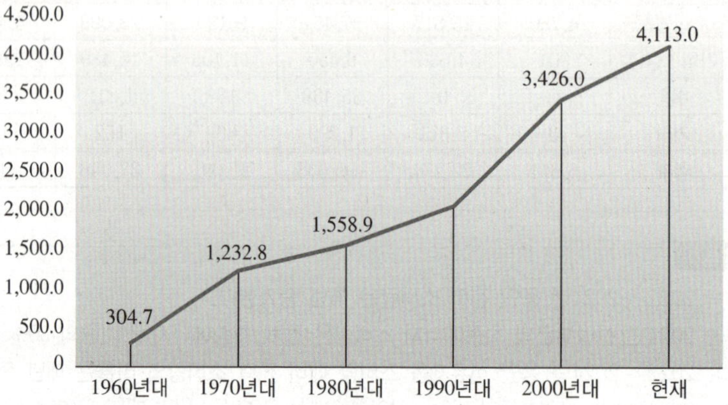

① 1960년대부터 유지관리하는 4차로 도로의 거리는 현재까지 계속 증가했다.

② 현재 유지관리하는 도로 한 노선의 평균거리는 120km 이상이다.

③ 현재 유지관리하는 도로의 총거리는 1990년대보다 1,950km 미만으로 길어졌다.

④ 차선이 만들어진 순서는 4차로 – 2차로 – 6차로 – 8차로 – 10차로이다.

22 다음은 한 국제기구가 발표한 2023년 3월～2024년 3월 동안의 식량 가격지수와 품목별 가격지수에 대한 자료이다. 이에 대한 설명으로 옳지 않은 것은?

〈식량 가격지수〉

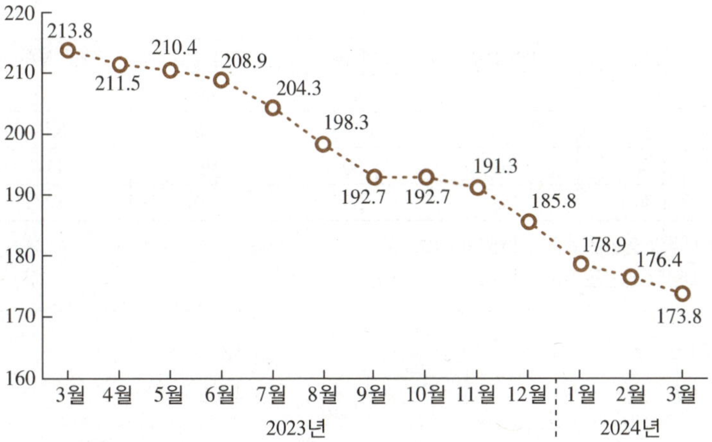

〈품목별 가격지수〉

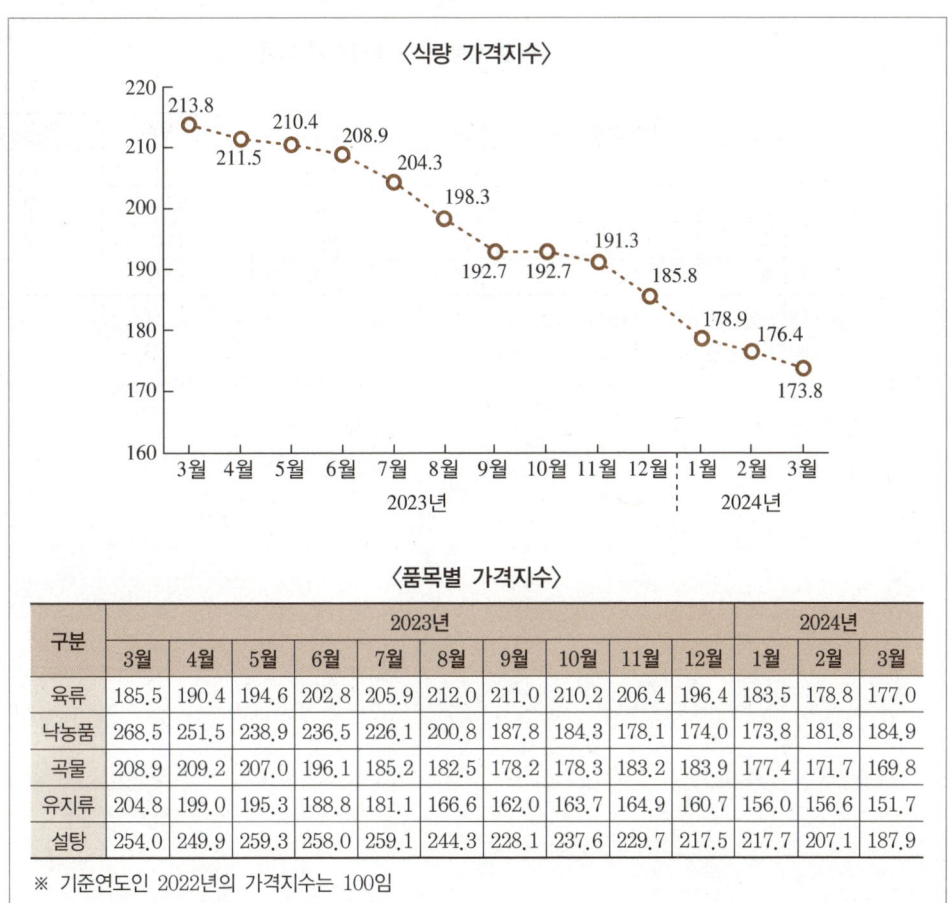

구분	2023년										2024년		
	3월	4월	5월	6월	7월	8월	9월	10월	11월	12월	1월	2월	3월
육류	185.5	190.4	194.6	202.8	205.9	212.0	211.0	210.2	206.4	196.4	183.5	178.8	177.0
낙농품	268.5	251.5	238.9	236.5	226.1	200.8	187.8	184.3	178.1	174.0	173.8	181.8	184.9
곡물	208.9	209.2	207.0	196.1	185.2	182.5	178.2	178.3	183.2	183.9	177.4	171.7	169.8
유지류	204.8	199.0	195.3	188.8	181.1	166.6	162.0	163.7	164.9	160.7	156.0	156.6	151.7
설탕	254.0	249.9	259.3	258.0	259.1	244.3	228.1	237.6	229.7	217.5	217.7	207.1	187.9

※ 기준연도인 2022년의 가격지수는 100임

① 2024년 3월의 식량 가격지수는 2023년 3월보다 15% 이상 하락했다.

② 2023년 4월부터 2023년 9월까지 식량 가격지수는 매월 하락했다.

③ 2023년 3월보다 2024년 3월 가격지수가 가장 큰 폭으로 하락한 품목은 낙농품이다.

④ 2022년 가격지수 대비 2024년 3월 가격지수의 상승률이 가장 낮은 품목은 육류이다.

23 K공사 영업부는 야유회에서 4개의 팀으로 나누어서 철봉에 오래 매달리기 시합을 하였다. 팀별 기록에 대한 정보가 다음과 같을 때, A팀 4번 선수와 B팀 2번 선수 기록의 평균은 얼마인가?

〈팀별 철봉 오래 매달리기 기록〉

(단위 : 초)

구분	1번 선수	2번 선수	3번 선수	4번 선수	5번 선수
A팀	32	46	42	( )	42
B팀	48	( )	36	53	55
C팀	51	30	46	45	53
D팀	36	50	40	52	42

※ C팀의 평균은 A팀의 평균보다 3초 길
※ D팀의 평균은 B팀의 평균보다 2초 짧음

① 43초 ② 42초
③ 41초 ④ 40초

24 예선 경기에서 우승한 8명의 선수들이 본선 경기를 진행하려고 한다. 경기 방식은 토너먼트이고 작년에 우승한 1 ~ 4위까지의 선수들이 첫 경기에서 만나지 않도록 대진표를 정한다. 이때 가능한 대진표의 경우의 수는?

① 60가지 ② 64가지
③ 68가지 ④ 72가지

25 다음은 지역별 마약류 단속에 대한 자료이다. 이에 대한 설명으로 옳은 것은?

〈지역별 마약류 단속 건수〉

(단위 : 건, %)

구분	대마	마약	향정신성의약품	합계	비중
서울	49	18	323	390	22.1
인천 · 경기	55	24	552	631	35.8
부산	6	6	166	178	10.1
울산 · 경남	13	4	129	146	8.3
대구 · 경북	8	1	138	147	8.3
대전 · 충남	20	4	101	125	7.1
강원	13	0	35	48	2.7
전북	1	4	25	30	1.7
광주 · 전남	2	4	38	44	2.5
충북	0	0	21	21	1.2
제주	0	0	4	4	0.2
전체	167	65	1,532	1,764	100.0

※ 수도권은 서울과 인천 · 경기를 합한 지역임

※ 마약류는 대마, 마약, 향정신성의약품으로만 구성됨

① 대마 단속 전체 건수는 마약 단속 전체 건수의 3배 이상이다.

② 수도권의 마약류 단속 건수는 마약류 단속 전체 건수의 50% 이상이다.

③ 마약 단속 건수가 없는 지역은 5곳이다.

④ 향정신성의약품 단속 건수는 대구 · 경북 지역이 광주 · 전남 지역의 4배 이상이다.

26 K수건공장은 판매하고 남은 재고로 선물세트를 만들기 위해 포장을 하기로 하였다. 이때 4개씩 포장하면 1개가 남고, 5개씩 포장하면 4개가 남고, 7개씩 포장하면 1개가 남고, 8개씩 포장하면 1개가 남는다고 한다. 다음 중 가능한 재고량의 최솟값은?

① 166개

② 167개

③ 168개

④ 169개

27 K초등학교 1, 2학년 학생들에게 다섯 가지 색깔 중 선호하는 색깔을 선택하게 하였다. 1학년 전체 학생 중 빨강을 좋아하는 학생 수의 비율과 2학년 전체 학생 중 노랑을 좋아하는 학생 수의 비율을 바르게 나열한 것은?(단, 각 학년의 인원수는 250명이다)

〈학생별 선호 색상〉

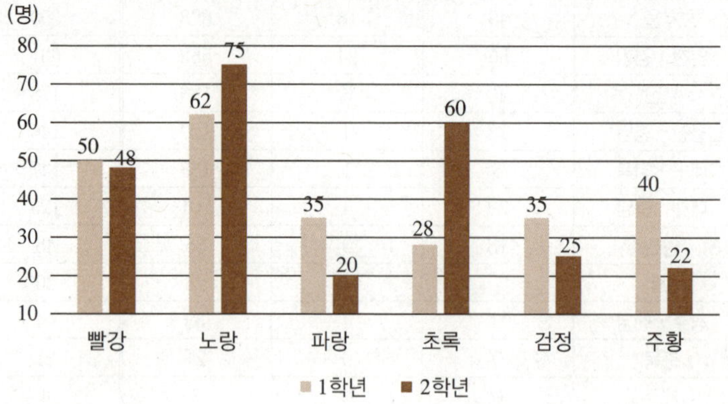

① 20%, 30%
② 25%, 25%
③ 30%, 30%
④ 30%, 35%

28 다음은 2020 ~ 2024년에 열린 4종목의 스포츠 경기 수를 나타낸 자료이다. 이에 대한 설명으로 옳지 않은 것은?

〈국내 연도별 스포츠 경기 수〉

(단위 : 회)

구분	2020년	2021년	2022년	2023년	2024년
농구	413	403	403	403	410
야구	432	442	425	433	432
배구	226	226	227	230	230
축구	228	230	231	233	233

① 농구의 경기 수는 2021년의 전년 대비 감소율이 2024년의 전년 대비 증가율보다 높다.
② 2020년 농구와 배구 경기 수 차이는 야구와 축구 경기 수 차이의 90% 이상이다.
③ 2020년부터 2024년까지 야구 평균 경기 수는 축구 평균 경기 수의 2배 이하이다.
④ 2021년부터 2023년까지 경기 수가 증가하는 스포츠는 1종목이다.

29 **다음은 포화 수증기량에 대한 글과 날짜별 기온 및 수증기량에 대한 자료이다. 이에 대한 설명으로 옳은 것을 〈보기〉에서 모두 고르면?(단, 모두 맑은 날이고, 해발 0m에서 수증기량을 측정하였다)**

수증기는 온도에 따라 공기에 섞여 있을 수 있는 양이 다르다. 온도에 따라 공기 $1m^3$ 중에 섞여 있는 수증기량의 최댓값을 포화 수증기량이라고 하며, 기온에 따른 포화 수증기량의 변화를 그린 그래프를 포화 수증기량 곡선이라 한다. 공기에 섞여 있는 수증기량이 포화 수증기량보다 적으면 건조공기, 포화 수증기량에 도달하면 습윤공기이다.

아래 그래프에서 수증기가 $1m^3$당 X만큼 섞여 있고 온도가 T인 어떤 공기 P가 있다고 하자. 이 공기가 냉각되면 기온이 하강하더라도 섞여 있는 수증기량은 변하지 않으므로 점 P는 왼쪽으로 이동한다. 이동한 점이 포화 수증기량 곡선과 만나면 수증기는 응결되어 물이 된다. 이때 온도를 이슬점(T_D)이라고 한다.

〈포화 수증기량 곡선〉

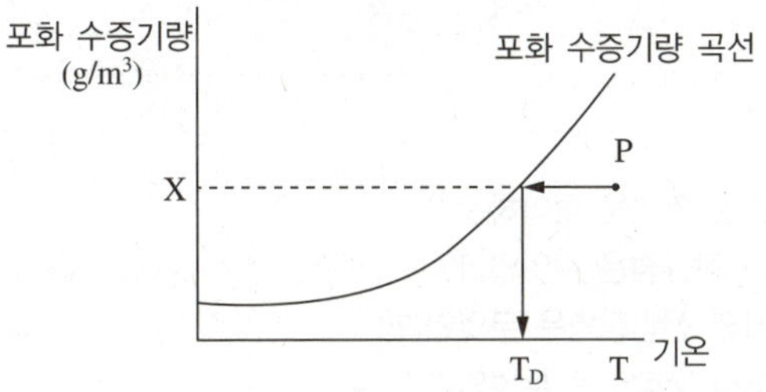

공기가 상승하면 단열팽창되어 건조한 공기는 100m 상승할 때마다 온도는 약 1℃ 하강하고 습윤한 공기는 100m 상승할 때마다 온도는 약 0.5℃ 하강한다. 반대로 건조한 공기가 100m 하강할 때는 단열압축되어 온도는 약 1℃ 상승하고 습윤한 공기는 100m 하강할 때마다 온도는 약 0.5℃씩 상승하게 된다.

기온이 하강하여 이슬점이 되면 수증기는 응결되어 구름이 되고 더 많은 수증기가 응결되면 비가 되어 내리게 된다.

〈일자별 기온 및 수증기〉

구분	4월 5일	4월 12일	4월 19일	4월 26일	5월 3일	5월 10일
기온(℃)	20	16	18	18	22	20
수증기량(g/m^3)	15	13	10	15	8	10

보기

ㄱ. 가장 건조한 날은 5월 3일이다.
ㄴ. 4월 5일에 측정한 공기와 4월 26일에 측정한 공기가 응결되는 높이는 같다.
ㄷ. 4월 19일에 측정한 공기는 4월 26일에 측정한 공기보다 더 높은 곳에서 응결된다.
ㄹ. 공기 중에 수증기가 가장 많이 있을 수 있는 날은 4월 12일이다.

① ㄱ, ㄷ
② ㄱ, ㄹ
③ ㄴ, ㄷ
④ ㄴ, ㄹ

PART 2

30 다음은 환경 분석에 사용하는 3C 분석 방법에 대한 자료이다. (가) ~ (다) 항목에 대한 분석 내용을 〈보기〉에서 찾아 바르게 연결한 것은?

> 사업 환경을 구성하고 있는 요소인 고객(Customer), 자사(Company), 경쟁사(Competitor)를 3C 라고 하며, 3C에 대한 체계적인 분석을 통해 환경 분석을 수행할 수 있다.
>
> 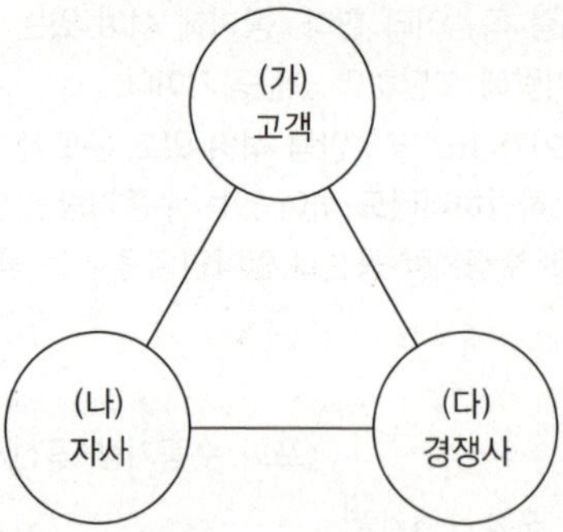
>

보기

㉠ 주요 소비층은 무엇을 좋아하는가?
㉡ 우리 조직의 장단점은 무엇인가?
㉢ 신규 경쟁사의 진입장벽은 무엇인가?
㉣ 경쟁사의 핵심 경쟁력은 무엇인가?
㉤ 소비자들의 정보습득 및 교환은 어디서 일어나는가?

	(가)	(나)	(다)
①	㉠, ㉢	㉡, ㉣	㉤
②	㉠, ㉤	㉡	㉢, ㉣
③	㉡, ㉣	㉠, ㉤	㉢
④	㉡, ㉤	㉢, ㉣	㉠

31 K공사에 근무하는 A대리는 국내 신재생에너지 산업에 대한 SWOT 분석 결과 자료를 토대로 경영전략을 〈보기〉와 같이 판단하였다. 다음 〈보기〉 중 SWOT 분석에 의한 경영전략과 그 내용이 잘못 연결된 것을 모두 고르면?

〈국내 신재생에너지 산업에 대한 SWOT 분석 결과〉

구분	분석 결과
강점(Strength)	• 해외 기관과의 협업을 통한 풍부한 신재생에너지 개발 경험 • 에너지 분야의 우수한 연구개발 인재 확보
약점(Weakness)	• 아직까지 화석연료 대비 낮은 전력 효율성 • 도입 필요성에 대한 국민적 인식 저조
기회(Opportunity)	• 신재생에너지에 대한 연구가 세계적으로 활발히 추진 • 관련 정부부처로부터 충분한 예산 확보
위협(Threat)	• 신재생에너지 산업 특성상 설비 도입 시의 높은 초기 비용

보기

㉠ SO전략 : 개발 경험을 통해 쌓은 기술력을 바탕으로 향후 효과적인 신재생에너지 연구 추진
㉡ ST전략 : 우수한 연구개발 인재들을 활용하여 초기 비용 감축방안 연구 추진
㉢ WO전략 : 확보한 예산을 토대로 우수한 연구원 채용
㉣ WT전략 : 세계의 신재생에너지 연구를 활용한 전력 효율성 개선

① ㉠, ㉡
② ㉠, ㉢
③ ㉡, ㉢
④ ㉢, ㉣

32 결혼을 준비 중인 A씨가 SMART 법칙에 따라 계획한 내용이 다음과 같을 때, SMART 법칙에 맞지 않는 계획은?

• S(Specific) : 내년 5월에 결혼식을 올리기 위해 집을 구매하고, 비상금을 저금한다.
• M(Measurable) : 집을 구매하기 위해 대출금을 포함한 5억 원과 비상금 천만 원을 마련한다.
• A(Action-oriented) : 생활에 꼭 필요하지 않다면 구매하지 않고 돈을 아낀다.
• R(Realistic) : 월급이나 이자 등의 수입이 발생하면 목표 달성까지 전부 저금한다.
• T(Time-limited) : 비상금은 3월까지 저금하고, 4월에 집을 구매한다.

① S
② M
③ A
④ R

33 K공사에 근무하는 P대리는 부하직원 5명(A ~ E)을 대상으로 새로운 홍보 전략에 대한 의견을 물었다. 이에 대해 직원 5명은 찬성과 반대 둘 중 하나의 의견을 제시했다. 〈조건〉이 모두 참일 때, 다음 중 옳은 것은?

조건

- A 또는 D 둘 중 적어도 하나가 반대하면, C는 찬성하고 E는 반대한다.
- B가 반대하면, A는 찬성하고 D는 반대한다.
- D가 반대하면 C도 반대한다.
- E가 반대하면 B도 반대한다.
- 적어도 한 사람은 반대한다.

① A는 찬성하고 B는 반대한다.

② A는 찬성하고 E는 반대한다.

③ B와 D는 반대한다.

④ C는 반대하고 D는 찬성한다.

34 K공사는 신입사원 채용을 진행하고 있다. 최종 관문인 면접평가는 다대다 면접으로 A ~ E면접자를 포함하여 총 8명이 입장하여 다음 〈조건〉과 같이 의자에 앉았다. D면접자가 2번 의자에 앉았을 때, 항상 옳은 것은?(단, 면접실 의자는 순서대로 1번부터 8번까지 번호가 매겨져 있다)

조건

- C면접자와 D면접자는 이웃해 앉지 않고, D면접자와 E면접자는 이웃해 앉는다.
- A면접자와 C면접자 사이에는 2명이 앉는다.
- A면접자는 양 끝(1번, 8번)에 앉지 않는다.
- B면접자는 6번 또는 7번 의자에 앉고, E면접자는 3번 의자에 앉는다.

① A면접자는 4번에 앉는다.

② C면접자는 1번에 앉는다.

③ A면접자와 B면접자가 서로 이웃해 앉는다면 C면접자는 4번 또는 8번에 앉는다.

④ B면접자가 7번에 앉으면, A면접자와 B면접자 사이에 2명이 앉는다.

※ A씨는 다음 규칙에 따라 자신의 금고 암호를 요일별로 바꾸어 사용하려고 한다. 이어지는 질문에 답하시오. **[35~36]**

〈규칙〉

1. 한글 자음은 알파벳 a ~ n으로 치환하여 입력한다.
   예 ㄱ, ㄴ, ㄷ → a, b, c
   – 된소리 ㄲ, ㄸ, ㅃ, ㅆ, ㅉ는 치환하지 않고 그대로 입력한다.
2. 한글 모음 ㅏ, ㅑ, ㅓ, ㅕ, ㅗ, ㅛ, ㅜ, ㅠ, ㅡ, ㅣ는 알파벳 대문자 A ~ J로 치환하여 입력한다.
   예 ㅏ, ㅑ, ㅓ → A, B, C
   – 위에 해당하지 않는 모음은 치환하지 않고 그대로 입력한다.
3. 띄어쓰기는 반영하지 않는다.
4. 숫자 1 ~ 7을 요일별로 요일 순서에 따라 암호 첫째 자리에 입력한다.
   예 월요일 → 1, 화요일 → 2, …, 일요일 → 7

35 A씨가 자신의 금고에 목요일의 암호인 '완벽해'를 치환하여 입력하려 할 때, 입력할 암호로 옳은 것은?

① 3hㅘbfDanㅐ　　② 4hㅘbfDanㅐ
③ 4hEAbfDanㅐ　　④ 4jJgAnㅐ

36 다음 중 암호와 치환하기 전의 문구가 바르게 연결된 것은?

① 7hEeFnAcA → 일요일의 암호 '조묘하다'
② 3iJfhㅔaAbcA → 수요일의 암호 '집에가다'
③ 2bAaAbEdcA → 화요일의 암호 '나가돌다'
④ 6cEbhIdeCahIe → 토요일의 암호 '돈을먹음'

※ 다음은 K공사의 직원채용절차에 대한 자료이다. 이어지는 질문에 답하시오. **[37~38]**

■ 직원채용절차

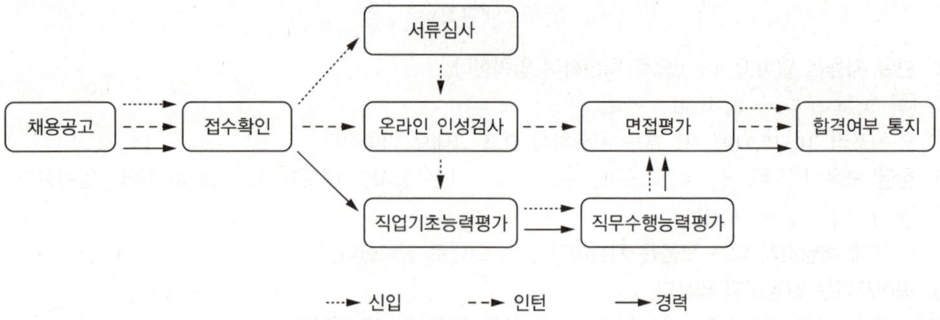

■ 채용단계별 처리비용

채용단계	건당 처리비용	채용단계	건당 처리비용
접수확인	500원	서류심사	1,500원
온라인 인성검사	1,000원	직업기초능력평가	3,000원
직무수행능력평가	2,500원	면접평가	3,000원
합격여부 통지	500원	–	–

※ 단계별 건당 처리비용은 지원유형에 관계없이 동일함

■ 지원현황

지원유형	신입	인턴	경력
접수	20건	24건	16건

37 K공사는 신입 · 인턴 · 경력직원을 채용하는 과정에서 드는 비용을 예산을 넘지 않는 수준에서 최대한 사용하려고 하였으나, 실제로는 초과되었다. 예산이 50만 원이라면, 다음 중 어떤 단계를 생략했어야 하는가?(단, 접수확인 및 합격여부 통지는 생략할 수 없다)

① 신입 – 온라인 인성검사
② 경력 – 직업기초능력평가
③ 인턴 – 면접평가
④ 신입 – 직무수행능력평가

38 K공사의 인사부장은 채용절차를 축소하는 것보다 전형별 합불제를 도입하는 것이 예산 안에서 더 많은 지원자를 수용할 수 있다는 의견을 밝혔다. 이를 검토하기 위해 다음과 같은 〈조건〉을 세워 시뮬레이션을 하였다면, 예산 안에서 최대 몇 명의 지원자를 수용할 수 있는가?

조건

Input	• 대상 : 경력사원 채용절차 • 예산 : 220,000원
Condition	• 전형별 합격률
Output	• 지원자 수 : ? • 합격자 수 : ?

전형	서류심사	온라인 인성검사	직업기초 능력평가	직무수행 능력평가	면접평가
합격률	80%	50%	50%	40%	50%

• 접수확인 및 합격여부 통지 비용을 함께 고려함(단, 합격여부 통지는 면접평가자에 한함)

① 10명
② 20명
③ 30명
④ 40명

39 K공사의 총무팀 4명은 해외출장을 계획하고 있다. 총무팀은 출장지에서 사용할 이동수단 한 가지를 결정하려고 한다. 다음 〈조건〉을 토대로 이동수단을 선택할 때, 총무팀이 최종적으로 선택하게 될 이동수단의 종류와 그 비용을 바르게 짝지은 것은?

〈이동수단별 평가표〉

이동수단	경제성	용이성	안전성
렌터카	( )	상	하
택시	( )	중	중
대중교통	( )	하	중

〈이동수단별 비용계산식〉

이동수단	비용계산식
렌터카	[(렌트비)+(유류비)]×(이용 일수) • 1일 렌트비 : $50(4인승 차량) • 1일 유류비 : $10(4인승 차량)
택시	[거리당 가격(1$/마일)]×[이동거리(마일)] ※ 최대 4명까지 탑승 가능
대중교통	[대중교통패스 3일권($40/인)]×(인원수)

〈해외출장 일정〉

출장 일정	이동거리(마일)
11월 1일	100
11월 2일	50
11월 3일	50

조건

• 이동수단은 경제성, 용이성, 안전성의 총 3가지 요소를 고려하여 최종점수가 가장 높은 이동수단을 선택한다.
• 각 고려요소의 평가결과 '상' 등급을 받으면 3점을, '중' 등급을 받으면 2점을, '하' 등급을 받으면 1점을 부여한다. 단, 안전성을 중시하여 안전성 점수는 2배로 계산한다.
• 경제성은 이동수단별 비용이 적은 것부터 상, 중, 하로 평가한다.
• 각 고려요소의 평가점수를 합하여 최종점수를 구한다.

	이동수단	비용
①	렌터카	$180
②	렌터카	$200
③	택시	$400
④	대중교통	$160

40 **다음은 수제 초콜릿에 대한 분석 기사이다. 〈보기〉를 참고하여 SWOT 분석에 의한 마케팅 전략을 진행하고자 할 때, 적절하지 않은 것은?**

> 오늘날 식품 시장을 보면 원산지와 성분이 의심스러운 제품들로 넘쳐 납니다. 이로 인해 소비자들은 고급스럽고 안전한 먹거리를 찾고 있습니다. 우리의 수제 초콜릿은 이러한 요구를 완벽하게 충족시켜주고 있습니다. 풍부한 맛, 고급 포장, 모양, 건강상의 혜택, 강력한 스토리텔링 모두 높은 품질을 원하는 소비자들의 요구를 충족시키는 것입니다. 사실 수제 초콜릿을 만드는 데는 비용이 많이 듭니다. 각종 장비 및 유지 보수에서부터 값비싼 포장과 유통 업체의 높은 수익을 보장해 주다 보면 초콜릿을 생산하는 업체에게 남는 이익은 많지 않습니다. 또한 수제 초콜릿의 존재 자체를 많은 사람들이 알지 못하는 상황입니다. 하지만 보다 좋은 식품에 대한 인기가 높아짐에 따라 더 많은 업체들이 수제 초콜릿을 취급하기를 원하고 있습니다. 따라서 수제 초콜릿은 일반 초콜릿보다 더 높은 가격으로 판매될 수 있을 것입니다. 현재 초콜릿을 대량으로 생산하는 대형 기업들은 자신들의 일반 초콜릿과 수제 초콜릿의 차이를 줄이는 데 최선을 다하고 있습니다. 그리고 직접 맛을 보기 전에는 일반 초콜릿과 수제 초콜릿의 차이를 알 수 없기 때문에 소비자들은 굳이 초콜릿에 더 많은 돈을 지불해야 하는 이유를 알지 못할 수 있습니다. 따라서 수제 초콜릿의 효과적인 마케팅 전략이 필요한 시점입니다.

보기

- SO전략(강점 – 기회전략) : 강점을 살려 기회를 포착한다.
- ST전략(강점 – 위협전략) : 강점을 살려 위협을 회피한다.
- WO전략(약점 – 기회전략) : 약점을 보완하여 기회를 포착한다.
- WT전략(약점 – 위협전략) : 약점을 보완하여 위협을 회피한다.

① 수제 초콜릿의 스토리텔링을 포장에 명시한다면 소비자들이 믿고 구매할 수 있을 거야.

② 수제 초콜릿을 고급 포장하여 수제 초콜릿의 스토리텔링을 더 살려보는 것은 어떨까?

③ 수제 초콜릿의 값비싸고 과장된 포장을 바꾸고, 그 비용으로 안전하고 맛있는 수제 초콜릿을 홍보하면 어떨까?

④ 수제 초콜릿의 마케팅을 강화하는 방법으로 수제 초콜릿의 차이를 알려 대기업과의 경쟁에서 이겨야겠어.

PART 2

41 **대학생 50명을 대상으로 한 해외여행에 대한 설문조사 결과가 다음 〈조건〉과 같을 때, 항상 참인 것은?**

> 조건
> - 미국을 여행한 사람이 가장 많다.
> - 일본을 여행한 사람은 미국 또는 캐나다 여행을 했다.
> - 중국과 캐나다를 모두 여행한 사람은 없다.
> - 일본을 여행한 사람의 수가 캐나다를 여행한 사람의 수보다 많다.

① 일본을 여행한 사람보다 중국을 여행한 사람이 더 많다.
② 일본을 여행했지만 미국을 여행하지 않은 사람은 중국을 여행하지 않았다.
③ 미국을 여행한 사람의 수는 일본과 중국을 여행한 사람을 합한 수보다 많다.
④ 중국을 여행한 사람은 일본을 여행하지 않았다.

42 **다음 사례에 나타난 홍보팀 팀장의 상황은 문제해결절차의 어느 단계에 해당하는가?**

> K회사는 이번에 새로 출시한 제품의 판매량이 생각보다 저조하여 그 원인에 대해 조사하였고, 그 결과 신제품 홍보 방안이 미흡하다고 판단하였다. 효과적인 홍보 방안을 마련하기 위해 홍보팀에서는 회의를 진행하였고, 팀원들은 다양한 홍보 방안을 제시하였다. 홍보팀 팀장은 중요도와 실현 가능성 등을 고려하여 팀원들의 다양한 의견 중 최종 홍보 방안을 결정하고자 한다.

① 문제 인식
② 문제 도출
③ 원인 분석
④ 해결안 선정

43 다음 대화의 빈칸에 들어갈 정부장의 조언으로 적절하지 않은 것은?

> 정부장 : 김대리, 시간을 충분히 주었다고 생각했는데 진행 상황이 생각보다 늦네요. 이유가 뭐죠?
> 김대리 : 아, 부장님. 죄송합니다. 저, 그게··· 저는 최대한 노력한다고 하는데 항상 시간이 모자랍니다. 업무 능력이 부족해서인 것 같습니다.
> 정부장 : 아니에요. 능력은 충분해요. 노력을 하는데도 시간이 부족하다면 내 생각에는 계획을 세울 필요가 있을 것 같네요. 시간을 쓰는 데도 계획이 있어야 하는데 시간 계획을 세울 때는 ______________________

① 목표를 구체적으로 세워야 합니다.
② 행동을 중심으로 세워야 합니다.
③ 현실적으로 가능해야 합니다.
④ 최대한 완벽한 계획을 세울 수 있도록 충분한 시간을 가져야 합니다.

44 다음 사례는 어느 자원 활용의 방해 요인인가?

> 신설학교 조사위원회는 K시 교육청이 신설학교를 개교하면서 책걸상과 교탁, 수납장 등 18종의 비품과 기자재를 일괄 구매하여 매년 수십억 원의 예산이 사장되고 있다고 발표했다. 신설학교 기자재는 학생 수가 100% 차는 완성 학급을 기준으로 구입하지만 개교 1～2년 차에는 완성 학급 수가 절반 수준에 불과한 학교가 상당수여서 기자재와 비품이 남아돌아 방치되고 있는 것이다. 신설학교 조사위원회는 "지난해 개교한 24개 학교의 교육청 일괄 구매 예산은 53억 3천여만 원이었으나 15억 원 규모에 달하는 비품을 사용하지 않고 방치했다."라고 밝혔다.

① 시간자원
② 예산자원
③ 물적자원
④ 인적자원

※ A대리는 사내 워크숍 진행을 위해 연수원을 예약하려고 한다. 이어지는 질문에 답하시오. [45~46]

〈K연수원 예약안내〉

■ 예약절차 : 견적 요청 ⇨ 견적서 발송 ⇨ 계약금 입금 ⇨ 예약 확정

※ 계약금 : 견적금액의 10%

■ 이용요금 안내

• 교육시설사용료

구분	품목	1일 시설사용료	최대 수용인원	기본요금
신관	대강당	15,000원/인	150명	1,500,000원
	1강의실		80명	800,000원
본관	2강의실		70명	700,000원
	3강의실		50명	500,000원
	1세미나실		30명	300,000원
	2세미나실		20명	200,000원
	3세미나실		10명	100,000원

※ 숙박 시 1일 시설사용료는 기본요금으로 책정함

• 숙박시설

구분	품목	타입	기본인원	최대인원	기본금액	1인 추가요금
본관	13평형	온돌	4인	5인	100,000원	10,000원
	25평형	온돌	7인	8인	150,000원	
신관	30평형	침대	10인	12인	240,000원	

• 식사

구분	제공메뉴	기본금액	장소
자율식	오늘의 메뉴	8,000원	실내식당
차림식	오늘의 메뉴	15,000원	

■ 예약취소안내

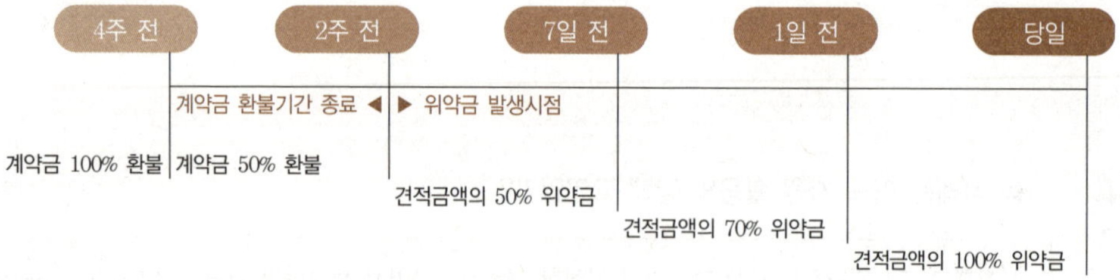

45 A대리는 다음과 같은 부서장의 지시에 따라 워크숍 장소를 예약하였다. 그리고 사전예약 이벤트로 10%의 할인을 받았다. 이때, K연수원에 내야 할 계약금은 얼마인가?

> 부서장 : A대리, 올해 워크숍은 하루 동안 진행하기로 결정이 되었어요. 매년 진행하던 K연수원에서 진행할 것이니 미리 예약해 주세요. 그리고 참석인원은 총 50명이고, 식사는 점심, 저녁 2회 실시할 예정입니다. 숙박인원은 없으니까 별도로 예약할 필요는 없어요. 이번 워크숍에 배정된 예산이 2백만 원인데, 여유가 된다면 저녁은 차림식으로 하죠. 참, 교육은 두 가지 프로그램으로 진행할 예정이에요. 두 곳에서 인원을 대략 절반으로 나눠 로테이션 방식으로 진행할 겁니다. 강의실 예약 시 참고해 주세요.

① 139,500원
② 148,500원
③ 171,000원
④ 190,000원

46 45번 문제와 같이 워크숍을 진행하기로 하였으나 회사의 부득이한 사정으로 워크숍을 진행하기로 했던 날의 10일 전에 취소를 하였다. 이때, 예약취소로 인해 입은 손해는 얼마인가?

① 없음
② 85,500원
③ 95,000원
④ 855,000원

47 K회사의 김대리는 회의가 길어져 편의점에서 간식을 사오려고 하는데 모두에게 햄버거와 음료수 하나씩을 주려고 한다. 총 11명이 회의에 참석한다면, 최소 금액으로 먹을 수 있는 방법은?(단, 모든 사람이 같은 메뉴를 먹을 필요는 없다)

〈햄버거 및 음료수 가격 정보〉

구분	종류	가격	비고
햄버거	치킨버거	2,300원	2개 구매 시 그중 1개는 30% 할인
	불고기버거	2,300원	3개 구매 시 물 1병 증정
	치즈버거	2,000원	–
음료수	보리차	1,100원	2병 구매 시 추가로 1병 무료 증정
	물	800원	–
	오렌지주스	1,300원	4병 구매 시 추가로 2병 무료 증정
	포도주스	1,400원	치즈버거 개수만큼 포도주스 병당 40% 할인

① 치킨버거 10개, 치즈버거 1개, 보리차 9병, 물 2병
② 치킨버거 8개, 불고기버거 3개, 보리차 6병, 오렌지주스 4병, 물 1병
③ 불고기버거 9개, 치즈버거 2개, 보리차 6병, 물 3병, 포도주스 2병
④ 불고기버거 6개, 치즈버거 5개, 보리차 3병, 물 3병, 포도주스 5병

48 다음은 팀원들을 적절한 위치에 효과적으로 배치하기 위한 3가지 원칙에 대한 글이다. 다음 중 빈칸 ㉠～㉣에 들어갈 말을 바르게 연결한 것은?

___㉠___는 개인에게 능력을 발휘할 수 있는 기회와 장소를 부여하고, 그 성과를 바르게 평가한 뒤 평가된 실적에 대해 그에 상응하는 보상을 주는 원칙을 말한다. 이때, 미래에 개발 가능한 능력까지도 함께 고려해야 한다. 반면, ___㉡___는 팀의 효율성을 높이기 위해 팀원을 그의 능력이나 성격 등과 가장 적합한 위치에 배치하여 팀원 개개인의 능력을 최대로 발휘해 줄 것을 기대하는 것이다. 즉, 작업이나 직무가 요구하는 요건과 개인이 보유하고 있는 조건이 서로 균형 있고 적합하게 대응되어야 한다. 결국 ___㉢___는 ___㉣___의 하위개념이라고 할 수 있다.

	㉠	㉡	㉢	㉣
①	능력주의	적재적소주의	적재적소주의	능력주의
②	능력주의	적재적소주의	능력주의	적재적소주의
③	적재적소주의	능력주의	능력주의	적재적소주의
④	적재적소주의	능력주의	적재적소주의	능력주의

※ K공사는 직원들의 명함을 다음 명함 제작 기준에 따라 제작한다. 이어지는 질문에 답하시오. [49~50]

〈명함 제작 기준〉

(단위 : 원)

구분	100장	+50장
국문	10,000	3,000
영문	15,000	5,000

※ 고급종이로 제작할 경우 정가의 10% 가격을 추가함

49 올해 신입사원이 입사해서 국문 명함을 만들었다. 명함은 1인당 150장씩 지급하며, 일반종이로 만들었고 총 제작비용은 195,000원이다. 신입사원은 총 몇 명인가?

① 12명
② 13명
③ 14명
④ 15명

50 이번 신입사원 중 해외영업 부서로 배치받은 사원이 있다. 해외영업부 사원들에게는 고급종이로 영문 명함을 200장씩 만들어 주려고 한다. 총인원이 8명일 때 총 제작비용은 얼마인가?

① 158,400원
② 192,500원
③ 210,000원
④ 220,000원

51 K사는 직원들의 사기 증진과 친화력 도모를 위해 전 직원이 참여하는 사내 가족 체육대회를 열기로 하였다. 다음 7월 달력과 〈조건〉에 따라 체육대회를 열기에 가장 적절한 날은?

〈7월 달력〉

월	화	수	목	금	토	일
	1	2	3	4	5	6
7	8	9	10	11	12	13
14	15	16	17	18	19	20
21	22	23	24	25	26	27
28	29	30	31			

조건

- 7월 3일부터 7일까지는 장마 기간으로 비가 온다.
- 가족 모두가 참여해야 하므로 주말(토, 일요일) 중 하루로 정한다.
- 마케팅팀은 토요일에 격주로 출근을 한다.
- 서비스팀은 토요일에 격주로 출근을 한다.
- K사 사장은 7월 11일부터 15일까지 중국으로 출장을 간다.
- 마케팅팀 M사원은 12일에 출근을 했다.
- 서비스팀 L과장은 5일에 출근을 했다.
- H운동장은 둘째, 넷째 주 주말에는 개방하지 않는다.

① 7월 6일　　② 7월 12일
③ 7월 13일　　④ 7월 20일

52 다음 〈보기〉 중 밑줄 친 '이것'에 대해 바르게 이해한 사람을 모두 고르면?

> 이것은 과제를 수행하기 위해 소비된 비용 중 생산에 직접 관련되지 않은 비용을 말한다. 과제에 따라 매우 다양하게 발생하며, 과제가 수행되는 상황에 따라서도 다양하게 나타날 수 있다. 여기에는 보험료, 건물관리비, 광고비, 각종 공과금 등이 포함되며, 이러한 비용을 적절히 예측하여 계획을 세우고 관리하는 것이 중요하다.

보기

창수 : '이것'은 예산을 구성하는 보조비용을 말하는군.
장원 : '이것'은 직접비용에 상대되는 비용을 뜻해.
휘동 : 기업의 사무비품비가 '이것'에 포함되겠군.
경원 : 개인의 보험료도 '이것'에 포함돼.

① 창수, 장원
② 창수, 휘동
③ 창수, 장원, 경원
④ 장원, 휘동, 경원

53 다음은 K공사 인사팀의 하계 휴가 스케줄이다. A사원은 휴가를 신청하기 위해 하계 휴가 스케줄을 확인하였다. 인사팀 팀장인 P부장은 25 ~ 28일은 하계 워크숍 기간이므로 휴가 신청이 불가능하며, 하루에 6명 이상은 사무실에 반드시 있어야 한다고 팀원들에게 공지했다. A사원이 휴가를 쓸 수 있는 기간으로 가장 적절한 것은?

구분	8월 휴가																			
	3	4	5	6	7	10	11	12	13	14	17	18	19	20	21	24	25	26	27	28
	월	화	수	목	금	월	화	수	목	금	월	화	수	목	금	월	화	수	목	금
P부장	■	■	■																	
K차장								■	■	■										
J과장	■	■	■	■	■															
H대리										■	■	■	■							
A주임														■	■	■				
B주임											■	■	■	■						
A사원																				
B사원						■	■	■												

※ 스케줄에 색칠된 부분은 해당 직원의 휴가 예정일임
※ A사원은 4일 이상 휴가를 사용해야 함(토, 일 제외)

① 8월 7 ~ 11일
② 8월 6 ~ 11일
③ 8월 11 ~ 16일
④ 8월 13 ~ 18일

54 K기관은 본사 근무환경개선을 위해 공사를 시행할 업체를 선정하고자 한다. 다음 선정방식에 따라 시행업체를 선정할 때, 최종 선정될 업체는?

〈공사 시행업체 선정방식〉

- 평가점수는 적합성점수와 실적점수, 입찰점수를 1 : 2 : 1의 비율로 합산하여 도출한다.
- 평가점수가 가장 높은 업체 한 곳을 최종 선정한다.
- 적합성점수는 각 세부항목의 점수를 합산하여 도출한다.
- 입찰점수는 입찰가격이 가장 낮은 곳부터 10점, 8점, 6점, 4점을 부여한다.
- 평가점수가 동일한 경우, 실적점수가 높은 업체에 우선순위를 부여한다.

〈업체별 입찰정보 및 점수〉

(단위 : 점)

평가항목 \ 업체		A	B	C	D
적합성점수(30점)	운영 건전성(8점)	8	6	8	7
	근무 효율성 개선(10점)	8	9	6	8
	환경친화설계(5점)	2	3	4	4
	미적 만족도(7점)	4	6	5	7
실적점수(10점)	최근 2년 시공실적(10점)	6	9	7	7
입찰점수(10점)	입찰가격(억 원)	7	10	11	9

※ 미적 만족도 항목은 지난달에 시행한 내부 설문조사 결과에 기반함

※ 괄호 안의 점수는 해당 평가항목의 만점 기준임

① A업체 ② B업체

③ C업체 ④ D업체

55 A사원은 3박 4일 동안 대전으로 출장을 다녀오려고 한다. 출장 경비에 대한 정보가 다음과 같을 때 A사원의 출장 경비 총액으로 옳은 것은?(단, A사원의 출장 세부내역 이외의 지출은 없다고 가정한다)

〈출장 경비〉

• 출장일부터 귀가할 때까지 소요되는 모든 교통비, 식비, 숙박비를 합산한 비용을 출장 경비로 지급한다.

• 교통비(서울 → 대전 / 대전 → 서울)

교통수단	기차	비행기	버스
비용(편도)	39,500원	43,250원	38,150원

※ 서울 및 대전 내에서의 시내이동에 소요되는 비용은 출장 경비로 인정하지 않음

• 식비

식당	P식당	S식당	Y식당
식비(끼니당)	8,500원	8,700원	9,100원

• 숙박비

숙소	가	나	다
숙박비(1박)	75,200원	81,100원	67,000원
비고	연박 시 1박당 5% 할인	연박 시 1박당 10% 할인	–

〈A사원의 출장 세부내역〉

• A사원은 대전행은 기차를, 서울행은 버스를 이용하였다.
• A사원은 2일간 P식당을, 나머지 기간은 Y식당을 이용하였으며 출장을 시작한 날부터 마지막 날까지 하루 3끼를 먹었다.
• A사원은 출장기간 동안 숙소는 할인을 포함하여 가장 저렴한 숙소를 이용하였다.

① 359,100원　　② 374,620원
③ 384,250원　　④ 396,500원

PART 2

56 K기업에서는 2월 셋째 주에 연속 이틀에 걸쳐 본사에 있는 B강당에서 인문학 특강을 진행하려고 한다. 강당을 이용할 수 있는 날과 강사의 스케줄을 고려할 때 섭외 가능한 강사는?

〈B강당 이용 가능 날짜〉

구분	월요일	화요일	수요일	목요일	금요일
오전(9 ~ 12시)	×	○	×	○	○
오후(13 ~ 14시)	×	×	○	○	×

※ 가능 : ○, 불가능 : ×

〈섭외 강사 후보 스케줄〉

A강사	매주 수 ~ 목요일 10 ~ 14시 문화센터 강의
B강사	첫째 주, 셋째 주 화요일, 목요일 10 ~ 14시 대학교 강의
C강사	매월 첫째 ~ 셋째 주 월요일, 수요일 오후 12 ~ 14시 면접 강의
D강사	매주 수요일 오후 13 ~ 16시, 금요일 오전 9 ~ 12시 도서관 강좌
E강사	매월 첫째, 셋째 주 화 ~ 목요일 오전 9 ~ 11시 강의

※ K기업 본사까지의 이동거리와 시간은 고려하지 않음
※ 강의는 연속 이틀로 진행되며 강사는 동일해야 함

① A, B강사
② B, C강사
③ C, D강사
④ C, E강사

57 다음 글을 읽고 이해한 내용으로 적절하지 않은 것은?

A와 B는 전파사를 운영하고 있다. A는 간단한 일로 부르는 고객의 집에는 바쁘다는 핑계로 가기를 거부하고, 전기의 합선을 고치는 등 돈벌이가 되는 일만 찾아다녔다. 뿐만 아니라 고객에게 터무니없이 많은 대가를 요구하는 버릇이 있었다. 반면 B는 고객의 요청만 있으면 일의 크고 작음을 가리지 않고 곧장 달려갔을 뿐만 아니라, 부당하게 많은 돈을 받는 일도 없었다. 이처럼 불성실하게 가게를 운영하던 A의 전파사는 매출이 오르지 않아 가게를 줄여서 변두리로 나가게 되었고, 성실하게 가게를 운영한 B의 전파사는 동생에게도 기술을 가르쳐서 또 하나의 가게를 낼 수 있을 정도로 성업을 이루었다.

① A의 경우 단시간에 돈을 벌기 위해서 성실하지 않은 태도를 보였다.
② 장기적으로 볼 때에는 성실한 사람이 결국 성공하게 됨을 알 수 있다.
③ A의 경우 고객에 대해 부정직한 모습도 볼 수 있다.
④ B를 통해 항상 해오던 방식이 언제나 옳은 것은 아님을 알 수 있다.

58 다음 중 밑줄 친 '이것'의 사례로 적절하지 않은 것은?

> '이것'은 복지 사회를 이루기 위하여 기업이 이윤 추구에만 집착하지 않고 사회의 일원으로서 사회적 책임을 자각하고 실천하여야 할 의무로, 기업의 수익 추구와 밀접한 관련을 맺고 있다고 보는 견해도 있다.
> 윌리엄 워서(William Werther)와 데이비드 챈들러(David Chandler)는 '이것'을 기업이 제품이나 서비스를 소비자들에게 전달하는 과정인 동시에 사회에서 기업 활동의 정당성을 유지하기 위한 방안이라고 주장하였다.

① A기업은 새로운 IT 계열의 중소벤처기업을 창업한 20대 청년에게 투자하기로 결정하였다.
② B기업은 전염병이 발생하자 의료 물품을 대량으로 구입하여 지역 병원에 기부하였다.
③ C기업은 협력업체 공장에서 폐수를 불법으로 버린 것을 알고 협업과 투자를 종료하였다.
④ D기업은 자사의 직원 복지를 위해 거액의 펀드를 만들었다.

59 다음 〈보기〉 중 직장에서의 바람직한 소개 예절에 해당하지 않는 것을 모두 고르면?

> **보기**
> ㄱ. 신입에게 부서원을 소개할 때에는 고참자를 신입에게 소개한다.
> ㄴ. 동료임원을 고객 및 손님에게 소개한다.
> ㄷ. 소속 회사의 관계자를 타 회사의 관계자에게 소개한다.
> ㄹ. 나이 어린 사람을 연장자에게 소개한다.

① ㄱ　　② ㄴ
③ ㄱ, ㄷ　　④ ㄴ, ㄹ

60 다음 중 〈보기〉의 비윤리적 행위에 대한 유형이 바르게 짝지어진 것은?

보기

㉠ 제약회사에서 근무하는 A사원은 자신의 매출실적을 올리기 위하여 계속해서 병원에 금품을 제공하고 있다.
㉡ B건설회사는 완공일자를 맞추기에 급급하여 안전수칙을 제대로 지키지 않았고, 결국 커다란 인명사고가 발생하였다.
㉢ C가구업체는 제품 설계 시 제품의 안전 측면을 충분히 고려하지 않아, 제품을 구매한 소비자들에게 안전사고를 유발하였다.
㉣ IT회사의 D팀장은 관련 업계의 회사 간 가격담합이 이루어지고 있음을 발견하였으나, 별다른 조치를 취하지 않았다.

	도덕적 타성	도덕적 태만
①	㉠, ㉡	㉢, ㉣
②	㉠, ㉢	㉡, ㉣
③	㉠, ㉣	㉡, ㉢
④	㉡, ㉢	㉠, ㉣

61 다음은 정직과 신용을 구축하기 위한 4가지 지침이다. 이에 위배되는 사례는?

〈정직과 신용을 구축하기 위한 4가지 지침〉

1. 정직과 신뢰의 자산을 매일 조금씩 쌓아 가자.
2. 잘못된 것도 정직하게 밝히자.
3. 타협하거나 부정직을 눈감아 주지 말자.
4. 부정직한 관행은 인정하지 말자.

① A대리는 업무를 잘 끝마쳤지만 한 가지 실수를 저질렀던 점이 마음에 걸려, 팀장에게 자신의 실수를 알렸다.
② B대리는 승진과 함께 사무실 청소 당번에서 제외되었으나, 동료들과 함께 청소 당번에 계속 참여하기로 하였다.
③ C교사는 학교 주변에서 담배를 피우고 있는 고등학생을 발견하였고, 해당 학생을 붙잡아 학교에 알렸다.
④ D교관은 불법적으로 술을 소지하고 있던 교육생에게 중징계를 내리는 대신 앞으로 다시는 규율을 어기지 않겠다는 다짐을 받아 냈다.

62 **다음 중 직장생활에서 나타나는 근면한 태도의 성격이 다른 것은?**

① A씨는 자기 계발을 위해 퇴근 후 컴퓨터 학원에 다니고 있다.

② B씨는 아침 일찍 출근하여 업무 계획을 세우는 것을 좋아한다.

③ C씨는 같은 부서 사원들의 업무 경감을 위해 적극적으로 프로그램을 개발하고 있다.

④ D씨는 상사의 지시로 신제품 출시를 위한 설문조사를 계획하고 있다.

63 **다음 중 직업윤리의 덕목과 그 설명이 바르게 연결되지 않은 것은?**

① 소명 의식 : 자신이 맡은 일은 하늘에 의해 맡겨진 일이라고 생각하는 태도이다.

② 책임 의식 : 직업에 대한 사회적 역할과 책무를 충실히 수행하고 책임을 다하는 태도이다.

③ 봉사 의식 : 자신의 일이 누구나 할 수 있는 것이 아니라 해당 분야의 지식과 교육을 밑바탕으로 성실히 수행해야만 가능한 것이라 믿고 수행하는 태도이다.

④ 천직 의식 : 자신의 일이 자신의 능력과 적성에 꼭 맞는다 여기고 그 일에 열성을 가지고 성실히 임하는 태도이다.

64 **다음 중 책임과 준법에 대한 설명으로 적절하지 않은 것은?**

① 삶을 긍정적으로 바라보는 태도는 책임감의 바탕이 된다.

② 책임감은 삶에 대한 자기통제력을 극대화하는 데 도움이 된다.

③ 책임이란 모든 결과가 자신의 선택에서 유래한 것임을 인정하는 태도이다.

④ 준법을 유도하는 제도적 장치가 마련되면 개개인의 준법 의식도 개선된다.

65 **다음 중 K씨에게 해 줄 수 있는 조언으로 가장 적절한 것은?**

> 현재 군인이 되기 위해 준비 중인 K씨는 요즘 들어 고민에 빠져있다. 자신의 윤리적 입장에서 생각해 보았을 때 타인에 대한 물리적 행사(폭력)는 절대 금지되어 있다고 생각하지만, 군인의 입장에서는 필요한 경우 물리적 행사가 허용된다는 점이 마음에 걸리는 것이다.

① 업무수행상 모든 행동에 있어 개인의 양심에 따라 행동하는 것이 중요해.
② 군인은 하나의 직업인이기 때문에 기본적인 윤리기준은 무시할 필요가 있어.
③ 업무수행에서 개인윤리와 직업윤리가 충돌할 경우 직업윤리를 우선하여야 해.
④ 업무 중 상대방의 입장에서 생각해 보고 너의 행동을 결정하는 것이 어떨까?

66 **다음 중 직장 내 성희롱의 범위에 대한 설명으로 옳은 것은?**

① 직장이라는 공간에서 일어나는 일만 해당된다.
② 재직자 외 취업의사가 있는 사람은 해당되지 않는다.
③ 업무시간 외에는 해당되지 않는다.
④ 성희롱 행위자에는 사업주, 상급자, 근로자가 모두 해당된다.

67 **다음 중 직업윤리의 5대 원칙으로 옳지 않은 것은?**

> 〈직업윤리의 5대 원칙〉
>
> • 업무의 공공성을 바탕으로 공사 구분을 명확히 하고, 모든 것을 숨김없이 투명하게 처리하는 원칙
> • 고객에 대한 봉사를 최우선으로 생각하고 현장 중심, 실천 중심으로 일하는 원칙
> • 자기업무에 전문가로서의 능력과 의식을 가지고 책임을 다하며, 능력을 연마하는 원칙
> • 업무와 관련된 모든 것을 숨김없이 정직하게 수행하고, 본분과 약속을 지켜 신뢰를 유지하는 원칙
> • 법규를 준수하고, 경쟁원리에 따라 공정하게 행동하는 원칙

① 주관성의 원칙　② 고객 중심의 원칙
③ 전문성의 원칙　④ 정직과 신용의 원칙

68 다음 상황을 보고 생각할 수 있는 근면한 직장생활로 적절하지 않은 것은?

> 허주임은 감각파이자 낙천주의자이다. 오늘 점심시간에 백화점 세일에 갔다 온 것을 친구에게 전화로 자랑하기 바쁘다. "오늘 땡잡았어! 스키용품을 50%에 구했지 뭐니!" "넌 혼자만 일하니? 대충대충 해. 그래서 큰 회사 다녀야 땡땡이치기 쉽다니까."

① 업무시간에는 개인적인 일을 하지 않는다.
② 업무시간에 최대한 업무를 끝내도록 한다.
③ 점심시간보다 10분 정도 일찍 나가는 것은 괜찮다.
④ 사무실 내에서 전화나 메신저 등을 통해 사적인 대화를 나누지 않는다.

PART 2

69 다음 〈보기〉 중 윤리적 규범 형성에 대한 설명으로 옳지 않은 것을 모두 고르면?

> **보기**
> ㄱ. 인간은 본능적으로 욕구 충족에 방해가 되는 비윤리적 행동에 대해 거부감을 갖는다.
> ㄴ. 윤리적 규범은 공동생활과 협력을 필요로 하는 인간 생활에서 형성된다.
> ㄷ. 윤리적 규범은 상황에 따라 변하지 않고, 항상 일관되게 적용된다.

① ㄱ
② ㄷ
③ ㄱ, ㄴ
④ ㄴ, ㄷ

70 다음 중 잘못된 직업관을 가지고 있는 사람은?

① 항공사에서 근무하고 있는 A는 자신의 직업에 대해 긍지와 자부심을 갖고 있다.
② IT 회사에서 개발 업무를 담당하는 B는 업계 최고 전문가가 되기 위해 항상 노력한다.
③ 극장에서 근무 중인 C는 언제나 다른 사람에게 봉사한다는 마음을 가지고 즐겁게 일한다.
④ 화장품 회사에 입사한 신입사원 D는 입사 동기들보다 빠르게 승진하는 것을 목표로 삼았다.

제2회
최종점검 모의고사

※ 한국남부발전 최종점검 모의고사는 2025년 하반기 채용공고 및 후기를 기준으로 구성한 것으로 실제 시험과 다를 수 있습니다.

■ 취약영역 분석

번호	O/×	영역	번호	O/×	영역	번호	O/×	영역
01		의사소통능력	26		수리능력	51		자원관리능력
02			27			52		
03			28			53		
04			29		문제해결능력	54		
05			30			55		
06			31			56		
07			32			57		직업윤리
08			33			58		
09			34			59		
10			35			60		
11			36			61		
12			37			62		
13			38			63		
14			39			64		
15		수리능력	40			65		
16			41			66		
17			42			67		
18			43		자원관리능력	68		
19			44			69		
20			45			70		
21			46					
22			47					
23			48					
24			49					
25			50					

평가문항	70문항	평가시간	70분
시작시간	:	종료시간	:
취약영역			

제2회 최종점검 모의고사

문항 수 : 70문항 응시시간 : 70분

정답 및 해설 p.056

01 다음 글을 읽고 추론한 내용으로 가장 적절한 것은?

> 한 연구원이 어떤 실험을 계획하고 참가자들에게 이렇게 설명했다.
> "여러분은 지금부터 둘씩 조를 지어 함께 일하게 됩니다. 여러분의 파트너는 다른 작업장에서 여러분과 똑같은 일을, 똑같은 노력을 기울여야 할 것입니다. 이번 실험에 대한 보수는 한 조당 5만 원입니다."
> 실험 참가자들이 작업을 마치자 연구원은 참가자들을 세 부류로 나누어 각각 2만 원, 2만 5천 원, 3만 원의 보수를 차등 지급하고, 그들이 다른 작업장에서 파트너가 받은 액수를 제외한 나머지 보수를 받은 것으로 믿게 하였다.
> 그 후 연구원은 실험 참가자들에게 몇 가지 설문을 했다. '보수를 받고 난 후에 어떤 기분이 들었는지, 나누어 받은 돈이 공정하다고 생각하는지'를 묻는 것이었다. 연구원은 설문을 하기 전에 3만 원을 받은 참가자가 가장 행복할 것이라고 예상했다. 그런데 결과는 예상과 달랐다. 3만 원을 받은 사람은 2만 5천 원을 받은 사람보다 덜 행복해했다. 자신이 과도하게 보상을 받아 부담을 느꼈기 때문이다. 2만 원을 받은 사람도 덜 행복해한 것은 마찬가지였다. 받아야 할 만큼 충분히 받지 못했다고 생각했기 때문이다.

① 인간은 타인과 협력할 때 더 행복해한다.
② 인간은 공평한 대우를 받을 때 더 행복해한다.
③ 인간은 남보다 능력을 더 인정받을 때 더 행복해한다.
④ 인간은 자신이 설정한 목표를 달성했을 때 가장 행복해한다.

02 다음 글에서 ㉠~㉣의 수정 방안으로 적절하지 않은 것은?

지구의 하루는 왜 길어지는 것일까? 그것은 바로 지구의 자전이 느려지기 때문이다. 지구의 자전은 달과 밀접한 관련을 맺고 있다. 지구가 달을 끌어당기는 힘이 있듯이 달 또한 지구를 끌어당기는 힘이 있다. 달은 태양보다 크기는 작지만 지구와의 거리는 태양보다 훨씬 가깝기 때문에 지구의 자전에 미치는 영향은 ㉠ 더 크다. 달의 인력은 지구의 표면을 부풀어 오르게 한다. 그리고 이 힘은 지구와 달 사이의 거리에 따라 다르게 작용하여 달과 가까운 쪽에는 크게, 그 반대쪽에는 작게 영향을 미치게 된다. 결국 지구 표면은 달의 인력과 지구 – 달의 원운동에 의한 원심력의 영향을 받아 양쪽이 부풀어 오르게 된다.

이때 달과 가까운 쪽 지구의 '부풀어 오른 면'은 지구와 달을 잇는 직선에서 벗어나 지구 자전 방향으로 앞서게 되는데, 그 이유는 지구가 ㉡ 하루 만에 자전을 마치는데 비해 달은 한 달 동안 공전 궤도를 ㉢ 돌리기 때문이다. 달의 인력은 이렇게 지구 자전 방향으로 앞서가는 부풀어 오른 면을 반대 방향으로 다시 당기고, 그로 인해 지구의 자전은 방해를 받아 속도가 느려진다. 한편 지구보다 작고 가벼운 달의 경우에는 지구보다 더 큰 방해를 받아 자전 속도가 더 빨리 줄게 된다.

이렇게 지구와 달은 서로의 인력 때문에 자전 속도가 줄게 되는데, 이 자전 속도와 관련된 운동량은 '지구 – 달 계' 내에서 달의 공전 궤도가 늘어나는 것으로 보존된다. 왜냐하면 일반적으로 외부에서 작용하는 힘이 없다면 운동량은 ㉣ 보존된다. 이렇게 하여 결국 달의 공전 궤도는 점점 늘어나고, 달은 지구로부터 점점 멀어지는 것이다.

실제로 지구의 자전 주기는 매년 100만 분의 17초 정도 느려지고 달은 매년 38mm씩 지구에서 멀어지고 있다. 이처럼 지구의 자전 주기가 점점 느려지기 때문에 지구의 1년의 날수는 점차 줄어들 수밖에 없다. 그러나 이렇게 느려지더라도 하루가 25시간이 되려면 2억 년은 넘게 시간이 흘러야 한다.

① ㉠ : 의미를 명확하게 하기 위해 앞에 '달이'를 추가한다.
② ㉡ : 띄어쓰기가 옳지 않으므로 '하루만에'로 고친다.
③ ㉢ : 주어와 서술어의 호응 관계를 고려하여 '돌기'로 고친다.
④ ㉣ : 호응 관계를 고려하여 '보존되기 때문이다.'로 고친다.

03 다음 상황에 어울리는 속담으로 가장 적절한 것은?

SNS를 통해 맛집으로 유명해진 A가게가 개인사정으로 인해 문을 닫자, 그 옆 B가게로 사람들이 몰리기 시작했다.

① 싸움 끝에 정이 붙는다.
② 미련은 먼저 나고 슬기는 나중 난다.
③ 배부르니까 평안 감사도 부럽지 않다.
④ 호랑이 없는 골에 토끼가 왕 노릇 한다.

04 다음 글의 주제로 가장 적절한 것은?

우주 개발이 왜 필요한가에 대한 주장은 크게 다음 세 가지로 구분할 수 있다. 먼저 천문학자 '칼 세이건'이 우려하는 것처럼 인류가 혜성이나 소행성의 지구 충돌과 같은 재앙에서 살아남으려면 지구 이외의 다른 행성에 식민지를 건설해야 한다는 것이다. 소행성의 지구 충돌로 절멸한 공룡의 전철을 밟지 않기 위해서 말이다. 여기에는 자원 고갈이나 환경오염과 같은 전 지구적 재앙에 대비하자는 주장도 포함된다. 그다음으로 우리의 관심을 지구에 한정한다는 것은 인류의 숭고한 정신을 가두는 것이라는 호킹의 주장을 들 수 있다. 지동설, 진화론, 상대성 이론, 양자역학, 빅뱅 이론과 같은 과학적 성과들은 인류의 문명뿐만 아니라 정신적 패러다임의 변화에 지대한 영향을 끼쳤다. 마지막으로 우주 개발의 노력에 따르는 부수적인 기술의 파급 효과를 근거로 한 주장을 들 수 있다. 실제로 우주 왕복선 프로그램을 통해 산업계에 이전된 새로운 기술이 100여 가지나 된다고 한다. 인공심장, 신분확인 시스템, 비행추적 시스템 등이 그 대표적인 기술들이다. 그러나 우주 개발에서 얻는 이익이 과연 인류 전체의 이익을 대변할 수 있는가에 대해서는 쉽게 답할 수 없다. 역사적으로 볼 때 탐사의 주된 목적은 새로운 사실의 발견이라기보다 영토와 자원, 힘의 우위를 선점하기 위한 것이었기 때문이다. 이러한 이유로 우주 개발에 의심의 눈초리를 보내는 사람들도 적지 않다. 그들은 우주 개발에 소요되는 자금과 노력을 지구의 가난과 자원 고갈, 환경 문제 등을 해결하는 데 사용하는 것이 더 현실적이라고 주장한다.
과연 그 주장을 따른다고 해서 이러한 문제들을 해결할 수 있는가? 인류가 우주 개발에 나서지 않고 지구 안에서 인류의 미래를 위한 노력을 경주한다고 가정해 보자. 그렇더라도 인류가 사용할 수 있는 자원이 무한한 것은 아니며, 인구의 자연 증가를 막을 수 없다는 문제는 여전히 남는다. 지구에 자금과 노력을 투자해야 한다고 주장하는 사람들은 지금 당장은 아니더라도 언젠가는 이러한 문제들을 해결할 수 있다는 논리를 펼지도 모른다. 그러나 이러한 논리는 우주 개발을 지지하는 쪽에서 마찬가지로 내세울 수 있다. 오히려 인류가 미래에 닥칠 문제를 해결할 수 있는 방법은 지구 밖에서 찾게 될 가능성이 더 크지 않을까?
우주를 개발하려는 시도가 최근에 등장한 것은 아니다. 인류가 의식을 갖게 되면서부터 우주를 꿈꾸어 왔다는 증거는 세계 여러 민족의 창세신화에서 발견된다. 수천 년 동안 우주에 대한 인류의 꿈은 식어갈 줄 몰랐다. 그리고 그 결과가 오늘날의 우주 개발이라는 현실로 다가온 것이다. 이제 인류는 우주의 시초를 밝히게 되었고, 우주의 끄트머리를 바라볼 수 있게 되었으며 우주 공간에 인류의 거주지를 만들 수 있게 되었다. 우주 개발을 해야 할 것이냐 말아야 할 것이냐는 이제 문제의 핵심이 아니다. 우리가 선택해야 할 문제는 우주 개발을 어떻게 해야 할 것인가이다. "달과 다른 천체들은 모든 나라가 함께 탐사하고 이용할 수 있도록 자유지역으로 남아 있어야 한다. 어느 국가도 영유권을 주장할 수는 없다."라는 미국 36대 대통령 '린든 B. 존슨'의 경구는 우주 개발의 방향을 일러주는 시금석이 되어야 한다.

① 우주 개발의 한계
② 지구의 당면 과제
③ 우주 개발의 정당성
④ 친환경적인 지구 개발

05 다음 글의 내용으로 가장 적절한 것은?

> 온갖 사물이 뒤섞여 등장하는 사진들에서 고양이를 틀림없이 알아보는 인공지능이 있다고 해보자. 그러한 식별 능력은 고양이 개념을 이해하는 능력과 어떤 관계가 있을까? 고양이를 실수 없이 가려내는 능력이 고양이 개념을 이해하는 능력의 필요충분조건이라고 할 수 있을까?
> 먼저, 인공지능이든 사람이든 고양이 개념에 대해 이해하면서도 영상 속의 짐승이나 사물이 고양이인지 정확히 판단하지 못하는 경우는 있을 수 있다. 예를 들어, 누군가가 전형적인 고양이와 거리가 먼 희귀한 외양의 고양이를 보고 "좀 이상하게 생긴 족제비로군요."라고 말했다고 해보자. 이것은 틀린 판단이지만, 그렇다고 그가 고양이 개념을 이해하지 못하고 있다고 평가하는 것은 부적절한 일일 것이다.
> 이번에는 다른 예로 누군가가 영상자료에서 가을에 해당하는 장면들을 실수 없이 가려낸다고 해보자. 그는 가을이라는 개념을 이해하고 있다고 보아야 할까? 그 장면들을 실수 없이 가려낸다고 해도 그가 가을이 적잖은 사람들을 왠지 쓸쓸하게 하는 계절이라든가, 농경문화의 전통에서 수확의 결실이 있는 계절이라는 것 혹은 가을이 지구 자전축의 기울기와 유관하다는 것 등을 반드시 알고 있는 것은 아니다. 심지어 가을이 지구의 1년을 넷으로 나눈 시간 중 하나를 가리킨다는 사실을 모르고 있을 수도 있다. 만일 가을이 여름과 겨울 사이에 오는 계절이라는 사실조차 모르는 사람이 있다면, 우리는 그가 가을이라는 개념을 이해하고 있다고 인정할 수 있을까? 그것은 불합리한 일일 것이다.
> 가을이든 고양이든 인공지능이 그런 개념들을 충분히 이해하는 것은 영원히 불가능하다고 단언할 이유는 없다. 하지만 우리가 여기서 확인한 점은 개념의 사례를 식별하는 능력이 개념을 이해하는 능력을 함축하는 것은 아니고, 그 역도 마찬가지라는 것이다.

① 인간과 동물의 개념을 명확하게 이해하고 있다면, 동물과 인간을 실수 없이 구별해야 한다.

② 영상자료에서 가을의 장면을 제대로 가려내지 못한 사람은 가을의 개념을 명확히 이해하지 못한 사람이다.

③ 인공지능이 자동차와 사람의 개념을 제대로 이해했다면, 영상 속의 자동차를 사람으로 착각할 리 없다.

④ 날아가는 비둘기를 참새로 오인했다고 해서 비둘기 개념을 이해하지 못하고 있다고 평가할 수는 없다.

PART 2

※ 다음 글을 읽고 질문에 답하시오. [6~7]

이산화탄소에 의한 지구온난화로 기상 이변이 빈번해지면서 최근 이산화탄소 포집* 및 저장 기술인 CCS(Carbon Capture & Storage) 기술이 주목을 받고 있다. CCS 기술은 화석연료를 사용하는 화력발전소, 제철소, 시멘트 공장 등에서 발생할 수 있는 대량의 이산화탄소를 고농도로 포집한 후 안전한 땅속에 저장하는 기술이다.

CCS 기술에는 '연소 후 포집 기술', '연소 전 포집 기술', '순산소 연소 포집 기술'이 있다. 연소 후 포집 기술은 화석 연료가 연소될 때 생기는 배기가스에서 이산화탄소를 분리하는 방법이고, 연소 전 포집 기술은 화석 연료에 존재하는 이산화탄소를 연소 전 단계에서 분리하는 방법이다. 순산소 연소 포집 기술은 화석 연료를 연소시킬 때 공기 대신 산소를 주입하여 고농도의 이산화탄소만 배출되게 함으로써 별도의 분리 공정 없이 포집할 수 있는 기술이다. 이 중 연소 후 포집 기술은 현재 가동되고 있는 수많은 이산화탄소 발생원에 직접 적용할 수 있는 방법으로 화력발전소를 중심으로 실용화되기 시작하면서 CCS 기술의 핵심 분야로 떠오르고 있다. 연소 후 포집 기술은 흡수, 재생, 압축, 수송, 저장 등의 다섯 가지 공정으로 나뉘어 진행되며 이를 위해서는 흡수탑, 재생탑, 압축기, 수송 시설, 저장조 등이 마련되어야 한다.

화력발전소에서 배출되는 배기가스에는 물, 질소 그리고 10 ~ 15% 농도의 이산화탄소가 포함되어 있다. 이 배기가스는 먼저 흡수탑 하단으로 들어가게 되고, 흡수탑 상단에서 주입되는 흡수제와 접촉하게 된다. 흡수제에는 미세 구멍, 즉 기공이 무수히 많이 뚫려 있는데 이 기공에 이산화탄소가 유입되면 화학반응을 일으키면서 달라붙게 된다. 흡수제가 배기가스에서 이산화탄소만을 선택적으로 포집하면 물과 질소는 그대로 굴뚝을 통해 대기 중으로 배출된다. 흡수제가 이산화탄소를 포집할 수 있는 한계, 즉 흡수 포화점에 다다르면 흡수제는 연결관을 통해 재생탑 상단으로 이동하게 되고, 여기에서 고온의 열처리 과정을 거치게 된다. 열처리를 하는 이유는 흡수제에 달라붙어 있는 이산화탄소를 분리하기 위해서이다. 흡수제에 달라붙어 있던 이산화탄소는 130℃ 이상의 열에너지를 받으면 기공 밖으로 빠져나오게 되고, 이산화탄소와 분리된 흡수제는 다시 이산화탄소를 포집할 수 있는 원래의 상태로 재생된 후, 흡수탑 상단으로 보내져 재사용된다. 이처럼 흡수제가 이산화탄소를 포집하고 흡수제가 다시 재생되는 흡수와 재생 공정을 반복하면 90% 이상 고농도의 이산화탄소를 모을 수 있게 되는데, 이렇게 모아진 이산화탄소는 이송에 편리하도록 압축기에서 압축 공정을 거치게 된다. 압축된 이산화탄소는 파이프라인이나 철도, 선박 등의 수송 시설을 통해 땅속의 저장소로 이송되고, 저장소로 이송된 이산화탄소는 800m 이상의 깊이에 있는 폐유전이나 가스전 등에 주입되어 반영구적으로 저장된다.

오늘날 CCS 기술은 지구온난화를 막을 수 있는 가장 현실적인 대안으로 인정받고 있다. 하지만 공정을 진행하는 과정에서 많은 에너지가 소요되는 것은 극복할 과제이다. 이에 따라 현재 진행되고 있는 연소 후 포집 기술의 핵심적 연구는 ㉠ 흡수 포화점이 향상된 흡수제를 개발하여 ㉡ 경제성이 높은 이산화탄소 포집 기술을 구현하는 방향으로 진행되고 있다.

*포집 : 물질 속에 있는 미량의 성분을 분리하여 잡아 모으는 일

06 다음 중 윗글을 읽고 알 수 있는 내용으로 적절하지 않은 것은?

① CCS 기술의 개념
② CCS 기술의 종류
③ CCS 기술의 필요성
④ CCS 기술의 개발 과정

PART 2

07 다음 중 ㉠이 ㉡으로 이어질 수 있는 이유로 가장 적절한 것은?

① 흡수와 재생 공정을 일원화할 수 있기 때문에
② 흡수와 재생 공정의 반복 횟수를 줄일 수 있기 때문에
③ 재생 공정에서 흡수제의 재생률을 높일 수 있기 때문에
④ 재생 공정이 없어도 이산화탄소를 포집할 수 있기 때문에

08 다음 중 ㉠~㉢에 들어갈 단어를 바르게 짝지은 것은?

> 음향은 종종 인물의 생각이나 심리를 극적으로 ㉠ 표시(表示) / 제시(提示)하는 데 활용된다. 화면을 가득 채운 얼굴과 함께 인물의 목소리를 들려주면 인물의 속마음이 효과적으로 표현된다. 인물의 표정은 드러내지 않은 채 심장 소리만을 크게 들려줌으로써 인물의 불안정한 심정을 ㉡ 표출(表出) / 표명(表明)하는 예도 있다. 이처럼 음향은 영화의 장면 및 줄거리와 밀접한 관계를 유지하며 주제나 감독의 의도를 ㉢ 실현(實現) / 구현(具縣)하는 중요한 요소이다.

	㉠	㉡	㉢
①	표시	표명	실현
②	표시	표출	구현
③	제시	표출	구현
④	제시	표출	실현

09 **다음 중 목적에 맞는 문서 작성 요령에 대한 설명으로 옳지 않은 것을 〈보기〉에서 모두 고르면?**

보기

ㄱ. 업무지시서의 경우 우선 협조가 가능한지 개괄적인 내용만을 담아 상대방의 의사를 확인하여야 한다.
ㄴ. 설명서의 경우 소비자들의 오해 없는 정확한 이해를 위하여 전문용어를 이용하여 작성하여야 한다.
ㄷ. 공문서의 경우 정해진 양식과 격식을 엄격하게 준수하여 작성하여야 한다.

① ㄱ
② ㄴ
③ ㄱ, ㄴ
④ ㄴ, ㄷ

10 **다음 글과 가장 관련 있는 한자성어는?**

중국에 거주하는 J씨는 최근 신고를 받고 출동한 공안에 의해 체포·구금되는 신세로 전락했다. J씨를 신고한 인물은 그의 친어머니로, J씨는 아버지가 구매한 수입 자동차를 훔쳐 타고 달아난 혐의를 받고 있다.
어머니의 진술에 의하면 호화로운 사치 생활을 즐기던 J씨는 사회생활을 위해 반드시 고가의 자동차가 필요하다고 요구해 왔다. 부모가 요구를 들어주지 않자, 그는 최근 들어 약 8억 원에 달하는 사채를 지는 방식으로 무리한 사치 생활을 이어왔던 것으로 확인됐다. 특히 J씨는 최근 아버지의 주민등록등본과 회사 사업자 등록증 등을 훔쳐 달아난 뒤, 이를 이용해 약 17억 원의 사채를 추가로 대출하려 한 혐의도 받고 있다.
어머니는 경찰 진술을 통해 "우리 부부는 원래부터 돈이 많은 사람이 아니다."라면서 "농민 출신의 우리 부부가 한두 푼씩을 아껴가면서 지금의 부유한 상황에까지 이른 것이기 때문에 돈을 버는 것이 얼마나 어려운 것인지 잘 알고 있다."라고 했다. "큰돈을 한 번에 쥐여 주기보다는 바닥에서부터 고생하며 돈의 가치를 배우기를 원했다."라면서 "이제는 아들을 내가 자제할 수 없다."라고 덧붙였다.
한편, 신고를 받고 J씨를 체포·구금한 공안국은 "고가의 자동차를 훔쳐 타고 도주한 뒤 이후 사채업자 등에 되팔았다."라며 "이 행위는 현지법상 최소 징역 10년 형을 받는 중형"이라고 설명했다.
하지만 어머니는 이와 같은 상황에 대해 "아들이 정신을 차리고 남은 인생을 올곧게 살아가기 위해서는 이 방법밖에는 달리 도리가 없다."라며 정당한 처벌을 요구했다.

① 반포지효(反哺之孝)
② 지록위마(指鹿爲馬)
③ 불구대천(不俱戴天)
④ 대의멸친(大義滅親)

11 다음 글의 내용으로 가장 적절한 것은?

> 멋이라는 것도 일상생활의 단조로움이나 생활의 압박에서 해방되려는 노력의 하나일 것이다. 끊임없이 일상의 복장, 그 복장이 주는 압박감에서 벗어나기 위해 옷을 잘 차려 입는 사람은 그래서 멋쟁이이다. 또는 삶을 공리적 계산으로서가 아니라 즐김의 대상으로 볼 수 있게 해 주는 활동, 가령 서도(書道)라든가 다도(茶道)라든가 꽃꽂이라든가 하는 일을 과외로 즐길 줄 아는 사람을 우리는 생활의 멋을 아는 사람이라고 말한다. 그러나 그렇다고 해서 값비싸고 화려한 복장, 어떠한 종류의 스타일과 수련을 전제하는 활동만이 멋을 나타내는 것은 아니다. 경우에 따라서는 털털한 옷차림, 겉으로 내세울 것이 없는 소탈한 생활 태도가 멋있게 생각될 수도 있다. 기준적인 것에 변화를 더하는 것이 중요한 것이다. 그러나 기준으로부터의 편차가 너무 커서는 안 된다. 혐오감을 불러일으킬 정도의 몸가짐, 몸짓 또는 생활 태도는 멋이 있는 것으로 생각되지 않는다. 편차는 어디까지나 기준에 의해서만 존재하는 것이다.

① 다양한 종류의 옷을 가지고 있는 사람은 멋쟁이이다.
② 값비싸고 화려한 복장을 하는 사람은 공리적 계산을 하는 사람이다.
③ 소탈한 생활 태도를 갖는 것이 가장 중요하다.
④ 꽃꽂이를 과외로 즐길 줄 아는 사람은 생활의 멋을 아는 사람이다.

12 A사원은 직장 내에서의 의사소통능력 향상 방법에 대한 강연을 들으면서 다음과 같이 메모하였다. ㉠~㉤ 중 A사원이 잘못 작성한 내용은 모두 몇 개인가?

> 〈의사소통능력 향상 방법 강연을 듣고…〉
>
> • 의사소통의 저해 요인
>
> … (중략) …
>
> • 의사소통에 있어 자신이나 타인의 느낌을 건설적으로 처리하는 방법
> ㉠ 얼굴을 붉히는 것과 같은 간접적 표현을 피한다.
> ㉡ 자신의 감정을 주체하지 못하고 과격한 행동을 하지 않는다.
> ㉢ 자신의 감정 상태에 대한 책임을 타인에게 전가하지 않는다.
> ㉣ 자신의 감정을 조절하기 위하여 상대방으로 하여금 그의 행동을 변하도록 강요하지 않는다.
> ㉤ 자신의 감정을 명확하게 하지 못할 경우라도 즉각적인 의사소통이 될 수 있도록 노력한다.

① 1개　② 2개
③ 3개　④ 4개

13 다음 글의 제목으로 가장 적절한 것은?

> 제4차 산업혁명은 인공지능이 기존의 자동화 시스템과 연결되어 효율이 극대화되는 산업 환경의 변화를 의미한다.
> 2016년 세계경제포럼에서 언급되어, 유행처럼 번지는 용어가 되었다. 학자에 따라 바라보는 견해는 다르지만 대체로 기계학습과 인공지능의 발달이 그 수단으로 꼽힌다.
> 2010년대 중반부터 드러나기 시작한 제4차 산업혁명은 현재진행형이며, 그 여파는 사회 곳곳에서 드러나고 있다. 현재도 기계와 인공지능이 사람을 대체하고 있으며, 현재 일자리의 80 ~ 99%까지 대체될 것이라고 보는 견해도 있다.
> 만약 우리가 현재의 경제 구조를 유지한 채로 이와 같은 극단적인 노동 수요 감소를 맞게 된다면, 전후 미국의 대공황 등과는 차원이 다른 끔찍한 대공황이 발생할 것이다. 일자리가 줄어들수록 중·하위 계층은 사회에서 밀려날 수밖에 없는데, 자본주의 사회의 특성상 많은 비용을 수반하는 과학기술의 연구는 자본에 종속될 수밖에 없기 때문이다. 물론 지금도 이러한 현상이 없는 것은 아니지만, 아직까지는 단순노동이 필요하기 때문에 노동력을 제공하는 중·하위층들도 불합리한 부분들에 파업과 같은 실력 행사를 할 수 있었다. 그러나 앞으로 자동화가 더욱 진행되어 노동의 필요성이 사라진다면 그들을 배려해야 할 당위성은 법과 제도가 아닌 도덕이나 인권과 같은 윤리적인 영역에만 남게 되는 것이다.
> 반면에 이를 긍정적으로 생각한다면 이처럼 일자리가 없어졌을 때 극소수에 해당하는 경우를 제외한 나머지 사람들은 노동에서 완전히 해방되어, 인공지능이 제공하는 무제한적인 자원을 마음껏 향유할 수도 있을 것이다. 하지만 이러한 미래는 지금의 자본주의보다는 사회주의 경제 체제에 가깝다. 이 때문에 많은 경제학자와 미래학자들은 제4차 산업혁명 이후의 미래를 장밋빛으로 바꿔나가기 위해 기본소득제 도입 등과 같은 고민들을 이어가고 있다.

① 제4차 산업혁명의 의의
② 제4차 산업혁명의 빛과 그늘
③ 제4차 산업혁명의 위험성
④ 제4차 산업혁명에 대한 준비

14 다음 글에서 틀린 단어는 모두 몇 개인가?(단, 띄어쓰기는 고려하지 않는다)

> A형 간염은 A형 간염 바이러스가 주로 간을 침범하는 감염증이다. 감염된 사람과의 직접접촉 또는 오염된 물이나 어패류, 익히지 안은 야채를 섭취하여 감염된다.
> A형 간염은 개발도상국에 토착화되어 있어 대부분 어렸을 때 무증상이나 경미한 감염증을 보인 후 며녁을 획득하게 되며 선진국에서는 드물게 발생한다. 우리나라의 경우 70 ~ 80년대까지는 10세 이후의 청소년과 성인은 대부분이 항채를 가지고 있다고 생각해 전혀 문제가 되지 않았지만 환경위생이 개선됨에 따라 항체의 보유률이 낮아져 90년대에 들어서면서 소아나 청소년들이 항체를 가지고 있지 않은 것으로 나타나 추후 성인이 되어 감염됨으로써 증상을 나타내는 경우가 있다. 점차 감염될 확률이 높아짐에 따라 예방접종을 하는 것이 좋다는 의견이 많다. A형 간염 백신은 2세 이상에서 접종할 수 있으며 연령에 따라 용량이 달라지고 초기 접종 후 4주가 지나면 항체가 형성되어 효과를 나타낸다. 2회 접종을 해야 하며 초회 접종 후 6 ~ 12개월 후에 1회 더 접종한다.

① 1개 ② 2개
③ 3개 ④ 4개

PART 2

15 K공사의 B업체는 A업체의 협력업체로 두 업체 간 제휴 및 협력을 통해 기존 생산량보다 30%가 증가하였다. 하지만 C업체가 새롭게 공단으로 입주하면서 미세먼지 방출로 인하여 불량률이 2%에서 4%로 증가하였다. C업체로 인해 불량률이 증가한 이후의 생산량은 A, B업체가 협력하기 이전 생산량의 몇 배인가?(단, 협력 전과 후의 불량률은 차이가 없고, 생산량은 소수점 셋째 자리에서 반올림한다)

① 1.27배 ② 1.31배
③ 1.42배 ④ 1.55배

16 다음은 전국 폐기물 발생 현황 자료이다. 빈칸 (ㄱ), (ㄴ)에 들어갈 값을 바르게 짝지은 것은?(단, 소수점 둘째 자리에서 반올림한다)

〈전국 폐기물 발생 현황〉

구분		2019년	2020년	2021년	2022년	2023년	2024년
총계	발생량(톤)	359,296	357,861	365,154	373,312	382,009	382,081
	증감률(%)	6.6	−0.4	2.0	2.2	2.3	0.02
의료 폐기물	발생량(톤)	52,072	50,906	49,159	48,934	48,990	48,728
	증감률(%)	3.4	−2.2	−3.4	(ㄱ)	0.1	−0.5
사업장 배출시설계 폐기물	발생량(톤)	130,777	123,604	137,875	137,961	146,390	149,815
	증감률(%)	13.9	(ㄴ)	11.5	0.1	6.1	2.3
건설 폐기물	발생량(톤)	176,447	183,351	178,120	186,417	186,629	183,538
	증감률(%)	2.6	3.9	−2.9	4.7	0.1	−1.7

	(ㄱ)	(ㄴ)
①	−0.5%	−5.5%
②	−0.5%	−4.5%
③	−0.6%	−5.5%
④	−0.6%	−4.5%

17 K지역의 사람들 중 폐렴 보균자일 확률은 20%이고, 항생제 내성이 있을 확률은 75%이다. 이 지역에서 항생제 내성이 있는 사람들 중 폐렴 보균자인 사람의 확률은?(단, 두 사건은 독립사건이다)

① 20% ② 25%
③ 30% ④ 35%

18 다음은 1인 1일 스팸 수신량을 나타낸 그래프이다. 이에 대한 설명으로 옳지 않은 것은?

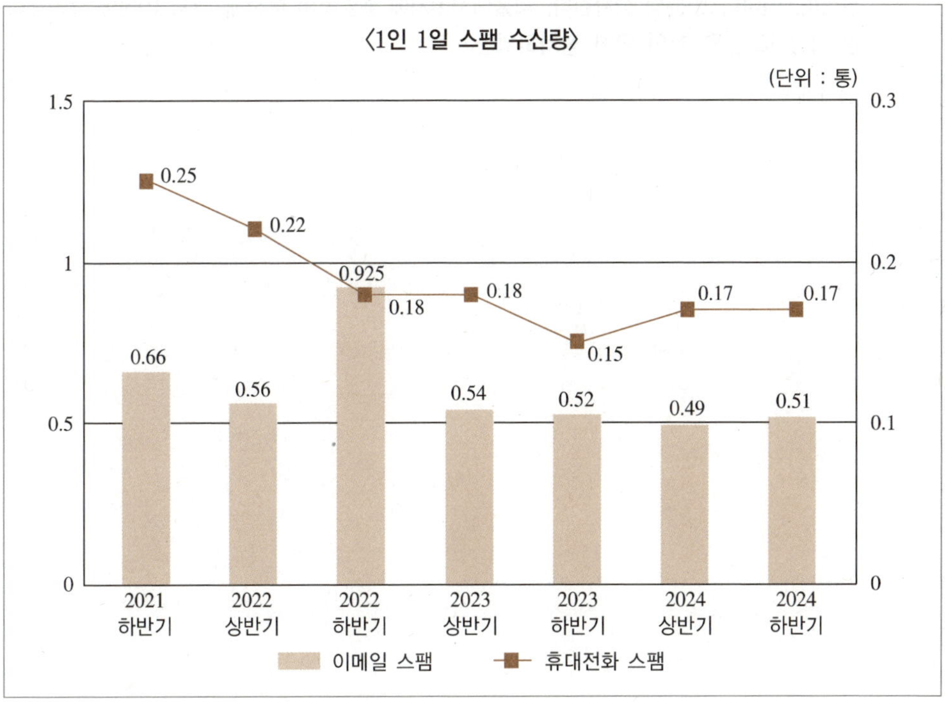

① 이메일과 휴대전화 모두 스팸 수신량이 가장 높은 시기는 2022년 하반기이다.
② 이메일 스팸 수신량이 휴대전화 스팸 수신량보다 항상 많다.
③ 이메일과 휴대전화 스팸 수신량 사이에 밀접한 관련이 있다고 보기 어렵다.
④ 이메일 스팸 총수신량의 평균은 휴대전화 스팸 총수신량 평균의 3배 이상이다.

19 어른 3명과 어린아이 3명이 함께 식당에 갔다. 자리가 6개인 원탁에 앉는다고 할 때 앉을 수 있는 경우의 수는?(단, 아이들은 어른들 사이에 앉힌다)

① 8가지
② 12가지
③ 16가지
④ 20가지

20 서울에서 부산까지의 거리는 400km이고 서울에서 부산까지 가는 기차는 120km/h의 속력으로 달리며, 역마다 10분씩 정차한다. 서울에서 9시에 출발하여 부산에 13시 10분에 도착했다면, 기차는 가는 도중 몇 개의 역에 정차하였는가?

① 4개
② 5개
③ 6개
④ 7개

21 다음은 주요 대상국별 김치 수출액에 대한 자료이다. 기타를 제외하고 2024년 수출액이 3번째로 많은 국가의 2023년 대비 2024년 김치 수출액의 증감률은?(단, 소수점 셋째 자리에서 반올림한다)

〈주요 대상국별 김치 수출액〉

(단위 : 천 달러, %)

구분	2023년		2024년	
	수출액	점유율	수출액	점유율
일본	44,548	60.6	47,076	59.7
미국	5,340	7.3	6,248	7.9
호주	2,273	3.1	2,059	2.6
대만	3,540	4.8	3,832	4.9
캐나다	1,346	1.8	1,152	1.5
영국	1,919	2.6	2,117	2.7
뉴질랜드	773	1.0	1,208	1.5
싱가포르	1,371	1.9	1,510	1.9
네덜란드	1,801	2.4	2,173	2.7
홍콩	4,543	6.2	4,285	5.4
기타	6,093	8.3	7,240	9.2
합계	73,547	100	78,900	100

① −5.06%
② −5.68%
③ −6.24%
④ −6.82%

※ 다음은 2020 ~ 2024년의 교통수단별 사고건수를 나타낸 자료이다. 이어지는 질문에 답하시오. **[22~23]**

〈2020 ~ 2024년 교통수단별 사고건수〉

(단위 : 건)

구분	2020년	2021년	2022년	2023년	2024년
전동킥보드	8	12	54	81	162
원동기장치 자전거	5,450	6,580	7,480	7,110	8,250
이륜자동차	12,400	12,900	12,000	11,500	11,200
택시	158,800	175,200	168,100	173,000	177,856
버스	222,800	210,200	235,580	229,800	227,256
전체	399,458	404,892	423,214	421,491	424,724

※ 2021년에 이륜자동차 면허에 대한 법률이 개정되었고, 2022년부터 시행되었음

22 다음 중 자료에 대한 설명으로 옳은 것은?

① 2021년부터 2024년까지 원동기장치 자전거의 사고건수는 매년 증가하고 있다.

② 이륜자동차를 제외하고 2020년부터 2024년까지 교통수단별 사고건수가 가장 많은 해는 2024년이다.

③ 2020년 대비 2024년 택시의 사고건수 증가율은 2020년 대비 2024년 버스의 사고건수 증가율보다 낮다.

④ 이륜자동차의 2021년과 2022년의 사고건수의 합은 2020 ~ 2024년 이륜자동차 총 사고건수의 40% 이상이다.

23 다음 중 자료에 대한 판단으로 옳은 것을 〈보기〉에서 모두 고르면?

보기

㉠ 전동킥보드만 매년 사고건수가 증가하는 것으로 보아 이에 대한 대책이 필요하다.

㉡ 원동기장치 자전거의 사고건수가 가장 적은 해에 이륜자동차의 사고건수는 가장 많았다.

㉢ 2022 ~ 2024년 이륜자동차의 사고건수가 전년 대비 감소한 것에는 법률개정도 영향이 있었을 것이다.

㉣ 택시와 버스의 사고건수 증감추이는 해마다 서로 반대이다.

① ㉠, ㉢ ② ㉡, ㉣

③ ㉠, ㉡, ㉢ ④ ㉠, ㉢, ㉣

24 다음 중 빈칸 (가), (나)에 들어갈 값으로 옳은 것은?

〈팀별 인원수 및 평균점수〉

(단위 : 명, 점)

구분	A	B	C
인원수	( )	( )	( )
평균점수	40.0	60.0	90.0

※ 각 참가자는 A, B, C팀 중 하나의 팀에만 속하고, 개인별로 점수를 획득함

※ (팀 평균점수)=$\frac{\text{(해당 팀 참가자 개인별 점수의 합)}}{\text{(해당 팀 참가자 인원수)}}$

〈팀 연합 인원수 및 평균점수〉

(단위 : 명, 점)

구분	A+B	B+C	C+A
인원수	80	120	(가)
평균점수	52.5	77.5	(나)

※ A+B는 A팀과 B팀, B+C는 B팀과 C팀, C+A는 C팀과 A팀의 인원을 합친 팀 연합임

※ (팀 연합 평균점수)=$\frac{\text{(해당 팀 연합 참가자 개인별 점수의 합)}}{\text{(해당 팀 연합 참가자 인원수)}}$

	(가)	(나)
①	90	72.5
②	90	75.0
③	100	72.5
④	100	75.0

25 농도가 서로 다른 소금물 A, B가 있다. 소금물 A를 200g, 소금물 B를 300g 섞으면 농도가 9%인 소금물이 되고, 소금물 A를 300g, 소금물 B를 200g 섞으면 농도 10%인 소금물이 될 때, 소금물 B의 농도는?

① 7%
② 10%
③ 13%
④ 20%

26 **다음은 2021년부터 2025년 2분기까지 OECD 회원국의 고용률을 조사한 자료이다. 이에 대한 설명으로 옳지 않은 것은?(단, 소수점 셋째 자리에서 반올림한다)**

〈OECD의 고용률 추이〉

(단위 : %)

구분	2021년	2022년	2023년	2024년				2025년	
				1분기	2분기	3분기	4분기	1분기	2분기
OECD 전체	64.9	65.1	66.2	66.8	66.1	66.3	66.5	66.8	66.9
미국	67.1	67.4	68.7	68.5	68.7	68.7	68.9	69.3	69.2
일본	70.6	71.7	73.3	73.1	73.2	73.4	73.7	74.1	74.2
영국	70.0	70.5	72.7	72.5	72.5	72.7	73.2	73.3	73.6
독일	73.0	73.5	74.0	74.0	73.8	74.0	74.2	74.4	74.5
프랑스	64.0	64.1	63.8	63.8	63.8	63.8	64.0	64.2	64.2
한국	64.2	64.4	65.7	65.7	65.6	65.8	65.9	65.9	65.9

① 2021년부터 영국의 고용률은 계속 증가하고 있다.

② 2025년 1분기와 2분기에서 2개 국가는 고용률이 변하지 않았다.

③ 2025년 1분기 6개 국가의 고용률 중 가장 높은 국가와 가장 낮은 국가의 고용률 차이는 10.2%p이다.

④ 2025년 2분기 OECD 전체 고용률은 작년 동기 대비 1.21% 증가하였으며, 직전 분기 대비 0.15% 증가하였다.

27 다음은 K공사의 퇴직연금사업장 취급실적 현황에 대한 자료이다. 이에 대한 설명으로 옳지 않은 것은?

〈퇴직연금사업장 취급실적 현황〉

(단위 : 건)

구분		확정급여형(DB)	확정기여형(DC)	확정급여·기여형(DB·DC)	IRP 특례	합계
2022년	1/4	56,013	66,541	3,157	27,199	152,910
	2/4	60,032	75,737	3,796	27,893	167,458
	3/4	63,150	89,571	3,881	29,087	185,689
	4/4	68,031	101,086	4,615	29,756	203,488
2023년	1/4	70,868	109,820	4,924	30,350	215,962
	2/4	73,301	117,808	5,300	30,585	226,994
	3/4	74,543	123,650	5,549	31,974	235,716
	4/4	80,107	131,741	6,812	35,478	254,138
2024년	1/4	80,746	136,963	6,868	35,409	259,986
	2/4	80,906	143,450	6,886	32,131	262,373
	3/4	83,003	146,952	7,280	35,220	272,455
	4/4	83,643	152,904	6,954	32,046	275,547

※ 퇴직연금사업자가 취급한 건수는 퇴직연금 도입 사업장 수와 동일함

※ 확정급여·기여형은 확정급여형과 확정기여형을 동시에 취급한 건수를 의미함

① 퇴직연금을 도입한 사업장 수는 매 분기 꾸준히 증가하고 있다.

② 퇴직연금제도 형태별로는 확정기여형이 확정급여형보다 많은 것으로 나타난다.

③ 2023년 중 확정기여형을 도입한 사업장 수가 전년 동기 대비 가장 많이 증가한 시기는 2/4분기이다.

④ 2022년부터 2024년까지 분기별 확정급여형 취급실적은 동기간 IRP 특례의 2배 이상이다.

28 다음은 A ~ F국의 2024년 GDP와 GDP 대비 국가자산총액을 나타낸 자료이다. 이에 대한 설명으로 〈보기〉에서 옳은 것을 모두 고르면?

〈A ~ F국의 2024년 GDP와 GDP 대비 국가자산총액〉

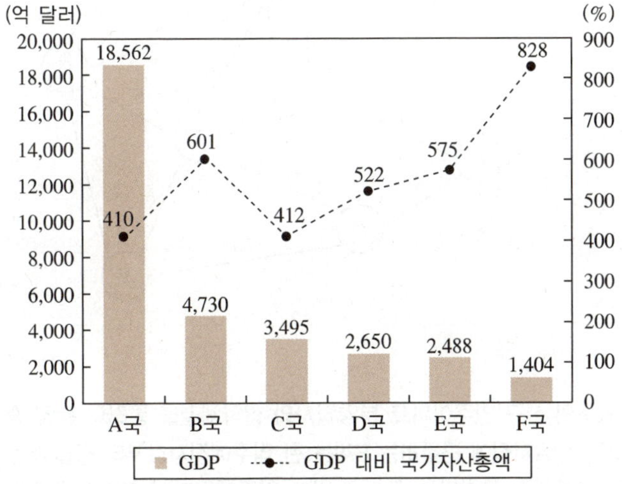

※ [GDP 대비 국가자산총액(%)] $=\frac{\text{(국가자산총액)}}{\text{(GDP)}}\times 100$

보기

ㄱ. GDP가 높은 국가일수록 GDP 대비 국가자산총액이 작다.
ㄴ. A국의 GDP는 A국을 제외한 나머지 5개국 GDP의 합보다 크다.
ㄷ. 국가자산총액은 F국이 D국보다 크다.

① ㄱ　　② ㄴ
③ ㄱ, ㄴ　　④ ㄴ, ㄷ

※ 다음은 서울시 K구에 위치한 K은행의 지점을 도식화한 자료이다. A ~ G는 영업점을, 선은 연결 가능한 구간을, 선 위의 숫자는 두 영업점 간의 거리를 나타내고 있다. 이어지는 질문에 답하시오. **[29~30]**

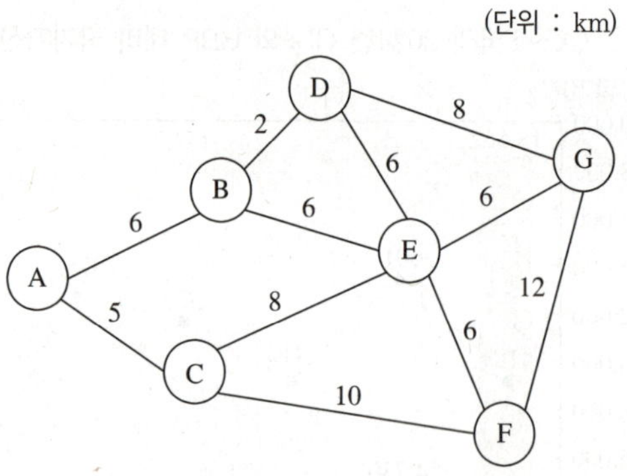

29 A지점은 K구의 신규 입주아파트 분양업자와 협약체결을 통하여 분양 중도금 관련 집단대출을 전담하게 되었다. A지점에 근무하는 B씨는 한 입주예정자로부터 평일에는 개인 사정으로 인해 영업시간 내에 방문하지 못한다는 문의를 받고 입주예정자의 거주지 근처인 G지점에서 대출 신청을 진행할 수 있도록 안내하였다. 다음 〈조건〉을 참고하였을 때, A지점이 입주예정자의 대출 신청을 완료할 때까지 걸리는 최소시간은 얼마인가?

조건

- 대출과 관련한 서류는 A지점에서 G지점까지 행낭을 통해 전달한다.
- 은행 영업점 간 행낭 배송은 시속 60km로 일정하게 운행하며, 요청에 따라 배송지 순서는 변경(생략)할 수 있다(단, 연결된 구간으로만 운행 가능하다).
- 대출 신청서 등 대출 관련 서류는 입주예정자 본인 또는 대리인이 작성하여야 한다(작성하는 시간은 총 30분이 소요된다).
- 대출 신청 완료는 A지점에 입주예정자가 작성한 신청 서류가 도착했을 때를 기준으로 한다.

① 49분　　② 57분
③ 1시간 2분　　④ 1시간 5분

30 **은행 지점 간 행낭 배송에 대한 잦은 요청으로 배송 업무의 비효율성이 높아져 비용과 인력이 낭비되는 현상을 개선하고자 다음과 같은 규칙을 정하였다. 이에 따라 운행할 경우, 하루 동안 발생하는 최소비용은 얼마인가?**

〈규칙〉

- 행낭 배송은 오전 1회, 오후 1회로 운영하며, 각 지점에 하루 2회 방문한다(단, 오전 배송 마지막 지점은 하루 1회 방문한다).
- 행낭 배송은 오전 10:00에 A지점에서부터 시작하며, 오후 16:00에 A지점이 아닌 곳에서 마감한다.
- 1회 운송 시 관할구의 모든 지점을 단 한 번만 거쳐야 한다.
- 각 지점에서 갈 수 있는 경로 중 최소거리의 경로만을 선택하여 배송한다(단, 이미 지나온 경로나 지점은 고려하지 않는다).

〈고려사항〉

- 행낭 배송원은 10:00 ~ 16:00까지 근무하며, 시간당 10,000원의 급여가 지급된다(단, 점심 식대는 시급의 80%를 별도로 지급한다).
- 유류비는 1km당 200원을 기준으로 계산하며, 운행 거리에 따라 지급한다.

① 62,200원
② 80,000원
③ 82,800원
④ 84,200원

31 **다음과 같은 특징을 가지고 있는 창의적 사고 개발 방법은?**

일정한 주제에 관하여 회의를 하고, 참가하는 인원이 자유발언을 통해 아이디어를 제시하는 것으로, 다른 사람의 발언에 비판하지 않는다.

① 스캠퍼 기법
② 여섯 가지 색깔 모자
③ 브레인스토밍
④ TRIZ

32 다음은 K공항의 자동출입국심사 이용에 대한 안내문이다. 사전 등록 없이 자동출입국심사대 이용이 가능한 사람은?

> **더욱 편리해진 자동출입국심사 이용 안내**
> 19세 이상의 국민과 17세 이상의 등록 외국인은 사전 등록 절차 없이 자동출입국심사대를 바로 이용할 수 있습니다. 다만, 출입국 규제, 형사범, 체류만료일이 1개월 이내인 외국인 등 출입국관리 공무원의 대면심사가 필요한 외국인은 이용이 제한됩니다.
>
> ■ 사전 등록 없이 이용 가능한 자
> – 19세 이상 대한민국 국민
> – 외국인 등록 또는 거소신고를 한 17세 이상 등록외국인
>
> ■ 사전 등록 후 이용 가능자

사전 등록 대상	7세 이상 19세 미만 국민, 인적사항(성명, 주민등록번호)이 변경된 경우, 17세 미만 외국인 등
사전 등록 장소	제1여객터미널 3층 G카운터 자동출입국심사 등록센터 / 제2여객터미널 2층 출입국서비스센터

① 인적사항 변경이 없는 35세 A씨와 A씨의 아들 7세 B군
② 한 달 전 개명하여 인적사항이 변경된 50세 C씨
③ 외국인 등록이 되어 있는 17세 미국인 D씨
④ 체류만료일이 10일 남은 24세 영국인 E씨

33 6층짜리 주택에 A ~ F가 층별로 각각 입주하려고 한다. 다음 〈조건〉을 지켜야 한다고 할 때, 항상 참인 것은?

> 조건
> • B와 D 중 높은 층에서 낮은 층의 수를 빼면 4이다.
> • B와 F는 인접할 수 없다.
> • A는 E보다 밑에 산다.
> • D는 A보다 밑에 산다.
> • A는 3층에 산다.

① C는 B보다 높은 곳에 산다.
② B는 F보다 높은 곳에 산다.
③ E는 F와 인접해 있다.
④ A는 D보다 낮은 곳에 산다.

34 K공사는 공사 내 미세먼지 정화설비 A ~ F 6개 중 일부를 도입하고자 한다. 설비들의 호환성에 따른 도입규칙이 다음과 같을 때, K공사에서 도입할 설비를 모두 고르면?

〈호환성에 따른 도입규칙〉

- 규칙1. A는 반드시 도입한다.
- 규칙2. B를 도입하지 않으면 D를 도입한다.
- 규칙3. E를 도입하면 A를 도입하지 않는다.
- 규칙4. B, E, F 중 적어도 두 개는 반드시 도입한다.
- 규칙5. E를 도입하지 않고, F를 도입하면 C는 도입하지 않는다.
- 규칙6. 최대한 많은 설비를 도입한다.

① A, B, C, D
② A, B, C, E
③ A, B, C, F
④ A, B, D, F

PART 2

35 철수는 장미에게 "43 41 54" 메시지를 전송하였다. 메시지를 본 장미는 문자에 대응하는 아스키 코드 수를 16진법으로 표현한 것을 알아냈고 다음 아스키 코드표를 이용하여 해독하고자 한다. 철수가 장미에게 보낸 문자는 무엇인가?

〈아스키 코드표〉

문자	아스키	문자	아스키	문자	아스키	문자	아스키
A	65	H	72	O	79	V	86
B	66	I	73	P	80	W	87
C	67	J	74	Q	81	X	88
D	68	K	75	R	82	Y	89
E	69	L	76	S	83	Z	90
F	70	M	77	T	84	–	–
G	71	N	78	U	85	–	–

① CAT
② SIX
③ BEE
④ CUP

36 K공사의 기획팀은 A팀장, B과장, C대리, D주임, E사원으로 구성되어 있다. 다음 〈조건〉에 따라 출근한다고 할 때, 먼저 출근한 사람부터 순서대로 바르게 나열한 것은?

조건

- E사원은 항상 A팀장보다 먼저 출근한다.
- B과장보다 일찍 출근하는 팀원은 한 명뿐이다.
- D주임보다 늦게 출근하는 직원은 두 명 있다.
- C대리는 팀원 중 가장 일찍 출근한다.

① A팀장 – E사원 – B과장 – D주임 – C대리
② A팀장 – E사원 – D주임 – C대리 – B과장
③ C대리 – B과장 – D주임 – E사원 – A팀장
④ C대리 – B과장 – E사원 – D주임 – A팀장

37 다음은 국내 화장품 제조 회사에 대한 SWOT 분석 자료이다. 이를 바탕으로 경영전략을 세웠을 때, 〈보기〉에서 옳은 것을 모두 고르면?

〈국내 화장품 제조 회사에 대한 SWOT 분석 결과〉

강점(Strength)	약점(Weakness)
• 신속한 제품 개발 시스템 • 차별화된 제조 기술 보유	• 신규 생산 설비 투자 미흡 • 낮은 브랜드 인지도
기회(Opportunity)	**위협(Threat)**
• 해외시장에서의 한국 제품 선호 증가 • 새로운 해외시장의 출현	• 해외 저가 제품의 공격적 마케팅 • 저임금의 개발도상국과 경쟁 심화

보기

ㄱ. 새로운 해외시장의 소비자 기호를 반영한 제품을 개발하여 출시한다.
ㄴ. 국내에 화장품 생산 공장을 추가로 건설하여 제품 생산량을 획기적으로 증가시킨다.
ㄷ. 차별화된 제조 기술을 통해 품질 향상과 고급화 전략을 추구한다.
ㄹ. 브랜드 인지도가 낮으므로 해외 현지 기업과의 인수・합병을 통해 해당 회사의 브랜드로 제품을 출시한다.

① ㄱ, ㄴ ② ㄱ, ㄷ
③ ㄴ, ㄷ ④ ㄴ, ㄹ

38 K공장에서 제조하는 볼트의 일련번호는 다음과 같이 구성된다. 일련번호는 형태 – 허용압력 – 직경 – 재질 – 용도 순서로 표시할 때, 허용압력이 18kg/cm^{2}이고, 직경이 14mm인 자동차에 쓰이는 스테인리스 육각볼트의 일련번호로 가장 적절한 것은?

형태	사각	육각	팔각	별
	SC	HX	OT	ST
허용압력(kg/cm^2)	10 ~ 20	21 ~ 40	41 ~ 60	61 이상
	L	M	H	P
직경(mm)	8	10	12	14
	008	010	012	014
재질	플라스틱	크롬 도금	스테인리스	티타늄
	P	CP	SS	Ti
용도	항공기	선박	자동차	일반
	A001	S010	M110	E100

① HXL014TiE100
② HXL014SSS010
③ HXL012CPM110
④ HXL014SSM110

39 안전본부 사고분석 개선처에 근무하는 B대리는 혁신우수 연구대회에 출전하여 첨단장비를 활용한 차종별 보행자 사고 모형개발 자료를 발표했다. 연구 추진방향을 도출하기 위해 SWOT 분석을 한 결과가 다음과 같을 때, 분석 결과에 대응하는 전략과 그 내용이 잘못 짝지어진 것은?

〈SWOT 분석 결과〉

강점(Strength)	약점(Weakness)
10년 이상 지속적인 교육과 연구로 신기술 개발을 위한 인프라 구축	보행자 사고 모형개발을 위한 예산 및 실차 실험을 위한 연구소 부재
기회(Opportunity)	**위협(Threat)**
첨단 과학장비(3D스캐너, MADYMO) 도입으로 정밀 시뮬레이션 분석 가능	교통사고에 대한 국민의 관심과 분석수준 향상으로 공사의 사고분석 질적 제고 필요

① WO전략 : 실차 실험 대신 과학장비를 통한 시뮬레이션 연구로 모형개발에 힘쓴다.
② WT전략 : 신기술 개발을 위한 연구대회를 개최해 인프라를 더욱 탄탄히 구축한다.
③ SO전략 : 과학장비를 통한 정밀 시뮬레이션 분석을 토대로 국내 차량의 전면부 형상을 취득하고 보행자 사고를 분석해 신기술 개발에 도움을 준다.
④ ST전략 : 지속적 교육과 연구로 쌓아온 데이터를 바탕으로 사고분석 프로그램 신기술 개발을 통해 사고분석 질적 향상에 기여한다.

40 다음 자료와 〈조건〉을 바탕으로 철수, 영희, 민수, 철호가 상품을 구입한 쇼핑몰을 바르게 나열한 것은?

〈이용약관의 주요 내용〉

쇼핑몰	주문 취소	환불	배송비	포인트 적립
A	주문 후 7일 이내 취소 가능	10% 환불수수료+송금수수료 차감	무료	구입 금액의 3%
B	주문 후 10일 이내 취소 가능	환불수수료+송금수수료 차감	20만 원 이상 무료	구입 금액의 5%
C	주문 후 7일 이내 취소 가능	환불수수료+송금수수료 차감	1회 이용 시 1만 원	없음
D	주문 후 당일에만 취소 가능	환불수수료+송금수수료 차감	5만 원 이상 무료	없음
E	취소 불가능	고객 귀책 사유에 의한 환불 시에만 10% 환불수수료	1만 원 이상 무료	구입 금액의 10%
F	취소 불가능	원칙적으로 환불 불가능 (사업자 귀책 사유일 때만 환불 가능)	100g당 2,500원	없음

조건

- 철수는 부모님의 선물로 등산용품을 구입하였는데, 판매자의 업무착오로 배송이 지연되어 판매자에게 전화로 환불을 요구하였다. 판매자는 판매금액 그대로를 통장에 입금해 주었고 구입 시 발생한 포인트도 유지하여 주었다.
- 영희는 옷을 구매할 때 배송비를 고려하여 한 가지씩 여러 번에 나누어 구매하기보다는 가능한 한 한꺼번에 주문하곤 하였다.
- 인터넷 사이트에서 영화티켓을 20,000원에 구매한 민수는 다음 날 같은 티켓을 18,000원에 파는 다른 사이트를 발견하고 전날 주문한 물건을 취소하려 했지만 취소가 되지 않아 곤란을 겪은 적이 있다.
- 가방을 100,000원에 구매한 철호는 도착한 물건의 디자인이 마음에 들지 않아 환불 및 송금수수료와 배송비를 감수하는 손해를 보면서도 환불할 수밖에 없었다.

	철수	영희	민수	철호
①	E	B	C	D
②	F	E	D	B
③	E	D	F	C
④	F	C	E	B

41 **다음 사례에서 K사가 문제해결에 사용한 사고방식으로 가장 적절한 것은?**

> 게임 업체인 K사는 2000년대 이후 지속적인 하락세를 보였으나, 최근 AR 기반의 모바일 게임을 통해 변신에 성공했다. K사는 대표이사가 한때 "모바일 게임 시장이 곧 사라질 것"이라고 말했을 정도로 기존에 강세를 보이던 분야인 휴대용 게임만을 고집했었다. 그러나 기존의 관점에서 벗어나 신기술인 AR에 주목했고, 그동안 홀대했던 모바일 게임 분야에 뛰어들었다. 오히려 변화를 자각하고 새로운 기술을 활용하자 좋은 결과가 따른 것이다.

① 전략적 사고
② 분석적 사고
③ 발상의 전환
④ 내・외부자원의 효과적 활용

PART 2

42 **K공연기획사는 2025년부터 시작할 지젤 발레 공연 티켓을 Q소셜커머스에서 판매할 예정이다. Q소셜커머스에서 보낸 다음 자료를 토대로 회의를 하였을 때, 대화 내용으로 적절하지 않은 것은?**

〈2024년 판매결과 보고〉

공연명	정가	할인율	판매기간	판매량
백조의 호수	80,000원	67%	2024. 02. 12 ~ 2024. 02. 17	1,787장
세레나데 & 봄의 제전	60,000원	55%	2024. 03. 10 ~ 2024. 04. 10	1,200장
라 바야데르	55,000원	60%	2024. 06. 27 ~ 2024. 08. 28	1,356장
한여름 밤의 꿈	65,000원	65%	2024. 09. 10 ~ 2024. 09. 20	1,300장
호두까기 인형	87,000원	50%	2024. 12. 02 ~ 2024. 12. 08	1,405장

※ 할인된 티켓 가격의 10%가 티켓 수수료로 추가됨

※ 2024년 2월 중순에는 설 연휴가 있었음

① A사원 : 기본 50% 이상 할인을 하는 건 할인율이 너무 큰 것 같아요.

② B팀장 : 표가 잘 안 팔려서 싸게 판다는 이미지를 줘 공연의 전체적인 질이 낮다는 부정적 인식을 줄 수도 있지 않을까요?

③ C주임 : 연휴 시기와 티켓 판매 일정을 어떻게 고려하느냐에 따라 판매량을 많이 올릴 수 있겠네요.

④ D사원 : 세레나데 & 봄의 제전의 경우 총 수익금이 3,700만 원 이상이겠어요.

43 다음은 A제품을 생산 · 판매하는 K사의 1 ~ 3주 차 A제품 주문량 및 B, C부품 구매량에 대한 자료이다. 이를 바탕으로 〈조건〉에 근거하여 3주 차 토요일 판매완료 후 남게 되는 A ~ C부품의 재고량을 바르게 연결한 것은?

〈A제품 주문량 및 B, C부품 구매량〉

(단위 : 개)

구분	1주 차	2주 차	3주 차
A제품 주문량	0	200	500
B부품 구매량	450	1,000	550
C부품 구매량	700	2,400	1,300

※ 1주 차 시작 전 A제품의 재고는 없고, B, C부품의 재고는 각각 50개, 100개임

※ 한 주의 시작은 월요일임

조건

- A제품은 매주 월요일부터 금요일까지 생산하고, A제품 1개 생산 시 B부품 2개, C부품 4개가 사용된다.
- B, C부품은 매주 일요일에 일괄구매하고, 그다음 부품이 모자랄 때까지 A제품을 생산한다.
- 생산된 A제품은 매주 토요일에 주문량만큼 즉시 판매되고, 남은 A제품은 이후 판매하기 위한 재고로 보유한다.

	A제품	B부품	C부품
①	0	50	0
②	0	50	100
③	50	0	100
④	50	0	200

44 다음 글을 참고할 때, 성격이 다른 비용은?

예산관리란 활동이나 사업에 소요되는 비용을 산정하고 예산을 편성하는 것뿐만 아니라 예산을 통제하는 것 또한 포함한다. 이러한 예산은 대부분 개인 또는 기업에 한정되어 있기 때문에, 정해진 예산을 얼마나 효율적으로 사용하는지는 매우 중요한 문제이다. 하지만 어떤 활동이나 사업의 비용을 추정하거나 예산을 잡는 작업은 결코 생각하는 것만큼 쉽지 않다. 무엇보다 추정해야 할 매우 많은 유형의 비용이 존재하기 때문이다. 이러한 비용은 크게 제품 생산 또는 서비스를 창출하기 위해 직접 소비되는 비용인 직접비용과 제품 생산 또는 서비스를 창출하기 위해 소비된 비용 중에서 직접비용을 제외한 비용으로, 제품 생산에 직접 관련되지 않은 비용인 간접비용으로 나눌 수 있다.

① 보험료 ② 건물관리비
③ 잡비 ④ 통신비

45 다음 글의 빈칸에 들어갈 원칙으로 옳은 것은?

효과적인 물적자원관리 과정을 거쳐 물품을 보관할 장소까지 선정하게 되면 차례로 정리를 하게 된다. 이때 중요한 것은 ___________을 지켜야 한다는 것이다. 이는 입·출하의 빈도가 높은 품목을 출입구 가까운 곳에 보관하는 것을 말한다. 즉, 물품의 활용 빈도가 상대적으로 높은 것은 가져다 쓰기 쉬운 위치에 먼저 보관해야 한다. 이렇게 하면 물품을 활용하는 것도 편리할 뿐만 아니라 활용한 후 다시 보관하는 것 역시 편리하게 할 수 있다.

① 통로 대면의 원칙 ② 중량 특성의 원칙
③ 선입 선출의 원칙 ④ 회전 대응 보관의 원칙

※ K공사의 투자지원본부는 7월 중에 신규투자할 중소기업을 선정하고자 한다. 다음 자료를 보고 이어지는 질문에 답하시오. **[46~47]**

〈상황〉

A대리는 신규투자처 선정 일정에 지장이 가지 않는 범위 내에서 연차 2일을 사용해 아내와 베트남으로 여행을 가기로 했다. 신규투자처 선정은 다음 〈조건〉에 따라 진행된다.

조건

- 신규투자처 선정은 '작년투자현황 조사 → 잠재력 심층조사 → 선정위원회 1차 심사 → 선정위원회 2차 심사 → 선정위원회 최종결정 → 선정결과 발표' 단계로 진행된다.
- 신규투자처 선정은 7월 1일부터 시작한다.
- 작년투자현황 조사와 잠재력 심층조사는 근무일 2일씩, 선정위원회의 각 심사는 근무일 3일씩, 선정위원회 최종결정과 발표는 근무일 1일씩 소요된다.
- 신규투자처 선정의 각 단계는 최소 1일 이상의 간격을 두고 진행해야 한다.
- 투자지원본부장은 신규투자처 선정결과 발표를 7월 26일까지 완료하고자 한다.

7월 달력

일요일	월요일	화요일	수요일	목요일	금요일	토요일
					1	2
3	4	5	6	7	8	9
10	11	12	13	14	15	16
17	18	19	20	21	22	23
24	25	26	27	28	29	30
31						

※ 투자지원본부는 주중에만 근무함

※ 주말은 휴일이므로 연차는 주중에 사용함

46 다음 중 A대리가 연차를 사용할 수 없는 날짜는?

① 7월 5 ~ 6일
② 7월 7 ~ 8일
③ 7월 11 ~ 12일
④ 7월 19 ~ 20일

47 K공사의 상황에 따라 선정위원회 2차 심사가 7월 19일까지 완료되어야 한다고 한다. 이를 고려하였을 때, 다음 중 A대리가 연차를 사용할 수 있는 날짜로 가장 적절한 것은?

① 7월 7 ~ 8일
② 7월 11 ~ 12일
③ 7월 13 ~ 14일
④ 7월 20 ~ 21일

48 다음 대화에서 시간관리에 대해 바르게 이해하고 있는 사람은?

> A사원 : 나는 얼마 전에 맡은 중요한 프로젝트도 무사히 마쳤어. 나는 회사에서 주어진 일을 잘하고 있기 때문에 시간관리도 잘하고 있다고 생각해.
> B사원 : 나는 평소에는 일의 진도가 잘 안 나가는 편인데, 마감일을 앞두면 이상하게 일이 더 잘 돼. 나는 오히려 시간에 쫓겨야 일이 잘되니까 괜히 시간을 관리할 필요가 없어.
> C사원 : 마감 기한을 넘기더라도 일을 완벽하게 끝내야 한다는 생각은 잘못되었다고 생각해. 물론 완벽하게 일을 끝내는 것도 중요하지만, 모든 일은 정해진 기한을 넘겨서는 안 돼.
> D사원 : 내가 하는 일은 시간관리와는 조금 거리가 있어. 나는 영감이 떠올라야 작품을 만들 수 있는데 어떻게 일정에 맞춰서 할 수 있겠어. 시간관리는 나와 맞지 않는 일이야.

① A사원
② B사원
③ C사원
④ D사원

49 철수, 영희, 상수는 재충전 횟수에 따른 업체들의 견적을 비교하여 리튬이온배터리를 구매하려고 한다. 다음 〈조건〉을 참고할 때 옳지 않은 것은?

〈리튬이온배터리 가격 정보〉

재충전 \ 누적방수액	유	무
0회 이상 100회 미만	5,000원	5,000원
100회 이상 300회 미만	10,000원	5,000원
300회 이상 500회 미만	20,000원	10,000원
500회 이상 1,000회 미만	30,000원	15,000원
12,000회 이상	50,000원	20,000원

조건

철수 : 나는 재충전이 12,000회 이상은 되어야 해.
영희 : 나는 재충전이 그렇게 많이는 필요하지 않고, 200회면 충분해.
상수 : 나는 무조건 누적방수액을 발라야 해.

① 철수, 영희, 상수가 리튬이온배터리를 가장 저렴하게 구매하는 가격의 합은 30,000원이다.
② 철수, 영희, 상수가 리튬이온배터리를 가장 비싸게 구매하는 가격의 합은 110,000원이다.
③ 영희가 리튬이온배터리를 가장 저렴하게 구매하는 가격은 10,000원이다.
④ 영희가 가장 비싸게 구매하는 가격과 상수가 가장 비싸게 구매하는 가격의 차이는 30,000원 이상이다.

50 다음 사례에서 고려해야 할 인적 배치 방법으로 가장 적절한 것은?

갑은 사람들과 어울리기 좋아하는 외향적인 성격에 매사 긍정적인 사람으로, 이전 직장에서 회계부서에서 일한 결과, 자신의 성격이 가만히 사무실에 앉아서 일하는 것을 답답하고 힘들어한다는 것을 알고 이번에는 영업부서로 지원을 하였다. 하지만, 회사에서는 갑을 인사부서로 배정하였다. 이에 갑은 실망했지만, 부서에 적응하도록 노력했다. 하지만 인사부서는 다른 직원들의 긍정적인 면은 물론 부정적인 면을 평가해야 했고, 이렇게 평가된 내용으로 직원들의 보상과 불이익이 결정되어 다른 부서 직원들은 갑과 가깝게 지내기 꺼려했다. 이에 갑은 회사에 다니기가 점점 더 싫어졌다.

① 적재적소 배치
② 능력 배치
③ 균형 배치
④ 양적 배치

※ K베이커리 사장은 새로운 직원을 채용하기 위해 아르바이트 공고문을 게재하였다. 이어지는 질문에 답하시오. **[51~52]**

■ 아르바이트 공고문
- 업체명 : K베이커리
- 업무내용 : 고객응대 및 매장관리
- 지원자격 : 경력, 성별, 학력 무관 / 나이 : 20 ~ 40세
- 근무조건 : 6개월 / 월 ~ 금 / 08:00 ~ 20:00(협의 가능)
- 급여 : 희망 임금
- 연락처 : 010-1234-1234

■ 아르바이트 지원자 명단

구분	성별	나이	근무가능시간	희망 임금	기타
김갑주	여	28	08:00 ~ 16:00	시급 8,000원	• 1일 1회 출근만 가능함 • 최소 2시간 이상 연속 근무하여야 함
강을미	여	29	15:00 ~ 20:00	시급 7,000원	
조병수	남	25	12:00 ~ 20:00	시급 7,500원	
박정현	여	36	08:00 ~ 14:00	시급 8,500원	
최강현	남	28	14:00 ~ 20:00	시급 8,500원	
채미나	여	24	16:00 ~ 20:00	시급 7,500원	
한수미	여	25	10:00 ~ 16:00	시급 8,000원	

※ 근무시간은 지원자가 희망하는 근무시간대 내에서 조절이 가능함

51 K베이커리 사장은 최소비용으로 최대인원을 채용하고자 한다. 매장에는 항상 2명의 직원이 상주하고 있어야 하며, 기존 직원 1명은 오전 8시부터 오후 3시까지 근무를 하고 있다. 다음 지원자 명단을 참고할 때, 누구를 채용하겠는가?(단, 최소비용으로 최대인원을 채용하는 것을 목적으로 하며, 최소 2시간 이상 근무가 가능하면 채용한다)

① 김갑주, 강을미, 조병수
② 김갑주, 강을미, 박정현, 채미나
③ 김갑주, 강을미, 조병수, 채미나, 한수미
④ 강을미, 조병수, 박정현, 최강현, 채미나

52 51번 문제에서 결정한 인원을 채용했을 때, 급여를 한 주 단위로 지급한다면 사장이 지급해야 하는 임금은?(단, 기존 직원의 시급은 8,000원으로 계산한다)

① 805,000원　② 855,000원
③ 890,000원　④ 915,000원

※ 다음은 수발실에서 근무하는 직원들에 대한 근무평정 자료이다. 이어지는 질문에 답하시오. **[53~54]**

〈정보〉

- 수발실은 공사로 수신되거나 공사에서 발송하는 문서를 분류, 배부하는 업무를 한다. 문서 수발이 중요한 업무인 만큼, 공사는 매분기 수발실 직원별로 사고 건수를 조사하여 다음의 벌점 산정 방식에 따라 벌점을 부과한다.
- 공사는 이번 2분기 수발실 직원들에 대해 벌점을 부과한 후, 이를 반영하여 성과급을 지급하고자 한다.

〈벌점 산정방식〉

- 분기 벌점은 사고 유형별 건수와 유형별 벌점의 곱의 총합으로 계산한다.
- 전분기 무사고였던 직원의 경우, 해당분기 벌점에서 5점을 차감하는 혜택을 부여받는다.
- 전분기에 무사고였더라도, 해당분기 발신사고 건수가 4건 이상인 경우 벌점차감 혜택을 적용받지 못한다.

〈사고 건수당 벌점〉

(단위 : 점)

사고 종류	수신사고		발신사고	
	수신물 오분류	수신물 분실	미발송	발신물 분실
벌점	2	4	4	6

〈2분기 직원별 오류발생 현황〉

(단위 : 건)

구분	수신물 오분류	수신물 분실	미발송	발신물 분실	전분기 총사고 건수
A	–	2	–	4	2
B	2	3	3	–	–
C	2	–	3	1	4
D	–	2	2	2	8
E	1	–	3	2	–

53 벌점 산정방식에 따를 때, 수발실 직원 중 두 번째로 높은 벌점을 부여받는 직원은?

① B직원 ② C직원
③ D직원 ④ E직원

PART 2

54 K공사는 수발실 직원들의 등수에 따라 2분기 성과급을 지급하고자 한다. 수발실 직원들의 경우 해당 분기 벌점이 낮을수록 부서 내 등수가 높다고 할 때, 다음 중 B직원과 E직원이 지급받을 성과급 총액은 얼마인가?

〈성과급 지급 기준〉

- (성과급)=(부서별 성과급 기준액)×(등수별 지급비율)
- 수발실 성과급 기준액 : 100만 원
- 등수별 성과급 지급비율

등수	1등	2～3등	4～5등
지급비율	100%	90%	80%

※ 분기당 벌점이 30점을 초과하는 경우 등수와 무관하게 성과급 기준액의 50%만 지급함

① 100만 원 ② 160만 원
③ 180만 원 ④ 190만 원

55 K공사는 업무처리 시 사고를 줄이기 위해 사고 유형별로 벌점을 부과하여 소속 직원의 인사고과에 반영한다. 이를 위해 매달 부서별로 사고 건수를 조사하여 벌점 산정방식에 따라 벌점을 부과한다. 사고 유형별 벌점과 부서별 당월 사고 유형별 건수 현황이 다음과 같을 때, A～D 중 벌점이 두 번째로 높은 부서는?

〈벌점 산정방식〉

- 당월 벌점은 사고 유형별 건수와 유형별 벌점의 곱의 총합으로 계산한다.
- 전분기 부서표창을 받은 부서의 경우, 당월 벌점에서 20점을 차감하여 최종 벌점을 계산하는 혜택을 부여한다.
- 전분기 부서표창을 받았더라도, 당월 '의도적 부정행위' 유형의 사고가 3건 이상인 경우 혜택을 적용하지 않는다.

〈사고 유형별 벌점〉

사고 유형	의도적 부정행위	의무 불이행	사소한 과실
벌점	20점	12점	6점

〈부서별 당월 사고 유형별 건수 현황〉

구분	의도적 부정행위	의무 불이행	사소한 과실	전분기 부서표창 여부
A	1건	2건	3건	×
B	1건	4건	2건	○
C	–	3건	6건	×
D	3건	2건	–	○

① A부서
② B부서
③ C부서
④ D부서

56 김대리는 이번 분기의 판매동향에 대한 성과 발표회 기획을 맡아 성과 발표회를 준비하는 과정에서 수행해야 될 업무를 모두 나열한 뒤 업무의 선후관계도를 만들었다. 다음 〈보기〉 중 옳은 것을 모두 고르면?

〈업무의 선후관계도〉

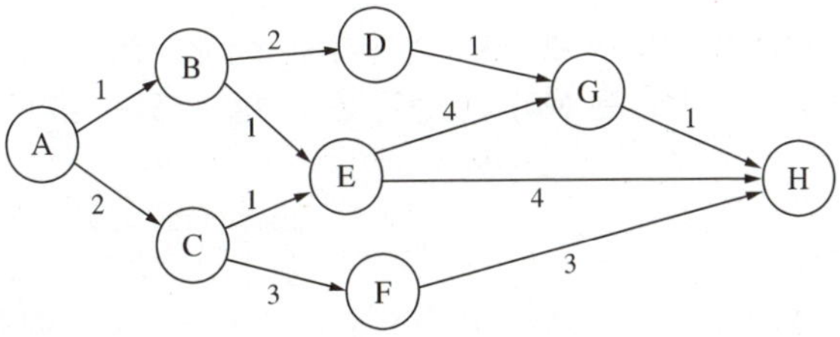

※ 화살표는 단위 업무를 나타냄
※ 화살표 위의 숫자는 그 업무를 수행하는 데 소요되는 일수를 나타냄
※ 화살표 좌우의 알파벳은 각각 단위 업무의 시작과 끝을 나타냄
※ 선행하는 화살표가 나타내는 업무는 후속하는 화살표가 나타내는 업무보다 먼저 수행되어야 함

보기

㉠ 성과 발표 준비에는 최소 5일이 소요된다.
㉡ 단위작업 E → H를 3일로 단축하면 전체 준비 기간이 짧아진다.
㉢ 단위작업 A → C를 1일로 단축하는 것은 전체 준비 기간에 영향을 준다.
㉣ 단위작업 E → G에 소요되는 시간을 3일로 단축하면 전체 준비 기간이 짧아진다.
㉤ 성과 발표 준비에는 적어도 8일이 소요된다.

① ㉠, ㉡　　② ㉠, ㉢
③ ㉢, ㉤　　④ ㉣, ㉤

PART 2

57 다음 〈보기〉 중 윤리적 가치에 대한 설명으로 옳지 않은 것을 모두 고르면?

보기

ㄱ. 윤리적 규범을 지키는 것은 어떻게 살 것인가에 관한 가치관의 문제와도 관련이 있다.
ㄴ. 모두가 자신의 이익만을 위하여 행동한다면 사회질서는 유지될 수 있지만, 최선의 결과를 얻기는 어렵다.
ㄷ. 개인의 행복뿐만 아니라 모든 사람의 행복을 보장하기 위하여 윤리적 가치가 필요하다.
ㄹ. 윤리적 행동의 당위성은 윤리적 행동을 통해 얻을 수 있는 경제적 이득에 근거한다.

① ㄱ, ㄴ
② ㄱ, ㄷ
③ ㄴ, ㄷ
④ ㄴ, ㄹ

58 다음 〈보기〉 중 자진해서 하는 근면의 사례를 모두 고르면?

보기

(가) 영희는 미국 여행을 위해 아침 일찍 일어나 30분씩 영어 공부를 하고 있다.
(나) K사에 근무 중인 A씨는 팀장의 요청으로 3일 동안 야근 중이다.
(다) 자동차 세일즈맨으로 일하고 있는 B씨는 성과에 따라 보수가 결정되기 때문에 누구보다 열심히 성과를 높이기 위해 노력 중이다.
(라) 진호의 할아버지는 뒤늦게 공부에 재미를 느껴, 현재 만학도로 공부에 전력하고 계신다.
(마) 진수는 어머니의 성화에 못 이겨, 자기 방으로 들어가 공부에 매진하고 있다.

① (가), (라)
② (나), (다)
③ (가), (다), (라)
④ (나), (라), (마)

59 다음은 기업의 사회적 책임에 대한 자료이다. 빈칸 (ㄱ) ~ (ㄹ)에 들어갈 내용을 바르게 연결한 것은?

> **〈기업의 사회적 책임〉**
>
> 현대사회에서 기업이 지속적으로 유지・발전하기 위해서는 사회구성원과의 상생을 위한 기업의 노력이 필요하다. 기업의 사회적 책임이란 기업이 이윤 추구 활동 이외에 법령과 윤리를 준수하고, 기업 이해관계자의 요구에 적절히 대응함으로써 사회에 긍정적 영향을 미치는 책임 있는 활동을 의미한다. 이러한 기업의 사회적 책임에는 기본적으로 다음과 같은 4가지 책임이 따른다.

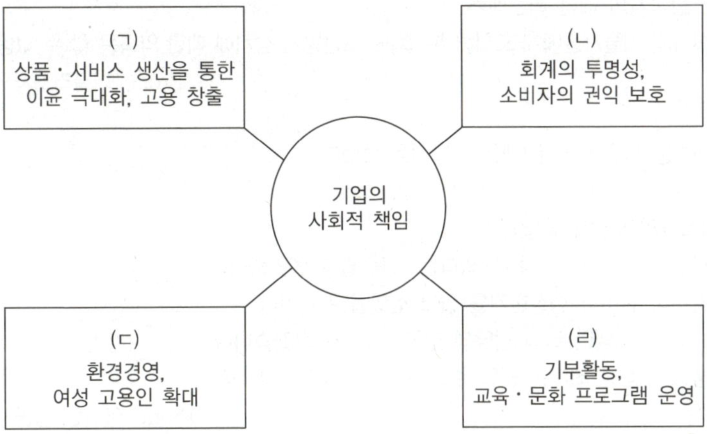

	(ㄱ)	(ㄴ)	(ㄷ)	(ㄹ)
①	경제적 책임	윤리적 책임	법적 책임	자선적 책임
②	경제적 책임	법적 책임	윤리적 책임	자선적 책임
③	자선적 책임	법적 책임	윤리적 책임	경제적 책임
④	자선적 책임	윤리적 책임	법적 책임	경제적 책임

60 K사는 1년에 두 번씩 사원들에게 봉사 의식을 심어주기 위해 자원봉사 활동을 진행하고 있다. 자원봉사 활동 전에 사원들에게 봉사에 대한 마음가짐을 설명하고자 할 때, 적절하지 않은 것은?

① 봉사는 적절한 보상에 맞춰 참여해야 한다.
② 봉사는 의도적이고 계획된 활동이 되어야 한다.
③ 봉사는 함께하는 공동체 의식에 바탕을 두어야 한다.
④ 봉사는 개인의 의지에 따라 이루어져야 한다.

※ 다음 글을 읽고 이어지는 질문에 답하시오. [61~62]

〈더글러스와 보잉의 대결〉

항공기 제작회사인 더글러스사와 보잉사는 최초의 대형 제트 여객기를 이스턴 항공사에 팔기 위해 경합을 벌이고 있었다. 이스턴 항공사의 사장인 에디 리켄베커는 도날드 더글러스 사장에게 편지를 하여 더글러스사가 DC-8 항공기에 대해 작성한 설계 명세서나 요구 조건은 보잉사와 매우 흡사한 반면, 소음방지 장치에 대한 부분은 미흡하다고 전했다. 그러고 나서 리켄베커는 더글러스사가 보잉사보다 더 우수한 소음방지 장치를 달아 주겠다는 약속을 할 수가 있는지 물어보았다. 이에 대해 더글러스는 다음과 같은 편지를 보냈다.

To. 이스턴 항공사의 에디 리켄베커

우리 회사의 기술자들에게 조회해 본 결과, 소음방지 장치에 대한 약속은 할 수 없음을 알려 드립니다.

From. 더글러스사의 도날드 더글러스

이후 리켄베커는 다음과 같은 내용의 답신을 보냈다.

To. 더글러스사의 도날드 더글러스

나는 당신이 그 약속을 할 수 없다는 것을 알고 있었습니다.
나는 당신이 얼마나 정직한지를 알고 싶었을 뿐입니다.
이제 1억 3천 5백만 달러 상당의 항공기를 주문하겠습니다.
마음 놓고 소음을 최대한 줄일 수 있도록 노력해 주십시오.

From. 이스턴 항공사의 에디 리켄베커

61 만약 더글러스가 리켄베커의 요청에 대해 기술적 검토를 해본 후에 불가능함을 알고도 할 수 있다고 답장을 보냈다면 직업윤리 덕목 중 어떤 덕목에 어긋난 행동이 되는가?

① 책임 의식, 전문가 의식
② 소명 의식, 전문가 의식
③ 직분 의식, 천직 의식
④ 봉사 의식, 소명 의식

62 다음 중 더글러스가 윗글처럼 답장을 함으로써 얻을 수 있는 가치는?

① 눈앞의 단기적 이익
② 명예로움과 양심
③ 매출 커미션
④ 주위의 부러움

63 **다음 사례에서 B사원에게 결여된 덕목과 그에 따른 K부장의 조언으로 가장 적절한 것은?**

> 평소 지각이 잦은 편인 B사원은 어제 퇴근 후 참석한 모임에서 무리하게 술을 마셨고, 결국 오늘도 지각을 하였다. 그동안 B사원의 지각을 눈감아 주었던 K부장은 오늘은 B사원에게 꼭 한마디를 해야겠다고 생각했다.

① 정직 : 근무 시간에 거짓말을 하고 개인적인 용무를 보지 않아야 합니다.
② 정직 : 비록 실수를 하였더라도, 정직하게 밝혀야 합니다.
③ 책임 : 내가 해야 할 일이라면, 개인적인 일을 포기하고 먼저 해야 합니다.
④ 근면 : 출근 시간을 엄수하고, 술자리를 적당히 절제하여야 합니다.

64 **다음 글에서 유추할 수 없는 직업인의 기본자세는?**

> 직업인은 직업에 대하여 신이 나에게 주신 거룩한 일이라고 여겨야 하며, 일을 통하여 자신의 존재를 실현하고 사회적 역할을 담당하는 것이라고 생각해야 한다. 따라서 직업에 대한 긍지와 자부심을 갖고 성실하게 임하는 마음가짐이 있어야 한다.
> 또한 직업인으로서 일정한 직업을 통하여 다른 사람에게 도움을 주고 사회적으로 기여하는 것이므로 자신의 일을 필요로 하는 사람에게 봉사한다는 마음자세가 필요하다. 그리고 일은 반드시 다른 사람과의 긴밀한 협력이 필요하므로 직무를 수행하는 과정에서 협동 정신이 요구된다. 즉, 관계된 사람과 상호신뢰하고 협력하며 원만한 관계를 유지해야 하는 것이다.
> 다음으로 직업을 통해 각자의 책임을 충실히 수행할 때 전체 직업 시스템의 원만한 가동이 가능하며, 직업인은 다른 사람에게 피해를 주지 않아야 한다. 이러한 책임을 완벽하게 수행하기 위해서는 자신이 맡은 분야에 전문적인 능력과 역량을 갖추고 지속적인 자기계발을 해 나갈 필요가 있다.
> 마지막으로 모든 일은 사회적 공공성을 갖는다. 따라서 직업인은 법규를 준수하고 직무상 요구되는 윤리기준을 준수해야 하며, 공정하고 투명하게 업무를 처리해야 한다.

① 봉사 정신과 협동 정신을 가져야 한다.
② 책임 의식과 전문 의식이 있어야 한다.
③ 소명 의식과 천직 의식을 가져야 한다.
④ 경제적인 목적을 가져야 한다.

65 다음 〈보기〉 중 직장에서 근면한 생활을 하는 사람을 모두 고르면?

보기

A사원 : 저는 이제 더 이상 일을 배울 필요가 없을 만큼 업무에 익숙해졌어요. 실수 없이 완벽하게 업무를 해결할 수 있어요.

B사원 : 저는 요즘 매일 운동을 하고 있어요. 일에 지장이 가지 않도록 건강관리에 힘쓰고 있습니다.

C대리 : 저도 오늘 할 일을 내일로 미루지 않으려고 노력 중이에요. 그래서 업무 시간에는 개인적인 일을 하지 않아요.

D대리 : 저는 업무 시간에 잡담을 하지 않아요. 대신 사적인 대화는 사내 메신저를 활용하는 편이에요.

① A사원, B사원
② A사원, C대리
③ B사원, C대리
④ B사원, D대리

66 다음 중 업무상의 이유로 상대방 회사에 전화를 걸었을 때의 태도로 가장 적절한 것은?

① 전화를 걸고 인사를 나눈 뒤에는 용건을 결론부터 이야기하고 나서 부연설명을 한다.
② 전화를 건 후 "ㅇㅇ회사, ㅇㅇ님 맞습니까?"라고 상대방을 먼저 확인하고 자신의 신분을 밝힌다.
③ 통화 도중 필요한 자료를 찾기 위해 "잠시만요."라고 양해를 구하고 자료를 찾는다.
④ 다른 회사의 상사와 직접 통화를 한 후 끝날 때 먼저 수화기를 공손히 내려놓는다.

67 다음 사례에 나타난 명함 교환 예절로 적절하지 않은 것은?

A사원은 거래처 직원인 B대리와의 미팅을 위해 K회사를 방문하였다. A사원은 자신을 반갑게 맞아주는 B대리를 보며, 자리에 앉기 전 상의 주머니에서 자신의 명함을 꺼내 건네며 인사했다. "안녕하세요. 저는 W회사의 영업팀 A사원입니다." B대리는 A사원의 명함을 받아 상의 주머니에 넣으며 자신의 명함을 건넸다. "네, 저는 K회사의 물류팀 B대리입니다. 먼 길 오시느라 고생 많으셨습니다. 자, 이쪽 자리에 앉아서 이야기합시다."

① A사원은 상대방보다 먼저 명함을 건넸다.
② A사원은 명함을 상의 주머니에서 꺼내 건넸다.
③ B대리는 일어선 상태에서 명함을 받았다.
④ B대리는 명함을 받아 그대로 주머니에 넣었다.

68 다음 사례에서 총무부 L부장에게 가장 필요한 태도는 무엇인가?

> 총무부 L부장은 신입사원 K가 얼마 전 처리한 업무로 인해 곤경에 빠졌다. 신입사원 K가 처리한 서류에서 기존 금액에 0이 하나 추가되어 회사에 엄청난 손실을 끼치게 생긴 것이다.

① 개인적인 일을 먼저 해결하려는 자세가 필요하다.
② 나 자신뿐만 아니라 나의 부서의 일은 내 책임이라고 생각한다.
③ 왜 이런 일이 나에게 일어났는지 생각해 본다.
④ 다른 사람의 입장에서 생각해 보는 태도가 필요하다.

PART 2

69 다음 〈보기〉 중 비윤리적 행위의 원인에 대해 바르게 설명한 사람을 모두 고르면?

> 보기
>
> 지원 : 비윤리적 행위의 주요 원인으로 무지, 무관심, 무절제, 자유 4가지를 꼽을 수 있어.
> 창인 : 어떤 사람이 악이라는 사실을 모른 채 선이라고 생각하여 노력하였다면, 이는 무관심에서 비롯된 비윤리적 행위에 해당해.
> 기율 : 자신의 행위가 비윤리적이라는 것을 알고 있으면서도 윤리적 기준을 따르는 것을 대수롭지 않게 여긴다면, 이는 무관심에서 비롯된 비윤리적 행위라고 볼 수 있어.
> 지현 : 자신의 행위가 비윤리적이라는 것을 알고 있으면서도 이를 통해 얻을 수 있는 이익이 주는 유혹이 너무 커 비윤리적 행위를 한다면, 이는 무절제에서 비롯된 것이야.

① 지원, 창인
② 지원, 기율
③ 창인, 기율
④ 기율, 지현

70 다음 〈보기〉 중 고객접점서비스에 대한 설명으로 적절한 것을 모두 고르면?

> 보기
>
> ㄱ. 덧셈 법칙이 적용된다.
> ㄴ. 처음 만났을 때의 15초가 중요하다.
> ㄷ. 서비스 요원이 책임을 지고 고객을 만족시킨다.
> ㄹ. 서비스 요원의 용모와 복장이 중요하다.
> ㅁ. 고객접점서비스를 강화하기 위해서는 서비스 요원의 권한을 약화시켜야 한다.

① ㄱ, ㄴ, ㄷ
② ㄴ, ㄷ, ㄹ
③ ㄷ, ㄹ, ㅁ
④ ㄱ, ㄷ, ㄹ, ㅁ

M E M O

PART 3

채용 가이드

CHAPTER

01 블라인드 채용 소개

1. 블라인드 채용이란?

채용 과정에서 편견이 개입되어 불합리한 차별을 야기할 수 있는 출신지, 가족관계, 학력, 외모 등의 편견요인은 제외하고, 직무능력만을 평가하여 인재를 채용하는 방식입니다.

2. 블라인드 채용의 필요성

- 채용의 공정성에 대한 사회적 요구
  - 누구에게나 직무능력만으로 경쟁할 수 있는 균등한 고용기회를 제공해야 하나, 아직도 채용의 공정성에 대한 불신이 존재
  - 채용상 차별금지에 대한 법적 요건이 권고적 성격에서 처벌을 동반한 의무적 성격으로 강화되는 추세
  - 시민의식과 지원자의 권리의식 성숙으로 차별에 대한 법적 대응 가능성 증가
- 우수인재 채용을 통한 기업의 경쟁력 강화 필요
  - 직무능력과 무관한 학벌, 외모 위주의 선발로 우수인재 선발기회 상실 및 기업경쟁력 약화
  - 채용 과정에서 차별 없이 직무능력 중심으로 선발한 우수인재 확보 필요
- 공정한 채용을 통한 사회적 비용 감소 필요
  - 편견에 의한 차별적 채용은 우수인재 선발을 저해하고 외모·학벌 지상주의 등의 심화로 불필요한 사회적 비용 증가
  - 채용에서의 공정성을 높여 사회의 신뢰수준 제고

3. 블라인드 채용의 특징

편견요인을 요구하지 않는 대신 직무능력을 평가합니다.

블라인드 채용 = 편견유발 요인제외 + 직무능력 중심평가

※ 직무능력중심 채용이란?
기업의 역량기반 채용, NCS기반 능력중심 채용과 같이 직무수행에 필요한 능력과 역량을 평가하여 선발하는 채용방식을 통칭합니다.

4. 블라인드 채용의 평가요소

직무수행에 필요한 지식, 기술, 태도 등을 과학적인 선발기법을 통해 평가합니다.

평가기준 = 직무수행에 필요한 직무능력

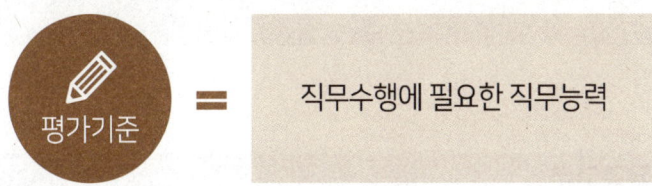

※ 과학적 선발기법이란?
직무분석을 통해 도출된 평가요소를 서류, 필기, 면접 등을 통해 체계적으로 평가하는 방법으로 입사지원서, 자기소개서, 직무수행능력평가, 구조화 면접 등이 해당됩니다.

5. 블라인드 채용 주요 도입 내용

- 입사지원서에 인적사항 요구 금지
  - 인적사항에는 출신지역, 가족관계, 결혼여부, 재산, 취미 및 특기, 종교, 생년월일(연령), 성별, 신장 및 체중, 사진, 전공, 학교명, 학점, 외국어 점수, 추천인 등이 해당
  - 채용 직무를 수행하는 데 있어 반드시 필요하다고 인정될 경우는 제외

    예 특수경비직 채용 시 : 시력, 건강한 신체 요구
    연구직 채용 시 : 논문, 학위 요구 등
- 블라인드 면접 실시
  - 면접관에게 응시자의 출신지역, 가족관계, 학교명 등 인적사항 정보 제공 금지
  - 면접관은 응시자의 인적사항에 대한 질문 금지

6. 블라인드 채용 도입의 효과성

- 구성원의 다양성과 창의성이 높아져 기업 경쟁력 강화
  - 편견을 없애고 직무능력 중심으로 선발하므로 다양한 직원 구성 가능
  - 다양한 생각과 의견을 통하여 기업의 창의성이 높아져 기업경쟁력 강화
- 직무에 적합한 인재선발을 통한 이직률 감소 및 만족도 제고
  - 사전에 지원자들에게 구체적이고 상세한 직무요건을 제시함으로써 허수 지원이 낮아지고, 직무에 적합한 지원자 모집 가능
  - 직무에 적합한 인재가 선발되어 직무이해도가 높아져 업무효율 증대 및 만족도 제고
- 채용의 공정성과 기업이미지 제고
  - 블라인드 채용은 사회적 편견을 줄인 선발 방법으로 기업에 대한 사회적 인식 제고
  - 채용과정에서 불합리한 차별을 받지 않고 실력에 의해 공정하게 평가를 받을 것이라는 믿음을 제공하고, 지원자들은 평등한 기회와 공정한 선발과정 경험

CHAPTER

02 서류전형 가이드

01 채용공고문

1. 채용공고문의 변화

기존 채용공고문	변화된 채용공고문
• 취업준비생에게 불충분하고 불친절한 측면 존재 • 모집분야에 대한 명확한 직무관련 정보 및 평가기준 부재 • 해당분야에 지원하기 위한 취업준비생의 무분별한 스펙 쌓기 현상 발생	• NCS 직무분석에 기반한 채용공고를 토대로 채용전형 진행 • 지원자가 입사 후 수행하게 될 업무에 대한 자세한 정보 공지 • 직무수행내용, 직무수행 시 필요한 능력, 관련된 자격, 직업기초능력 제시 • 지원자가 해당 직무에 필요한 스펙만을 준비할 수 있도록 안내
• 모집부문 및 응시자격 • 지원서 접수 • 전형절차 • 채용조건 및 처우 • 기타사항	• 채용절차 • 채용유형별 선발분야 및 예정인원 • 전형방법 • 선발분야별 직무기술서 • 우대사항

2. 지원 유의사항 및 지원요건 확인

채용 직무에 따른 세부사항을 공고문에 명시하여 지원자에게 적격한 지원 기회를 부여함과 동시에 채용과정에서의 공정성과 신뢰성을 확보합니다.

구성	내용	확인사항
모집분야 및 규모	고용형태(인턴 계약직 등), 모집분야, 인원, 근무지역 등	채용직무가 여러 개일 경우 본인이 해당되는 직무의 채용규모 확인
응시자격	기본 자격사항, 지원조건	지원을 위한 최소자격요건을 확인하여 불필요한 지원을 예방
우대조건	법정·특별·자격증 가점	본인의 가점 여부를 검토하여 가점 획득을 위한 사항을 사실대로 기재
근무조건 및 보수	고용형태 및 고용기간, 보수, 근무지	본인이 생각하는 기대수준에 부합하는지 확인하여 불필요한 지원을 예방
시험방법	서류·필기·면접전형 등의 활용방안	전형방법 및 세부 평가기법 등을 확인하여 지원전략 준비
전형일정	접수기간, 각 전형 단계별 심사 및 합격자 발표일 등	본인의 지원 스케줄을 검토하여 차질이 없도록 준비
제출서류	입사지원서(경력·경험기술서 등), 각종 증명서 및 자격증 사본 등	지원요건 부합 여부 및 자격 증빙서류 사전에 준비
유의사항	임용취소 등의 규정	임용취소 관련 법적 또는 기관 내부 규정을 검토하여 해당여부 확인

02 직무기술서

직무기술서란 직무수행의 내용과 필요한 능력, 관련 자격, 직업기초능력 등을 상세히 기재한 것으로 입사 후 수행하게 될 업무에 대한 정보가 수록되어 있는 자료입니다.

1. 채용분야

설명

NCS 직무분류 체계에 따라 직무에 대한 「대분류 – 중분류 – 소분류 – 세분류」 체계를 확인할 수 있습니다. 채용 직무에 대한 모든 직무기술서를 첨부하게 되며 실제 수행 업무를 기준으로 세부적인 분류정보를 제공합니다.

채용분야	분류체계			
사무행정	대분류	중분류	소분류	세분류
분류코드	02. 경영·회계·사무	03. 재무·회계	01. 재무	01. 예산
				02. 자금
			02. 회계	01. 회계감사
				02. 세무

2. 능력단위

설명

직무분류 체계의 세분류 하위능력단위 중 실질적으로 수행할 업무의 능력만 구체적으로 파악할 수 있습니다.

능력단위	(예산)	03. 연간종합예산수립 05. 확정예산 운영	04. 추정재무제표 작성 06. 예산실적 관리
	(자금)	04. 자금운용	
	(회계감사)	02. 자금관리 05. 회계정보시스템 운용 07. 회계감사	04. 결산관리 06. 재무분석
	(세무)	02. 결산관리 07. 법인세 신고	05. 부가가치세 신고

3. 직무수행내용

설명

세분류 영역의 기본정의를 통해 직무수행내용을 확인할 수 있습니다. 입사 후 수행할 직무내용을 구체적으로 확인할 수 있으며, 이를 통해 입사서류 작성부터 면접까지 직무에 대한 명확한 이해를 바탕으로 자신의 희망직무인지 아닌지, 해당 직무가 자신이 알고 있던 직무가 맞는지 확인할 수 있습니다.

직무수행내용	(예산) 일정 기간 예상되는 수익과 비용을 편성, 집행하며 통제하는 일
	(자금) 자금의 계획 수립, 조달, 운용을 하고 발생 가능한 위험 관리 및 성과평가
	(회계감사) 기업 및 조직 내·외부에 있는 의사결정자들이 효율적인 의사결정을 할 수 있도록 유용한 정보를 제공, 제공된 회계정보의 적정성을 파악하는 일
	(세무) 기업의 활동을 위하여 주어진 세법범위 내에서 조세부담을 최소화시키는 조세전략을 포함하고 정확한 과세소득과 과세표준 및 세액을 산출하여 과세당국에 신고·납부하는 일

4. 직무기술서 예시

태도	(예산) 정확성, 분석적 태도, 논리적 태도, 타 부서와의 협조적 태도, 설득력
	(자금) 분석적 사고력
	(회계 감사) 합리적 태도, 전략적 사고, 정확성, 적극적 협업 태도, 법률준수 태도, 분석적 태도, 신속성, 책임감, 정확한 판단력
	(세무) 규정 준수 의지, 수리적 정확성, 주의 깊은 태도
우대 자격증	공인회계사, 세무사, 컴퓨터활용능력, 변호사, 워드프로세서, 전산회계운용사, 사회조사분석사, 재경관리사, 회계관리 등
직업기초능력	의사소통능력, 문제해결능력, 자원관리능력, 대인관계능력, 정보능력, 조직이해능력

5. 직무기술서 내용별 확인사항

항목	확인사항
모집부문	해당 채용에서 선발하는 부문(분야)명 확인 예 사무행정, 전산, 전기
분류체계	지원하려는 분야의 세부직무군 확인
주요기능 및 역할	지원하려는 기업의 전사적인 기능과 역할, 산업군 확인
능력단위	지원분야의 직무수행에 관련되는 세부업무사항 확인
직무수행내용	지원분야의 직무군에 대한 상세사항 확인
전형방법	지원하려는 기업의 신입사원 선발전형 절차 확인
일반요건	교육사항을 제외한 지원 요건 확인(자격요건, 특수한 경우 연령)
교육요건	교육사항에 대한 지원요건 확인(대졸 / 초대졸 / 고졸 / 전공요건)
필요지식	지원분야의 업무수행을 위해 요구되는 지식 관련 세부항목 확인
필요기술	지원분야의 업무수행을 위해 요구되는 기술 관련 세부항목 확인
직무수행태도	지원분야의 업무수행을 위해 요구되는 태도 관련 세부항목 확인
직업기초능력	지원분야 또는 지원기업의 조직원으로서 근무하기 위해 필요한 일반적인 능력사항 확인

03 입사지원서

1. 입사지원서의 변화

기존지원서
직무와 관련 없는 학점, 개인신상, 어학점수, 자격, 수상경력 등을 나열하도록 구성

VS

능력중심 채용 입사지원서
해당 직무수행에 꼭 필요한 정보들을 제시할 수 있도록 구성

기존지원서	→	능력중심 채용 입사지원서	
직무기술서		인적사항	성명, 연락처, 지원분야 등 작성 (평가 미반영)
직무수행내용		교육사항	직무지식과 관련된 학교교육 및 직업교육 작성
요구지식 / 기술		자격사항	직무관련 국가공인 또는 민간자격 작성
관련 자격증 사전직무경험		경력 및 경험사항	조직에 소속되어 일정한 임금을 받거나(경력) 임금 없이(경험) 직무와 관련된 활동 내용 작성

2. 교육사항

- 지원분야 직무와 관련된 학교 교육이나 직업교육 혹은 기타교육 등 직무에 대한 지원자의 학습 여부를 평가하기 위한 항목입니다.
- 지원하고자 하는 직무의 학교 전공교육 이외에 직업교육, 기타교육 등을 기입할 수 있기 때문에 전공 제한 없이 직업교육과 기타교육을 이수하여 지원이 가능하도록 기회를 제공합니다.
  (기타교육 : 학교 이외의 기관에서 개인이 이수한 교육과정 중 지원직무와 관련이 있다고 생각되는 교육내용)

구분	교육과정(과목)명	교육내용	과업(능력단위)

3. 자격사항

• 채용공고 및 직무기술서에 제시되어 있는 자격 현황을 토대로 지원자가 해당 직무를 수행하는 데 필요한 능력을 가지고 있는지를 평가하기 위한 항목입니다.
• 채용공고 및 직무기술서에 기재된 직무관련 필수 또는 우대자격 항목을 확인하여 본인이 보유하고 있는 자격사항을 기재합니다.

자격유형	자격증명	발급기관	취득일자	자격증번호

4. 경력 및 경험사항

• 직무와 관련된 경력이나 경험 여부를 표현하도록 하여 직무와 관련한 능력을 갖추었는지를 평가하기 위한 항목입니다.
• 해당 기업에서 직무를 수행함에 있어 필요한 사항만을 기록하게 되어 있기 때문에 직무와 무관한 스펙을 갖추지 않아도 됩니다.
• 경력 : 금전적 보수를 받고 일정기간 동안 일했던 경우
• 경험 : 금전적 보수를 받지 않고 수행한 활동

※ 기업에 따라 경력 / 경험 관련 증빙자료 요구 가능

구분	조직명	직위 / 역할	활동기간(년 / 월)	주요과업 / 활동내용

Tip

입사지원서 작성 방법

○ 경력 및 경험사항 작성
• 직무기술서에 제시된 지식, 기술, 태도와 지원자의 교육사항, 경력(경험)사항, 자격사항과 연계하여 개인의 직무역량에 대해 스스로 판단 가능

○ 인적사항 최소화
• 개인의 인적사항, 학교명, 가족관계 등을 노출하지 않도록 유의

부적절한 입사지원서 작성 사례

• 학교 이메일을 기입하여 학교명 노출
• 거주지 주소에 학교 기숙사 주소를 기입하여 학교명 노출
• 자기소개서에 부모님이 재직 중인 기업명, 직위, 직업을 기입하여 가족관계 노출
• 자기소개서에 석·박사 과정에 대한 이야기를 언급하여 학력 노출
• 동아리 활동에 대한 내용을 학교명과 더불어 언급하여 학교명 노출

04 자기소개서

1. 자기소개서의 변화

- 기존의 자기소개서는 지원자의 일대기나 관심 분야, 성격의 장·단점 등 개괄적인 사항을 묻는 질문으로 구성되어 지원자가 자신의 직무능력을 제대로 표출하지 못합니다.
- 능력중심 채용의 자기소개서는 직무기술서에 제시된 직업기초능력(또는 직무수행능력)에 대한 지원자의 과거 경험을 기술하게 함으로써 평가 타당도의 확보가 가능합니다.

1. 우리 회사와 해당 지원 직무분야에 지원한 동기에 대해 기술해 주세요.
2. 자신이 경험한 다양한 사회활동에 대해 기술해 주세요.
3. 지원 직무에 대한 전문성을 키우기 위해 받은 교육과 경험 및 경력사항에 대해 기술해 주세요.
4. 인사업무 또는 팀 과제 수행 중 발생한 갈등을 원만하게 해결해 본 경험이 있습니까? 당시 상황에 대한 설명과 갈등의 대상이 되었던 상대방을 설득한 과정 및 방법을 기술해 주세요.
5. 과거에 있었던 일 중 가장 어려웠었던(힘들었었던) 상황을 고르고, 어떤 방법으로 그 상황을 해결했는지를 기술해 주세요.

PART 3

Tip

자기소개서 작성 방법

① 자기소개서 문항이 묻고 있는 평가 역량 추측하기

> 예시
>
> • 팀 활동을 하면서 갈등 상황 시 상대방의 니즈나 의도를 명확히 파악하고 해결하여 목표 달성에 기여했던 경험에 대해서 작성해 주시기 바랍니다.
>
> • 다른 사람이 생각해내지 못했던 문제점을 찾고 이를 해결한 경험에 대해 작성해 주시기 바랍니다.

② 해당 역량을 보여줄 수 있는 소재 찾기(시간×역량 매트릭스)

예시

시간 →

평가역량 ↓

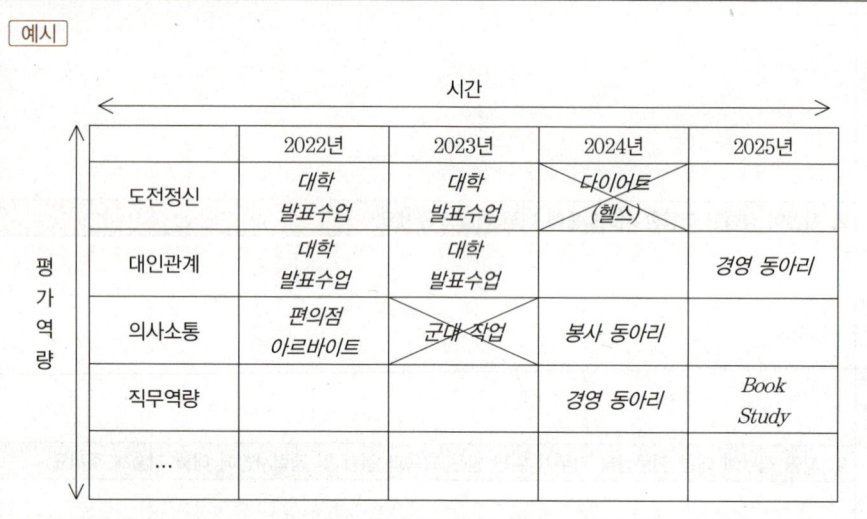

	2022년	2023년	2024년	2025년
도전정신	*대학 발표수업*	*대학 발표수업*	*다이어트 (헬스)*	
대인관계	*대학 발표수업*	*대학 발표수업*		*경영 동아리*
의사소통	*편의점 아르바이트*	*군대 작업*	*봉사 동아리*	
직무역량			*경영 동아리*	*Book Study*
…				

③ 자기소개서 작성 Skill 익히기

- 두괄식으로 작성하기
- 구체적 사례를 사용하기
- '나'를 중심으로 작성하기
- 직무역량 강조하기
- 경험 사례의 차별성 강조하기

03 인성검사 소개 및 모의테스트

01 인성검사 유형

인성검사는 지원자의 성격특성을 객관적으로 파악하고 그것이 각 기업에서 필요로 하는 인재상과 가치에 부합하는가를 평가하기 위한 검사입니다. 인성검사는 KPDI(한국인재개발진흥원), K-SAD(한국사회적성개발원), KIRBS(한국행동과학연구소), SHR(에스에이치알) 등의 전문기관을 통해 각 기업의 특성에 맞는 검사를 선택하여 실시합니다. 대표적인 인성검사의 유형에는 크게 다음과 같은 세 가지가 있으며, 채용 대행업체에 따라 달라집니다.

1. KPDI 검사

조직적응성과 직무적합성을 알아보기 위한 검사로 인성검사, 인성역량검사, 인적성검사, 직종별 인적성검사 등의 다양한 검사 도구를 구현합니다. KPDI는 성격을 파악하고 정신건강 상태 등을 측정하고, 직무검사는 해당 직무를 수행하기 위해 기본적으로 갖추어야 할 인지적 능력을 측정합니다. 역량검사는 특정 직무 역할을 효과적으로 수행하는 데 직접적으로 관련 있는 개인의 행동, 지식, 스킬, 가치관 등을 측정합니다.

2. KAD(Korea Aptitude Development) 검사

K-SAD(한국사회적성개발원)에서 실시하는 적성검사 프로그램입니다. 개인의 성향, 지적 능력, 기호, 관심, 흥미도를 종합적으로 분석하여 적성에 맞는 업무가 무엇인가 파악하고, 직무수행에 있어서 요구되는 기초능력과 실무능력을 분석합니다.

3. SHR 직무적성검사

직무수행에 필요한 종합적인 사고 능력을 다양한 적성검사(Paper and Pencil Test)로 평가합니다. SHR의 모든 직무능력검사는 표준화 검사입니다. 표준화 검사는 표본집단의 점수를 기초로 규준이 만들어진 검사이므로 개인의 점수를 규준에 맞추어 해석·비교하는 것이 가능합니다. S(Standardized Tests), H(Hundreds of Version), R(Reliable Norm Data)을 특징으로 하며, 직군·직급별 특성과 선발 수준에 맞추어 검사를 적용할 수 있습니다.

02 인성검사와 면접

인성검사는 특히 면접질문과 관련성이 높습니다. 면접관은 지원자의 인성검사 결과를 토대로 질문을 하기 때문입니다. 일관적이고 이상적인 답변을 하는 것이 가장 좋지만, 실제 시험은 매우 복잡하여 전문가라 해도 일정 성격을 유지하면서 답변을 하는 것이 힘듭니다. 또한, 인성검사에는 라이 스케일(Lie Scale) 설문이 전체 설문 속에 교묘하게 섞여 들어가 있으므로 겉치레적인 답을 하게 되면 회답태도의 허위성이 그대로 드러나게 됩니다. 예를 들어 '거짓말을 한 적이 한 번도 없다.'에 '예'로 답하고, '때로는 거짓말을 하기도 한다.'에 '예'라고 답하여 라이 스케일의 득점이 올라가게 되면 모든 회답의 신빙성이 사라지고 '자신을 돋보이게 하려는 사람'이라는 평가를 받을 수 있으므로 주의해야 합니다. 따라서 모의테스트를 통해 인성검사의 유형과 실제 시험 시 어떻게 문제를 풀어야 하는지 연습해 보고 체크한 부분 중 자신의 단점과 연결되는 부분은 면접에서 질문이 들어왔을 때 어떻게 대처해야 하는지 생각해 보는 것이 좋습니다.

03 유의사항

1. 기업의 인재상을 파악하라!

인성검사를 통해 개인의 성격 특성을 파악하고 그것이 기업의 인재상과 가치에 부합하는지를 평가하는 시험이기 때문에 해당 기업의 인재상을 먼저 파악하고 시험에 임하는 것이 좋습니다. 모의테스트에서 인재상에 맞는 가상의 인물을 설정하고 문제에 답해 보는 것도 많은 도움이 됩니다.

2. 일관성 있는 대답을 하라!

짧은 시간 안에 다양한 질문에 답을 해야 하는데, 그 안에는 중복되는 질문이 여러 번 나옵니다. 이때 앞서 자신이 체크했던 대답을 잘 기억해뒀다가 일관성 있는 답을 하는 것이 중요합니다.

3. 모든 문항에 대답하라!

많은 문제를 짧은 시간 안에 풀려다 보니 다 못 푸는 경우도 종종 생깁니다. 하지만 대답을 누락하거나 끝까지 다 못했을 경우 좋지 않은 결과를 가져올 수도 있으니 최대한 주어진 시간 안에 모든 문항에 답할 수 있도록 해야 합니다.

04 KPDI 모의테스트

※ 모의테스트는 질문 및 답변 유형 연습을 위한 것으로 실제 시험과 다를 수 있습니다.
※ 인성검사는 정답이 따로 없는 유형의 검사이므로 결과지를 제공하지 않습니다.

번호	내용	예	아니요
001	나는 솔직한 편이다.	☐	☐
002	나는 리드하는 것을 좋아한다.	☐	☐
003	법을 어겨서 말썽이 된 적이 한 번도 없다.	☐	☐
004	거짓말을 한 번도 한 적이 없다.	☐	☐
005	나는 눈치가 빠르다.	☐	☐
006	나는 일을 주도하기보다는 뒤에서 지원하는 것을 선호한다.	☐	☐
007	앞일은 알 수 없기 때문에 계획은 필요하지 않다.	☐	☐
008	거짓말도 때로는 방편이라고 생각한다.	☐	☐
009	사람이 많은 술자리를 좋아한다.	☐	☐
010	걱정이 지나치게 많다.	☐	☐
011	일을 시작하기 전 재고하는 경향이 있다.	☐	☐
012	불의를 참지 못한다.	☐	☐
013	처음 만나는 사람과도 이야기를 잘 한다.	☐	☐
014	때로는 변화가 두렵다.	☐	☐
015	나는 모든 사람에게 친절하다.	☐	☐
016	힘든 일이 있을 때 술은 위로가 되지 않는다.	☐	☐
017	결정을 빨리 내리지 못해 손해를 본 경험이 있다.	☐	☐
018	기회를 잡을 준비가 되어 있다.	☐	☐
019	때로는 내가 정말 쓸모없는 사람이라고 느낀다.	☐	☐
020	누군가 나를 챙겨주는 것이 좋다.	☐	☐
021	자주 가슴이 답답하다.	☐	☐
022	나는 내가 자랑스럽다.	☐	☐
023	경험이 중요하다고 생각한다.	☐	☐
024	전자기기를 분해하고 다시 조립하는 것을 좋아한다.	☐	☐

025	감시받고 있다는 느낌이 든다.	☐	☐
026	난처한 상황에 놓이면 그 순간을 피하고 싶다.	☐	☐
027	세상엔 믿을 사람이 없다.	☐	☐
028	잘못을 빨리 인정하는 편이다.	☐	☐
029	지도를 보고 길을 잘 찾아간다.	☐	☐
030	귓속말을 하는 사람을 보면 날 비난하고 있는 것 같다.	☐	☐
031	막무가내라는 말을 들을 때가 있다.	☐	☐
032	장래의 일을 생각하면 불안하다.	☐	☐
033	결과보다 과정이 중요하다고 생각한다.	☐	☐
034	운동은 그다지 할 필요가 없다고 생각한다.	☐	☐
035	새로운 일을 시작할 때 좀처럼 한 발을 떼지 못한다.	☐	☐
036	기분 상하는 일이 있더라도 참는 편이다.	☐	☐
037	업무능력은 성과로 평가받아야 한다고 생각한다.	☐	☐
038	머리가 맑지 못하고 무거운 느낌이 든다.	☐	☐
039	가끔 이상한 소리가 들린다.	☐	☐
040	타인이 내게 자주 고민상담을 하는 편이다.	☐	☐

05 SHR 모의테스트

※ 모의테스트는 질문 및 답변 유형 연습을 위한 것으로 실제 시험과 다를 수 있습니다.
※ 인성검사는 정답이 따로 없는 유형의 검사이므로 결과지를 제공하지 않습니다.

※ 이 성격검사의 각 문항에는 서로 다른 행동을 나타내는 네 개의 문장이 제시되어 있습니다. 이 문장들을 비교하여, 자신의 평소 행동과 가장 가까운 문장을 'ㄱ' 열에 표기하고, 가장 먼 문장을 'ㅁ' 열에 표기하십시오.

01 나는 ____________________

	ㄱ	ㅁ
A. 실용적인 해결책을 찾는다.	☐	☐
B. 다른 사람을 돕는 것을 좋아한다.	☐	☐
C. 세부 사항을 잘 챙긴다.	☐	☐
D. 상대의 주장에서 허점을 잘 찾는다.	☐	☐

02 나는 ____________________

	ㄱ	ㅁ
A. 매사에 적극적으로 임한다.	☐	☐
B. 즉흥적인 편이다.	☐	☐
C. 관찰력이 있다.	☐	☐
D. 임기응변에 강하다.	☐	☐

03 나는 ____________________

	ㄱ	ㅁ
A. 무서운 영화를 잘 본다.	☐	☐
B. 조용한 곳이 좋다.	☐	☐
C. 가끔 울고 싶다.	☐	☐
D. 집중력이 좋다.	☐	☐

04 나는 ____________________

	ㄱ	ㅁ
A. 기계를 조립하는 것을 좋아한다.	☐	☐
B. 집단에서 리드하는 역할을 맡는다.	☐	☐
C. 호기심이 많다.	☐	☐
D. 음악을 듣는 것을 좋아한다.	☐	☐

05 나는 ________________

	ㄱ	ㅁ
A. 타인을 늘 배려한다.	☐	☐
B. 감수성이 예민하다.	☐	☐
C. 즐겨하는 운동이 있다.	☐	☐
D. 일을 시작하기 전에 계획을 세운다.	☐	☐

06 나는 ________________

	ㄱ	ㅁ
A. 타인에게 설명하는 것을 좋아한다.	☐	☐
B. 여행을 좋아한다.	☐	☐
C. 정적인 것이 좋다.	☐	☐
D. 남을 돕는 것에 보람을 느낀다.	☐	☐

07 나는 ________________

	ㄱ	ㅁ
A. 기계를 능숙하게 다룬다.	☐	☐
B. 밤에 잠이 잘 오지 않는다.	☐	☐
C. 한 번 간 길을 잘 기억한다.	☐	☐
D. 불의를 보면 참을 수 없다.	☐	☐

08 나는 ________________

	ㄱ	ㅁ
A. 종일 말을 하지 않을 때가 있다.	☐	☐
B. 사람이 많은 곳을 좋아한다.	☐	☐
C. 술을 좋아한다.	☐	☐
D. 휴양지에서 편하게 쉬고 싶다.	☐	☐

09 나는 ____________________

A. 뉴스보다는 드라마를 좋아한다.
B. 길을 잘 찾는다.
C. 주말엔 집에서 쉬는 것이 좋다.
D. 아침에 일어나는 것이 힘들다.

ㄱ	ㅁ
☐	☐
☐	☐
☐	☐
☐	☐

10 나는 ____________________

A. 이성적이다.
B. 할 일을 종종 미룬다.
C. 어른을 대하는 게 힘들다.
D. 불을 보면 매혹을 느낀다.

ㄱ	ㅁ
☐	☐
☐	☐
☐	☐
☐	☐

11 나는 ____________________

A. 상상력이 풍부하다.
B. 예의 바르다는 소리를 자주 듣는다.
C. 사람들 앞에 서면 긴장한다.
D. 친구를 자주 만난다.

ㄱ	ㅁ
☐	☐
☐	☐
☐	☐
☐	☐

12 나는 ____________________

A. 나만의 스트레스 해소 방법이 있다.
B. 친구가 많다.
C. 책을 자주 읽는다.
D. 활동적이다.

ㄱ	ㅁ
☐	☐
☐	☐
☐	☐
☐	☐

CHAPTER

04 면접전형 가이드

01 면접유형 파악

1. 면접전형의 변화

기존 면접전형에서는 일상적이고 단편적인 대화나 지원자의 첫인상 및 면접관의 주관적인 판단 등에 의해서 입사 결정 여부를 판단하는 경우가 많았습니다. 이러한 면접전형은 면접 내용의 일관성이 결여되거나 직무 관련 타당성이 부족하였고, 면접에 대한 신뢰도에 영향을 주었습니다.

기존 면접(전통적 면접)		능력중심 채용 면접(구조화 면접)
• 일상적이고 단편적인 대화 • 인상, 외모 등 외부 요소의 영향 • 주관적인 판단에 의존한 총점 부여 ⇩ • 면접 내용의 일관성 결여 • 직무관련 타당성 부족 • 주관적인 채점으로 신뢰도 저하	VS	• 일관성 – 직무관련 역량에 초점을 둔 구체적 질문 목록 – 지원자별 동일 질문 적용 • 구조화 – 면접 진행 및 평가 절차를 일정한 체계에 의해 구성 • 표준화 – 평가 타당도 제고를 위한 평가 Matrix 구성 – 척도에 따라 항목별 채점, 개인 간 비교 • 신뢰성 – 면접진행 매뉴얼에 따라 면접위원 교육 및 실습

2. 능력중심 채용의 면접 유형

① 경험 면접
- 목적 : 선발하고자 하는 직무 능력이 필요한 과거 경험을 질문합니다.
- 평가요소 : 직업기초능력과 인성 및 태도적 요소를 평가합니다.

② 상황 면접
- 목적 : 특정 상황을 제시하고 지원자의 행동을 관찰함으로써 실제 상황의 행동을 예상합니다.
- 평가요소 : 직업기초능력과 인성 및 태도적 요소를 평가합니다.

③ 발표 면접
- 목적 : 특정 주제와 관련된 지원자의 발표와 질의응답을 통해 지원자 역량을 평가합니다.
- 평가요소 : 직무수행능력과 인지적 역량(문제해결능력)을 평가합니다.

④ 토론 면접
- 목적 : 토의과제에 대한 의견수렴 과정에서 지원자의 역량과 상호작용능력을 평가합니다.
- 평가요소 : 직무수행능력과 팀워크를 평가합니다.

02 면접유형별 준비 방법

1. 경험 면접

① 경험 면접의 특징

- 주로 직업기초능력에 관련된 지원자의 과거 경험을 심층 질문하여 검증하는 면접입니다.
- 직무능력과 관련된 과거 경험을 평가하기 위해 심층 질문을 하며, 이 질문은 지원자의 답변에 대하여 '꼬리에 꼬리를 무는 형식'으로 진행됩니다.

> • 능력요소, 정의, 심사 기준
> – 평가하고자 하는 능력요소, 정의, 심사기준을 확인하여 면접위원이 해당 능력요소 관련 질문을 제시합니다.
> • Opening Question
> – 능력요소에 관련된 과거 경험을 유도하기 위한 시작 질문을 합니다.
> • Follow-up Question
> – 지원자의 경험 수준을 구체적으로 검증하기 위한 질문입니다.
> – 경험 수준 검증을 위한 상황(Situation), 임무(Task), 역할 및 노력(Action), 결과(Result) 등으로 질문을 구분합니다.

경험 면접의 형태

② 경험 면접의 구조

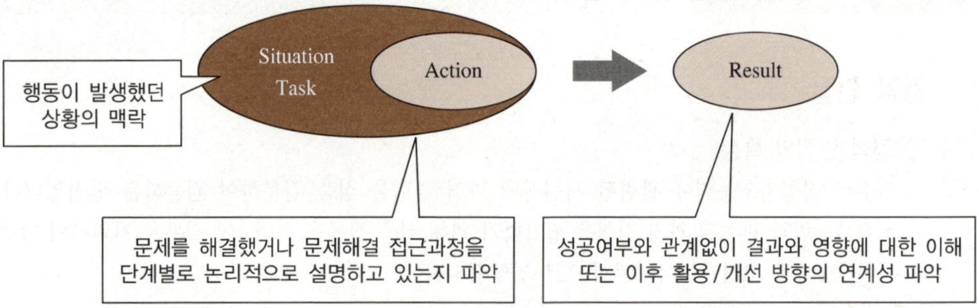

S(Situation)	귀하가 처해 있던 상황에 대해 말해 보시오.
T(Task)	귀하가 수행한 과제/과업은 무엇인가?
A(Action)	어떻게 행동(대응)했는가?
R(Result)	그 행동의 결과는 어땠는가?

( )에 관한 과거 경험에 대하여 말해 보시오.

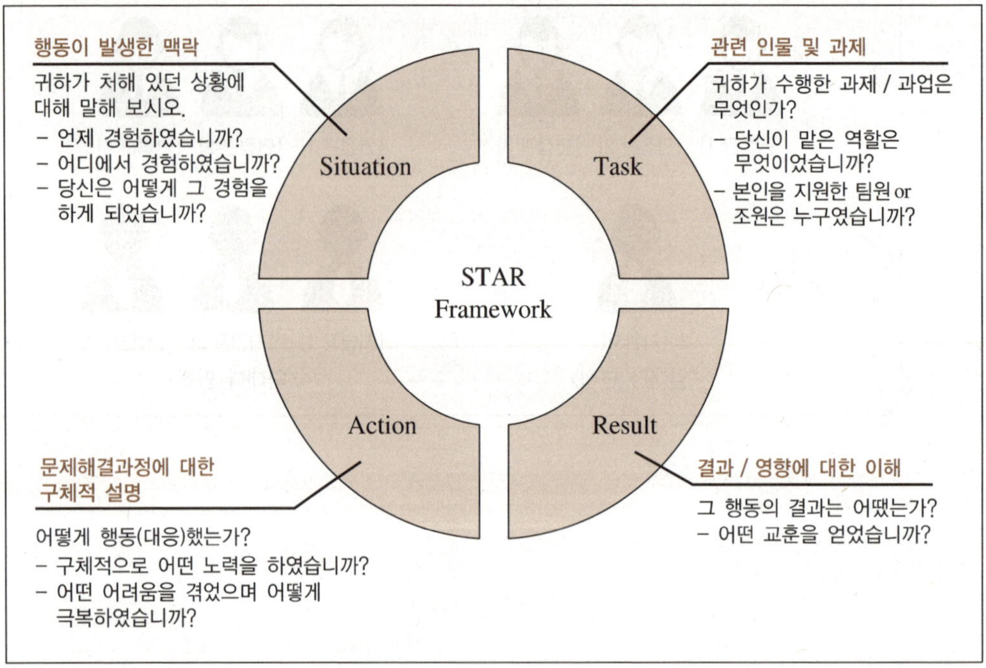

③ 경험 면접 질문 예시(직업윤리)

시작 질문	
1	남들이 신경 쓰지 않는 부분까지 고려하여 절차대로 업무(연구)를 수행하여 성과를 낸 경험을 구체적으로 말해 보시오.
2	조직의 원칙과 절차를 철저히 준수하며 업무(연구)를 수행한 것 중 성과를 향상시킨 경험에 대해 구체적으로 말해 보시오.
3	세부적인 절차와 규칙에 주의를 기울여 실수 없이 업무(연구)를 마무리한 경험을 구체적으로 말해 보시오.
4	조직의 규칙이나 원칙을 고려하여 성실하게 일했던 경험을 구체적으로 말해 보시오.
5	타인의 실수를 바로잡고 원칙과 절차대로 수행하여 성공적으로 업무를 마무리하였던 경험에 대해 말해 보시오.

후속 질문		
상황 (Situation)	상황	구체적으로 언제, 어디에서 경험한 일인가?
		어떤 상황이었는가?
	조직	어떤 조직에 속해 있었는가?
		그 조직의 특성은 무엇이었는가?
		몇 명으로 구성된 조직이었는가?
	기간	해당 조직에서 얼마나 일했는가?
		해당 업무는 몇 개월 동안 지속되었는가?
	조직규칙	조직의 원칙이나 규칙은 무엇이었는가?
임무 (Task)	과제	과제의 목표는 무엇이었는가?
		과제에 적용되는 조직의 원칙은 무엇이었는가?
		그 규칙을 지켜야 하는 이유는 무엇이었는가?
	역할	당신이 조직에서 맡은 역할은 무엇이었는가?
		과제에서 맡은 역할은 무엇이었는가?
	문제의식	규칙을 지키지 않을 경우 생기는 문제점 / 불편함은 무엇인가?
		해당 규칙이 왜 중요하다고 생각하였는가?
역할 및 노력 (Action)	행동	업무 과정의 어떤 장면에서 규칙을 철저히 준수하였는가?
		어떻게 규정을 적용시켜 업무를 수행하였는가?
		규정은 준수하는 데 어려움은 없었는가?
	노력	그 규칙을 지키기 위해 스스로 어떤 노력을 기울였는가?
		본인의 생각이나 태도에 어떤 변화가 있었는가?
		다른 사람들은 어떤 노력을 기울였는가?
	동료관계	동료들은 규칙을 철저히 준수하고 있었는가?
		팀원들은 해당 규칙에 대해 어떻게 반응하였는가?
		규칙에 대한 태도를 개선하기 위해 어떤 노력을 하였는가?
		팀원들의 태도는 당신에게 어떤 자극을 주었는가?
	업무추진	주어진 업무를 추진하는 데 규칙이 방해되진 않았는가?
		업무수행 과정에서 규정을 어떻게 적용하였는가?
		업무 시 규정을 준수해야 한다고 생각한 이유는 무엇인가?

결과 (Result)	평가	규칙을 어느 정도나 준수하였는가?
		그렇게 준수할 수 있었던 이유는 무엇이었는가?
		업무의 성과는 어느 정도였는가?
		성과에 만족하였는가?
		비슷한 상황이 온다면 어떻게 할 것인가?
	피드백	주변 사람들로부터 어떤 평가를 받았는가?
		그러한 평가에 만족하는가?
		다른 사람에게 본인의 행동이 영향을 주었다고 생각하는가?
	교훈	업무수행 과정에서 중요한 점은 무엇이라고 생각하는가?
		이 경험을 통해 느낀 바는 무엇인가?

2. 상황 면접

① 상황 면접의 특징

직무 관련 상황을 가정하여 제시하고 이에 대한 대응능력을 직무관련성 측면에서 평가하는 면접입니다.

- 상황 면접 과제의 구성은 크게 2가지로 구분
  - 상황 제시(Description) / 문제 제시(Question or Problem)
- 현장의 실제 업무 상황을 반영하여 과제를 제시하므로 직무분석이나 직무전문가 워크숍 등을 거쳐 현장성을 높임
- 문제는 상황에 대한 기본적인 이해능력(이론적 지식)과 함께 실질적 대응이나 변수 고려능력(실천적 능력) 등을 고르게 질문해야 함

상황 면접의 형태

② 상황 면접 예시

상황 제시	인천공항 여객터미널 내에는 다양한 용도의 시설(사무실, 통신실, 식당, 전산실, 창고 면세점 등)이 설치되어 있습니다.	실제 업무 상황에 기반함
	금년에 소방배관의 누수가 잦아 메인 배관을 교체하는 공사를 추진하고 있으며, 당신은 이번 공사의 담당자입니다.	배경 정보
	주간에는 공항 운영이 이루어져 주로 야간에만 배관 교체 공사를 수행하던 중, 시공하는 기능공의 실수로 배관 연결 부위를 잘못 건드려 고압배관의 소화수가 누출되는 사고가 발생하였으며, 이로 인해 인근 시설물에 누수에 의한 피해가 발생하였습니다.	구체적인 문제 상황
문제 제시	일반적인 소방배관의 배관연결(이음)방식과 배관의 이탈(누수)이 발생하는 원인에 대해 설명해 보시오.	문제 상황 해결을 위한 기본 지식 문항
	담당자로서 본 사고를 현장에서 긴급히 처리하는 프로세스를 제시하고, 보수완료 후 사후적 조치가 필요한 부분 및 재발방지 방안에 대해 설명해 보시오.	문제 상황 해결을 위한 추가 대응 문항

3. 발표 면접

① 발표 면접의 특징

- 직무관련 주제에 대한 지원자의 생각을 정리하여 의견을 제시하고, 발표 및 질의응답을 통해 지원자의 직무능력을 평가하는 면접입니다.
- 발표 주제는 직무와 관련된 자료로 제공되며, 일정 시간 후 지원자가 보유한 지식 및 방안에 대한 발표 및 후속 질문을 통해 직무적합성을 평가합니다.

> • 주요 평가요소
>   – 설득적 말하기 / 발표능력 / 문제해결능력 / 직무관련 전문성
> • 이미 언론을 통해 공론화된 시사 이슈보다는 해당 직무분야에 관련된 주제가 발표면접의 과제로 선정되는 경우가 최근 들어 늘어나고 있음
> • 짧은 시간 동안 주어진 과제를 빠른 속도로 분석하여 발표문을 작성하고 제한된 시간 안에 면접관에게 효과적인 발표를 진행하는 것이 핵심

발표 면접의 형태

〈개별 과제 발표〉 〈팀 과제 발표〉

※ 면접관에게 시각적 효과를 사용하여 메시지를 전달하는 쌍방향 커뮤니케이션 방식
※ 심층면접을 보완하기 위한 방안으로 최근 많은 기업에서 적극 도입하는 추세

② 발표 면접 예시

1. 지시문

당신은 현재 A사에서 직원들의 성과평가를 담당하고 있는 팀원이다. 인사팀은 지난주부터 사내 조직문화 관련 인터뷰를 하던 도중 성과평가제도에 관련된 개선 니즈가 제일 많다는 것을 알게 되었다. 이에 팀장님은 인터뷰 결과를 종합하려 성과평가제도 개선 아이디어를 A4용지에 정리하여 신속 보고할 것을 지시하셨다. 당신에게 남은 시간은 1시간이다. 자료를 준비하는 대로 당신은 팀원들이 모인 회의실에서 5분 간 발표할 것이며, 이후 질의응답을 진행할 것이다.

2. 배경자료

〈성과평가제도 개선에 대한 인터뷰〉

최근 A사는 회사 사세의 급성장으로 인해 작년보다 매출이 두 배 성장하였고, 직원 수 또한 두 배로 증가하였다. 회사의 성장은 임금, 복지에 대한 상승 등 긍정적인 영향을 주었으나 업무의 불균형 및 성과보상의 불평등 문제가 발생하였다. 또한 수시로 입사하는 신입직원과 경력직원, 퇴사하는 직원들까지 인원들의 잦은 변동으로 인해 평가해야 할 대상이 변경되어 현재의 성과평가제도로는 공정한 평가가 어려운 상황이다.

[생산부서 김상호]
우리 팀은 지난 1년 동안 생산량이 급증했기 때문에 수십 명의 신규인력이 급하게 채용되었습니다. 이 때문에 저희 팀장님은 신규 입사자들의 이름조차 기억 못할 때가 많이 있습니다. 성과평가를 제대로 하고 있는지 의문이 듭니다.

[마케팅 부서 김흥민]
개인의 성과평가의 취지는 충분히 이해합니다. 그러나 현재 평가는 실적기반이나 정성적인 평가가 많이 포함되어 있어 객관성과 공정성에는 의문이 드는 것이 사실입니다. 이러한 상황에서 평가제도를 재수립하지 않고, 인센티브에 계속 반영한다면, 평가제도에 대한 반감이 커질 것이 분명합니다.

[교육부서 홍경민]
현재 교육부서는 인사팀과 밀접하게 일하고 있습니다. 그럼에도 인사팀에서 실시하는 성과평가제도에 대한 이해가 부족한 것 같습니다.

[기획부서 김경호 차장]
저는 저의 평가자 중 하나가 연구부서의 팀장님인데, 일 년에 몇 번 같이 일하지 않는데 어떻게 저를 평가할 수 있을까요? 특히 연구팀은 저희가 예산을 배정하는데, 저에게는 좋지만….

4. 토론 면접

① 토론 면접의 특징

- 다수의 지원자가 조를 편성해 과제에 대한 토론(토의)을 통해 결론을 도출해 가는 면접입니다.
- 의사소통능력, 팀워크, 종합인성 등의 평가에 용이합니다.

> - 주요 평가요소
>   - 설득적 말하기, 경청능력, 팀워크, 종합인성
> - 의견 대립이 명확한 주제 또는 채용분야의 직무 관련 주요 현안을 주제로 과제 구성
> - 제한된 시간 내 토론을 진행해야 하므로 적극적으로 자신 있게 토론에 임하고 본인의 의견을 개진할 수 있어야 함

토론 면접의 형태

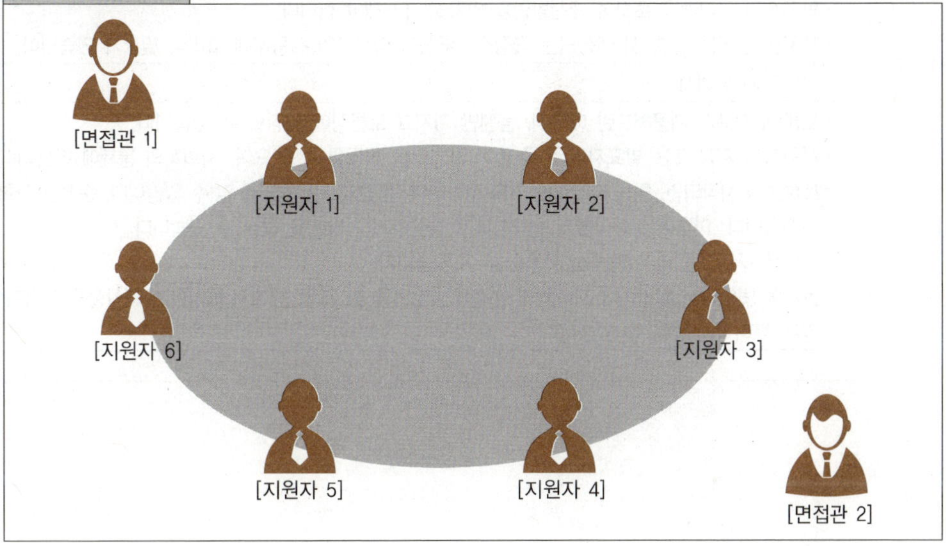

② 토론 면접 예시

고객 불만 고충처리
1. 들어가며
최근 우리 상품에 대한 고객 불만의 증가로 고객고충처리 TF가 만들어졌고 당신은 여기에 지원해 배치받았다. 당신의 업무는 불만을 가진 고객을 만나서 애로사항을 듣고 처리해 주는 일이다. 주된 업무로는 고객의 니즈를 파악해 방향성을 제시해 주고 그 해결책을 마련하는 일이다. 하지만 경우에 따라서 고객의 주관적인 의견으로 인해 제대로 된 방향으로 의사결정을 하지 못할 때가 있다. 이럴 경우 설득이나 논쟁을 해서라도 의견을 관철시키는 것이 좋을지 아니면 고객의 의견대로 진행하는 것이 좋을지 결정해야 할 때가 있다. 만약 당신이라면 이러한 상황에서 어떤 결정을 내릴 것인지 여부를 자유롭게 토론해 보시오.
2. 1분 자유 발언 시 준비사항
• 당신은 의견을 자유롭게 개진할 수 있으며 이에 따른 불이익은 없습니다. • 토론의 방향성을 이해하고, 내용의 장점과 단점이 무엇인지 문제를 명확히 말해야 합니다. • 합리적인 근거에 기초하여 개선방안을 명확히 제시해야 합니다. • 제시한 방안을 실행 시 예상되는 긍정적·부정적 영향요인도 동시에 고려할 필요가 있습니다.
3. 토론 시 유의사항
• 토론 주제문과 제공해드린 메모지, 볼펜만 가지고 토론장에 입장할 수 있습니다. • 사회자의 지정 또는 발표자가 손을 들어 발언권을 획득할 수 있으며, 사회자의 통제에 따릅니다. • 토론회가 시작되면, 팀의 의견과 논거를 정리하여 1분간의 자유발언을 할 수 있습니다. 순서는 사회자가 지정합니다. 이후에는 자유롭게 상대방에게 질문하거나 답변을 하실 수 있습니다. • 핸드폰, 서적 등 외부 매체는 사용하실 수 없습니다. • 논제에 벗어나는 발언이나 지나치게 공격적인 발언을 할 경우, 위에서 제시한 유의사항을 지키지 않을 경우 불이익을 받을 수 있습니다.

03 면접 Role Play

1. 면접 Role Play 편성

- 교육생끼리 조를 편성하여 면접관과 지원자 역할을 교대로 진행합니다.
- 지원자 입장과 면접관 입장을 모두 경험해 보면서 면접에 대한 적응력을 높일 수 있습니다.

경험면접

STEP 1.
지원자 그룹 경험기술서 작성(30분)

STEP 2.
경험기반 인터뷰 실시(1인당 15분)

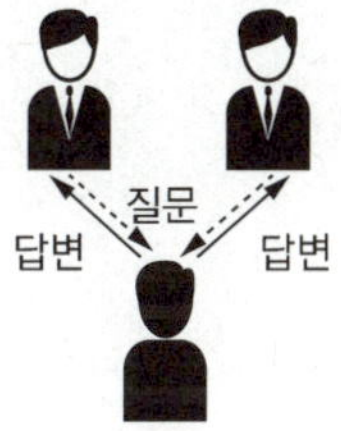

면접위원
(최소 2인 이상 구성)

지원자
(1인 대상 권장)

STEP 3.
피드백 진행(1인당 5분)

발표면접

STEP 1.
지원자 그룹 발표 내용 작성(30분)

STEP 2.
발표 5분+추가질의 5분(1인당 10분)

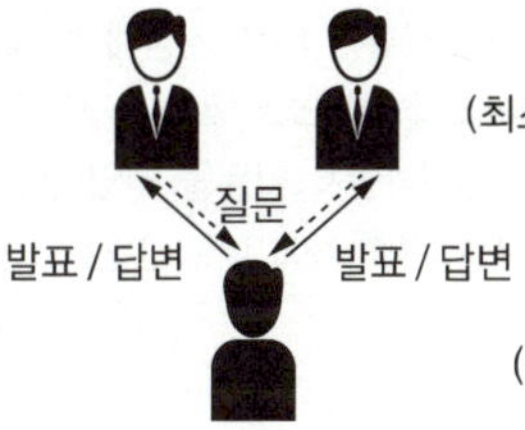

면접위원
(최소 2인 이상 구성)

지원자
(1인 대상 권장)

STEP 3.
피드백 진행(1인당 5분)

Tip

면접 준비하기

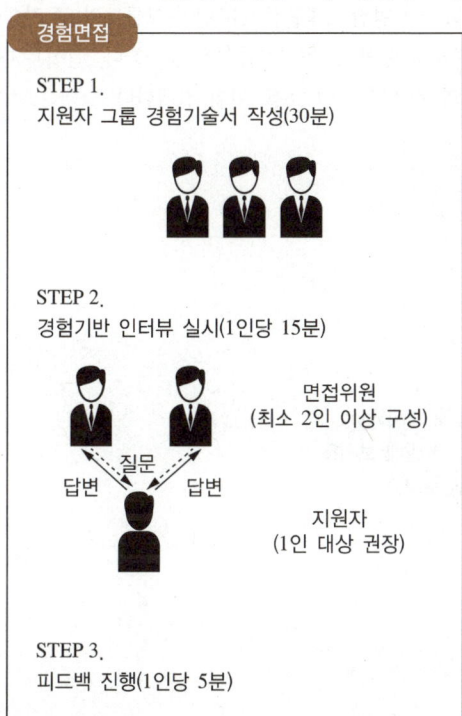

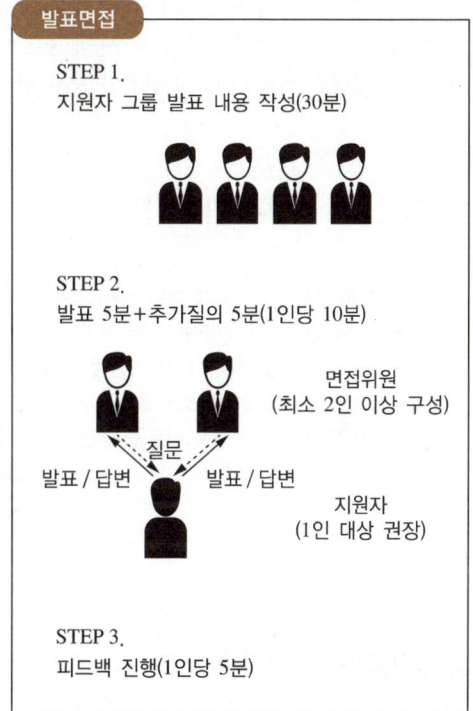

1. 면접 유형 확인 필수
   - 기업마다 면접 유형이 상이하기 때문에 해당 기업의 면접 유형을 확인하는 것이 좋음
   - 일반적으로 실무진 면접, 임원 면접 2차례에 거쳐 면접을 실시하는 기업이 많고 실무진 면접과 임원 면접에서 평가요소가 다르기 때문에 유형에 맞는 준비방법이 필요
2. 후속 질문에 대한 사전 점검
   - 블라인드 채용 면접에서는 주요 질문과 함께 후속 질문을 통해 지원자의 직무능력을 판단
     → STAR 기법을 통한 후속 질문에 미리 대비하는 것이 필요

CHAPTER

05 한국남부발전 면접 기출질문

한국남부발전의 면접전형은 실무역량·인성 및 조직적합성 면접, PT면접, GD면접(그룹토의)로 진행한다. 면접전형에서는 직업기초능력 및 직무수행능력을 검증하고 인성 및 조직적합성을 평가한다. 면접은 대부분 다대일의 형태로 진행하며, GD면접의 경우 여러 명의 지원자가 한 조를 이뤄 진행한다.

1. 2025년 상반기 기출질문

- 본인이 하고 싶은 일에 대해 설명해 보시오.
- 직무와 관련하여 노력했던 경험이 있다면 말해 보시오.
- 가장 힘들었던 상황에 대해 설명해 보시오.
- 기성세대나 MZ세대와 소통해 본 경험이 있다면 말해 보시오.
- 프로젝트를 진행하면서 갈등을 겪었던 경험이 있다면 말해 보시오.
- 한국남부발전의 방향성에 대한 본인의 생각을 말해 보시오.

2. 2024년 기출질문

- 1분간 자기소개를 해 보시오.
- 한국남부발전에 지원한 동기에 대해 말해 보시오.
- 공공기관의 직원에게 필요하다고 생각하는 역량에 대해 말해 보시오.
- 한국남부발전에 대해 아는 대로 설명해 보시오.
- 올해 본인의 목표가 있다면 말해 보시오.

[GD면접]

- 신재생에너지의 간헐성을 극복하고, 전력 공급을 안정화할 수 있는 방안에 대해 토론해 보시오.

3. 과년도 기출질문

- 기후위기에 있어서 공공기관의 역할에 대해 설명해 보시오.
- 지역주민과의 갈등을 줄일 수 있는 방안에 대해 말해 보시오.
- 윤활유 손상원인의 제거와 관리방안에 대해 설명해 보시오.
- 신입사원으로서 가져야 할 자세에 대해 설명해 보시오.
- 남을 위해 희생한 경험이 있다면 말해 보시오.
- 봉사정신은 무엇이라고 생각하는지 말해 보시오.
- 갈등을 해결한 경험이 있다면 말해 보시오.
- 본인 성격의 장단점은 무엇인지 말해 보시오.
- 한국남부발전과 관련하여 가장 인상 깊었던 뉴스는 무엇인지 말해 보시오.
- 입사 후에 이루고 싶은 꿈이 있다면 말해 보시오.
- 직무와 관련하여 본인에게 부족한 점이 있다면 무엇인지 말해 보시오.
- 본인이 맡아서 했던 업무 중 성취감을 느꼈던 경험이 있다면 말해 보시오.
- 순환근무에 대해서 어떻게 생각하는지 말해 보시오.
- 리더를 맡아 팀을 이끌어 본 경험이 있다면 말해 보시오.
- 한국남부발전의 인재상 중 본인과 가장 근접한 것은 무엇인지 말해 보시오.
- 한국남부발전의 사회적 활동에 대해 아는 대로 말해 보시오.
- 만약 인사담당자가 된다면 어떤 사람을 뽑고 싶은지 말해 보시오.
- 조직생활에 필요한 직업윤리는 무엇이라고 생각하는지 말해 보시오.
- 생소한 업무를 담당하게 된다면 어떻게 할 것인지 말해 보시오.
- 발전소 열효율과 열 이용률 향상에 대해 전문적인 지식을 가지고 있는가?
- 상사의 부정을 보았다면 어떻게 하겠는가?
- 본인이 스스로 평가하기에 성실한 성격인가?
- 어떤 일을 하면서 시간이 촉박하거나 예산이나 관련 지식이 부족했는데 이를 해결한 경험이 있는가?
- 스스로가 부끄러웠던 경험에 대해 말해 보시오.
- 입사하게 된다면 1주일 동안 무엇을 하겠는가?
- 댐 건설 시 고려해야 하는 사항을 말해 보시오.

[PT면접]

- 2050 탄소중립 추진을 위한 전략을 발표해 보시오.
- 가상의 인프라를 도입하고 문제점을 해결할 수 있는 방안을 발표해 보시오.
- LNG 활용이 나아가야 할 방향성에 대해서 말해 보시오.
- AI에 대응하여 일자리를 활성화하는 방법을 말해 보시오.
- 태양광발전사업 확대를 위한 방안을 전기 직무와 결합시켜 말해 보시오.
- 발전소 도입방안에 예상되는 문제점을 발표해 보시오.
- 고령 노동자 교육방안에 대한 귀하의 생각을 말해 보시오.
- PDCA에 대해 아는 대로 말해 보시오.
- 분권화 방식에 따른 특징과 내용을 발표해 보시오.
- 현재 환경문제의 원인으로 화력발전소가 지목되고 있다. 이에 대한 본인의 생각을 말해 보시오.
- 지역 주민과의 갈등을 해결할 수 있는 방안에 대해 발표해 보시오.
- 주52시간제 도입에 따른 대응방안을 발표해 보시오.
- 업무협의제와 스마트워크의 전제요소에 대해 말해 보시오.
- 친환경 발전소를 활성화하기 위한 방안을 말해 보시오.
- 일자리 창출방안에 대해 말해 보시오.
- 부서에서 어떠한 사람이 되고 싶은지 말해 보시오.
- DR시장의 적용 및 활성화 방안을 제시해 보시오.
- 미세먼지 저감을 위한 대책을 발표해 보시오.
- 도심형 신재생에너지발전소에 대해 발표해 보시오.
- 노후화 발전소에 대해 발표해 보시오.
- 빅데이터 활용방안에 대해서 발표해 보시오.
- 친환경건축에 대해서 발표해 보시오.
- 한국남부발전의 해외 진출 방안에 대해서 발표해 보시오.

[GD면접]

- 4차 산업혁명을 이용하여 발전소의 사고·사망재해를 줄이는 방안에 대해 토의해 보시오.
- 화학물질 안전 관리 방안에 대해 토론해 보시오.
- 우리 회사의 민영화를 찬성과 반대 입장에서 토론해 보시오.

시대에듀

MEMO

답안채점 • 성적분석 서비스

모바일 OMR

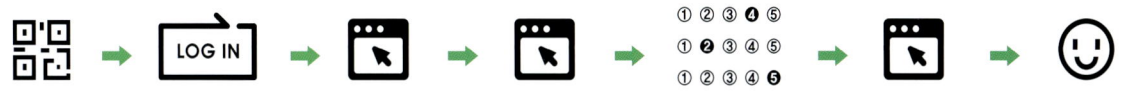

도서 내 모의고사 우측 상단에 위치한 QR코드 찍기 → 로그인 하기 → '시작하기' 클릭 → '응시하기' 클릭 → 나의 답안을 모바일 OMR 카드에 입력 → '성적분석 & 채점결과' 클릭 → 현재 내 실력 확인하기

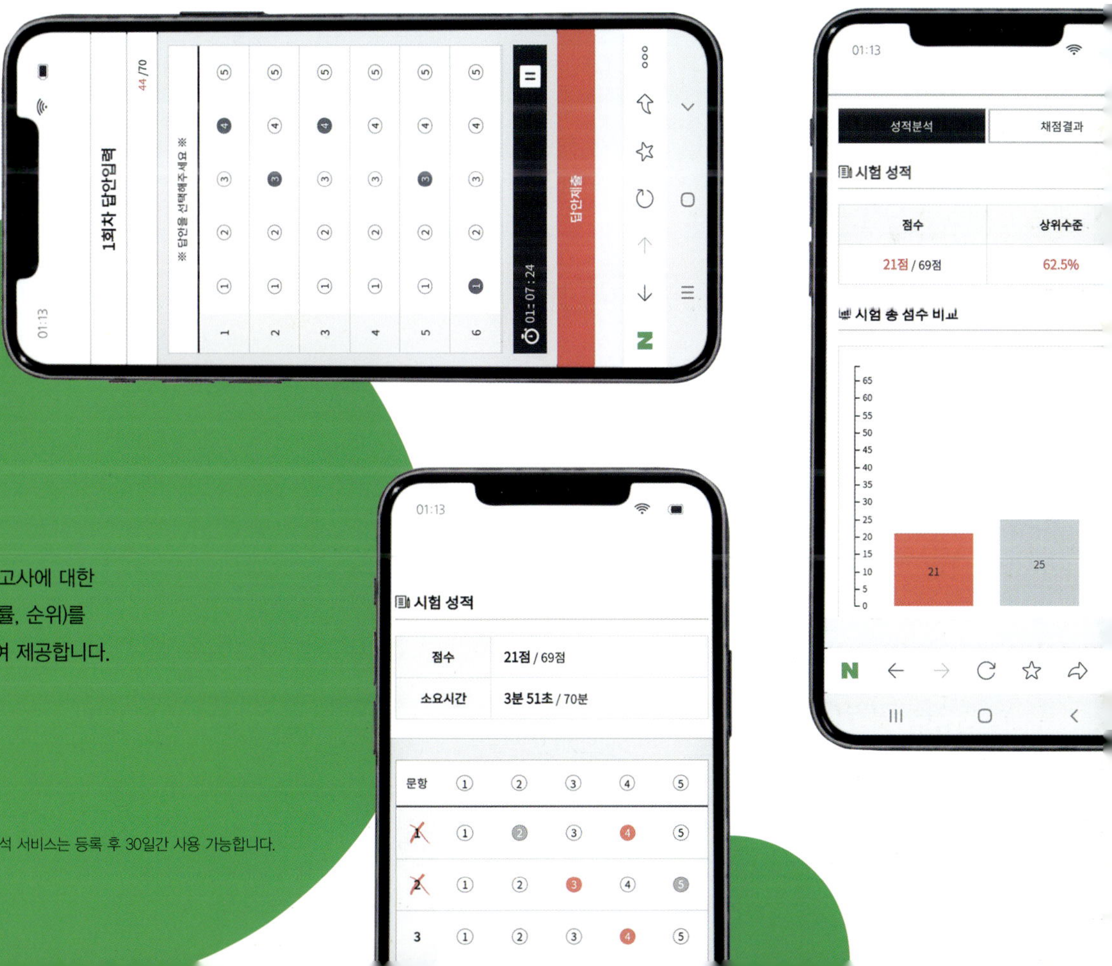

도서에 수록된 모의고사에 대한
객관적인 결과(정답률, 순위)를
종합적으로 분석하여 제공합니다.

※OMR 답안채점 / 성적분석 서비스는 등록 후 30일간 사용 가능합니다.

2026
최신판

한국 남부발전

통합기본서

편저 | SDC(Sidae Data Center)

누적 판매량
1위
기업별 NCS
시리즈

정답 및 해설

기출복원문제부터
대표기출유형 및
모의고사까지

한 권으로
마무리!

SDC
SDC는 시대에듀 데이터 센터의 약자로
약 30만 개의 NCS · 적성 문제 데이터를
바탕으로 최신 출제경향을 반영하여
문제를 출제합니다.

시대에듀

Add+

2025년 상반기 주요 공기업 NCS 기출복원문제

01	02	03	04	05	06	07	08	09	10	11	12	13	14	15	16	17	18	19	20
②	③	⑤	③	③	①	④	⑤	①	⑤	②	④	②	③	④	①	①	⑤	⑤	③
21	22	23	24	25	26	27	28	29	30	31	32	33	34	35	36	37	38	39	40
③	③	①	①	③	③	①	④	③	④	③	②	②	①	①	②	②	④	①	③
41	42	43	44	45	46	47	48	49	50										
②	③	①	②	③	②	③	③	④	③										

01

정답 ②

마지막 문단을 보면 현재 AI 음성 합성 기술이 사람의 감정까지 담아 표현할 수 없다는 한계점이 존재한다고 했다. 따라서 현재는 AI 음성 합성 기술이 오디오북 제작에서 전문 성우의 역할을 대체할 수 있다고 보기는 어렵다.

오답분석

① 세 번째 문단을 통해 AI 음성 합성 기술이 비용과 시간 측면에서 전문 성우 녹음보다 효율적임을 알 수 있다.
③ 마지막 문단에서 문학 도서의 경우 AI 음성 합성 기술이 사람의 감정까지 담아 표현할 수 없는 반면, 비문학 도서들은 전문 성우가 반드시 필요하지는 않으므로 AI 음성 합성 기술로 제작이 가능하다고 하였다.
④·⑤ 두 번째 문단에서 전문 성우의 오디오북 녹음에는 많은 시간이 필요하며, 비용 또한 많이 들어 현실적인 한계에 부딪히고 있다고 하였다.

02

정답 ③

2024년 설날 노쇼 비율은 46%이지만, 이 중 19만 매가량이 재판매가 되지 않아 공석으로 운행되었다.

오답분석

① 첫 번째 문단에서 명절에 예매 경쟁률이 수십 배에 달하는 경우도 흔하다고 하였다.
② 세 번째 문단에서 노쇼 문제는 사회적 비용 증가로 연결되며, 이에 따른 비용이나 정책 변경은 국민의 부담으로 돌아올 것이라고 하였다.
④ 네 번째 문단에서 노쇼 문제를 해결하기 위해 코레일은 2025년부터 명절 특별수송기간에 출발 후 20분까지의 위약금을 기존 15%에서 30%로 상향 조정한다고 하였다.
⑤ 마지막 문단에서 노쇼 문제는 단순히 코레일의 노력만으로 해결될 수 없고, 근본적인 제도 개선과 국민 인식 변화가 함께 이루어져야 함을 이야기하고 있다.

03

정답 ⑤

선주는 문제점을 자신의 탓으로 돌리며 상대방에게 부탁을 하고 있다. 따라서 관용의 격률에 해당하는 사례이다.

오답분석

① 민재는 상대방을 칭찬하는 표현을 최대화해서 말하고 있다. 따라서 타인에 대한 비난은 최소화하고 칭찬은 최대화하여 말하는 표현법인 찬동의 격률에 해당하는 사례로 볼 수 있다.
② 지우는 문제점을 상대방의 탓으로 돌리며 상대방에게 부탁을 하고 있다. 따라서 관용의 격률에 해당하지 않는다.
③ 다예는 자신의 이익을 위해 상대방에게 부담을 주며 말하고 있다. 따라서 관용의 격률에 해당하지 않는다.
④ 동현은 상대에게 부담이 되는 표현은 최소화하면서 도움을 요청하고 있다. 따라서 상대방의 부담은 최소화하고 이익은 최대화하여 말하는 표현법인 요령의 격률에 해당하는 사례로 볼 수 있다.

04

정답 ③

먼저 분자와 분모를 따로 계산하면 다음과 같다.

- 분자 : $18\times(15^2+12+3)$
  $\rightarrow 18\times(225+12+3)$
  $\therefore 18\times240=4,320$
- 분모 : $90^2-2\times45\times4$
  $\rightarrow 8,100-(2\times45\times4)$
  $\therefore 8,100-360=7,740$

주어진 식을 정리하면 다음과 같다.

$\frac{4,320}{7,740}+1=\frac{4,320+7,740}{7,740}=\frac{12,060}{7,740}$

$\frac{12,060}{7,740}$을 기약분수로 만들기 위해 최대공약수 180으로 약분하면 $\frac{67}{43}$이므로 $p=43$, $q=67$이다.

따라서 $p+q=110$이다.

05

정답 ③

K시 전철의 기본요금은 1회 1,500원이고, 아침에 20% 할인을 받으면 $1,500\times0.8=1,200$원이다. A씨의 전철 이용 횟수는 총 $22\times2=44$회이며, 할인은 출근 시간에만 적용된다. 그러므로 퇴근 시 이용하는 전철 요금은 $1,500\times22=33,000$원이다.

한 달 전철 요금을 62,000원 이하로 유지하고자 하므로 출근 시 지불 가능한 전철 요금은 $62,000-33,000=29,000$원이다.

할인을 받은 일수를 x일이라 하면, 할인을 받지 않은 일수는 $(22-x)$일이므로 다음과 같은 식이 성립한다.

$1,200x+1,500(22-x)\leq29,000$

$\rightarrow 1,200x+33,000-1,500x\leq29,000$

$\rightarrow -300x\leq-4,000$

$\therefore x\geq13.33\cdots$

따라서 최소 14일은 할인을 받아야 한 달 전철 요금을 62,000원 이하로 유지할 수 있다.

06

정답 ①

먼저 1부터 6까지 숫자를 사용하여 만들 수 있는 4자리 수의 조합을 계산하면 $6^4=1,296$가지이다.

조건에 따라 중복된 숫자는 최대 2번 사용할 수 있으므로 같은 숫자가 3번 이상 사용된 경우의 수를 구하여 제외해야 한다.

- 같은 숫자가 4번 사용된 경우는 6가지이다(1111, 2222, …, 6666).
- 같은 숫자가 3번 사용된 경우는 aaab, aaba, abaa, baaa 4가지 경우가 있고, a로 가능한 수는 6가지, b로 가능한 수는 a를 제외한 5가지이므로 $4\times6\times5=120$가지이다.

따라서 조건을 만족하는 4자리 비밀번호는 총 $1,296-(6+120)=1,170$가지이다.

07

정답 ④

조사기간인 1 ~ 4월의 리뷰 수가 판매 건수이므로 월별 판매 건수와 반품 및 환불 건수를 계산하면 다음과 같다.

(단위 : 건)

구분	판매 건수	반품 건수	환불 건수
1월	1,000	1,000×0.03=30	1,000×0.02=20
2월	1,200	1,200×0.02=24	1,200×0.03=36
3월	1,500	1,500×0.04=60	1,500×0.01=15
4월	1,300	1,300×0.03=39	1,300×0.02=26
합계	5,000	153	97

따라서 반품 건수와 환불 건수를 모두 합하면 153+97=250건이다.

08

정답 ⑤

구로디지털단지역의 하차 인원은 출근시간대 400명, 퇴근시간대 2,150명이므로 2,150÷400=5.375이다. 따라서 퇴근시간대 하차 인원은 출근시간대 하차 인원의 5배 이상이다.

오답분석

① 역삼역의 점심시간대와 퇴근시간대는 탑승 인원보다 하차 인원이 더 많다.
② 시청역의 탑승 인원은 점심시간대에 530명, 퇴근시간대에 420명으로 점심시간대에 탑승 인원이 더 많다.
③ 역삼역의 출근시간대는 탑승 1,150명, 하차 350명으로 탑승 인원이 더 많다.
④ 시청역의 출근시간대 대비 퇴근시간대 하차 인원의 증가 폭은 1,480−870=610명이고, 역삼역의 출근시간대 대비 퇴근시간대 하차 인원의 증가 폭은 1,250−350=900명이므로 시청역의 증가 폭이 더 작다.

09

정답 ①

A주임은 복잡한 역사 구조로 인해 승객들이 길을 헤매는 문제를 해결하기 위한 아이디어를 지하철역과 비슷한 대상인 쇼핑센터의 증강현실 지도 기술에서 얻었고, 지하철역에서 이용 가능한 증강현실 길안내 서비스를 기획하였다. 따라서 주어진 사례에서 나타나는 창의적 사고 개발방법으로 가장 적절한 것은 대상과 비슷한 것을 찾아내 그것을 힌트로 새로운 아이디어를 생각해 내는 비교발상법인 NM법이다.

오답분석

② Synectics : 서로 관련이 없어 보이는 것들을 조합하여 새로운 것을 도출해 내는 비교발상법이다.
③ 체크리스트 : 미리 준비된 힌트들을 시각화하고, 주제를 힌트에 연결 지어 발상하는 강제연상법이다.
④ SCAMPER : 체크리스트의 발전된 기법으로, 대체, 결합, 응용, 수정, 전용, 제거, 반전과 같이 7가지 키워드를 주제와 연결 지어 발상하는 강제연상법이다.
⑤ 브레인스토밍 : 어떤 주제에서 자유롭게 생각나는 것을 계속해서 열거하여 창의적인 아이디어를 이끌어 내는 자유연상법이다.

10

정답 ⑤

A씨는 사고로 학생과 부딪힌 사건 하나만을 부풀려 젊은이들이 모두 조심성이 없으며 남을 배려하지 않는다고 주장하고 있다. 이는 특정한 사례 하나를 토대로 집단을 일반화하는 주장이므로 성급한 일반화의 오류에 해당한다.

오답분석

① 무지의 오류 : '외계인이 있다는 증거가 없으므로 외계인은 존재하지 않는다.'처럼 어떠한 주장이 증명되지 않았다고 해서 그 반대의 주장이 참이라고 주장하는 오류이다.
② 결합의 오류 : '머리카락 1개가 빠지면 대머리가 되지 않는다. 2개가 빠져도, 100개가 빠져도 그렇다. 따라서 1만 개가 빠져도 대머리가 되지 않는다.'처럼 하나의 사례에는 오류가 없지만, 여러 사례를 잘못 결합하여 발생하는 오류이다.
③ 애매성의 오류 : '여자는 남자보다 약하다. 따라서 여자는 오래 살지 못한다.'처럼 애매한 어휘의 사용으로 발생하는 오류이다.
④ 과대 해석의 오류 : '퇴근길에 조심하세요.'라는 말을 퇴근길에만 조심하라는 의미로 받아들이는 것처럼 문맥을 무시하고 과도하게 문구에만 집착하여 발생하는 오류이다.

11

정답 ②

ㄱ. 철도 이용객 수 증가는 외부환경요인인 법안에 의한 긍정적 효과이므로 기회에 해당한다.
ㄷ. 민간투자의 확대는 외부환경요인의 긍정적인 효과이므로 기회에 해당한다.
ㅂ. 기업 외부에서 발생한 공동 프로젝트에 참여하는 것은 기술혁신 등 긍정적인 측면이므로 기회에 해당한다.

오답분석

ㄴ. 내부환경요인인 운영 노하우는 기업 내부의 긍정적인 요소로 강점(Strength)에 해당한다.
ㄹ. 외부환경요인인 정부의 교통요금 동결 정책은 위협(Threat)에 해당한다.
ㅁ. 내부환경요인인 직원 수 부족으로 인한 저조한 고객 만족도는 약점(Weakness)에 해당한다.

12

정답 ④

ㄱ. A차장은 노인 이용자 대표와 논리적 토론을 통해 합리적 타협점을 찾고 있다. 이는 상이한 문화적 토양을 가지고 있는 구성원을 가정하여 서로의 생각을 직설적으로 주장하고 논쟁이나 협상을 통해 의견을 조정하는 하드 어프로치에 해당한다.
ㄴ. A센터장은 역할극과 브레인스토밍 기법을 통하여 직원들이 자발적으로 의견을 제시하고, 창의적인 해결방법을 도모할 수 있도록 촉진하고 있다. 이는 어떤 그룹이나 집단이 자발적으로 창의적인 문제해결을 할 수 있도록 촉진하는 퍼실리테이션에 해당한다.
ㄷ. A팀장은 B사원에게 실수에 대한 결과를 시사하여 실수를 줄일 수 있도록 넌지시 제안하였으며, 다른 팀원들에게도 B사원을 잘 도와줄 것을 요청하였다. A팀장은 중재자로서 같은 문화적 토양을 가지고 있는 팀원들이 서로를 이해할 수 있도록 돕고, 권위와 공감에 의지하여 의견을 중재하고 있으므로 소프트 어프로치에 해당한다.

13

정답 ②

'된서리'는 늦가을에 아주 되게 내리는 서리를 의미하며, 이런 특성으로 인해 모진 재앙이나 타격을 비유적으로 이르는 말이다. 따라서 가장 비슷한 어휘는 '어떤 일에서 크게 기를 꺾음. 또는 그로 인한 손해·손실'을 의미하는 '타격(打擊)'이다.

오답분석

① 타계(他界) : 인간계를 떠나서 다른 세계로 간다는 뜻으로, 사람의 죽음 특히 귀인(貴人)의 죽음을 이르는 말
③ 타점(打點) : 붓이나 펜 따위로 점을 찍음, 야구에서 안타 따위로 득점한 점수
④ 타락(墮落) : 올바른 길에서 벗어나 잘못된 길로 빠지는 일
⑤ 타산(打算) : 자신에게 도움이 되는지를 따져 헤아림

14

정답 ③

빈칸에 들어갈 단어의 대상은 앞의 애민주의이므로 '어떤 명목을 붙여 주의나 주장 또는 처지를 앞에 내세움'을 의미하는 '표방(標榜)'이 가장 적절한 단어이다.

오답분석

① 표징(表徵) : 겉으로 드러나는 특징이나 상징
② 표집(標集) : 사회 조사에서 모집단의 특성을 잘 반영할 수 있는 표본을 추출하는 방법
④ 표류(漂流) : 물 위에 떠서 정처 없이 흘러감
⑤ 표리(表裏) : 물체의 겉과 속 또는 안과 밖을 통틀어 이르는 말

15

정답 ④

제시문은 원자력 발전소에서 방사성 물질의 차단과 외부 오염물질 유입 방지를 위해 강력한 공기조화시스템이 필요함을 주장하며, 이 시스템의 핵심 장치인 헤파필터에 대해 상세히 설명하고, 원자력 발전소에서 헤파필터의 역할과 중요성에 대해 서술하고 있다. 따라서 글의 주제로 가장 적절한 것은 '원자력 발전소에서의 헤파필터의 역할'이다.

16

정답 ①

제시문은 잠복결핵감염에 대해 설명하는 글로, 잠복결핵감염의 특성과 치료 방법 등을 서술하면서 잠복결핵감염이 어떻게 개인 건강뿐 아니라 사회 전체의 공중보건에 영향을 주는지 서술하고 있다.
따라서 글의 주제로 가장 적절한 것은 '잠복결핵감염의 위험성'이다.

17

정답 ①

메뉴별 손익분기점을 구하면 다음과 같으며, 손익분기점을 넘기 위해서 필요한 판매량은 이보다 1단위 더 많아야 한다.
- 제육볶음 : 2,800,000÷(10,000−2,000)=350 → 351인분
- 오징어볶음 : 3,300,000÷(12,000−2,000)=330 → 331인분
- 돈가스 : 2,600,000÷(9,000−1,500)≒346.7 → 347인분
- 라면 : 1,800,000÷(6,000−800)≒346.2 → 347인분
- 고등어구이 : 3,100,000÷(11,000−2,000)≒344.4 → 345인분

따라서 손익분기점을 넘기 위해 필요한 판매량이 가장 많은 메뉴는 제육볶음이다.

18

정답 ⑤

B지점에서 C지점까지의 거리를 $x$km라고 하고 식을 세우면 다음과 같다.
$(x+110)+x=190$
$\rightarrow 2x=80$
$\therefore x=40$
즉, A지점에서 B지점까지의 거리는 150km, B지점에서 C지점까지의 거리는 40km이다.
K주임은 A지점에서 B지점까지 150km를 100km/h의 속력으로 이동하였으므로 소요된 시간은 1.5시간이고, B지점에서 C지점까지 40km를 80km/h의 속력으로 이동하였으므로 소요된 시간은 0.5시간이다.
그러므로 A지점에서 C지점까지 이동하는 데 걸린 시간은 2시간이다. 단, B지점에서 1시간 동안 업무를 수행하였으므로 C지점에 도착한 시간은 오후 3시이다.
따라서 이동할 때의 평균 속력의 경우 총 190km를 2시간 동안 이동하였으므로 평균 속력은 $\frac{190}{2}=95$km/h이다.

19

정답 ⑤

본회의 시간이 1시간이고, 전후 30분간 회의 준비 및 회의록 작성을 진행해야 하므로 모두 2시간이 필요하다. 제시된 조건에 따라 회의가 불가능한 시간을 표시하면 다음과 같다.

<table>
<tr><th colspan="2">9시</th><th colspan="2">10시</th><th colspan="2">11시</th><th colspan="2">12시</th><th colspan="2">13시</th><th colspan="2">14시</th><th colspan="2">15시</th><th colspan="2">16시</th><th colspan="2">17시</th></tr>
<tr><td></td><td></td><td>예약</td><td></td><td></td><td></td><td colspan="2">점심시간</td><td></td><td></td><td>예약</td><td></td><td colspan="2">외부일정</td><td></td><td></td><td></td><td></td></tr>
</table>

30분 간격으로 칸을 나누었으므로 회의를 진행하기 위해서는 총 4칸이 필요하다.
따라서 16시부터 회의 준비를 할 수 있으므로 본회의를 시작할 수 있는 가장 빠른 시각은 오후 4시 30분(=16시 30분)이다.

20

정답 ③

약술형에서 48점을 득점하여 과락이 된 D를 제외하고 나머지 4명의 필기시험 점수의 평균과 가점을 더한 값은 다음과 같다.
- A : {(85+52+61+57)÷4}+6=69.75점 → 불합격
- B : (75+71+67+81)÷4=73.5점 → 합격
- C : {(67+81+72+54)÷4}+2=70.5점 → 합격
- E : (66+82+58+78)÷4=71점 → 합격

따라서 J국가자격 필기시험에 합격한 사람은 B, C, E 3명이다.

21

정답 ③

HDD(Hard Disk Drive)는 회전하는 자기 디스크와 기계적인 헤드를 사용해 데이터를 저장하고 읽는 저장장치로 플래시 메모리를 사용해 전자적으로 데이터를 저장하는 SSD(Solid State Drive)에 비해 가격이 저렴하다.

오답분석

① HDD는 움직이는 자기 디스크나 헤드가 필요하므로 SSD에 비해 무겁고, 소형화가 어렵다.
② HDD는 자기 디스크와 헤드를 움직이는 모터 및 회전 부품으로 인해 전력 소모가 SSD에 비해 더 많다.
④ SSD는 읽고 쓰는 데 물리적인 움직임이 필요 없으나, HDD는 회전하는 자기 디스크와 헤드가 데이터 위치를 찾기 위해 움직여야 하므로 데이터 접근이 SSD에 비해 느리다.
⑤ 플래시 드라이브로 구성되어 있는 SSD는 움직이는 부품이 없으나, HDD는 움직이는 기계적 부품이 많으며, 충격으로 인해 헤드가 자기 디스크에 닿아 스크래치가 생기는 등의 심각한 손상이 발생할 수 있다. 따라서 HDD는 SSD보다 외부 충격에 대한 내구력이 낮다.

22

정답 ③

제시된 상황은 조건이 참인지 거짓인지에 따라 서로 다른 값을 반환해야 하므로 IF 함수를 활용해야 한다. IF 함수의 함수식은 「=IF(조건,"참일 때의 값","거짓일 때의 값")」이며, 조건은 참조 대상의 값이 90 이상이어야 하므로 "참조 대상>=90"이어야 한다. 따라서 옳은 함수식은 「=IF(참조 대상>=90,"합격","불합격")」이다.

오답분석

① 90점을 초과해야 합격으로 값이 나온다.
② 90점 이상이면 불합격, 90점 미만이면 합격으로 값이 나온다.
④·⑤ CHOOSE 함수는 지정된 인덱스 번호를 기준으로 목록에서 특정 값을 선택하여 반환하는 함수로, 제시된 상황에는 옳지 않은 함수이다.

23

정답 ①

제시문은 허리 통증을 유발하는 직업적 요인에 대해 서술하고 있다. 따라서 글의 주제로 가장 적절한 것은 '허리 통증의 직업적 요인'이다.

오답분석

② 제시문은 허리 통증이나 질환이 어떻게 발생하는지만 서술하고, 관리 방법에 대해서는 서술하고 있지 않다.
③ 허리 질환의 원인을 여러 직업적 요인을 나누어 설명하지만, 직업에 따라 질환이 달라진다고는 서술하고 있지 않다. 오히려 허리 질환의 직업적 요인들이 대부분 추간판탈출증, 척추협착증 같이 비슷한 질환을 유발하는 것을 알 수 있다.
④ 세 번째 문단에서 허리 구부림 자세가 많은 업종이 허리 통증 관련 산재 신청이 많음에 대해 서술하고는 있지만, 글 전체를 포괄하는 주제로 적절하지 않다.

24

정답 ①

A교수의 발표 주제는 사람이 제공하던 서비스를 인공지능 기술로 대체하자는 것이 아닌, 인공지능 기술이 건강보험 가입자의 데이터를 기반으로 가입자에게 필요한 맞춤형 서비스를 제공해 주는지에 대한 것이다. 따라서 제시된 자료의 내용과 일치하지 않는다.

오답분석

② B교수의 발표 주제는 sLLM(소형 언어 모델)을 사용한 고객 서비스의 향상과 공단 근로자의 업무 효율성을 증대 사례이므로 이에 대한 고객과 공단 근로자의 의견이 필요하다.
③ D교수의 발표 주제는 야간 인공조명이 인간의 건강에 미치는 영향에 대한 것이므로, 야간 인공조명을 받은 사람과 이를 받지 않은 사람과의 건강상의 차이에 대한 구분되는 수치가 필요하다.
④ F팀장의 발표 주제는 병원 내에서 발생하는 폐렴의 데이터 분석을 통해 감염관리 체계 마련이 필요함을 제시하는 것이므로, 병원 내 감염병에 대한 데이터 정보가 필요하다. 따라서 병원 내 어느 병동에서 어떠한 상황에서 발생하였는지, 또 어느 연령대에서 주로 발생하는지 등에 대한 데이터가 필요하다.

25

정답 ③

네 번째 문단에 따르면 천식 환자는 심장박동 및 호흡수를 증가시키는 운동은 발작을 일으킬 수 있으므로 피해야 하고, 건조하지 않고 심장 박동이나 호흡수가 급격히 증가하지 않는 수영과 같은 운동이 좋다고 하였다. 따라서 등산의 경우 가파른 오르막이나, 건조한 환경 등 천식 환자에게 좋지 않은 운동 환경일 가능성이 높다.

오답분석

① 세 번째 문단에 따르면 당뇨는 인슐린이 제 기능을 하지 못해 혈당을 낮추지 못하는 질환으로, 유산소 운동을 통해 혈당을 낮출 수 있다.

② 세 번째 문단에 따르면 당뇨 환자와 심장병 환자는 유산소 운동이 좋다고 하였으며, 특히 심장병 환자의 경우 규칙적인 유산소 운동은 심혈관계를 향상시킨다고 하였다.

④ 마지막 문단에 따르면 허리 통증 환자는 유산소 운동보다는 척추를 지지하는 근육을 발달시킬 수 있는 코어 운동이 도움이 된다고 하였다.

26

정답 ③

제시된 문단은 국민건강보험공단이 담배 소송 변론에서 적극적으로 입장을 표명했다고 서술하고 있다. 그러므로 이어질 문단으로 공단의 주장이 포함된 (나) 문단 또는 (다) 문단이 와야 한다. 이 중 (다) 문단은 '마지막으로'로 시작하므로 글의 가장 마지막에 오는 것이 적절하다. 그러므로 첫 문단 뒤에 이어질 문단으로 가장 적절한 것은 (나) 문단이다. 다음 (가) 문단과 (라) 문단을 살펴보면, (가) 문단은 담배와 암 사이에는 인과관계가 있다는 주장, (라) 문단은 담배와 암 사이의 인과관계에 대한 뒷받침 자료로 제출한 증거의 목록에 대한 것이므로 (가) – (라) 순으로 이어져야 한다. 따라서 (나) – (가) – (라) – (다) 순으로 나열하는 것이 적절하다.

27

정답 ①

조사 지역별 법인 기업에서 사단법인이 차지하는 비율은 다음과 같다.

- 수도권 : $\frac{50,000}{60,000} \times 100 \fallingdotseq 83.33\%$
- 강원권 : $\frac{500}{1,000} \times 100 = 50\%$
- 충청권 : $\frac{2,500-800}{2,500} \times 100 = 68\%$
- 호남권 : $\frac{3,000-1,000}{3,000} \times 100 \fallingdotseq 66.67\%$
- 영남권 : $\frac{1,500}{2,500} \times 100 = 60\%$

따라서 수도권, 충청권, 호남권, 영남권, 강원권 순으로 높으므로 세 번째로 높은 지역은 호남권이다.

오답분석

② 5대 업종의 대기업 중 IT업이 아닌 기업의 수는 $11,000-6,000=5,000$개소이며, 수도권의 기타 기업도 $5,000$개소로 같다.

③ 조사 지역에서 대기업이 20% 증가하면 $13,500 \times 0.2 = 2,700$개소 증가하고, 중소기업이 10% 감소하면 $25,000 \times 0.1 = 2,500$개소 감소하므로 전체 기업 수는 증가한다.

④ 조사 지역의 재단법인 중 강원권 재단법인이 차지하는 비율은 $\frac{1,000-500}{13,300} \times 100 \fallingdotseq 3.76\%$이고, 조사 지역의 대기업 중 강원권 대기업이 차지하는 비율은 $\frac{500}{13,500} \times 100 \fallingdotseq 3.7\%$이므로 옳은 설명이다.

28

정답 ④

조사 지역의 전체 기업 중 운송업에 해당하는 중소기업 및 5인 미만 기업의 비율은 다음과 같다.

- 중소기업 : $\frac{9,000}{25,000}\times100=36\%$
- 5인 미만 : $\frac{100,000}{290,000}\times100≒34.48\%$

따라서 5인 미만 기업의 운송업 비율은 중소기업보다 낮다.

오답분석

① 조사 지역의 전체 기업 중 5인 미만인 기업의 비율은 $\frac{290,000}{405,000}\times100≒71.6\%$로 70% 이상이다.

② 조사 지역의 5인 미만 기업 중 수도권이 차지하는 비율은 $\frac{200,000}{290,000}\times100≒68.97\%$로 60% 이상이다.

③ 조사 지역 전체 기업 중 5대 업종에 해당하지 않는 기업의 수는 다음과 같다.
- 대기업 : 13,500−11,000=2,500개소
- 중소기업 : 25,000−22,000=3,000개소
- 5인 미만 : 290,000−235,000=55,000개소
- 사단법인 : 55,700−20,000=35,700개소
- 재단법인 : 13,300−9,000=4,300개소

이에 따라 대기업보단 중소기업이, 중소기업보단 5인 미만이 많고, 사단법인이 재단법인보다 많다.

29

정답 ③

제시된 자료는 7대 주요 범죄 현황이므로 한 해의 전체 범죄 현황은 알 수 없다. 따라서 옳지 않은 설명이다.

오답분석

① 살인이 가장 많이 발생한 해는 1995년이며, 절도 역시 1995년에 가장 많이 발생하였다.
② K국 교도소의 잔여 형량별 복역자 수 자료를 통해 잔여 형량이 많을수록 복역자 수가 적음을 알 수 있다.
④ 잔여 형량이 1년 미만인 복역자의 수가 가장 많은 교도소는 F교도소이며, 전체 복역자 수 역시 F교도소가 가장 많다.

30

정답 ④

교도소별 잔여 형량이 1년 미만인 복역자 수 대비 3년 이상 5년 미만인 복역자 수의 비율은 다음과 같다.

- A : $\frac{400}{3,000}\times100≒13.3\%$
- B : $\frac{400}{4,000}\times100=10\%$
- C : $\frac{500}{5,000}\times100=10\%$
- D : $\frac{600}{6,000}\times100=10\%$
- E : $\frac{800}{7,000}\times100≒11.43\%$
- F : $\frac{1,000}{8,000}\times100=12.5\%$

따라서 A교도소가 가장 높으므로 옳지 않은 해석이다.

오답분석

① 1990년부터 1995년까지 전년 대비 살인 사건 발생 건수는 100건씩 일정하게 증가하고 있다. 그러나 기준이 되는 전년의 수치가 점점 커지기 때문에 전년 대비 변화율은 점점 감소한다(1990년 20% 증가, 1991년 약 16.6% 증가, …).

② K국 전체 교도소 복역자 수는 5,300+5,700+7,800+10,000+10,300+11,600=50,700명이므로 D교도소에 복역하는 비율은 $\frac{10,000}{50,700}\times 100 ≒ 19.72\%$이다. 따라서 20% 이하이다.

③ 1993년부터 1995년까지 7대 주요 범죄 중 절도가 차지하는 비율을 구하기 위해 연도별 7대 주요 범죄 발생 건수를 계산하면 다음과 같다.

- 1993년 : 900+3,000+10,000+10,000+20,000+3,000+1,000=47,900건
- 1994년 : 1,000+2,000+20,000+10,000+27,000+5,000+900=65,900건
- 1995년 : 1,100+3,500+17,000+9,000+34,000+2,000+1,100=67,700건

절도가 차지하는 비율을 계산하면 다음과 같다.

$\frac{20,000+27,000+34,000}{47,900+65,900+67,700}\times 100$

→ $\frac{81,000}{181,500}\times 100 ≒ 44.63\%$

따라서 절도가 차지하는 비율은 45% 이하이다.

31

정답 ③

계란 가격은 2024년 7월부터 9월까지 증가하다가, 10월부터 감소한 후 12월에 다시 증가 추세를 보이고 있으므로 옳지 않다.

오답분석

① • 2024년 8월 대비 9월 쌀 가격 증가율 : $\frac{1,970-1,083}{1,083}\times 100 ≒ 81.90\%$

• 2024년 11월 대비 12월 무 가격 증가율 : $\frac{2,474-2,245}{2,245}\times 100 ≒ 10.20\%$

따라서 2024년 8월 대비 9월 쌀 가격의 증가율이 2024년 11월 대비 12월 무 가격의 증가율보다 크다.

② 국산, 미국산, 호주산 소 가격 모두 2024년 7월부터 9월까지 증가하다가 10월에 감소하였다.

④ 쌀 가격은 2024년 7월 1,992원에서 8월 1,083원으로 감소했다가, 9월 1,970원으로 증가한 후 10월부터는 감소하고 있다.

32

정답 ②

식재료별 2024년 12월 대비 2025년 1월 증감률을 계산하면 다음과 같다.

- 쌀 : $\frac{1,805-1,809}{1,809}\times 100 ≒ -0.22\%$
- 양파 : $\frac{1,759-1,548}{1,548}\times 100 ≒ 13.63\%$
- 무 : $\frac{2,543-2,474}{2,474}\times 100 ≒ 2.78\%$
- 건멸치 : $\frac{25,200-25,320}{25,320}\times 100 ≒ -0.47\%$

따라서 증감률이 가장 큰 재료는 양파이다.

33

정답 ②

신입사원 선발 조건에 따라 각 지원자에게 점수를 부여하면 다음과 같다.

(단위 : 점)

구분	학위점수	어학점수	면접점수	실무경험점수	총점
A	18	20	30	18	86
B	25	17	24	18	84
C	18	17	24	18	77
D	30	14	18	12	74

따라서 최고득점자는 A이고, 최저득점자는 D이다.

34

정답 ①

A씨의 소규모 카페는 잘못된 위치 선정, 치열한 경쟁, 운영 경험 부족 등 여러 위기를 겪게 되었지만, A씨는 위기를 기회로 삼아 성공한 컨설팅 업체라는 좋은 결과를 얻었다. 따라서 '화를 바꾸어 복이 되게 하다.'의 의미를 지닌 '전화위복(轉禍爲福)'이 가장 관련 있는 한자성어이다.

오답분석

② 사필귀정(事必歸正) : 모든 일은 반드시 바른길로 돌아감
③ 일취월장(日就月將) : 나날이 다달이 자라거나 발전함
④ 우공이산(愚公移山) : 어떤 일이든 끊임없이 노력하면 반드시 이루어짐

35

정답 ①

①의 '차원'은 '물리학적 구성 요소인 시간'을 의미한다. 반면 나머지는 '사물을 보거나 생각하는 처지, 또는 어떤 생각이나 의견 따위를 이루는 사상이나 학식의 수준'을 의미한다.

36

정답 ②

큐비트는 양자 중첩 특성을 가지고 있기 때문에 0과 1의 상태를 동시에 가진다. 반면 기존의 고전적 컴퓨터는 비트(Bit)를 통해 정보를 0과 1의 형태로 나타낸다.

오답분석

①·③ 큐비트는 측정하기 전에는 0과 1의 값을 동시에 지니지만, 측정과 동시에 하나의 값으로 확정된다.
④ 4개의 큐비트를 활용하면 $2^4=16$번의 상태를 동시에 표현할 수 있다.

37

정답 ②

SMR은 다양한 입지 조건에서 설치가 가능하여 전력망이 없는 지역이나 해상에서도 활용할 수 있다. 또한 크기가 작고 유연한 설계 덕분에 다양한 환경에서 활용이 가능하다.

오답분석

① SMR은 방사성 물질의 저장 및 관리 측면에서 유리하지만, 폐기물이 발생하지 않는다고는 서술되어 있지 않다.
③ SMR은 공장에서 모듈화된 기기를 제작하고, 현장으로 운송해 조립하는 방식이다.
④ 한국을 포함한 여러 국가가 SMR 개발에 적극적으로 나서고 있지만, 현재 기존 원전이 SMR로 전환되었는지는 확인할 수 없다.

38

정답 ④

J공사의 비밀번호 규칙을 정리하면 다음과 같다.

- 첫 번째와 아홉 번째 숫자 : 직원 종류별 코드(1 ~ 3)
- 두 번째 ~ 일곱 번째 숫자 : 입사 연, 월, 일(YYMMDD)
- 여덟 번째 문자 : 앞의 숫자를 모두 더하고 2를 뺀 값에 해당하는 알파벳 대문자

위의 규칙에 맞지 않는 비밀번호를 고르면 다음과 같다.

- 1942131S1 : 월 부분의 숫자가 21로 존재할 수 없다.
- 1241215N2 : 첫 번째와 아홉 번째 숫자가 동일하게 부여되지 않았다.
- 2210830P2 : 여덟 번째 문자가 2+2+1+0+8+3+0−2=14번째 알파벳인 N이 부여되어야 한다.
- 4200817T4 : 4는 없는 직원 종류별 코드이다.
- 2191229Z2 : 여덟 번째 문자가 2+1+9+1+2+2+9−2=24번째 알파벳인 X가 부여되어야 한다.

따라서 J공사 비밀번호 규칙에 맞지 않는 비밀번호는 모두 5개이다.

39

정답 ①

A씨는 고향 친구의 말끔한 정장을 보고, 부자일 확률보다 부자이면서 좋은 차도 끌고 다닐 확률이 높다고 생각하고 있다. 이는 두 사건(부자, 좋은 차 소유)이 동시에 일어날 확률이 실제로는 각 사건 중 하나가 단독으로 일어날 확률보다 항상 작거나 같음에도 불구하고, 두 사건이 동시에 일어날 확률이 더 높다고 잘못 판단하는 인지적 편향이다. 따라서 A씨의 사례는 결합의 오류에 해당한다.

오답분석

② 무지의 오류 : '담배가 암을 일으킨다는 확실한 증거가 없으므로 정부의 금연 정책은 잘못된 것이다.'처럼 어떤 논리가 증명되지 않았다고 해서 그 반대의 주장이 참이라고 단정하는 오류이다.

③ 연역법의 오류 : 'TV를 많이 보면 눈이 나빠진다.', '철수는 TV를 많이 보지 않는다.', '따라서 철수는 눈이 나빠지지 않는다.'처럼 대전제와 주장이 잘못 연결되었지만, 삼단논법에 의하기 때문에 참이라고 단정하는 오류이다.

④ 과대해석의 오류 : '퇴근길에 조심하세요.'라는 말을 퇴근길에만 조심하라는 의미로 받아들이는 것처럼 문맥을 무시하고 과도하게 문구에만 집착하여 발생하는 오류이다.

40

정답 ③

고속국도를 제외하면 본사와 이어지는 길은 A공장과 B공장밖에 없으므로 S대리는 A공장을 처음 방문하고 마지막으로 B공장을 방문하거나, B공장을 처음 방문하고 A공장을 마지막으로 방문해야 한다. 그러므로 S대리는 'A → D → C → E → B' 순서로 방문하거나, 그 반대인 'B → E → C → D → A' 순서로 방문해야 한다.

두 경로의 길이는 같으므로 '본사 → A → D → C → E → B → 본사'의 이동 거리를 구하면 8+14+12+20+10+16=80km이다.

따라서 S대리가 일반국도만을 이용하여 본사에서 출발해서 모든 부속 공장을 방문하고 본사로 돌아오는 최단거리는 80km이다.

41

정답 ②

고속국도를 이용한다면 본사에서 출발하거나 본사에 도착할 때, 반드시 E공장을 거쳐야 한다. 그러므로 S대리는 'E → B → C → D → A' 또는 'A → D → C → B → E' 순서로 방문해야 한다.

두 경로의 길이는 같으므로 '본사 → E → B → C → D → A → 본사'의 이동거리를 구하면 20+10+8+12+14+8=72km이다.

따라서 S대리가 고속국도를 이용할 때의 최단거리는 고속국도를 이용하지 않을 때와 80−72=8km 차이가 난다.

42

정답 ③

문단별 J기업의 기술시스템 발전 단계를 살펴보면 다음과 같다.

- (가) : J기업의 종합관리시스템이 경쟁에서 승리하여 기술표준이 되었으므로 기술 공고화 단계에 해당한다.
- (나) : J기업의 종합관리시스템이 실무적 안정성을 인정받아 다른 분야에서도 차용하였으므로 기술 이전의 단계에 해당한다.
- (다) : J기업의 종합관리시스템이 다른 기술시스템과 경쟁하고 있으므로 기술 경쟁의 단계에 해당한다.
- (라) : J기업의 종합관리시스템이 개발되고 발전한 것이므로 발명, 개발, 혁신의 단계에 해당한다.

기술시스템 발전 단계의 순서는 발명, 개발, 혁신의 단계 → 기술 이전의 단계 → 기술 경쟁의 단계 → 기술 공고화 단계로 진행되므로 J기업 종합관리시스템을 기술시스템의 발전 단계에 따라 순서대로 나열하면 (라) – (나) – (다) – (가)이다.

43

정답 ①

상사가 A주임에게 요청한 작업과 이에 대한 엑셀 단축키는 다음과 같다.

- [F12] 셀에서 왼쪽에 있는 값을 모두 선택하기 : 〈Shift〉+〈Home〉
- 차트 만들기 : 〈Alt〉+〈F1〉
- 오늘 날짜 입력하기 : 〈Ctrl〉+〈;〉

따라서 A주임이 사용하지 않은 단축키는 셀 서식의 단축키인 〈Ctrl〉+〈1〉이다.

44

정답 ②

'맹아(萌芽)'는 '풀이나 나무에 새로 돋아 나오는 싹, 사물의 시초가 되는 것'을 뜻하는 말이다.

오답분석

① 호도(糊塗) : 풀을 바른다는 뜻으로, 명확하게 결말을 내지 않고 일시적으로 감추거나 흐지부지 덮어 버림을 비유적으로 이르는 말

③ 무마(撫摩) : 분쟁이나 사건 따위를 어물어물 덮어 버림

④ 은폐(隱蔽) : 덮어 감추거나 가리어 숨김

45

정답 ③

③에 쓰인 '불이 붙었다'는 비유적으로 어떤 일이나 감정 따위가 치솟기 시작함을 의미한다.

오답분석

①·②·④ '물체에 불이 붙어 타기 시작하다'의 의미로 사용되었다.

46

정답 ②

등변 사다리꼴의 가장자리(변)를 따라 2m 간격으로 의자를 배치하므로 둘레를 구해야 한다. K고등학교의 운동장은 20m의 정사각형 공간에 양쪽에 밑변이 15m, 높이가 20m인 직각삼각형이 붙어있는 형태이므로 피타고라스 정리에 따라 빗변의 길이 xm는 다음과 같다.

$x^2=15^2+20^2=625$

$\therefore x=\sqrt{625}=25$

그러므로 K고등학교 운동장의 둘레는 20+25+50+25=120m이며, 2m 간격으로 의자를 배치하므로 120÷2=60개의 의자를 배치할 수 있다(시작점과 끝점이 같은 폐곡선의 형태이므로 1을 더하지 않음).

따라서 의자에 앉을 수 있는 학생의 수는 60명이다.

47

정답 ③

오답분석

① 2021년의 값이 서로 바뀌었다.
② 2024년 충주댐의 발전량 값이 잘못되었다.
④ 2023년 소양강댐의 발전량 값이 잘못되었다.

48

정답 ③

현대사회에서 기업은 일을 수행하는 데 소요되는 시간을 줄이기 위해 많은 노력을 기울이고 있다. 기업의 입장에서 작업 소요 시간의 단축으로 인해 볼 수 있는 효과는 다음과 같다.

- 생산성 향상 : 시간당 산출량이 증가하여 같은 시간 안에 더 많은 제품이나 서비스를 제공할 수 있으므로 노동 생산성이 향상된다.
- 가격 인상 : 일을 수행할 때 소요되는 시간을 단축함으로써 비용이 절감되고, 상대적으로 이익이 늘어남으로써 사실상 가격 인상 효과가 있다.
- 위험 감소 : 위험에 노출되는 시간을 줄이고, 계획적 작업 운영을 통해 불확실성이 감소하므로 위험이 감소하는 효과가 있다.
- 시장 점유율 증가 : 빠르고 효율적인 생산은 납기 준수 능력 향상, 원가 절감, 품질 유지로 이어지므로 고객 만족도를 높이고, 결과적으로 경쟁사보다 유리한 조건을 만들며 시장 점유율 확대에 기여한다.

한편, 정확한 예산 분배는 효율적인 예산관리를 통하여 기업이 얻을 수 있는 효과이다.

49

정답 ④

효율적이고 합리적인 인사관리 원칙

- 적재적소 배치의 원칙 : 해당 직무 수행에 가장 적합한 인재를 배치해야 한다.
- 공정 보상의 원칙 : 근로자의 인권을 존중하고 공헌도에 따라 노동의 대가를 공정하게 지급해야 한다.
- 공정 인사의 원칙 : 직무 배당, 승진, 상벌, 근무 성적의 평가, 임금 등을 공정하게 처리해야 한다.
- 종업원 안정의 원칙 : 직장에서 신분이 보장되고 계속해서 근무할 수 있다는 믿음을 갖게 하여 근로자가 안정된 회사 생활을 할 수 있도록 해야 한다.
- 창의력 계발의 원칙 : 근로자가 창의력을 발휘할 수 있도록 새로운 제안, 건의 등의 기회를 마련하고, 적절한 보상을 하여 인센티브를 제공해야 한다.
- 단결의 원칙 : 직장 내에서 구성원들이 소외감을 갖지 않도록 배려하고, 서로 유대감을 가지고 협동, 단결하는 체제를 이루도록 한다.

50

정답 ③

회전대응의 원칙은 입・출하의 빈도가 높은 품목은 출입구 가까운 곳에 보관하는 것으로, 활용빈도가 상대적으로 높은 물품을 가져다 쓰기 쉬운 위치에 먼저 보관하는 방식을 말한다.

오답분석

① 동일성의 원칙 : 같은 품종은 같은 장소에 보관하는 원칙이다.
② 유사성의 원칙 : 유사품은 인접한 장소에 보관하는 원칙이다.
④ 기호화의 원칙 : 바코드, QR코드 등 물품을 기호화하여 관리하는 것을 의미한다.

PART 1

직무능력평가

CHAPTER

01 의사소통능력

대표기출유형 01 기출응용문제

01

정답 ③

제시문에 따르면 과학기술정보통신부는 수전해 기술을 포함해 친환경적인 방법으로 수소를 생산하고 효과적으로 저장하는 기술에 2021년에는 33억 원을 지원했으며, 앞으로 6년 동안 총 253억 원을 투입할 예정이다.

오답분석

① 그린수소의 생산은 수전해 없이는 불가능하다.
② 국내 연구기관들은 수전해 셀 구성 재료의 저가화와 고효율, 고내구성 등 기계적·안정적 측면에서 실용화 연구 중심으로 적극적으로 검토하고, 기업들은 MW급 대용량 전해조 시스템 개발과 투자비를 현저히 낮출 수 있는 기술 개발을 위해 노력해야 한다.
④ 우리나라는 수전해 기술 관련 연구개발 역사가 짧고 아직 관련 시장이 크지 않기 때문에 국산 수전해 설비의 효율이 경쟁국에 비해 낮고 핵심 소재 기술도 부족한 실정이다.

02

정답 ④

제시문의 세 번째 문단에서 '상품에 응용된 과학 기술이 복잡해지고 첨단화되면서 상품 정보에 대한 소비자의 정확한 이해도 기대하기 어려워졌다.'는 내용을 통해 알 수 있다.

03

정답 ④

청구범위를 넓게 설정할 경우 선행기술들과 저촉되어 특허가 거절될 가능성이 높아지므로 특허등록의 가능성이 낮아지게 되지만, 청구범위를 좁게 설정할 경우에는 특허등록의 가능성이 높아지게 된다.

오답분석

① 변리사를 통해 특허출원 명세서를 기재할 수 있다.
② 청구범위가 좁을 경우 보호 범위가 좁아져 제3자가 특허 범위를 회피할 가능성이 높아지게 된다.
③ 특허출원서에는 출원인이나 발명자 정보 등을 기재하고, 특허명세서에는 발명의 명칭, 발명의 효과, 청구범위 등을 기재한다.

04

정답 ②

국내 바이오헬스의 전체 기술력은 바이오헬스 분야에서 최고 기술을 보유하고 있는 미국 대비 78% 수준으로 약 3.8년의 기술격차를 보인다. 이는 기술격차를 줄이는 데 필요한 시간을 나타내는 것이므로 미국이 우리나라보다 3.8년 앞서 투자를 시작했다는 의미로 보기는 어렵다. 따라서 미국이 우리나라보다 3년 이상 앞서 투자했다는 내용은 적절하지 않다.

05

정답 ④

전시면 사용요령에서 현수막 크기는 가로 4.7m×세로 1m이며, 미술관 1·2관에서 현수막 사용 시 미술관 입구에 현수막 봉이 설치되어 있으므로 현수막을 봉에 설치하라고 언급하고 있다.

오답분석

① 일반쓰레기는 종로구 종량제 규격봉투에 담아 처리해야 한다.
② 불량 고리는 역무실에 교체를 요구해야 한다.
③ 전시장 벽면에 못은 사용할 수 없다.

대표기출유형 02 기출응용문제

01

정답 ④

제시문은 국제 사회에서의 개인의 위상과 국력의 관계를 통하여 국력의 중요성을 말하고 있다. 따라서 글의 주제로 가장 적절한 것은 '국력을 키우자.'이다.

02

정답 ②

제시문은 미래 사회에서는 산업 구조의 변화에 따라 전반적인 사회조직의 원리도 바뀔 것이라고 설명하고 있다. 따라서 글의 제목으로 가장 적절한 것은 '미래 사회조직의 원리'이다.

대표기출유형 03 기출응용문제

01

정답 ④

재생에너지 사업이 기하급수적으로 늘어남에 따라 전력계통설비의 연계용량 부족 문제가 발생하였는데, 설비 보강만으로는 이를 해결하기 어렵기 때문에 최소부하를 고려한 설비 운영 방식으로 해결하고자 하였다.

오답분석

① 재생에너지 확충으로 인해 기존 송배전 전력 설비가 과부하되는 문제가 있다고 하였다.
② 재생에너지의 예시로 태양광이 제시되었다.
③ 탄소 중립을 위해 재생에너지 발전 작업이 추진되고 있다고 하였으므로 적절한 추론이다.

02

정답 ④

모바일을 활용한 마케팅은 텍스트를 줄이고, 재미와 즐거움을 줌으로써 고객을 사로잡아야 한다. 따라서 이러한 부분에서 모든 것을 한 화면 안에서 보여주고, 시각과 청각을 자극하여 정보를 효과적으로 전달하는 비디오 콘텐츠를 활용한 ㉠이 더 효과적인 마케팅이다.

03

정답 ③

수화 반응은 상온에서 일어나기 때문에 콘크리트 역시 상온에서 제작한다.

오답분석

① 로마 시기에 만들어진 판테온은 콘크리트를 이용해 만들어진 구조물이다.
② 콘크리트는 시멘트에 모래와 자갈 등의 골재를 섞어 만든다.
④ 콘크리트는 골재들 간의 접촉을 높여야 강도가 높아지기 때문에 서로 다른 크기의 골재를 배합하여 만드는 것이 좋다.

대표기출유형 04 기출응용문제

01

정답 ④

'오랫동안'은 부사 '오래'와 명사 '동안'이 결합하면서 사이시옷이 들어간 합성어이다. 따라서 한 단어이므로 붙여 써야 한다.

02

정답 ④

공문서는 반드시 일정한 양식과 격식을 갖추어 작성해야 한다.

오답분석

① 공문서는 회사 외부로 전달되는 문서로, 누가, 언제, 어디서, 무엇을, 어떻게(혹은 왜)가 정확하게 드러나도록 작성해야 한다.
② 공문서의 날짜 작성 시 날짜 다음에 괄호를 사용할 경우에는 마침표를 찍지 않는다.
③ 도표를 사용하는 것은 설명서의 특징이며, 공문서의 경우 복잡한 내용은 '-다음-'이나 '-아래'와 같이 항목별로 구분한다.

03

정답 ③

기안서는 어떤 문제를 해결하기 위한 방안을 작성하여 결재권자에게 의사결정을 요청하는 문서이다. 한편, 품의서는 특정 사안에 대하여 결재권자의 승인을 요청하는 문서이다. 즉, 기안서를 통해 상사의 결재를 받았다면 이를 실행하기 위해서 구체적인 내용의 품의서를 작성하여야 한다.

오답분석

① 결의서 : 구성원이 안건에 대한 수행을 목적으로 의사결정을 한 것이 결의이며, 결의한 내용을 기록한 문서이다.
② 품의서 : 어떠한 일의 집행을 시행하기에 앞서 결재권자에게 구체적인 사안을 승인해 줄 것을 요청하는 문서이다.
④ 기획서 : 담당자가 아이디어 등을 의뢰인이나 상사에게 제출할 목적으로 작성하는 문서이다.

대표기출유형 05 기출응용문제

01

정답 ③

'붙이다'는 '불이 옮아 타기 시작하다.'는 의미를 지닌 '붙다'의 사동사로 옳은 표기이다.

오답분석

① '가만히'가 옳은 표기이다.
② 의존명사 '만큼'으로 쓰였으므로 '먹을 만큼만'으로 띄어 써야 한다.
④ '바치다'는 '신이나 웃어른께 드리다.'의 의미이므로 문맥상 '받쳐'로 고쳐 써야 한다.

02

정답 ③

문장의 형태소 중에서 조사나 선어말어미, 어말어미 등으로 쓰인 문법형태소의 개수를 파악해야 한다.
이, 니, 과, 에, 이, 었, 다 → 총 7개

오답분석

① 이, 을, 었, 다 → 총 4개
② 는, 가, 았, 다 → 총 4개
④ 는, 에서, 과, 를, 았, 다 → 총 6개

03

정답 ④

'자극'과 '반응'은 조건과 결과의 관계이다. 따라서 입력과 출력의 관계가 가장 유사하다.

오답분석

① 개별과 집합의 관계이다.
② 대등 관계이자 상호보완 관계이다.
③ 존재와 생존의 조건 관계이다.

대표기출유형 06 기출응용문제

01

정답 ③

제시문에서 A씨는 남들이 주식으로 돈을 벌었다는 소식을 듣고 지식도 없이 주식을 따라 산 후 주식이 오르기만 기다리고 있다. 따라서 A씨의 상황과 관련 있는 한자성어로는 '그루터기를 지켜 토끼를 기다린다.'는 뜻으로, 요행만 기다리는 어리석은 사람을 일컫는 '수주대토(守株待兎)'가 가장 적절하다.

오답분석

① 사필귀정(事必歸正) : '결국 옳은 이치대로 된다는 것'을 뜻한다.
② 조삼모사(朝三暮四) : '아침에 세 개, 저녁에 네 개'라는 뜻으로, 눈앞에 보이는 것만 알고 결과가 같은 것을 모르는 어리석음을 말한다.
④ 새옹지마(塞翁之馬) : '세상만사는 변화가 많아 어느 것이 화(禍)가 되고, 어느 것이 복(福)이 될지 예측하기 어렵다는 것'을 뜻한다.

02

정답 ②

제시문은 모든 일에는 지켜야 할 질서와 차례가 있음에도 불구하고 이를 무시한 채 무엇이든지 빠르게 처리하려는 한국의 '빨리빨리' 문화에 대해 설명하고 있다. 따라서 이와 관련 있는 속담으로는 '일의 순서도 모르고 성급하게 덤빔'을 의미하는 '우물에 가 숭늉 찾는다.'가 가장 적절하다.

오답분석

① 가재는 게 편이다. : 모양이나 형편이 서로 비슷하고 인연이 있는 것끼리 서로 잘 어울리고, 사정을 보아주며, 감싸주기 쉬움을 비유적으로 이르는 말이다.
③ 하나를 듣고 열을 안다. : 한마디 말을 듣고도 여러 가지 사실을 미루어 알아낼 정도로 매우 총기가 있다는 말이다.
④ 낙숫물이 댓돌을 뚫는다. : 작은 힘이라도 꾸준히 계속하면 큰일을 이룰 수 있음을 비유적으로 이르는 말이다.

대표기출유형 07 기출응용문제

01

정답 ④

상대방이 이해하기 어려운 전문적 언어(㉣)나 단조로운 언어(㉤)는 의사 표현에 사용되는 언어로 적절하지 않다.

오답분석

의사 표현에 사용되는 적절한 언어로는 이해하기 쉬운 언어(㉠), 상세하고 구체적인 언어(㉡), 간결하면서 정확한 언어(㉢), 문법적 언어(㉥), 감각적 언어 등이 있다.

02

정답 ④

A씨의 아내는 A씨가 자신의 이야기에 공감해 주길 바랐지만, A씨는 아내의 이야기를 들어주기보다는 해결책을 찾아 아내의 문제에 대해 조언하려고만 하였다. 즉, 아내는 마음을 털어놓고 남편에게 위로받고 싶었지만 A씨의 조언하려는 태도 때문에 더 이상 대화가 이어질 수 없었다.

오답분석

① 짐작하기 : 상대방의 말을 듣고 받아들이기보다 자신의 생각에 들어맞는 단서들을 찾아 자신의 생각을 확인하는 것이다.
② 걸러내기 : 상대의 말을 듣기는 하지만 상대방의 메시지를 온전하게 듣는 것이 아닌 경우이다.
③ 판단하기 : 상대방에 대한 부정적인 판단 때문에, 또는 상대방을 비판하기 위하여 상대방의 말을 듣지 않는 것이다.

CHAPTER

02 수리능력

대표기출유형 01 기출응용문제

PART 1

01

정답 ③

K사의 전 직원을 x명이라고 하자. 찬성한 직원은 $0.8x$명이고, 그중 남직원은 $0.8x\times0.7=0.56x$명이다.
이를 표로 정리하면 다음과 같다.

(단위 : 명)

구분	찬성	반대	합계
남자	$0.56x$	$0.04x$	$0.6x$
여자	$0.24x$	$0.16x$	$0.4x$
합계	$0.8x$	$0.2x$	x

따라서 여직원 한 명을 뽑았을 때 유연근무제에 찬성한 직원일 확률은 $\frac{0.24x}{0.4x}=\frac{3}{5}$이다.

02

정답 ④

농도가 15%인 소금물의 양을 xg이라고 가정하고, 소금의 양에 대한 식을 세우면 다음과 같다.

$0.1\times200+0.15\times x=0.13\times(200+x)$

$\rightarrow 20+0.15x=26+0.13x$

$\rightarrow 0.02x=6$

$\therefore x=300$

따라서 농도가 15%인 소금물은 300g이 필요하다.

03

정답 ③

각 학년의 전체 수학 점수의 합을 구하면 다음과 같다.

- 1학년 : $38\times50=1,900$점
- 2학년 : $64\times20=1,280$점
- 3학년 : $44\times30=1,320$점

따라서 K중학교 학생들의 전체 수학 점수 평균은 $\frac{1,900+1,280+1,320}{50+20+30}=\frac{4,500}{100}=45$점이다.

04

정답 ①

나영이와 현지가 같이 간 거리는 150×30=4,500m이고, 집에서 공원까지의 거리는 150×50=7,500m이다. 나영이가 집에 가는 데 걸린 시간은 4,500÷300=15분이고, 다시 공원까지 가는 데 걸린 시간은 7,500÷300=25분이다.
따라서 둘이 헤어진 후 현지가 공원에 도착하기까지 걸린 시간은 20분이고, 나영이가 집에 갔다가 다시 공원에 도착하기까지 걸린 시간은 40분이므로 나영이는 현지가 도착하고 20분 후에 공원에 도착한다.

05

정답 ④

A, B, C의 청소 주기 6, 8, 9일의 최소공배수는 2×3×4×3=72이다. 9월은 30일, 10월은 31일까지 있으므로 9월 10일에 청소를 하고 72일 이후인 11월 21일에 세 사람이 같이 청소하게 된다.

06

정답 ③

B대리가 6km/h의 속력으로 뛰어간 거리를 $x$km라 하면, 3km/h의 속력으로 걸어간 거리는 $(10-x)$가 된다. 시간에 대한 식은 다음과 같다.

$\frac{x}{6}+\frac{10-x}{3}=2$

→ $x+2\times(10-x)=6\times2$

→ $-x=12-20$

∴ $x=8$

따라서 B대리가 6km/h의 속력으로 뛰어간 거리는 8km이다.

07

정답 ③

테니스 동아리 회원 수를 x명이라 하면 테니스장 사용료에 대한 다음 식이 성립한다.

$5,500x-3,000=5,200x+300$

→ $300x=3,300$

∴ $x=11$

따라서 테니스 동아리 회원 수는 11명이므로 테니스장 이용료는 5,500×11−3,000=57,500원이다.

08

정답 ①

같은 부서 사람이 옆자리에 함께 앉아야 하므로 먼저 부서를 한 묶음으로 생각하면 세 부서를 원탁에 배치하는 경우는 2!=2가지이다. 각 부서 사람끼리 자리를 바꾸는 경우의 수는 2!×2!×3!=2×2×3×2=24가지이다.
따라서 7명이 앉을 수 있는 경우의 수는 2×24=48가지이다.

09

정답 ④

340km를 100km/h로 달리면 3.4시간이 걸린다. 휴게소에서 쉰 시간 30분(0.5시간)을 더해 원래 예정에는 3.9시간 뒤에 서울 고속터미널에 도착해야 한다. 하지만 도착 예정시간보다 2시간 늦게 도착했으므로 실제 걸린 시간은 5.9시간이 되고, 휴게소에서 예정인 30분보다 6분(0.1시간)을 더 쉬었으므로 쉬는 시간을 제외한 버스의 이동시간은 5.3시간이다.
따라서 실제 경언이가 탄 버스의 평균 속도는 340÷5.3≒64km/h이다.

대표기출유형 02 기출응용문제

01

정답 ④

B의 총점이 A보다 4점 낮다고 하였으므로 식을 정리하면 다음과 같다.

$x+(x+3)+6=(8+5+6)+4$

$\rightarrow 2x+9=23$

$\therefore x=7$

따라서 A가 첫 번째 경기에서 획득한 점수는 7점이다.

02

정답 ③

주문할 달력의 수를 x권이라 하면 각 업체의 비용은 다음과 같다.

- A업체의 비용 : $(1,650x+3,000)$원
- B업체의 비용 : $1,800x$원

A업체에서 주문하는 것이 B업체에서 주문하는 것보다 유리해야 하므로 이를 식으로 정리하면 다음과 같다.

$1,650x+3,000<1,800x$

$\therefore x>20$

따라서 A업체에서 주문하는 것이 더 유리하려면 달력을 최소 21권 이상 주문해야 한다.

03

정답 ④

매월 갑과 을 팀의 총득점과 병과 정 팀의 총득점이 같다. 따라서 빈칸에 들어갈 수치는 $1,156+2,000-1,658=1,498$이다.

04

정답 ③

- 1인 1일 사용량에서 영업용 사용량이 차지하는 비중 : $\frac{80}{282}\times 100 ≒ 28.37\%$
- 1인 1일 가정용 사용량에서 하위 두 항목이 차지하는 비중 : $\frac{20+13}{180}\times 100 ≒ 18.33\%$

05

정답 ③

2024년 방송산업 종사자 수는 모두 32,443명이다. '2024년 추세'에서는 지상파(지상파DMB 포함)만 언급하고 있으므로 다른 분야의 인원은 고정되어 있다. 따라서 지상파 방송사(지상파DMB 포함)는 전년보다 301명이 늘어났으므로 2023년 방송산업 종사자 수는 $32,443-301=32,142$명이다.

대표기출유형 03 기출응용문제

01

정답 ②

전체 고용인원의 절반은 16,178÷2=8,089명이다. 태양광에너지 분야에 고용된 인원은 8,698명이므로 전체 고용인원의 절반 이상을 차지한다.

오답분석

① 폐기물에너지 분야의 기업체 수가 가장 많다.

③ 전체 매출액 중 풍력에너지 분야의 매출액이 차지하는 비율은 $\frac{14,571}{113,076} \times 100 ≒ 12.89\%$이므로 15% 미만이다.

④ 전체 수출액 중 바이오에너지 분야의 수출액이 차지하는 비율은 $\frac{506}{40,743} \times 100 ≒ 1.24\%$로 1% 이상이다.

02

정답 ④

업그레이드 전 성능지수가 100인 기계의 수는 15대이고, 성능지수 향상 폭이 35인 기계의 수도 15대이므로 동일하다.

오답분석

① 업그레이드한 기계 100대의 성능지수 향상 폭의 평균을 구하면 $\frac{60\times14+5\times20+5\times21+15\times35}{100}=15.7$로 20 미만이다.

② 성능지수 향상 폭이 35인 기계는 15대인데, 성능지수는 65, 79, 85, 100 네 가지가 있고 이 중 가장 최대는 100이다. 성능지수가 35만큼 향상할 수 있는 경우는 성능지수가 65였을 때이다. 따라서 성능지수 향상 폭이 35인 기계의 수가 15대라고 했으므로 $\frac{15}{80}\times100=18.75\%$가 100으로 향상되었다.

③ 성능지수 향상 폭이 21인 기계는 5대로, 업그레이드 전 성능지수가 79인 기계 5대가 모두 100으로 향상되었다.

03

정답 ④

ㄱ·ㄷ. 제시된 자료를 통해 확인할 수 있다.

ㄹ. TV홈쇼핑 판매수수료율 순위 자료를 보면 여행패키지의 판매수수료율은 8.4%이다. 반면, 백화점 판매수수료율 순위 자료에는 여행패키지 판매수수료율이 제시되지 않았지만 상위 5위와 하위 5위의 판매수수료율을 통해 여행패키지 판매수수료율은 20.8%보다 높고 31.1%보다 낮다는 것을 추론할 수 있다. 따라서 $8.4\times2=16.8<20.8$이므로 여행패키지 상품군의 판매수수료율은 백화점이 TV홈쇼핑의 2배 이상이다.

오답분석

ㄴ. 백화점 판매수수료율 순위 자료를 보면 여성정장과 모피의 판매수수료율은 각각 31.7%, 31.1%이다. 반면, TV홈쇼핑 판매수수료율 순위 자료에는 여성정장과 모피의 판매수수료율이 제시되지 않았다. 상위 5위와 하위 5위의 판매수수료율을 통해 제시되지 않은 상품군의 판매수수료율은 28.7%보다 높고 36.8%보다 낮다는 것을 추론할 수 있다. 그러나 TV홈쇼핑의 여성정장과 모피의 판매수수료율이 백화점보다 높은지 낮은지는 판단할 수 없다.

04

정답 ④

생산이 증가한 해에는 수출과 내수 모두 증가했다.

오답분석

① 제시된 자료에서 ▽는 감소수치를 나타내고 있으므로 옳은 설명이다.

② 내수가 가장 큰 폭으로 증가한 해는 2022년으로 생산과 수출이 모두 감소했다.

③ 수출이 증가한 해는 2020년, 2023년, 2024년으로 내수와 생산 모두 증가했다.

05

정답 ②

2023년의 50대 선물환거래 금액은 1,980억×0.306=605.88억 원이며, 2024년은 2,084억×0.297=618.948억 원이다. 따라서 2023년 대비 2024년의 50대 선물환거래 금액 증가량은 618.948−605.88=13.068억 원이므로 13억 원 이상이다.

오답분석

① 2023～2024년의 전년 대비 10대의 선물환거래 금액 비율 증감 추이는 '증가－감소'이고, 20대는 '증가－증가'이다.

③ 2022～2024년의 40대 선물환거래 금액은 다음과 같다.

- 2022년 : 1,920억×0.347=666.24억 원
- 2023년 : 1,980억×0.295=584.1억 원
- 2024년 : 2,084억×0.281=585.604억 원

따라서 2024년의 40대 선물환거래 금액은 전년 대비 증가했으므로 40대의 선물환거래 금액은 지속적으로 감소하고 있지 않다.

④ 2024년의 10～40대 선물환거래 금액 총비율은 2.5+13+26.7+28.1=70.3%로, 2023년의 50대 비율의 2.5배인 30.6%×2.5=76.5%보다 낮다.

CHAPTER

03 문제해결능력

대표기출유형 01 기출응용문제

01

정답 ③

제시된 조건을 정리하면 다음과 같다.

구분	A	B	C	D	E
영어	○	○		×	
수학	×	○	○		○
국어					
체육	×		○	○	

따라서 A학생이 듣는 수업은 영어와 국어이므로 E학생은 이와 겹치지 않는 수학과 체육 수업을 듣는다.

02

정답 ④

조건에 따라 엘리베이터 검사 순서를 추론해 보면 다음과 같다.

첫 번째	5호기
두 번째	3호기
세 번째	1호기
네 번째	2호기
다섯 번째	6호기
여섯 번째	4호기

따라서 6호기는 1호기 다다음에 검사하며, 다섯 번째로 검사한다.

03

정답 ②

먼저, K는 수험서를 구매한 다음 곧바로 에세이를 구매했는데 만화와 소설보다 잡지를 먼저 구매했고 수험서는 가장 먼저 구매하지 않았다고 했으므로 잡지가 가장 첫 번째로 구매한 것이 되며, 순서는 잡지 → (만화, 소설) → 수험서 → 에세이 → (만화, 소설)이다. 이때, 에세이나 소설은 마지막에 구매하지 않았으므로 만화가 마지막으로 구매한 것이 되고, 에세이와 만화를 연달아 구매하지 않았으므로 소설이 네 번째로 구매한 책이 된다.

제시된 조건을 표로 정리하면 다음과 같다.

첫 번째	두 번째	세 번째	네 번째	다섯 번째
잡지	수험서	에세이	소설	만화

따라서 K가 책을 구매한 순서는 잡지 → 수험서 → 에세이 → 소설 → 만화이므로 세 번째로 구매한 책은 에세이이다.

04

정답 ②

두 번째 조건에 의해 A는 2층, C는 1층, D는 2호에 살고 있음을 알 수 있다. 또한 네 번째 조건에 따라 A와 B는 2층, C와 D는 1층에 살고 있음을 알 수 있다. 따라서 1층 1호에는 C, 1층 2호에는 D, 2층 1호에는 A, 2층 2호에는 B가 살고 있다.

05

정답 ③

을과 무의 진술이 모순되므로 둘 중 1명은 참, 다른 1명은 거짓을 말한다. 이때 을의 진술이 참일 경우 무뿐만 아니라 갑의 진술도 거짓이 되어 2명이 거짓을 진술한 것이 되므로 문제의 조건에 위배된다. 그러므로 을의 진술이 거짓, 무의 진술이 참이다. 따라서 A강좌는 을이, B와 C강좌는 갑과 정이, D강좌는 무가 담당하고, 병은 강좌를 담당하지 않는다.

06

정답 ③

두 번째 조건에 따라 회장실의 위치를 기준으로 각 팀의 위치를 정리하면 다음과 같다.

- A에 회장실이 있을 때
  세 번째 조건에 의해 회장실 맞은편인 E는 응접실이다. 네 번째 조건에 의해 B는 재무회계팀이고, F는 홍보팀이다. 다섯 번째 조건에 의해 G는 법무팀이고 일곱 번째 조건에 의해 C는 탕비실이다. 여섯 번째 조건에 의해 H는 연구개발팀이므로 남은 D가 인사팀이다.
- E에 회장실이 있을 때
  세 번째 조건에 의해 회장실 맞은편인 A는 응접실이다. 네 번째 조건에 의해 F는 재무회계팀이고, B는 홍보팀이다. 다섯 번째 조건에 의해 C는 법무팀이고 일곱 번째 조건에 의해 G는 탕비실이다. 여섯 번째 조건에 의해 H는 연구개발팀이므로 남은 D가 인사팀이다.

따라서 인사팀의 위치는 D이다.

대표기출유형 02 기출응용문제

01

정답 ②

ㄱ. 갑의 자본금액이 200억 원이므로 아무리 종업원 수가 적더라도 '자본금액 50억 원을 초과하는 법인으로서 종업원 수가 100명 이하인 법인'이 납부해야 하는 20만 원 이상은 납부해야 한다. 따라서 옳은 내용이다.

ㄹ. 갑의 종업원 수가 100명을 초과한다면 50만 원을 납부해야 하며, 을의 종업원 수가 100명을 초과한다면 10만 원을, 병의 자본금액이 100억 원을 초과한다면 50만 원을 납부해야 하므로 이들 금액의 합계는 110만 원이다.

오답분석

ㄴ. 을의 자본금이 20억 원이고, 종업원이 50명이라면 '그 밖의 법인'에 해당하여 5만 원을 납부해야 하므로 옳지 않다.

ㄷ. 병의 종업원 수가 200명이지만 자본금이 10억 원 이하라면 '그 밖의 법인'에 해당하여 5만 원을 납부해야 하므로 옳지 않다.

02

정답 ④

강좌 1회당 수강료는 플라잉 요가가 $\frac{330,000}{20}=16,500$원이고, 가방 공방은 $\frac{360,000}{12}=30,000$원이다. 따라서 플라잉 요가는 가방 공방보다 강좌 1회당 수강료가 $30,000-16,500=13,500$원 저렴하다.

오답분석

① 운동 프로그램인 세 강좌는 모두 오전 시간에 신청할 수 있으며, 공방 프로그램의 강좌시간은 모두 오후 1시 이후에 시작하므로 가능하다.

② 가방 공방의 강좌시간은 2시간 30분이며, 액세서리 공방의 강좌시간은 2시간이므로 가방 공방의 강좌시간이 30분 더 길다.

③ 공방 프로그램 중 하나를 수강하는 경우 오후 1시 이전에 수강이 가능한 필라테스와 플라잉 요가를 모두 수강할 수 있으므로 최대 두 개의 프로그램을 더 수강할 수 있다.

03

정답 ③

제시된 직원 투표 결과를 정리하면 다음과 같다.

(단위 : 표)

여행상품	1인당 비용(원)	총무팀	영업팀	개발팀	홍보팀	공장1	공장2	합계
A	500,000	2	1	2	0	15	6	26
B	750,000	1	2	1	1	20	5	30
C	600,000	3	1	0	1	10	4	19
D	1,000,000	3	4	2	1	30	10	50
E	850,000	1	2	0	2	5	5	15
합계		10	10	5	5	80	30	140

㉠ 가장 인기가 좋은 여행상품은 D이다. 그러나 공장1의 고려사항은 회사에 손해를 줄 수 있으므로, 2박 3일 여행상품이 아닌 1박 2일 여행상품 중 가장 인기 있는 B가 선택된다. 따라서 $750,000\times140=105,000,000$원이 필요하므로 옳다.

㉢ 공장1의 A, B 투표 결과가 바뀐다면 여행상품 A, B의 투표 수가 각각 31, 25표가 되어 선택되는 여행상품이 A로 변경된다.

오답분석

㉡ 가장 인기가 좋은 여행상품은 D이므로 옳지 않다.

대표기출유형 03 기출응용문제

01

정답 ④

- 1단계 : 주민등록번호 앞 12자리 숫자에 가중치를 곱하면 다음과 같다.

숫자	2	4	0	2	0	2	8	0	3	7	0	1
가중치	2	3	4	5	6	7	8	9	2	3	4	5
결과	4	12	0	10	0	14	64	0	6	21	0	5

- 2단계 : 1단계에서 구한 값의 합을 계산한다.
  $4+12+0+10+0+14+64+0+6+21+0+5=136$
- 3단계 : 2단계에서 구한 값을 11로 나누어 나머지를 구한다.
  $136 \div 11 = 12 \cdots 4$
- 4단계 : 11에서 3단계의 나머지를 뺀 수를 10으로 나누어 나머지를 구한다.
  $(11-4) \div 10 = 0 \cdots 7$

따라서 빈칸에 들어갈 수는 7이다.

02

정답 ②

한글 자음을 순서에 따라 바로 뒤의 자음으로 변환하면 다음과 같다.

ㄱ	ㄴ	ㄷ	ㄹ	ㅁ	ㅂ	ㅅ
ㄴ	ㄷ	ㄹ	ㅁ	ㅂ	ㅅ	ㅇ
ㅇ	ㅈ	ㅊ	ㅋ	ㅌ	ㅍ	ㅎ
ㅈ	ㅊ	ㅋ	ㅌ	ㅍ	ㅎ	ㄱ

한글 모음을 순서에 따라 알파벳으로 변환하면 다음과 같다.

ㅏ	ㅐ	ㅑ	ㅒ	ㅓ	ㅔ	ㅕ
a	b	c	d	e	f	g
ㅖ	ㅗ	ㅘ	ㅙ	ㅚ	ㅛ	ㅜ
h	i	j	k	l	m	n
ㅝ	ㅞ	ㅟ	ㅠ	ㅡ	ㅢ	ㅣ
o	p	q	r	s	t	u

ㄴ=ㄱ, u=ㅣ, ㅂ=ㅁ, ㅋ=ㅊ, u=ㅣ, ㅊㅊ=ㅉ, u=ㅣ, ㄴ=ㄱ, b=ㅐ
따라서 김대리가 말한 메뉴는 김치찌개이다.

03

정답 ③

ㅈ=ㅊ, ㅗ=i, ㄴ=ㄷ, ㅈ=ㅊ, ㅜ=n, ㅇ=ㅈ, ㄱ=ㄴ, ㅘ=j, 공백=0, ㅂ=ㅅ, ㅐ=b, ㄹ=ㅁ, ㅕ=g

04

정답 ③

- 702 나 2838 : '702'는 승합차에 부여되는 자동차 등록번호이다.
- 431 사 3019 : '사'는 운수사업용 차량에 부여되는 자동차 등록번호이다.
- 912 라 2034 : '912'는 화물차에 부여되는 자동차 등록번호이다.
- 214 하 1800 : '하'는 렌터카에 부여되는 자동차 등록번호이다.
- 241 가 0291 : '0291'은 발급될 수 없는 일련번호이다.

따라서 보기에서 비사업용 승용차의 자동차 등록번호로 잘못 부여된 것은 모두 5개이다.

대표기출유형 04 기출응용문제

01

정답 ②

경쟁사의 시장 철수로 인한 시장으로의 진입 가능성은 K공단이 가지고 있는 내부환경의 약점이 아닌 외부환경에서 비롯되는 기회에 해당한다.

02

정답 ④

기회는 외부환경요인에 속하므로 회사 내부를 제외한 외부의 긍정적인 면으로 작용하는 것을 말한다. 따라서 ④는 외부의 부정적인 면으로 위협 요인에 해당한다.

오답분석

①·②·③ 외부환경의 긍정적인 요인으로 볼 수 있어 기회 요인에 속한다.

대표기출유형 05 기출응용문제

01

정답 ④

퍼실리테이션(Facilitation)은 촉진을 의미하며, 어떤 그룹이나 집단이 의사결정을 잘할 수 있도록 도와주는 일을 말한다. 소프트 어프로치나 하드 어프로치는 타협점의 단순 조정에 그치지만, 퍼실리테이션은 초기에 생각하지 못했던 창조적인 해결방법을 도출한다. 또한, 구성원의 동기가 강화되고 팀워크도 한층 강화된다는 특징을 보인다.

오답분석

① 소프트 어프로치 : 대부분의 기업에서 볼 수 있는 전형적인 스타일로, 조직 구성원들이 같은 문화적 토양을 가지고 이심전심으로 서로를 이해하는 상황을 가정한다. 또한, 문제해결을 위해서 직접 표현하는 것이 바람직하지 않다고 여기며, 무언가를 시사하거나 암시를 통하여 의사를 전달하고 기분을 서로 통하게 함으로써 문제해결을 도모하려고 한다.
② 명목집단법 : 참석자들로 하여금 서로 대화에 의한 의사소통을 못하게 하고, 서면으로 의사를 개진하게 함으로써 집단의 각 구성원들이 마음속에 생각하고 있는 바를 끄집어내 문제해결을 도모하는 방법이다.
③ 하드 어프로치 : 상이한 문화적 토양을 가지고 있는 구성원을 가정하여 서로의 생각을 직설적으로 주장하고 논쟁이나 협상을 통해 의견을 조정해 가는 방법이다. 이러한 방법은 합리적이긴 하지만, 잘못하면 단순한 이해관계의 조정에 그치고 말아서 그것만으로는 창조적인 아이디어나 높은 만족감을 이끌어 내기 어렵다.

02

정답 ④

㉠은 Logic Tree 방법에 대한 설명으로 문제 도출 단계에서 사용되며, ㉡은 3C 분석 방법에 대한 설명으로 문제 인식 단계의 환경 분석 과정에서 사용된다. ㉢은 Pilot Test에 대한 설명으로 실행 및 평가 단계에서 사용된다. 마지막으로 ㉣은 해결안을 그룹화하는 방법으로 해결안을 도출하는 해결안 개발 단계에서 사용된다. 따라서 문제해결절차에 따라 문제해결방법을 나열하면 ㉡ – ㉠ – ㉣ – ㉢의 순서가 된다.

자원관리능력

대표기출유형 01 기출응용문제

01

정답 ③

4월 21일의 팀미팅은 워크숍 시작시간 전인 오후 1시 30분에 끝나므로 오후 3시에 출발 가능하며, 22일의 일정이 없기 때문에 4월 21 ~ 22일이 워크숍 날짜로 가장 적절하다.

오답분석

① 4월 9 ~ 10일 : 다른 팀과 함께하는 업무가 있는 주이므로 워크숍이 불가능하다.
② 4월 18 ~ 19일 : 19일은 주말이므로 워크숍이 불가능하다.
④ 4월 28 ~ 29일 : 28일은 E대리 휴가로 모든 팀원이 참여가 불가능하다.

02

정답 ③

밴쿠버 지사에 메일이 도착했을 때 밴쿠버 현지 시각은 4월 22일 오전 12시 15분이지만, 업무 시간이 아니므로 메일을 읽을 수 없다. 따라서 밴쿠버 지사에서 가장 빠르게 읽을 수 있는 시각은 전력 점검이 끝난 4월 22일 오전 10시 15분이다. 모스크바는 밴쿠버와 10시간의 시차가 있으므로 이때의 모스크바 현지 시각은 4월 22일 오후 8시 15분이다.

03

정답 ①

• 치과 진료 : 수요일 3주 연속으로 진료를 받는다고 하였으므로 13일, 20일은 무조건 치과 진료가 있다.
• 신혼여행 : 8박 9일간 신혼여행을 가고 휴가는 5일간 사용할 수 있으므로 주말 4일을 포함해야 한다.

이 조건과 두 번째 조건을 종합하면, 2일(토요일)부터 10일(일요일)까지 주말 4일을 포함하여 9일 동안 신혼여행을 다녀오게 되고, 치과는 6일이 아닌 27일에 예약되어 있다. 신혼여행은 결혼식 다음 날 간다고 하였으므로 주어진 일정을 달력에 표시하면 다음과 같다.

일	월	화	수	목	금	토
					1 결혼식	2 신혼여행
3 신혼여행	4 신혼여행 / 휴가	5 신혼여행 / 휴가	6 신혼여행 / 휴가	7 신혼여행 / 휴가	8 신혼여행 / 휴가	9 신혼여행
10 신혼여행	11	12	13 치과	14	15	16
17	18	19	20 치과	21	22	23
24	25	26	27 치과	28 회의	29	30 추석연휴

따라서 A대리의 결혼날짜는 9월 1일이다.

04

정답 ④

시간관리를 통해 스트레스 감소, 균형적인 삶, 생산성 향상, 목표 성취 등의 효과를 얻을 수 있다.

시간관리를 통해 얻을 수 있는 효과

- 스트레스 감소 : 사람들은 시간이 부족하면 스트레스를 받기 때문에 모든 시간 낭비 요인은 잠재적인 스트레스 유발 요인이라 할 수 있다. 따라서 시간관리를 통해 시간을 제대로 활용한다면 스트레스 감소 효과를 얻을 수 있다.
- 균형적인 삶 : 시간관리를 통해 일을 수행하는 시간을 줄인다면, 일 외에 다양한 여가를 즐길 수 있다. 또한, 시간관리는 삶에 있어서 수행해야 할 다양한 역할들의 균형을 잡는 것을 도와준다.
- 생산성 향상 : 한정된 자원인 시간을 적절히 관리하여 효율적으로 일을 하게 된다면 생산성 향상에 큰 도움이 될 수 있다.
- 목표 성취 : 목표를 성취하기 위해서는 시간이 필요하고, 시간은 시간관리를 통해 얻을 수 있다.

05

정답 ④

꼭 해야만 하는 일을 끝내지 못했을 경우에는 다른 사람에게 부탁하기보다는 자신의 차기 계획에 반영하여 해결하는 것이 좋다. 다른 사람에게 위양할 수 있는 일과 그렇지 못한 일은 일을 진행하는 도중이 아닌 시간계획 최초부터 나누어 두어야 한다. 따라서 야근을 해도 끝내지 못한 일은 다음 일일 업무 계획에 반영하여 자신이 해결하도록 해야 한다.

대표기출유형 02 기출응용문제

01

정답 ③

C씨는 지붕의 수선이 필요한 주택보수비용 지원 대상에 선정되었다. 지붕 수선은 대보수에 해당하며, 대보수의 주택당 보수비용 지원한도액은 950만 원이다. 또한, C씨는 중위소득 40%에 해당하므로 지원한도액의 80%를 차등 지원받게 된다. 따라서 C씨가 지원받을 수 있는 최대 액수는 950만×0.8=760만 원이다.

02

정답 ②

A씨는 용도에 맞는 축구공이 배송되기를 원하므로 제시된 표에 따라 초등학교의 경우에는 4호가 적절하며, 중·고등학교는 5호가 적절하다. 따라서 E축구사랑재단에서 구매할 축구공의 총액은 (30,000×300×2)+(35,000×300×4)=6천만 원이다. 5천만 원 이상 대량구매 시 10% 할인이 되며, 3천만 원 이상 구매 시 무료 배송을 진행한다고 하였으므로 총매출액은 6천만×(1−0.1)=5,400만 원이다.

03

정답 ①

예산의 구성요소

- 직접비용 : 제품 또는 서비스를 창출하기 위해 직접 소비된 것으로 여겨지는 비용을 말한다.
- 간접비용 : 과제를 수행하기 위해 소비된 비용 중 직접비용을 제외한 비용으로, 생산에 직접 관련되지 않은 비용을 말한다.

04

정답 ④

B과장의 지출내역을 토대로 여비를 계산하면 다음과 같다.

- 운임 : 철도 · 선박 · 항공운임에 대해서만 지급한다고 규정하고 있으므로, 버스 또는 택시요금에 대해서는 지급하지 않는다. 그러므로 철도운임만 지급되며 일반실을 기준으로 실비로 지급하므로 여비는 43,000+43,000=86,000원이다.
- 숙박비 : 1박당 실비로 지급하되, 그 상한액은 40,000원이다. 그러나 출장기간이 2일 이상인 경우에는 출장기간 전체의 총액 한도 내에서 실비로 지급한다고 하였으므로, 3일간의 숙박비는 총 120,000원 내에서 실비로 지급된다. 그러므로 B과장이 지출한 숙박비 45,000+30,000+35,000=110,000원 모두 여비로 지급된다.
- 식비 : 1일당 20,000원으로 여행일수에 따라 지급된다. 총 4일이므로 80,000원이 지급된다.
- 일비 : 1인당 20,000원으로 여행일수에 따라 지급된다. 총 4일이므로 80,000원이 지급된다.

따라서 B과장이 정산받는 여비의 총액은 86,000+110,000+80,000+80,000=356,000원이다.

PART 1

대표기출유형 03 기출응용문제

01

정답 ④

선정방식에 따라 업체별 경영건전성 점수, 시공실적 점수, 전력절감 점수, 친환경 점수를 합산한 값의 평균에 가점을 가산하여 최종점수를 구하면 다음과 같다.

(단위 : 점)

구분	A업체	B업체	C업체	D업체
경영건전성 점수	85	91	79	88
시공실적 점수	79	82	81	71
전력절감 점수	71	74	72	77
친환경 점수	88	75	85	89
평균	80.75	80.5	79.25	81.25
가점	수상 2점	무사고 1점, 수상 2점	입찰가격 2점	무사고 1점, 입찰가격 2점
최종점수	82.75	83.5	81.25	84.25

따라서 선정될 업체는 최종점수가 84.25점으로 가장 높은 D업체이다.

02

정답 ①

두 번째 조건에서 총구매금액이 30만 원 이상이면 총금액에서 5%를 할인해 주므로 한 벌당 가격이 300,000÷50=6,000원 이상인 품목은 할인적용이 들어간다. 업체별 품목 가격을 보면 모든 품목이 6,000원 이상이므로 5% 할인 적용대상이다. 따라서 모든 품목에 할인이 적용되어 정가로 비교가 가능하다.

마지막 조건에서 차순위 품목이 1순위 품목보다 총금액이 20% 이상 저렴한 경우 차순위를 선택한다고 했으므로 한 벌당 가격으로 계산하면 1순위인 카라 티셔츠의 20% 할인된 가격은 8,000×0.8=6,400원이다. 이때 A업체의 티셔츠의 정가가 6,400원 이하이므로 팀장은 1순위인 카라 티셔츠보다 2순위인 A업체의 티셔츠를 구입할 것이다.

03

정답 ④

완성품 납품 수량은 총 100개이다. 완성품 1개당 부품 A는 10개가 소요되므로 총 1,000개가 필요하고, B는 300개, C는 500개가 필요하다. 그런데 A는 500개, B는 120개, C는 250개의 재고가 있으므로, 각각 모자라는 나머지 부품인 500개, 180개, 250개를 주문해야 한다.

04

정답 ④

D는 물품을 분실한 경우로, 보관 장소를 파악하지 못한 경우와 비슷할 수 있으나 분실한 경우에는 물품을 다시 구입하지 않으면 향후 사용할 수 없다는 점에서 차이가 있다. 물품을 분실한 경우 물품을 다시 구입해야 하므로 경제적인 손실을 가져올 수 있으며, 경우에 따라 동일한 물품이 시중에서 판매되지 않는 경우가 있을 수 있다.

대표기출유형 04 기출응용문제

01

정답 ③

2025년 4월 8일을 기준으로 A～D의 재직 기간을 구하여 사용한 연가일수를 차감하면 다음과 같다.

- A : 6개월 이상 1년 미만 → 6−1=5일
- B : 3년 이상 4년 미만 → 14−9=5일
- C : 5년 이상 6년 미만 → 20−13=7일
- D : 1년 이상 2년 미만 → 9−3=6일

따라서 연가일수가 가장 많이 남은 사람은 C이다.

02

정답 ③

오답분석

- A지원자 : 3월에 복학 예정이기 때문에 인턴 기간이 연장될 경우 근무할 수 없으므로 적절하지 않다.
- B지원자 : 경력 사항이 없으므로 적절하지 않다.
- D지원자 : 근무 시간(9～18시) 이후에 업무가 불가능하므로 적절하지 않다.

03

정답 ①

평가지표 결과와 평가지표별 가중치를 이용하여 지원자들의 최종 점수를 계산하면 다음과 같다.

- A지원자 : (3×3)+(3×3)+(5×5)+(4×4)+(4×5)+5=84점
- B지원자 : (5×3)+(5×3)+(2×5)+(3×4)+(4×5)+5=77점
- C지원자 : (5×3)+(3×3)+(3×5)+(3×4)+(5×5)=76점
- D지원자 : (4×3)+(3×3)+(3×5)+(5×4)+(4×5)+5=81점
- E지원자 : (4×3)+(4×3)+(2×5)+(5×4)+(5×5)=79점

따라서 K기업에서 채용할 지원자는 A, D지원자이다.

04

정답 ①

인맥을 활용하면 각종 정보와 정보의 소스를 주변 사람으로부터 획득할 수 있다. 또한, '나' 자신의 인간관계나 생활에 대해서 알 수 있으며, 이로 인해 자신의 인생에 탄력을 불어넣을 수 있다. 그리고 주변 사람들의 참신한 아이디어를 통해 자신만의 사업을 시작할 수도 있다. 따라서 A사원의 메모는 모두 옳은 내용이다.

CHAPTER

05 직업윤리

PART 1

대표기출유형 01 기출응용문제

01

정답 ②

어떤 결과가 나쁜 것을 알지만 자신의 행위가 그러한 결과를 가져올 수 있다는 것을 모르는 것은 도덕적 태만이 생기는 원인이다.

02

정답 ④

생계를 위해 어쩔 수 없이 기계적인 노동을 하며 부지런함을 유지하는 것 역시 외부로부터 강요당한 근면으로, 근면의 한 유형이다.

03

정답 ②

오답분석

ⓒ 윤리적 인간은 눈에 보이는 육신의 안락보다는 삶의 가치와 도덕적 신념을 존중하는 사람이다.
ⓜ 윤리적 인간은 자신의 이익만을 생각하기보다는 공동의 이익을 우선하는 사람이다.

04

정답 ④

오답분석

㉠·ⓒ 외부로부터 강요당한 근면에 해당한다.

05

정답 ④

(가)의 입장에 따르면 국가 청렴도가 낮은 문제를 해결하기 위해서는 청렴을 강조한 전통 윤리를 지킬 필요가 있다. 이에 개인을 넘어서 공동체, 나아가 국가의 공사(公事)를 우선하는 봉공 정신, 청빈한 생활 태도를 유지하면서 국가의 일에 충심을 다하려는 청백리 정신을 실천하는 자세가 필요하다.

06

정답 ④

명함은 명함 지갑에서 꺼내고, 받은 명함도 명함 지갑에 넣는 것이 좋다.

오답분석

① 명함을 받으면 그대로 넣지 말고 명함에 관해서 한두 마디 대화를 건네는 것이 바람직하다.
② 서로 동시에 명함을 건넬 때에는 왼손으로 건네거나 받고 오른손으로 옮기는 것이 바람직하다.
③ 명함은 하위에 있는 사람이 먼저 꺼내는 것이 바람직하다.

07

정답 ②

ㄱ. 오른손을 사용하는 것은 적절하지만, 손끝만 잡는 것이 아니라 손 전체를 잡는 것이 바람직하다.
ㄹ. 인사는 기분에 따라 달라져서는 안 되며, 인사 시에는 기분을 드러내지 않고 밝은 태도를 유지하는 것이 바람직하다.

오답분석

ㄴ. 악수 시에는 상대의 눈을 보며 밝은 표정으로 하는 것이 바람직하다.
ㄷ. 윗사람에게는 먼저 목례를 한 후에 악수를 하는 것이 바람직하다.

08

정답 ④

준법이란 민주 시민으로서 기본적으로 지켜야 하는 의무이자 생활 자세이며, 민주 사회에서 법과 규칙을 준수하는 것은 시민으로서의 자신의 권리를 보장받고, 다른 사람의 권리를 보호해 주며, 사회 질서를 유지하는 역할을 한다. 가볍게 생각할 수 있는 교통질서이지만, 한 사람의 질서 거부가 전체 시스템의 마비로 이어질 수 있다. 그리고 그 피해는 결국 다른 사람은 물론 나 자신에게도 돌아오게 되기 때문에 개개인의 준법의식이 매우 중요하다.

대표기출유형 02 기출응용문제

01

정답 ③

봉사의 사전적 의미는 자신보다는 남을 위하여 일하는 것으로, 현대 사회의 직업인에게 봉사란 자신보다는 고객의 가치를 최우선으로 하는 서비스 개념이다. MOT마케팅은 소비자와 접촉하는 극히 짧은 결정적 순간(MOT)이 브랜드와 기업에 대한 인상을 좌우하는 중요한 순간이라는 것을 강조하며 전개하는 마케팅이다. 따라서 기업은 그 결정적 순간 동안 최대한의 봉사 역량을 동원하여 고객을 만족시켜 주어야 한다.

02

정답 ②

B는 기업이 이윤 추구 외에도 윤리경영, 환경보호활동 등 사회 전체의 행복을 증진시키는 일 즉, 공공선을 실현하는 데 기여해야 한다고 본다.

오답분석

① B는 기업의 목적이 이윤 추구에 있음을 부정하는 것이 아니라 추가적으로 기업의 사회적 책임도 강조하는 입장이다.
③·④ B의 입장에 해당한다.

03

정답 ④

일을 하다가 예상하지 못한 상황이 일어났을 때 그 이유에 대해 고민해 보는 것은 필요하다. 다시 같은 상황을 겪지 않도록 대처해야 하기 때문이다. 그러나 그 이유에 대해서만 계속 매달리는 것은 시간과 에너지를 낭비하는 일이다. 따라서 최대한 객관적으로 이유를 분석한 뒤 결과를 수용하고 신속하게 대책을 세우는 것이 바람직하다.

04

정답 ①

우수한 직업인의 자세에는 해당할 수 있으나, 직업윤리에서 제시하는 직업인의 기본자세에는 해당하지 않는다.

오답분석

② 나의 일을 필요로 하는 사람에게 봉사한다는 마음가짐이 필요하며, 직무를 수행하는 과정에서 다른 사람과 긴밀히 협력하는 협동 정신이 요구된다.

③ 직업이란 신이 나에게 주신 거룩한 일이며, 일을 통하여 자신의 존재를 실현하고 사회적 역할을 담당하는 것이니 자기의 직업을 사랑하며, 긍지와 자부심을 갖고 성실하게 임하는 마음가짐이 있어야 한다.

④ 협력체제에서 각자의 책임을 충실히 수행할 때 전체 시스템의 원만한 가동이 가능하며, 다른 사람에게 피해를 주지 않는다. 이러한 책임을 완벽하게 수행하기 위하여 자신이 맡은 분야에서 전문적인 능력과 역량을 갖추고, 지속적인 자기계발을 해야 한다.

05

정답 ④

ㄱ은 Excellence, ㄴ은 Courtesy, ㄷ은 Image, ㄹ은 Emotion에 해당한다. 따라서 주어진 보기 4개 모두 서비스의 의미에 해당한다.

MEMO

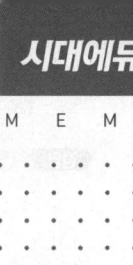

PART 2
최종점검 모의고사

제1회 최종점검 모의고사

01	02	03	04	05	06	07	08	09	10	11	12	13	14	15	16	17	18	19	20
③	④	①	③	④	③	①	①	④	①	④	③	①	③	②	④	③	④	①	③
21	22	23	24	25	26	27	28	29	30	31	32	33	34	35	36	37	38	39	40
③	④	①	④	②	④	①	④	①	②	④	④	④	③	②	④	①	④	④	②
41	42	43	44	45	46	47	48	49	50	51	52	53	54	55	56	57	58	59	60
②	④	④	③	③	④	①	①	④	④	④	④	②	②	③	④	④	④	①	③
61	62	63	64	65	66	67	68	69	70										
④	④	③	④	③	④	①	③	②	④										

01 내용 추론 정답 ③

제시문을 통해 산업 및 가정에서 배출된 생활폐기물을 바이오매스 자원으로 활용하여 에너지를 생산하기 위한 화이트 바이오 연구가 진행되고 있음을 알 수 있다.

오답분석

① 바이오매스를 살아있는 유기물로 정의하는 생태학과 달리, 산업계에서는 산업용 폐자재나 가축의 분뇨, 생활폐기물과 같이 죽은 유기물이라 할 수 있는 유기성 폐자원 또한 바이오매스로 정의하고 있다.

② 산업계는 미생물을 활용한 화이트 바이오를 통해 온실가스 배출, 악취 발생, 수질오염 등 환경적 문제를 해결할 수 있을 것으로 기대하고 있다.

④ 화이트 바이오 산업은 보건 및 의료 분야의 바이오 산업인 레드 바이오나 농업 및 식량 분야의 그린 바이오보다 늦게 발전을 시작했다는 점에서 앞선 두 바이오 산업에 비해 아직 규모가 작을 것임을 추론할 수 있다.

02 문서 내용 이해 정답 ④

원자력 관련 기술은 10대 핵심기술에서 제외되었다.

오답분석

① 한국은 석탄 발전과 제조업의 비중이 높은데 이들 모두 탄소 배출량이 많다.

② 현재는 탄소중립 기술의 수준이 상대적으로 낮기 때문에 기존 기술보다 경제성이 떨어진다. 따라서 민간 기업이 탄소중립 기술을 도입할 경우 떨어질 경제성을 보상하기 위한 인센티브 제도를 마련할 계획이다.

③ 규제자유특구를 11개에서 2025년까지 20개로 확대할 예정이다.

03 문서 수정 정답 ①

제시문에 따르면 기존의 경제학에서는 인간을 철저하게 합리적이고 이기적인 존재로 보았지만, 행동경제학에서는 인간을 제한적으로 합리적이고 감성적인 존재로 보았다. 따라서 글의 흐름상 ㉠에는 '다른'이 적절하다.

04 의사 표현

정답 ③

상대방에게 잘못을 지적해야 할 때는 '칭찬의 말+질책의 말+격려의 말'의 순서인 샌드위치 화법으로 표현하는 것이 좋다. 즉, 칭찬을 먼저 한 다음 질책의 말을 하고, 끝에 격려의 말로 마무리한다면 상대방은 크게 반발하지 않고 질책을 받아들이게 될 것이다.

오답분석

① 상대방의 잘못을 지적할 때는 지금 당장의 잘못에만 한정해야 하며, 추궁하듯이 묻지 않아야 한다.
② 상대방의 말이 끝나기 전에 어떤 답을 할까 궁리하는 것은 좋지 않다.
④ 상대방을 설득해야 할 때는 일방적으로 강요하거나 상대방에게만 손해를 보라는 식으로 대화해서는 안 된다. 먼저 양보해서 이익을 공유하겠다는 의지를 보여주는 것이 좋다.

05 문서 내용 이해

정답 ④

두 번째 문단에서 굴절파는 지하의 깊이와는 상관없이 매질의 성격에 따라 이동하는 속도가 달라진다고 언급하고 있다.

06 맞춤법

정답 ③

- 내로라하다 : 어떤 분야를 대표할 만하다.
- 그러다 보니 : 보조용언 '보다'가 앞 단어와 연결 어미로 이어지는 '-다 보다'의 구성으로 쓰이면 앞말과 띄어 쓴다.

오답분석

① 두가지를 → 두 가지를 / 조화시키느냐하는 → 조화시키느냐 하는
  - 두 가지를 : 수 관형사는 뒤에 오는 명사 또는 의존명사와 띄어 쓴다.
  - 조화시키느냐 하는 : 어미 다음에 오는 말은 띄어 쓴다.

② 무엇 보다 → 무엇보다 / 인식해야 만 → 인식해야만
  - 무엇보다 : '보다'는 비교의 대상이 되는 말에 붙어 '~에 비해서'의 뜻을 나타내는 조사이므로 붙여 쓴다.
  - 인식해야만 : '만'은 한정, 강조를 의미하는 보조사이므로 붙여 쓴다.

④ 심사하는만큼 → 심사하는 만큼 / 한 달 간 → 한 달간
  - 심사하는 만큼 : 뒤에 나오는 내용의 원인, 근거를 의미하는 의존명사이므로 띄어 쓴다.
  - 한 달간 : '동안'을 의미하는 접미사이므로 붙여 쓴다.

07 한자성어

정답 ①

제시문은 물량 위주로 치닫는 요즘 사람들의 경향에 대해 이야기하고 있다. 따라서 '정도를 지나침은 미치지 못함과 같다.'라는 뜻의 '과유불급(過猶不及)'이 빈칸에 들어갈 한자성어로 가장 적절하다.

오답분석

② 소탐대실(小貪大失) : '작은 것을 탐하다가 큰 것을 잃음'을 뜻한다.
③ 안하무인(眼下無人) : '눈 아래에 사람이 없다.'라는 뜻으로, 방자하고 교만하여 다른 사람을 업신여김을 이르는 말이다.
④ 위풍당당(威風堂堂) : '풍채나 기세가 위엄 있고 떳떳함'을 뜻한다.

08 글의 제목

정답 ①

제시문에서는 중소기업의 기술 보호를 위한 선제적 노력의 방법으로 특허등록과 기술 유출 방지, 기술 보호 역량에 대해 설명하고 있다. 따라서 글의 제목으로 '중소기업 기술 보호의 방안'이 가장 적절하다.

오답분석

② 핵심기술에 대한 특허등록은 기술 보호를 위한 방법 중 하나이므로 글 전체 내용을 나타내는 제목으로 적절하지 않다.
③ 비교분석에 관한 내용은 찾아 볼 수 없다.
④ 기술분쟁 사례는 언급하고 있지 않다.

09 문서 작성

정답 ④

ㄴ. 정보제공의 경우 시각적 자료가 있으면 문서의 이해를 도울 수 있으므로 적절히 포함하는 것이 좋다.
ㄹ. 제안서나 기획서의 경우 객관적 사실뿐만 아니라 제안자의 주관적 판단과 계획도 반영되어야 한다.

10 경청

정답 ①

제시문에 나타난 경청의 방해요인인 판단하기는 상대방에 대한 부정적인 판단 때문에 상대방의 말을 듣지 않는 것이다.

오답분석

② 조언하기 : 다른 사람의 문제를 본인이 해결해 주고자 하는 것이다.
③ 언쟁하기 : 반대하고 논쟁하기 위해서만 상대방의 말에 귀를 기울이는 것이다.
④ 걸러내기 : 듣고 싶지 않은 것들을 막아버리는 것이다.

11 어휘

정답 ④

㉠ 혼잡(混雜) : 여럿이 한데 뒤섞이어 어수선함
㉡ 혼동(混同) : 구별하지 못하고 뒤섞어서 생각함
㉢ 혼선(混線) : 말이나 일 따위를 서로 다르게 파악하여 혼란이 생김

오답분석

- 요란(搖亂) : 시끄럽고 떠들썩함
- 소동(騷動) : 사람들이 놀라거나 흥분하여 시끄럽게 법석거리고 떠들어 대는 일
- 갈등(葛藤) : 개인이나 집단 사이에 목표나 이해관계가 달라 서로 적대시하거나 충돌함. 또는 그런 상태

12 속담

정답 ③

A씨는 대출을 통해 카드빚을 갚았으나 다시 대출금을 갚을 수 없는 처지에 이르러 재산을 처분하였다. 따라서 '임시변통은 될지 모르나 그 효력이 오래가지 못할 뿐만 아니라 결국에는 그 사태가 더 나빠짐'을 이르는 말인 '언 발에 오줌 누기'가 A씨의 상황과 가장 관련이 있다.

오답분석

① 소 잃고 외양간 고치기 : 일을 그르친 뒤에는 후회해도 소용없음을 이르는 말이다.
② 도랑 치고 가재 잡기 : 일의 순서가 뒤바뀌어서 애쓴 보람이 나타나지 않음 또는 한 가지 일로 두 가지 이상의 이득을 얻게 됨을 뜻한다.
④ 눈 가리고 아웅 하기 : 무슨 일이 있는지 다 알고 있는데 얕은 수단으로 속이려 함을 이르는 말이다.

13 글의 주제

정답 ①

제시문의 첫 번째 문단에서 지구의 내부가 지각, 상부 맨틀, 하부 맨틀, 외핵, 내핵으로 이루어진 층상 구조라고 이야기한 뒤 이와 관련된 내용을 설명하고 있다. 따라서 글의 주제로 가장 적절한 것은 '지구 내부의 구조'이다.

14 내용 추론

정답 ③

제시문의 논지는 인간과 자연의 진정한 조화이다. 따라서 자연과 공존하는 삶을 언급한 ③이 제시문에 대한 반응으로 가장 적절하다.

15 응용 수리

정답 ②

나래가 자전거를 탈 때의 속력을 $x$km/h, 진혁이가 걸을 때의 속력을 $y$km/h라고 하면 다음 식이 성립한다.

$1.5(x-y)=6$ ⋯ ㉠

$x+y=6$ ⋯ ㉡

㉠, ㉡을 연립하면 $x=5$, $y=1$이다.

따라서 나래의 속력은 5km/h이다.

16 자료 계산

정답 ④

2022년 대비 2024년에 눈에 띄는 증가율을 보인 면세점과 편의점, 무점포 소매점의 증가율을 계산하면 다음과 같다.

- 2022년 대비 2024년 면세점 판매액의 증가율 : $\frac{14,465-9,198}{9,198}\times 100 \fallingdotseq 57\%$
- 2022년 대비 2024년 편의점 판매액의 증가율 : $\frac{22,237-16,455}{16,455}\times 100 \fallingdotseq 35\%$
- 2022년 대비 2024년 무점포 소매점 판매액의 증가율 : $\frac{61,240-46,788}{46,788}\times 100 \fallingdotseq 31\%$

따라서 2022년 대비 2024년에 두 번째로 높은 비율의 판매액 증가를 보인 소매 업태는 편의점이고, 증가율은 35%이다.

17 응용 수리

정답 ③

A소금물에 첨가한 물의 양은 ag, 버린 B소금물의 양은 bg이라 하자. 늘어난 A소금물과 줄어든 B소금물을 합친 소금물의 양은 500g이다. 또한 농도는 10%라고 하였으므로 다음 식이 성립한다.

$(200+a)+(300-b)=500 \rightarrow a-b=0$ ⋯ ㉠

$(200\times 0.1)+(300-b)\times 0.2=500\times 0.1 \rightarrow 20+60-0.2b=50 \rightarrow 0.2b=30 \rightarrow b=150$ ⋯ ㉡

따라서 ㉡을 ㉠에 대입하면 $a=150$이므로 A소금물에 첨가한 물의 양은 150g이다.

18 자료 이해

정답 ④

최소 인구인 도시의 인구수 대비 최대 인구인 도시의 인구수 비는 1994년에 약 5.03배로 지속적으로 감소해 2014년에 약 3.56배까지 감소했으나, 2024년에 약 3.85배로 다시 증가하였다.

오답분석

① 2014년을 기점으로 A도시와 B도시의 인구수 순위가 뒤바뀐다.
② B도시와 C도시는 조사기간 동안 인구가 지속적으로 증가하였으나, A도시의 경우 2004년 이후 인구가 감소하고 있다.
③ B도시는 조사기간 동안 약 38%, 54%, 59%의 인구 증가율을 보이며 세 도시 중 가장 높은 증가율을 기록했다.

19 자료 이해

정답 ①

청바지의 괴리율 차이는 37.2%p이고, 운동복의 괴리율 차이는 40%p로 운동복의 괴리율 차이가 더 크다.

오답분석

② 할인가 판매제품 수가 정상가 판매제품 수보다 많은 품목은 세탁기, 유선전화기, 기성신사복, 진공청소기, 가스레인지, 무선전화기, 오디오세트, 정수기로 총 8개이다.
③ 할인가 판매제품 수와 정상가 판매제품 수의 차이가 가장 큰 품목은 라면으로, 30개 차이가 난다.
④ 정상가 판매괴리율이 클수록 권장소비자가격과 정상 판매가격의 차이가 큰 것이다. 따라서 세탁기가 가장 크고, 기성숙녀복이 가장 작다.

20 자료 이해

정답 ③

ㄴ. 115,155×2=230,310>193,832이므로 옳은 설명이다.

ㄷ. • 2022년 : $\frac{18.2}{53.3}\times100\fallingdotseq34.1\%$

• 2023년 : $\frac{18.6}{54.0}\times100\fallingdotseq34.4\%$

• 2024년 : $\frac{19.1}{51.9}\times100\fallingdotseq36.8\%$

따라서 2022～2024년 동안 석유제품 소비량 대비 전력 소비량의 비율은 매년 증가한다.

오답분석

ㄱ. 전력 소비량의 비중은 매년 증가하지만, 전체 최종에너지 소비량 추이를 알 수 없으므로 절대적인 소비량까지 증가하는지는 알 수 없다.

ㄹ. • 산업부문 : $\frac{4,750}{15,317}\times100\fallingdotseq31.0\%$

• 가정・상업부문 : $\frac{901}{4,636}\times100\fallingdotseq19.4\%$

따라서 산업부문의 유연탄 소비량 대비 무연탄 소비량의 비율은 25% 이상이므로 옳지 않다.

21 자료 이해

정답 ③

현재 유지관리하는 도로의 총거리는 4,113km이고, 1990년대는 367.5+1,322.6+194.5+175.7=2,060.3km이다. 따라서 현재 유지관리하는 도로는 1990년대보다 4,113−2,060.3=2,052.7km 더 길어졌다.

오답분석

① 2000년대 4차로 도로의 거리는 3,426−(155+450+342)=2,479km이므로 1960년대부터 유지관리하는 4차로 도로의 거리는 현재까지 계속 증가했다.

② 현재 유지관리하는 도로 한 노선의 평균거리는 $\frac{4,113}{29}\fallingdotseq141.8$km로 120km 이상이다.

④ 차선이 만들어진 순서는 4차로(1960년대) – 2차로(1970년대) – 6차로(1980년대) – 8차로(1990년대) – 10차로(현재)이다.

22 자료 이해

정답 ④

제시된 자료에 따르면 기준연도인 2022년의 모든 품목의 가격지수는 100이다. 품목별로 2022년 가격지수 대비 2024년 3월 가격지수의 상승률을 구하면 다음과 같다.

• 육류 : $\frac{177.0-100}{100}\times100=77\%$

• 낙농품 : $\frac{184.9-100}{100}\times100=84.9\%$

• 곡물 : $\frac{169.8-100}{100}\times100=69.8\%$

• 유지류 : $\frac{151.7-100}{100}\times100=51.7\%$

• 설탕 : $\frac{187.9-100}{100}\times100=87.9\%$

따라서 상승률이 가장 낮은 품목은 유지류이다.

오답분석

① 2024년 3월의 식량 가격지수의 전년 동월 대비 하락률은 $\frac{213.8-173.8}{213.8}\times100\fallingdotseq18.71\%$이다.

② 식량 가격지수 자료를 통해 확인할 수 있다.

③ 품목별로 2024년 3월 식량 가격지수의 전년 동월 대비 하락 폭을 구하면 다음과 같다.

- 육류 : 185.5−177.0=8.5
- 낙농품 : 268.5−184.9=83.6
- 곡물 : 208.9−169.8=39.1
- 유지류 : 204.8−151.7=53.1
- 설탕 : 254.0−187.9=66.1

따라서 가장 큰 폭으로 하락한 품목은 낙농품이다.

23 자료 계산

정답 ①

A팀의 평균은 C팀의 평균보다 3초 짧고, B팀의 평균은 D팀의 평균보다 2초 길다. 이를 토대로 각 팀의 평균을 구하면 다음과 같다.

- A팀 : 45−3=42초
- B팀 : 44+2=46초
- C팀 : $\frac{51+30+46+45+53}{5}$=45초
- D팀 : $\frac{36+50+40+52+42}{5}$=44초

A팀 4번 선수의 기록을 a초, B팀 2번 선수의 기록을 b초라 하자.

A팀 4번 선수의 기록은 $\frac{32+46+42+a+42}{5}=42 \rightarrow a+162=210 \rightarrow a=48$이므로 48초이고,

B팀 2번 선수의 기록은 $\frac{48+b+36+53+55}{5}=46 \rightarrow b+192=230 \rightarrow b=38$이므로 38초이다.

따라서 두 선수의 평균 기록은 $\frac{48+38}{2}$=43초이다.

24 응용 수리

정답 ④

8명이 경기를 하므로 4개의 조를 정하는 것과 같다. 이때 1~4위까지의 선수들이 서로 만나지 않게 하려면 각 조에 1~4위 선수가 1명씩 배치되어야 한다. 이 선수들을 먼저 배치하고 다른 선수들이 남은 자리에 들어가는 경우의 수는 4!=24가지이다. 다음으로 만들어진 4개의 조를 두 개로 나누는 경우의 수를 구하면 ${}_4C_2 \times {}_2C_2 \times \frac{1}{2!}$=3가지이다.

따라서 가능한 대진표의 경우의 수는 24×3=72가지이다.

25 자료 이해

정답 ②

수도권은 서울과 인천·경기를 합한 지역을 의미한다. 따라서 전체 마약류 단속 건수 중 수도권의 마약류 단속 건수의 비중은 22.1+35.8=57.9%이다.

오답분석

① • 대마 단속 전체 건수 : 167건
 • 마약 단속 전체 건수 : 65건
 65×3=195>167이므로 옳지 않은 설명이다.

③ 마약 단속 건수가 없는 지역은 강원, 충북, 제주 3곳이다.

④ • 대구·경북 지역의 향정신성의약품 단속 건수 : 138건
 • 광주·전남 지역의 향정신성의약품 단속 건수 : 38건
 38×4=152>138이므로 옳지 않은 설명이다.

26 응용 수리

정답 ④

수건을 4개, 7개, 8개씩 포장하면 각각 1개씩 남으므로 재고량은 4, 7, 8의 공배수보다 1이 클 것이다.
4, 7, 8의 최소공배수는 56이므로 다음과 같이 나누어 생각해 볼 수 있다.

- 재고량이 $56+1=57$개일 때 : $57=5\times11+2$
- 재고량이 $56\times2+1=113$개일 때 : $113=5\times22+3$
- 재고량이 $56\times3+1=169$개일 때 : $169=5\times33+4$

따라서 5개씩 포장하면 4개가 남는 경우는 재고량이 169개일 때이므로 가능한 재고량의 최솟값은 169개이다.

27 자료 계산

정답 ①

- 1학년 전체 학생 중 빨강을 좋아하는 학생 수의 비율 : $\frac{50}{250}\times100=20\%$
- 2학년 전체 학생 중 노랑을 좋아하는 학생 수의 비율 : $\frac{75}{250}\times100=30\%$

28 자료 이해

정답 ④

2021년부터 2023년까지 경기 수가 증가하는 스포츠는 배구와 축구 종목이다.

오답분석

① 농구의 2021년의 전년 대비 경기 수 감소율은 $\frac{413-403}{413}\times100≒2.4\%$이며, 2024년의 전년 대비 경기 수 증가율은 $\frac{410-403}{403}\times100≒1.7\%$이다. 따라서 2021년의 전년 대비 경기 수 감소율이 더 높다.

② 2020년 농구와 배구의 경기 수 차이는 $413-226=187$회이고, 야구와 축구의 경기 수 차이는 $432-228=204$회이다. 따라서 $\frac{187}{204}\times100≒91.7\%$이므로 90% 이상이다.

③ 5년 동안의 종목별 스포츠 평균 경기 수는 다음과 같다.

- 농구 : $\frac{413+403+403+403+410}{5}=406.4$회
- 야구 : $\frac{432+442+425+433+432}{5}=432.8$회
- 배구 : $\frac{226+226+227+230+230}{5}=227.8$회
- 축구 : $\frac{228+230+231+233+233}{5}=231$회

따라서 야구 평균 경기 수는 축구 평균 경기 수의 약 1.87배로 2배 이하이다.

29 자료 해석

정답 ①

ㄱ. $1m^3$당 섞여 있는 수증기량이 가장 적은 날은 5월 3일이다.
ㄷ. 4월 19일 공기와 4월 26일 공기의 기온은 같고 수증기량은 4월 19일이 더 적으므로 이슬점은 4월 19일이 더 낮다. 따라서 4월 19일 공기는 4월 26일 공기보다 더 높은 곳에서 응결된다.

오답분석

ㄴ. 4월 5일 공기와 4월 26일 공기의 수증기량은 같고 기온은 4월 5일이 더 높으므로 이슬점과의 차이는 4월 5일이 더 높다. 따라서 4월 5일 공기는 4월 26일 공기보다 더 높은 곳에서 응결된다.
ㄹ. 기온이 높을수록 포화 수증기량이 많으므로 포화 수증기량이 가장 많은 날은 기온이 가장 높은 5월 3일이다.

30 창의적 사고

정답 ②

- (가) 고객 분석 : ㉠, ㉤과 같은 고객에 대한 질문을 통해 고객에 대한 정보를 분석한다.
- (나) 자사 분석 : ㉡과 같은 질문을 통해 자사의 수준에 대해 분석한다.
- (다) 경쟁사 분석 : ㉢, ㉣과 같은 질문을 통해 경쟁사를 분석함으로써 경쟁사와 자사에 대한 비교가 가능하다.

31 SWOT 분석

정답 ④

㉢ 이미 우수한 연구개발 인재를 확보한 것이 강점이므로, 추가로 우수한 연구원을 채용하는 것은 WO전략으로 적절하지 않다. WO전략은 기회인 예산을 확보하여 약점인 낮은 전력 효율성이나 국민적 인식 저조를 해결하는 전략을 세워야 한다.
㉣ 세계의 신재생에너지 연구(O)와 전력 효율성 개선(W)을 활용하므로 WT전략이 아닌 WO전략에 대한 내용이다. WT전략은 위협인 높은 초기 비용에 대한 전략을 세워야 한다.

32 창의적 사고

정답 ④

R(Realistic)은 현실성을 의미하므로 실현 가능한 것을 계획해야 한다. 따라서 삶을 영위하는 데 있어 교통비나 식비 등의 생활비가 발생하므로 모든 수입을 저금하는 것은 사실상 불가능하다.

SMART 법칙
- S(Specific) : 구체적
- M(Measurable) : 측정 가능한
- A(Action-oriented) : 행동 지향적
- R(Realistic) : 현실성
- T(Time-limited) : 기간

33 명제 추론

정답 ④

주어진 조건에서 적어도 한 사람은 반대를 한다고 하였으므로, 1명씩 반대한다고 가정하고 접근한다.

- A가 반대한다고 가정하는 경우
  첫 번째 조건에 의해 C는 찬성하고 E는 반대한다. 네 번째 조건에 의해 E가 반대하면 B도 반대한다. 이때 두 번째 조건에서 B가 반대하면 A가 찬성하므로 모순이 발생한다. 따라서 A는 찬성한다.
- B가 반대한다고 가정하는 경우
  두 번째 조건에 의해 A는 찬성하고 D는 반대한다. 세 번째 조건에 의해 D가 반대하면 C도 반대한다. 이때 첫 번째 조건의 대우에 의해 C가 반대하면 D가 찬성하므로 모순이 발생한다. 따라서 B는 찬성한다.

위의 두 경우에서 도출한 결론과 네 번째 조건의 대우를 함께 고려해 보면 B가 찬성하면 E가 찬성하고 첫 번째 조건의 대우에 의해 D도 찬성이다. 따라서 A, B, D, E 모두 찬성한다. 따라서 마지막 조건에 의해 적어도 한 사람은 반대하므로 나머지 C가 반대함을 알 수 있다.

34 명제 추론

정답 ③

주어진 조건에 의하면 D면접자와 E면접자는 2번, 3번 의자에 앉아 있고, A면접자는 1번과 8번 의자에 앉을 수 없다. B면접자는 6번 또는 7번 의자에 앉을 수 있다는 조건과 A면접자와 C면접자 사이에는 2명이 앉는다는 조건까지 모두 고려하면 A면접자와 B면접자가 서로 이웃해 있을 때, 다음과 같은 두 가지 경우를 확인할 수 있다.

• B면접자가 6번에 앉을 경우

구분	1	2	3	4	5	6	7	8
경우 1		D	E		A	B		C
경우 2		D	E	C		B	A	
경우 3		D	E	A		B	C	
조건	A(×), C(×)							A(×)

• B면접자가 7번에 앉을 경우

구분	1	2	3	4	5	6	7	8
경우 1		D	E	C(×)		A	B	
경우 2		D	E			A	B	C(×)
경우 3		D	E		A		B	C
조건	A(×), C(×)							A(×)

→ B면접자가 7번에 앉는 경우 1과 경우 2에서는 A면접자와 C면접자 사이에 2명이 앉는다는 조건이 성립되지 않는다.

따라서 가능한 경우에서 A면접자와 B면접자가 서로 이웃해 앉는다면 C면접자는 4번 또는 8번 의자에 앉을 수 있다.

오답분석

① 주어진 조건을 살펴보면 A면접자는 1번, 8번 의자에 앉지 않는다고 하였고 2번과 3번 의자는 D면접자와 E면접자로 확정되어 있다. 그리고 C면접자와의 조건 때문에 A면접자는 6번 의자에도 앉을 수 없다. 따라서 A면접자는 4번, 5번, 7번 의자에 앉을 수 있다. 따라서 A면접자가 4번에 앉는 것이 항상 옳다고 볼 수 없다.

② 주어진 조건에서 C면접자는 D면접자와 이웃해 앉지 않는다고 하였다. 따라서 D면접자가 2번 의자로 확정되어 있으므로 C면접자는 1번 의자에 앉을 수 없다.

④ B면접자가 7번 의자에 앉고 A면접자와 B면접자 사이에 2명이 앉도록 하면, A면접자는 4번 의자에 앉아야 한다. 이때 A면접자와 C면접자 사이에 2명이 앉아 있다는 조건이 성립되려면 C면접자는 1번 의자에 앉아야 하는데, C면접자는 D면접자와 이웃해 있지 않다고 하였으므로 옳지 않다.

35 규칙 적용

정답 ②

한글 자음과 한글 모음의 치환 규칙은 다음과 같다.

• 한글 자음

ㄱ	ㄴ	ㄷ	ㄹ	ㅁ	ㅂ	ㅅ
a	b	c	d	e	f	g
ㅇ	ㅈ	ㅊ	ㅋ	ㅌ	ㅍ	ㅎ
h	i	j	k	l	m	n

• 한글 모음

ㅏ	ㅑ	ㅓ	ㅕ	ㅗ	ㅛ	ㅜ
A	B	C	D	E	F	G
ㅠ	ㅡ	ㅣ				
H	I	J				

이를 토대로 목요일의 암호인 '완벽해'를 치환하면 다음과 같다.

완 → hㅘb, 벽 → fDa, 해 → nㅐ

이때, 목요일에는 암호 첫째 자리에 숫자 4를 입력해야 하므로 A씨가 입력할 암호는 '4hㅘbfDanㅐ'이다.

36 규칙 적용

정답 ④

오답분석

① 7hEeFnAcA → 일요일의 암호 '오묘하다'
② 3iJfh ㅔaAbcA → 수요일의 암호 '집에간다'
③ 2bAaAbEdcA → 화요일의 암호 '나가놀다'

37 자료 해석

정답 ①

지원유형별 채용단계를 파악한 후 처리비용을 산출하면 다음과 같다.

구분	신입(20건)	인턴(24건)	경력(16건)	합계
접수확인	500×20=10,000원	500×24=12,000원	500×16=8,000원	30,000원
서류심사	1,500×20=30,000원	–	–	30,000원
온라인 인성검사	1,000 ×20=20,000원	1,000×24=24,000원	–	44,000원
직업기초능력평가	3,000×20=60,000원	–	3,000×16=48,000원	108,000원
직무수행능력평가	2,500×20=50,000원	–	2,500×16=40,000원	90,000원
면접평가	3,000×20=60,000원	3,000×24=72,000원	3,000×16=48,000원	180,000원
합격여부 통지	500×20=10,000원	500×24=12,000원	500×16=8,000원	30,000원
합계	240,000원	120,000원	152,000원	512,000원

채용절차에서 발생하는 총비용은 512,000원으로 예산 50만 원보다 12,000원이 초과되었다. 예산을 넘지 않는 수준에서 최대한 사용하는 것이 목적이었으므로 단계 중 비용이 가장 적은 것을 생략해야 한다.

따라서 접수 확인 및 합격여부 통지 단계를 제외하면 신입의 온라인 인성검사(20,000원)를 생략해야 한다.

38 자료 해석

정답 ④

주어진 조건을 살펴보면 채용단계마다 합격률에 의해 지원자 수가 점차 감소한다는 것을 알 수 있다. 즉, 단계마다 발생하는 처리비용은 단계별 합격인원에 따라 달라진다. 주어진 예산 안에서 수용할 수 있는 최대 지원자 수는 지원자 수를 임의로 대입하여 검증하거나 역으로 합격자 수를 임의로 대입하여 검증하는 방법으로 추산할 수 있다. 합격자 수가 1명일 경우의 처리비용과 지원자 수를 구하면 다음과 같다. 이때 경력사원 채용절차에는 서류심사와 온라인 인성검사가 포함되지 않음을 유의해야 한다.

구분	합격인원	채용단계별 처리비용
최종합격자	1명	–
합격여부 통지	1명÷0.5=2명	500원×2명=1,000원
면접평가		3,000원×2명=6,000원
직무수행능력평가	2명÷0.4=5명	2,500원×5명=12,500원
직업기초능력평가	5명÷0.5=10명	3,000원×10명=30,000원
접수확인	10명	500원×10명=5,000원
합계	–	54,500원

즉, 총 10명의 지원자가 있을 때 1명의 합격자가 발생하고, 그 비용은 54,500원이다.

따라서 22만 원의 예산 내에서 최대 지원자 수는 40명(≒22만 원÷54,500원×10명)이다.

39 자료 해석

정답 ④

해외출장 일정을 고려해 이동수단별 비용을 구하면 다음과 같다.

• 렌터카 : (50+10)×3=$180
• 택시 : 1×(100+50+50)=$200
• 대중교통 : 40×4=$160

이에 따라 경제성에서 대중교통, 렌터카, 택시 순으로 상, 중, 하로 평가된다.
두 번째 조건에 따라 이동수단별 평가표를 점수로 환산한 후 최종점수를 구하면 다음과 같다.

(단위 : 점)

이동수단	경제성	용이성	안전성	최종점수
렌터카	2	3	2	7
택시	1	2	4	7
대중교통	3	1	4	8

따라서 총무팀이 선택하게 될 이동수단은 대중교통이고, 비용은 $160이다.

40 SWOT 분석

정답 ②

고급 포장과 스토리텔링은 모두 수제 초콜릿의 강점에 해당하므로 SWOT 분석에 의한 마케팅 전략으로 볼 수 없다. SO전략과 ST전략으로 보일 수 있으나, 기회를 포착하거나 위협을 회피하는 모습을 보이지 않기 때문에 적절하지 않다.

오답분석

① 수제 초콜릿의 스토리텔링(강점)을 포장에 명시하여 소비자들의 요구를 충족(기회)시키는 SO전략에 해당한다.
③ 값비싼 포장(약점)을 보완하여 좋은 식품에 대한 인기(기회)에 발맞춰 홍보함으로써 WO전략에 해당한다.
④ 수제 초콜릿의 존재를 모르는(약점) 사람들이 많으므로 마케팅을 강화하여 대기업과의 경쟁(위협)을 이겨내는 WT전략에 해당한다.

41 명제 추론

정답 ②

첫 번째 조건과 마지막 조건에 따라 '미국 – 일본 – 캐나다' 순서로 여행한 사람의 수가 많음을 알 수 있다. 또한, 두 번째 조건에 의해 일본을 여행한 사람은 미국 또는 캐나다 여행을 했다. 따라서 일본을 여행했지만 미국을 여행하지 않은 사람은 캐나다 여행을 했으므로 세 번째 조건에 의해 중국을 여행하지 않았음을 알 수 있다.

오답분석

①·④ 주어진 조건만으로는 알 수 없다.
③ 미국을 여행한 사람이 가장 많지만 일본과 중국을 여행한 사람을 합한 수보다 많은지는 알 수 없다.

42 창의적 사고

정답 ④

해결안 개발은 문제로부터 도출된 근본원인을 효과적으로 해결할 수 있는 최적의 해결방안을 수립하는 단계로, 해결안 도출, 해결안 평가 및 최적안 선정의 절차로 진행된다. 홍보팀 팀장은 중요도와 실현 가능성 등을 고려하여 팀원들이 제시한 다양한 홍보 방안 중 최종 홍보 방안을 결정해야 한다. 따라서 해결안 개발 단계 중에서도 해결안을 평가하고 가장 효과적인 해결안을 선정해야 하는 단계에 해당한다.

43 시간 계획

정답 ④

계획을 세울 때 흔히 저지르기 쉬운 실수 중 하나는 계획을 세우는 데 너무 많은 시간을 소비하는 것이다. 계획은 완벽히 세우기 어렵고 설사 완벽하게 세웠더라도 실천하지 못하면 무용지물이다. 따라서 계획이 완벽해야 한다는 부담감을 버리고 실제로 실행하면서 수정될 수 있음을 염두에 두는 것이 좋다.

44 품목 확정

정답 ③

비품과 기자재를 일괄 구매하면서 매년 수십억 원의 예산이 사장되는 결과를 볼 때 활용하지 않는 물품, 즉 물적자원을 구입해 놓고 창고에 방치하고 있는 것을 확인할 수 있다.

45 비용 계산

정답 ③

계약금은 다음과 같이 계산한다.

• K연수원 견적금액 산출

– 교육은 두 곳에서 진행된다. 참석인원은 총 50명이므로 1세미나실과 2세미나실로 나누어 진행하는 것이 적절하며, 숙박은 하지 않으므로 인당 15,000원의 이용료가 발생한다.
15,000×50=750,000원(강의실 기본요금은 인당 1만 원 기준으로 계산되어 있으므로 별도로 고려할 필요가 없다)

– 예산이 가능하다면 저녁은 차림식으로 한다는 점을 고려한다.
경우 1) 두 끼 식사가 자율식일 경우 : (8,000×50×2)=800,000원
경우 2) 자율식 한 끼, 차림식 한 끼일 경우 : (8,000×50)+(15,000×50)=1,150,000원
→ 예산이 2백만 원이므로 경우 2가 가능하다.

그러므로 K연수원 견적금액은 750,000+1,150,000=1,900,000원이다.

• 사전예약 10% 할인 적용
1,900,000×(1−0.1)=1,710,000원

• 계약금 계산(견적금액의 10%)
1,710,000×0.1=171,000원

따라서 K연수원에 내야 하는 계약금은 171,000원이다.

46 비용 계산

정답 ④

워크숍을 진행하기 10일 전에 취소하였으므로 위약금이 발생되며, 견적금액의 50%가 위약금이 된다.
따라서 위약금은 1,710,000×0.5=855,000원이다.

47 품목 확정

정답 ①

햄버거의 가격을 비교하면 다음과 같다.

• 치킨버거를 2개 산다면 그중 하나는 30% 할인되므로, 1개당 가격은 $\frac{2,300+2,300\times0.7}{2}$=1,955원이다.

• 불고기버거를 3개 산다면 물 1병이 증정되므로 1개당 가격은 $\frac{2,300\times3-800}{3}$≒2,033원이다.

• 치즈버거의 경우 개당 2,000원으로 불고기버거보다 저렴하다. 이때 치즈버거 구매 개수만큼 포도주스의 가격을 할인받을 수 있는데, 할인된 포도주스 금액이 1,400×(1−0.4)=840원이므로 물의 가격인 800원보다 커 의미가 없다.

그러므로 햄버거는 가장 저렴한 치킨버거를 최대한 많이 구매하고 나머지는 치즈버거를 구매해야 한다. 따라서 치킨버거 10개, 치즈버거 1개를 구매해야 한다.

음료수의 가격을 비교하면 다음과 같다.

• 보리차는 2+1병으로 구매할 수 있으므로 1병당 가격은 $\frac{1,100\times2}{3}$≒733원이다.

• 물은 1병당 800원이다.

• 오렌지주스는 4+2병으로 구매할 수 있으므로 1병당 가격은 $\frac{1,300\times4}{6}$≒867원이다.

• 포도주스는 치즈버거를 산다고 가정했을 때 1,400×0.6=840원이다.

그러므로 음료수는 가장 저렴한 보리차를 최대한 많이 구매하고 나머지는 물을 구매해야 한다. 따라서 보리차 9병, 물 2병을 구매해야 한다.

48 인원 선발

정답 ①

㉠은 능력주의, ㉡은 적재적소주의, ㉢은 적재적소주의, ㉣은 능력주의이다. 개인에게 능력을 발휘할 수 있는 기회와 장소를 부여하고, 그 성과를 바르게 평가한 뒤 평가된 능력과 실적에 대해 그에 상응하는 보상을 주는 능력주의 원칙은 적재적소주의 원칙의 상위개념이라고 할 수 있다. 즉, 적재적소주의는 능력주의의 하위개념에 해당한다.

49 인원 선발

정답 ④

1인당 지급하는 국문 명함은 150장이므로 1인 기준 국문 명함 제작비용은 10,000(100장)+3,000(추가 50장)=13,000원이다.
신입사원의 수를 x명이라고 하면 다음 식이 성립한다.

$13,000x=195,000$

$\therefore\ x=15$

따라서 신입사원은 총 15명이다.

50 비용 계산

정답 ④

1인당 지급하는 영문 명함은 200장이므로 1인 기준 영문 명함 제작비용(일반종이 기준)은 15,000(100장)+10,000(추가 100장)=25,000원이다. 이때 고급종이로 영문 명함을 제작하므로 해외영업부 사원들의 1인 기준 제작비용은 $25,000\times\left(1+\frac{1}{10}\right)=$27,500원이다.

따라서 8명의 영문 명함 제작비용은 $27,500\times8=220,000$원이다.

51 시간 계획

정답 ④

체육대회는 주말에 한다고 하였으므로 평일과 비가 오는 장마 기간은 제외한다. 12일과 13일에는 사장이 출장으로 자리를 비우고, 마케팅팀이 출근해야 하므로 적절하지 않다. 19일은 서비스팀이 출근해야 하며, 26일은 마케팅팀이 출근해야 한다. 또한, H운동장은 둘째, 넷째 주 주말에는 개방하지 않는다. 따라서 체육대회를 열 수 있는 날은 20일이다.

52 비용 계산

정답 ④

밑줄 친 '이것'은 간접비용(Indirect Cost)을 의미한다.

- 장원 : 간접비용은 생산에 직접적으로 관련이 있는 비용인 직접비용에 상대되는 개념이다.
- 휘동 · 경원 : 간접비용에는 생산과 직접적으로 관련이 없는 보험료, 건물관리비, 광고비, 통신비, 사무비품비, 각종 공과금 등이 포함된다.

오답분석

- 창수 : '이것'은 예산의 구성요소 중 하나인 간접비용을 의미하므로 적절하지 않다.

53 시간 계획

정답 ②

하루에 6명 이상 근무해야 하기 때문에 2명까지만 휴가를 중복으로 쓸 수 있다.
따라서 A사원이 4일 동안 휴가를 쓰면서 최대 휴가 인원이 2명만 중복되게 하려면 6 ~ 11일만 가능하다.

오답분석

① A사원은 4일 이상 휴가를 사용해야 하기 때문에 3일인 7 ~ 11일은 불가능하다.
③ · ④ 4일 이상 휴가를 사용하지만 하루에 6명 미만의 인원이 근무하게 되어 불가능하다.

54 품목 확정

정답 ②

공사 시행업체 선정방식에 따라 가중치를 반영하여 업체들의 점수를 종합하면 다음과 같다.

평가항목 \ 업체	A	B	C	D
적합성점수	22점	24점	23점	26점
실적점수	12점	18점	14점	14점
입찰점수	10점	6점	4점	8점
평가점수	44점	48점	41점	48점

따라서 평가점수가 가장 높은 업체는 B, D이고, 이 중 실적점수가 더 높은 업체는 B이므로 최종 선정될 업체는 B업체이다.

55 비용 계산

정답 ③

A사원의 3박 4일간 교통비, 식비, 숙박비를 계산하면 다음과 같다.

- 교통비 : 39,500+38,150=77,650원
- 식비 : (8,500×3×2)+(9,100×3×2)=105,600원
- 숙박비
  - 가 : (75,200×3)×0.95=214,320원
  - 나 : (81,100×3)×0.90=218,970원
  - 다 : (67,000×3)=201,000원

  A사원은 숙박비가 가장 저렴한 다 숙소를 이용했으므로 숙박비는 201,000원이다.

따라서 A사원의 출장 경비 총액은 77,650+105,600+201,000=384,250원이다.

56 인원 선발

정답 ④

- C강사 : 셋째 주 화요일 오전, 목요일, 금요일 오전에 스케줄이 비어 있으므로 목요일과 금요일에 이틀간 강의가 가능하다.
- E강사 : 첫째, 셋째 주 화~목요일 오전에 스케줄이 있으므로 수요일과 목요일 오후에 강의가 가능하다.

오답분석

- A강사 : 매주 수~목요일에 스케줄이 있으므로 화요일과 금요일 오전에 강의가 가능하지만 강의가 연속 이틀에 걸쳐 진행되어야 한다는 조건에 부합하지 않는다.
- B강사 : 화요일과 목요일에 스케줄이 있으므로 수요일 오후와 금요일 오전에 강의가 가능하지만 강의가 연속 이틀에 걸쳐 진행되어야 한다는 조건에 부합하지 않는다.
- D강사 : 수요일 오후와 금요일 오전에 스케줄이 있으므로 화요일 오전과 목요일에 강의가 가능하지만 강의가 연속 이틀에 걸쳐 진행되어야 한다는 조건에 부합하지 않는다.

57 근면

정답 ④

B의 행동은 정직하고 성실한 노력을 꾸준히 하는 것만으로도 성공할 수 있다는 교훈을 주고 있다. B가 항상 해오던 정직과 성실함이 성업을 이루는 밑거름이 되었다.

58 책임 의식

정답 ④

제시문의 '이것'은 기업의 사회적 책임(CSR)을 말한다. 기업이 자사의 직원 복지에 투자하는 것은 기업의 사회적 책임과 관련이 없으며, 사회적 상생을 위한 투자나 지역 발전을 위한 투자 등이 사회적 책임에 해당한다.

59 윤리

정답 ①

신입에게 부서원을 소개할 때에는 신입을 고참자에게 소개하는 것이 바람직하다. 따라서 직장에서의 바람직한 소개 예절에 해당하지 않는 것은 ㄱ이다.

60 윤리

정답 ③

㉠과 ㉣은 윤리적인 문제에 대하여 제대로 인식하지 못한 채 취해야 할 행동을 취하지 않는 도덕적 타성에 속하고, ㉡과 ㉢은 자신의 행위가 나쁜 결과를 가져올 수 있다는 것을 모르는 도덕적 태만에 속한다.

비윤리적 행위의 유형

- 도덕적 타성 : 직면하는 윤리적 문제에 대하여 무감각하거나 행동하지 않는 것
- 도덕적 태만 : 비윤리적인 결과를 피하기 위하여 일반적으로 필요한 주의나 관심을 기울이지 않는 것
- 거짓말 : 상대를 속이려는 의도로 표현되는 메시지

61 윤리

정답 ④

불법적으로 술을 소지하고 있던 교육생을 징계하는 대신 꾸짖음으로써 부정직을 눈감아 주고 타협하는 모습을 보였다. 이는 또 다른 부정을 일으키는 결과를 가져올 수 있다. 작은 구멍으로 물이 새면 구멍이 점점 커지듯이 부정직과 타협이 결국 관행화되고 전체에게 피해를 주는 결과를 가져온다.

62 근면

정답 ④

근면은 스스로 자진해서 행동하는 근면과 외부로부터 강요당한 근면이 있다. ④는 외부(상사의 지시)로부터 강요당한 근면이므로 다른 사례들과 성격이 다르다.

63 봉사

정답 ③

봉사 의식은 직업 활동을 통해 다른 사람과 공동체에 대하여 봉사하는 정신을 갖추고 실천하는 태도를 의미한다.

64 책임 의식

정답 ④

준법을 유도하는 제도적 장치가 마련된다 하더라도 반드시 개개인의 준법 의식이 개선되는 것은 아니다. 사회의 준법 의식을 제고하기 위해서는 개개인의 의식 변화와 제도적 보완을 동시에 추진하여야 한다.

65 윤리

정답 ③

군인은 하나의 직업으로, 직업을 가진 사람이라면 누구나 반드시 지켜야 할 직업윤리를 가진다. 직업윤리는 기본적으로 개인윤리를 바탕으로 성립되는 규범이기는 하지만 상황에 따라 개인윤리와 직업윤리는 서로 충돌하는 경우가 발생한다. 주어진 사례에서는 타인에 대한 물리적 행사는 절대 금지되어 있다고 생각하는 K씨의 개인윤리와 군인의 입장에서 필요한 경우 물리적 행사가 허용된다는 직업윤리가 충돌하고 있다. 이러한 상황에서는 직업인이라면 직업윤리를 개인윤리보다 우선하여야 한다는 조언이 가장 적절하다.

66 윤리

정답 ④

오답분석

① '직장 내'란 공간의 개념이 아닌 사용자의 지휘·명령의 범위 안을 의미한다.
② 직장 내 성희롱 피해자에는 사업주를 제외한 모든 남녀 근로자(협력업체 및 파견근로자 포함)와 모집·채용 과정에서의 구직자도 해당된다.
③ 업무시간 외에도 해당된다.

67 윤리

정답 ①

업무의 공공성을 바탕으로 공사 구분을 명확히 하고, 모든 것을 숨김없이 투명하게 처리하는 원칙은 객관성의 원칙이다.

직업윤리의 5대 원칙
- 객관성의 원칙
- 고객 중심의 원칙
- 전문성의 원칙
- 정직과 신용의 원칙
- 공정경쟁의 원칙

68 근면

정답 ③

직장에서는 업무시간을 지키는 것이 중요하다.

69 윤리

정답 ②

모든 윤리적 가치는 만고불변의 진리가 아니라 시대와 사회상황에 따라서 조금씩 다르게 변화한다. 따라서 윤리적 규범이 모든 상황에서 항상 일관되게 적용되는 것은 아니다.

오답분석

ㄱ. 인간은 동물의 일종이므로 기본적인 욕구 충족에 도움이 되거나 방해가 되는 사물 또는 행동을 좋아하거나 싫어하는 태도를 갖게 된다.
ㄴ. 공동생활과 협력을 필요로 하는 인간 생활에서 형성되는 공동행동의 틀을 기반으로 윤리적 규범이 형성된다.

70 책임 의식

정답 ④

직업생활에서의 목표를 단지 높은 지위에 올라가는 것이라고 생각하는 것은 잘못된 직업관으로, 입사 동기들보다 빠른 승진을 목표로 삼은 D는 잘못된 직업관을 가지고 있다.

바람직한 직업관
- 소명 의식과 천직 의식을 가져야 한다.
- 봉사 정신과 협동 정신이 있어야 한다.
- 책임 의식과 전문 의식이 있어야 한다.
- 공평무사한 자세가 필요하다.

제2회 최종점검 모의고사

01	02	03	04	05	06	07	08	09	10	11	12	13	14	15	16	17	18	19	20
②	②	④	③	④	④	②	③	③	④	④	①	②	④	①	①	①	①	②	②
21	22	23	24	25	26	27	28	29	30	31	32	33	34	35	36	37	38	39	40
②	④	④	④	①	①	③	②	③	③	③	③	②	④	①	③	②	④	②	③
41	42	43	44	45	46	47	48	49	50	51	52	53	54	55	56	57	58	59	60
③	④	④	③	④	④	④	③	③	①	③	④	③	③	③	③	④	③	②	①
61	62	63	64	65	66	67	68	69	70										
①	②	④	④	③	①	④	②	④	②										

01 내용 추론 　　정답 ②

제시문에 따르면 똑같은 일을 똑같은 노력으로 했을 때 돈을 많이 받으면 과도한 보상을 받아 부담을 느낀다. 반면, 보상을 적게 받으면 충분히 받지 못했다고 느끼므로 만족하지 못한다. 따라서 인간은 공평한 대우를 받을 때 더 행복함을 느낀다는 것을 추론할 수 있다.

02 문서 수정 　　정답 ②

'만'은 앞말이 가리키는 동안이나 거리를 나타내는 의존명사이므로 앞말과 띄어 쓴다. 따라서 ㉡은 '하루 만에'가 옳다.

03 속담 　　정답 ④

제시문의 상황과 가장 어울리는 속담은 '뛰어난 사람이 없는 곳에서 보잘것없는 사람이 득세함을 비유적으로 이르는 말'인 '호랑이 없는 골에 토끼가 왕 노릇 한다.'이다.

오답분석

① 싸움 끝에 정이 붙는다. : 싸움을 통해 오해를 풀어 버리면 오히려 더 가까워지게 된다.
② 미련은 먼저 나고 슬기는 나중 난다. : 무슨 일을 잘못 생각한 후에야 이랬더라면 좋았을 것을 하고 궁리한다.
③ 배부르니까 평안 감사도 부럽지 않다. : 굶주렸던 사람이 배가 부르도록 먹으면 만족하게 된다.

04 글의 주제 　　정답 ③

제시문에서는 인류의 발전과 미래에 인류에게 닥칠 문제를 해결하기 위해 우주 개발이 필요하다는 '우주 개발의 정당성'에 대해 논의하고 있다. 따라서 글의 주제로 ③이 가장 적절하다.

05 문서 내용 이해

정답 ④

개념에 대해 충분히 이해하면서도 개념의 사례를 제대로 구별하지 못할 수 있다. 따라서 비둘기와 참새를 구별하지 못했다고 해서 비둘기의 개념을 이해하지 못하고 있다고 평가할 수는 없다.

오답분석

①·③ 개념을 이해하는 능력이 개념의 사례를 식별하는 능력을 함축하는 것은 아니므로 개념을 이해했다고 해서 개념의 사례를 완벽하게 식별할 수 있는 것은 아니다.

② 개념을 충분히 이해하면서도 개념의 사례를 제대로 구별하지 못할 수 있으므로 개념의 사례를 구별하지 못했다고 해서 개념을 충분히 이해하지 못하고 있다고 판단할 수 없다.

06 문서 내용 이해

정답 ④

제시문은 CCS 기술의 개념 및 공정에 초점을 맞추어 서술하고 있는 글로, CCS 기술이 어떠한 과정을 통해 개발되었는지는 설명하고 있지 않다.

07 내용 추론

정답 ②

흡수탑에서 흡수 포화점에 다다른 흡수제는 재생탑으로 이동되어 재생 과정을 거치게 된다. 이산화탄소의 포집은 이 흡수와 재생 공정이 반복되면서 이루어지는데 재생 공정에서는 많은 열에너지가 필요하다. 이때 흡수 포화점이 향상된 흡수제를 개발하면 흡수제가 이전보다 더 많은 이산화탄소를 포집할 수 있게 되어 재생탑으로 이동하는 횟수를 줄일 수 있다. 또한, 재생탑에서 흡수탑으로 흡수제가 다시 이동하는 횟수도 줄일 수 있다. 따라서 흡수 포화점이 향상된 흡수제가 개발되면 흡수와 재생 공정의 반복 횟수를 줄일 수 있고, 그렇게 되면 재생탑에서 이루어지는 열처리에 드는 에너지 소모도 줄어든다고 할 수 있다.

08 어휘

정답 ③

㉠ 제시(提示) : 어떤 의사를 글이나 말로 드러내어 보임
㉡ 표출(表出) : 겉으로 나타냄
㉢ 구현(具縣) : 어떤 내용이 구체적인 사실로 나타나게 함

오답분석

- 표시(表示) : 겉으로 드러내 보임
- 표명(表明) : 의사나 태도 따위를 분명하게 나타냄
- 실현(實現) : 꿈, 기대 따위를 실제로 이룸

09 문서 작성

정답 ③

ㄱ. 업무지시서의 경우 개괄적 내용만 담은 후 다시 물어보는 것은 비효율적이다. 미리 내용과 방식을 분명히 하여 구체적으로 작성하여야 한다.

ㄴ. 설명서의 경우 소비자들이 이해하기 쉽도록 전문용어를 쉬운 언어로 풀어서 작성하여야 한다.

오답분석

ㄷ. 공문서는 정부 행정기관에서 대내적 혹은 대외적 공무를 집행하기 위해 작성하는 문서 또는 정부기관이 일반회사나 단체로부터 접수하는 문서 및 일반회사에서 정부기관을 상대로 사업을 진행하려고 할 때 작성하는 문서로, 엄격한 규격과 양식에 따라 정당한 권리를 가진 사람이 작성해야 하며 최종 결재권자의 결재가 있어야 문서로서의 기능이 성립된다.

10 한자성어

정답 ④

제시문에서는 아들이 징역 10년이라는 중형에 처할 수 있는 상황에서 아들의 인생을 바로 잡아주기 위해 아들을 직접 신고한 어머니의 사례를 제시하고 있다. 따라서 제시문과 관련 있는 한자성어로는 '큰 도리를 지키기 위하여 부모나 형제도 돌아보지 않음'을 의미하는 '대의멸친(大義滅親)'이 가장 적절하다.

오답분석

① 반포지효(反哺之孝) : '까마귀 새끼가 자라서 늙은 어미에게 먹이를 물어다 주는 효(孝)'라는 뜻으로, 자식이 자란 후에 어버이의 은혜를 갚는 효성을 이르는 말이다.
② 지록위마(指鹿爲馬) : '윗사람을 농락하여 권세를 마음대로 함'을 이르는 말이다.
③ 불구대천(不俱戴天) : '하늘을 함께 이지 못한다.'는 뜻으로, 이 세상에서 같이 살 수 없을 만큼 큰 원한을 가짐을 비유적으로 이르는 말이다.

11 문서 내용 이해

정답 ④

제시문의 '서도(書道)라든가 다도(茶道)라든가 꽃꽂이라든가 하는 일을 과외로 즐길 줄 아는 사람을 우리는 생활의 멋을 아는 사람이라고 말한다.'라는 내용을 통해 알 수 있다.

오답분석

① 제시문에서 언급되지 않은 내용이다.
② 값비싸고 화려한 복장을 한 사람이라고 해서 공리적 계산을 하는 사람은 아니다.
③ 소탈한 생활 태도는 경우에 따라 멋있게 생각될 수 있을 뿐, 가장 중요한 것은 아니다.

12 의사 표현

정답 ①

자신이 전달하고자 하는 의사 표현을 명확하고 정확하게 하지 못할 경우에는 자신이 평정을 어느 정도 찾을 때까지 의사소통을 연기한다. 하지만 조직 내에서 의사소통을 무한정으로 연기할 수는 없기 때문에 자신의 분위기와 조직의 분위기를 개선하도록 노력하는 등의 적극적인 자세가 필요하다. 따라서 A사원의 메모 중 잘못 작성한 것은 ⓜ으로 1개이다.

13 글의 제목

정답 ②

제시문은 제4차 산업혁명으로 인한 노동 수요 감소로 인해 나타날 수 있는 문제점으로 대공황에 대한 위험을 설명하고 있다. 반면 긍정적인 시각으로는 노동 수요 감소를 통해 인간적인 삶의 향유가 이루어질 수 있다고 설명하고 있다. 따라서 제4차 산업혁명의 밝은 미래와 어두운 미래를 나타내는 ②가 글의 제목으로 가장 적절하다.

14 맞춤법

정답 ④

• 안은 → 않은
• 며녁 → 면역
• 항채 → 항체
• 보유률 → 보유율

따라서 틀린 단어는 모두 4개이다.

15 응용 수리

정답 ①

A업체와 B업체가 협력하기 전 생산량을 100이라고 할 때, 불량률을 고려한 생산량은 $100\times(1-0.02)=98$이다. 협력 후 생산량이 30% 증가하였으므로 생산량은 130이고, C업체가 공단에 입주한 후의 불량률을 고려한 생산량은 $130\times(1-0.04)=124.8$이다.

따라서 불량률이 증가한 이후의 생산량은 A업체와 B업체가 협력하기 이전 생산량의 $\frac{124.8}{98}\fallingdotseq 1.27$배이다.

16 자료 계산

정답 ①

- (ㄱ) : 2021년 대비 2022년 의료 폐기물의 증감률이므로 $\frac{48,934-49,159}{49,159}\times 100 \fallingdotseq -0.5\%$이다.
- (ㄴ) : 2019년 대비 2020년 사업장 배출시설계 폐기물의 증감률이므로 $\frac{123,604-130,777}{130,777}\times 100 \fallingdotseq -5.5\%$이다.

17 응용 수리

정답 ①

폐렴 보균자일 확률을 P(A), 항생제 내성이 있을 확률을 P(B)라고 가정하자.

- $\mathrm{P}(A)=20\%=\frac{1}{5}$
- $\mathrm{P}(B)=75\%=\frac{3}{4}$

따라서 항생제 내성이 있는 사람들 중 폐렴 보균자인 사람은 $\mathrm{P}(A|B)=\frac{P(A)\times P(B)}{P(B)}=\frac{\frac{1}{5}\times\frac{3}{4}}{\frac{3}{4}}=0.2=20\%$이다.

18 자료 이해

정답 ①

이메일 스팸 수신량이 가장 높은 시기는 2022년 하반기이지만, 휴대전화 스팸 수신량이 가장 높은 시기는 2021년 하반기이다.

오답분석

② 자료를 통해 모든 기간 이메일 스팸 수신량이 휴대전화 스팸 수신량보다 많음을 확인할 수 있다.
③ 이메일 스팸 수신량의 증가·감소 추이와 휴대전화 스팸 수신량의 증가·감소 추이가 일치하지 않으므로 서로 밀접한 관련이 있다고 보기 어렵다.
④ 이메일 스팸 총수신량의 평균은 약 0.6통이고, 휴대전화 스팸 총수신량의 평균은 약 0.19통이다. 따라서 $\frac{0.6}{0.19}\fallingdotseq 3.16$으로 3배 이상이다.

19 응용 수리

정답 ②

- 어른들이 원탁에 앉는 경우의 수 : $(3-1)!=2$가지
- 어른들 사이에 아이들이 앉는 경우의 수 : $3!=6$가지

따라서 원탁에 앉을 수 있는 모든 경우의 수는 $2\times 6=12$가지이다.

20 응용 수리

정답 ②

서울에서 부산까지 무정차로 걸리는 시간을 x시간이라고 하면 $x=\frac{400}{120}=\frac{10}{3}$이므로 3시간 20분이고, 서울에서 9시에 출발하여 부산에 13시 10분에 도착했으므로 걸린 시간은 4시간 10분이다. 즉, 무정차 시간과 비교하면 50분이 더 걸렸고, 역마다 정차하는 시간은 10분이므로 정차한 역의 수는 $50\div 10=5$개이다.

21 자료 계산

정답 ②

기타를 제외하고 2024년 김치 수출액이 3번째로 많은 국가는 홍콩이다.

홍콩의 2023년 대비 2024년 수출액의 증감률은 $\frac{4,285-4,543}{4,543}\times 100\fallingdotseq -5.68\%$이다.

22 자료 이해

정답 ④

이륜자동차의 5년간 총 사고건수는 12,400+12,900+12,000+11,500+11,200=60,000건이고, 2021년과 2022년의 사고건수의 합은 12,900+12,000=24,900건이므로 전체 사고건수의 $\frac{24,900}{60,000}\times100=41.5\%$이다.

오답분석

① 원동기장치 자전거의 사고건수는 2022년까지 증가하다가 2023년(7,110건)에는 전년(7,480건) 대비 감소하였다.
② 이륜자동차를 제외하고 2020년부터 2024년까지 교통수단별 사고건수가 가장 많은 해를 구하면 전동킥보드는 2024년(162건), 원동기장치 자전거는 2024년(8,250건), 택시는 2024년(177,856건)이지만, 버스는 2022년(235,580건)이 가장 높다.
③ 택시의 2020년 대비 2024년 사고건수는 (177,856−158,800)÷158,800×100≒12% 증가하였고, 버스의 2020년 대비 2024년 사고건수는 (227,256−222,800)÷222,800×100≒2% 증가하였다. 따라서 택시의 사고건수 증가율이 더 높다.

23 자료 이해

정답 ④

㉠ 5가지 교통수단 중 전동킥보드만 사고건수가 매년 증가하고 있으므로 이에 대한 대책이 필요하다.
㉢ 2021년 이륜자동차에 면허에 대한 법률이 개정되었고, 2022년부터 시행되었으며, 2022 ~ 2024년 전년 대비 이륜자동차의 사고건수가 매년 줄어들고 있으므로 옳은 판단이다.
㉣ 2020년부터 2024년까지 택시의 사고건수는 '증가 – 감소 – 증가 – 증가'하였으나, 버스는 '감소 – 증가 – 감소 – 감소'하였다.

오답분석

㉡ 원동기장치 자전거의 사고건수가 가장 적은 해는 2020년(5,450건)이지만, 이륜자동차의 사고건수가 가장 많은 해는 2021년(12,900건)이다.

24 자료 계산

정답 ④

A, B, C팀의 인원수를 각각 a, b, c명이라고 하면
A, B팀의 인원수 합은 $a+b=80$ ⋯ ㉠
A팀의 총점은 $40a$점이고, B팀의 총점은 $60b$점이므로
$40a+60b=80\times52.5=4,200$ → $2a+3b=210$ ⋯ ㉡
㉠, ㉡을 연립하면 $a=30$, $b=50$이고, $b+c=120$ → $c=70$이므로 (가)에 들어갈 값은 100이다.
C+A의 총점은 (30×40)+(70×90)=7,500점이고, $c+a=100$이므로 (나)에 들어갈 값은 $\frac{7,500}{100}=75.0$이다.

25 응용 수리

정답 ①

소금물 A의 농도를 $x\%$, 소금물 B의 농도를 $y\%$라고 하면 다음 두 식이 성립한다.

$\frac{x}{100}\times200+\frac{y}{100}\times300=\frac{9}{100}\times500$
→ $2x+3y=45$ ⋯ ㉠
$\frac{x}{100}\times300+\frac{y}{100}\times200=\frac{10}{100}\times500$
→ $3x+2y=50$ ⋯ ㉡

따라서 ㉠, ㉡을 연립하면 $x=12$, $y=7$이 나오므로 소금물 A의 농도는 12%이며, 소금물 B의 농도는 7%임을 알 수 있다.

26 자료 이해

정답 ①

영국의 고용률은 2024년 1분기에는 2023년보다 하락했고, 2024년 2분기에는 1분기와 같았다.

오답분석

② 프랑스와 한국의 2025년 1분기와 2분기의 고용률은 변하지 않았다.
③ 2025년 1분기 고용률이 가장 높은 국가는 독일이고, 가장 낮은 국가는 프랑스이다. 두 국가의 고용률 차이는 74.4−64.2=10.2%p이다.
④ • 2024년 2분기 OECD 전체 고용률 : 66.1%
• 2025년 2분기 OECD 전체 고용률 : 66.9%

∴ 2025년 2분기 OECD 전체 고용률의 작년 동기 대비 증가율 : $\frac{66.9-66.1}{66.1}\times100 \fallingdotseq 1.21\%$

• 2025년 1분기 OECD 전체 고용률 : 66.8%

∴ 2025년 2분기 OECD 전체 고용률의 직전 분기 대비 증가율 : $\frac{66.9-66.8}{66.8}\times100 \fallingdotseq 0.15\%$

27 자료 이해

정답 ③

2023년 분기별 확정기여형을 도입한 사업장 수의 전년 동기 대비 증가폭을 구하면 다음과 같다.

• 1/4분기 : 109,820−66,541=43,279건
• 2/4분기 : 117,808−75,737=42,071건
• 3/4분기 : 123,650−89,571=34,079건
• 4/4분기 : 131,741−101,086=30,655건

따라서 2023년 중 확정기여형을 도입한 사업장 수가 전년 동기 대비 가장 많이 증가한 시기는 1/4분기이다.

오답분석

① 자료의 '합계'를 통해 확인할 수 있다.
② 분기별 확정급여형과 확정기여형 취급실적을 비교하면 확정기여형이 항상 많은 것을 확인할 수 있다.
④ 자료를 통해 매 분기 확정급여형 취급실적은 IRP 특례의 2배 이상임을 알 수 있다.

28 자료 이해

정답 ②

A국 GDP는 18,562억 달러로, 나머지 다섯 국가의 GDP의 합인 4,730억+3,495억+2,650억+2,488억+1,404억=14,767억 달러보다 크다.

오답분석

ㄱ. B국은 C국보다 GDP와 GDP 대비 국가자산총액이 모두 크다.
ㄷ. (국가자산총액)=(GDP 대비 국가자산총액)×(GDP)÷100으로 F국과 D국의 국가자산총액을 구하면 다음과 같다.

• F국 : $\frac{828}{100}\times1,404 \fallingdotseq 11,625$억 달러

• D국 : $\frac{522}{100}\times2,650=13,833$억 달러

따라서 D국의 국가자산총액이 F국보다 더 크다.

29 자료 해석

정답 ③

행낭 배송 운행속도는 시속 60km로 일정하므로 A지점에서 G지점까지의 최단 거리를 구한 뒤 소요시간을 구하면 된다. 우선 배송 요청에 따라 지점 간의 순서 변경과 생략이 가능하므로 거치는 지점을 최소화하여야 한다. 앞서 언급한 조건들을 고려하여 구한 최단거리는 다음과 같다.

A → B → D → G ⇒ 6+2+8=16km ⇒ 16분(∵ 시속 60km는 1분당 1km)

따라서 대출 신청 서류가 A지점에 다시 도착할 최소시간은 16분(A → G)+30분(작성)+16분(G → A)=1시간 2분이다.

30 자료 해석

정답 ③

행낭 배송과 관련하여 발생되는 비용은 임금과 유류비이다. 이때 임금(식대 포함)은 고정비인 반면, 유류비는 배송 거리에 따라 금액이 달라진다. 그러므로 배송 거리가 가장 짧을 경우에 최소비용이 발생된다.

i) 규칙에 따른 오전 배송경로를 살펴보면 다음과 같다.

- A → C → E → B → D → G → F (○)
- A → C → E → D → B (×)
- A → C → E → F → G → D → B (○)
- A → C → E → G → D → B (×)

지점 중복으로 불가능한 경우를 제외한 나머지 두 가지 경우 중 F지점에서 마감하는 거리는 5+8+6+2+8+12=41km이고, B지점에서 마감하는 거리도 5+8+6+12+8+2=41km로 동일하다.

ii) 규칙에 따른 오후 배송경로를 살펴보면 다음과 같다.

- F → E → B → D → G (×)
- F → E → D → B → A → C (×)
- F → E → G → D → B → A → C (○)
- B → D → E → G → F → C → A (○)
- B → D → E → F → C → A (×)

지점 중복으로 불가능한 경우를 제외한 나머지 두 가지 경우 중 B지점에서 시작하여 A지점에서 마감하는 경우는 규칙에 어긋나므로 고려 대상에서 제외된다. 한편, F지점에서 시작하여 C지점에서 마감하는 거리는 6+6+8+2+6+5=33km이다. 즉, 오전 및 오후 배송거리는 41+33=74km이다.

iii) 하루 동안 발생하는 비용을 계산하면 다음과 같다.

- (유류비)=74×200=14,800원
- [임금(식대 포함)]=(10,000×6)+(10,000×0.8)=68,000원

따라서 하루 동안 발생하는 최소비용은 14,800+68,000=82,800원이다.

31 창의적 사고

정답 ③

브레인스토밍(Brainstorming)의 특징

- 한 사람이 생각하는 것보다 다수가 생각하는 것이 아이디어가 많다.
- 아이디어 수가 많을수록 질적으로 우수한 아이디어가 나올 수 있다.
- 아이디어는 비판이 가해지지 않으면 많아진다.

오답분석

① 스캠퍼(Scamper) 기법 : 창의적 사고를 유도하여 신제품이나 서비스 등을 생각하는 발상 도구이다.
② 여섯 가지 색깔 모자(Six Thinking Hats) : 각각 중립적, 감정적, 부정적, 낙관적, 창의적, 이성적 사고를 뜻하는 여섯 가지 색의 모자를 차례대로 바꾸어 쓰면서 모자 색깔이 뜻하는 유형대로 생각해 보는 방법이다.
④ TRIZ(Teoriya Resheniya Izobretatelskikh Zadatch) : 문제에 대하여 이상적인 결과를 정하고, 그 결과를 얻는 데 모순이 되는 것을 찾아 모순을 극복할 수 있는 해결안을 찾는 40가지 방법에 대한 이론이다.

32 자료 해석

정답 ③

외국인 등록이 되어 있는 17세 이상 외국인의 경우 사전 등록 없이 자동출입국심사대를 이용할 수 있다.

오답분석

① 35세 A씨는 19세 이상이므로 사전 등록 절차 없이 자동출입국심사대를 이용할 수 있으나, 7세인 A씨의 아들 B군은 사전 등록이 필요하다.
② 인적사항이 변경된 C씨의 경우 사전 등록이 필요하다.
④ 체류만료일이 1개월 이내인 외국인 E씨의 경우 자동출입국심사대 이용이 제한된다.

33 명제 추론

정답 ②

주어진 조건을 다음의 다섯 가지 경우로 정리할 수 있다.

구분	1층	2층	3층	4층	5층	6층
경우 1	C	D	A	F	E	B
경우 2	F	D	A	C	E	B
경우 3	F	D	A	E	C	B
경우 4	D	F	A	E	B	C
경우 5	D	F	A	C	B	E

따라서 B는 항상 F보다 높은 층에 산다.

오답분석

① C는 B보다 높은 곳에 살 수도 낮은 곳에 살 수도 있다.
③ E는 F와 인접해 있을 수도 인접하지 않을 수도 있다.
④ A는 항상 D보다 높은 층에 산다.

PART 2

34 명제 추론

정답 ④

각 도입규칙을 논리식으로 나타내면 다음과 같다.

- 규칙1. A
- 규칙2. ~B → D
- 규칙3. E → ~A
- 규칙4. B, E, F 중 2개 이상
- 규칙5. ~E∧F → ~C
- 규칙6. 최대한 많은 설비 도입

규칙1에 따르면 A는 도입하며, 규칙3의 대우인 A → ~E에 따르면 E는 도입하지 않는다. 규칙4에 따르면 E를 제외한 B, F를 도입해야 하고, 규칙5에서 E는 도입하지 않으며, F는 도입하므로 C는 도입하지 않는다. D의 도입여부는 규칙1 ~ 5를 통해서는 알 수 없지만, 규칙6에서 최대한 많은 설비를 도입한다고 하였으므로 D를 도입한다.
따라서 도입할 설비는 A, B, D, F이다.

35 규칙 적용

정답 ①

먼저 16진법으로 표현된 수를 10진법으로 변환하여야 한다.
43 → 4×16+3=67
41 → 4×16+1=65
54 → 5×16+4=84
변환된 수를 아스키 코드표를 이용하여 해독하면 67=C, 65=A, 84=T임을 확인할 수 있다.
따라서 철수가 장미에게 보낸 문자의 의미는 'CAT'이다.

36 명제 추론

정답 ③

마지막 조건에 따라 C대리가 가장 먼저 출근하며, 두 번째 조건에 따라 그다음에 B과장이 출근한다. 팀원이 총 5명이므로 세 번째 조건에 따라 D주임이 세 번째로 출근하며, 첫 번째 조건에 따라 E사원이 A팀장보다 먼저 출근한다. 따라서 먼저 출근한 사람부터 순서대로 나열하면 C대리 – B과장 – D주임 – E사원 – A팀장이다.

37 SWOT 분석

정답 ②

ㄱ. 회사가 가지고 있는 신속한 제품 개발 시스템의 강점을 활용하여 새로운 해외시장의 소비자 기호를 반영한 제품을 개발하는 것은 강점을 통해 기회를 포착하는 SO전략에 해당한다.

ㄷ. 공격적 마케팅을 펼치고 있는 해외 저가 제품과 달리 오히려 회사가 가지고 있는 차별화된 제조 기술을 활용하여 고급화 전략을 추구하는 것은 강점으로 위협을 회피하는 ST전략에 해당한다.

오답분석

ㄴ. 저임금을 활용한 개발도상국과의 경쟁 심화와 해외 저가 제품의 공격적 마케팅을 고려하면 국내에 화장품 생산 공장을 추가로 건설하는 것은 적절한 전략으로 볼 수 없다. 약점을 보완하여 위협을 회피하는 전략을 활용하기 위해서는 오히려 저임금의 개발도상국에 공장을 건설하여 가격 경쟁력을 확보하는 것이 더 적절하다.

ㄹ. 낮은 브랜드 인지도가 약점이기는 하나, 해외시장에서의 한국 제품에 대한 선호가 증가하고 있는 점을 고려하면 현지 기업의 브랜드로 제품을 출시하는 것은 적절한 전략으로 볼 수 없다. 약점을 보완하여 기회를 포착하는 전략을 활용하기 위해서는 오히려 한국 제품임을 강조하는 홍보 전략을 세우는 것이 더 적절하다.

38 규칙 적용

정답 ④

- 형태 : HX(육각)
- 허용압력 : L(18kg/cm^2)
- 직경 : 014(14mm)
- 재질 : SS(스테인리스)
- 용도 : M110(자동차)

따라서 볼트의 일련번호는 'HXL014SSM110'이다.

39 SWOT 분석

정답 ②

WT전략은 외부 환경의 위협 요인을 회피하고 약점을 보완하는 전략을 적용해야 한다. 따라서 ②는 강점(S)을 강화하는 전략이므로 적절하지 않다.

오답분석

① WO전략은 외부의 기회를 사용해 약점을 보완하는 전략이므로 적절하다.
③ SO전략은 기회를 활용하면서 강점을 더욱 강화시키는 전략이므로 적절하다.
④ ST전략은 외부 환경의 위협을 회피하며 강점을 적극 활용하는 전략이므로 적절하다.

40 자료 해석

정답 ③

제시된 문제는 각각의 조건에서 해당되지 않는 쇼핑몰을 확인하여 선택지에서 하나씩 제거하는 방법으로 푸는 것이 좋다.

- 철수 : C, D, F는 포인트 적립이 안 되므로 해당 사항이 없다(②·④ 제외).
- 영희 : A는 배송비가 없으므로 해당 사항이 없다.
- 민수 : A, B, C는 주문 취소가 가능하므로 해당 사항이 없다(① 제외).
- 철호 : 환불 및 송금수수료, 배송비가 포함되었으므로 A, D, E, F에는 해당 사항이 없다.

41 창의적 사고

정답 ③

K사는 모바일 게임 시장은 사라질 것이라는 과거의 고정관념에서 벗어나 인식의 틀을 전환하여 오히려 신기술인 AR을 게임에 도입하여 큰 성공을 거두었다. 즉, K사는 기존에 가지고 있는 인식의 틀을 전환하여 새로운 관점에서 사물과 세상을 바라보는 발상의 전환을 통해 문제를 해결한 것이다.

42 자료 해석

정답 ④

세레나데 & 봄의 제전은 55% 할인된 가격인 27,000원에서 티켓 수수료 10%가 추가되므로 2,700원을 더한 29,700원이 결제가격이다. 따라서 티켓 판매량이 1,200장이므로 총수익은 3,564만 원이다.

오답분석

① 모든 티켓이 50% 이상 할인율을 가지고 있으므로 할인율이 크다는 생각을 할 수 있다.
② 티켓 판매가 부진해 50% 이상의 할인을 한다는 생각을 할 수 있다.
③ 백조의 호수의 경우 2월 12일 ~ 17일까지 6일이라는 가장 짧은 기간 동안 티켓을 판매했지만, 1,787장으로 가장 높은 판매량을 기록하고 있다. 따라서 설 연휴와 같은 휴일에 티켓 수요가 늘 것을 예상해 일정을 짧게 잡아 단기간에 빠르게 판매량을 높인 것을 추론할 수 있다.

43 품목 확정

정답 ④

조건에 따르면 매주 일요일에 일괄구매한 B, C부품은 그다음 주의 A제품 생산에 사용하며, 1개의 A제품 생산 시 B부품 2개와 C부품 4개가 사용된다.

- 1주 차에는 A제품의 주문량은 없고, B부품 50개와 C부품 100개의 재고가 있으므로, A제품 25개$\left(\because \frac{50}{2}=25,\ \frac{100}{4}=25\right)$를 만들어 재고로 남긴다.
- 2주 차에는 A제품 175개$\left(\because \frac{450}{2}=225,\ \frac{700}{4}=175\text{이므로 175개만 가능}\right)$를 생산하여, 1주 차의 재고 25개와 함께 총 175+25=200개의 제품을 주문량에 맞춰 모두 판매한다. 이때 B부품은 450−(175×2)=100개가 재고로 남는다.
- 3주 차에는 A제품 550개$\left(\because \frac{1,100}{2}=550,\ \frac{2,400}{4}=600\text{이므로 550개만 가능}\right)$를 생산할 수 있으며, 주문량에 따라 제품을 판매하면 550−500=50개의 재고가 남는다. 이때 C부품은 2,400−(550×4)=200개가 재고로 남는다.

따라서 3주 차 토요일 판매완료 후의 재고량은 A제품 50개, B부품 0개, C부품 200개이다.

44 비용 계산

정답 ③

대표적인 직접비용으로는 재료비, 원료와 장비비, 시설비, 여행(출장)비와 잡비, 인건비가 있다. 반면, 간접비용으로는 보험료, 건물관리비, 광고비, 통신비, 사무비품비, 각종 공과금이 있다. 따라서 잡비는 직접비용에 해당한다.

오답분석

①·②·④ 간접비용에 해당한다.

45 품목 확정

정답 ④

회전 대응 보관의 원칙은 입·출하의 빈도가 높은 품목을 출입구 가까운 곳에 보관하는 것을 말한다.

오답분석

① 통로 대면의 원칙 : 물품의 창고 내 입고와 출고를 용이하게 하고, 창고 내의 원활한 흐름과 활성화를 위하여 물품을 통로에 면하여 보관한다.
② 중량 특성의 원칙 : 물품의 중량에 대응하여 보관 장소나 고저를 결정하는 것으로, 무거운 물품일수록 출구와 가까운 하층부에 보관한다.
③ 선입 선출의 원칙 : 먼저 보관한 물품을 먼저 출고하는 원칙으로, 일반적으로 상품의 수명 주기가 짧은 경우 적용한다.

46 시간 계획

정답 ④

7월 19 ~ 20일에 연차를 쓴다면 작년투자현황 조사를 1, 4일에, 잠재력 심층조사를 6, 7일에, 1차 심사를 11 ~ 13일에, 2차 심사를 15, 18, 21일에 하더라도, 최종결정과 선정결과 발표 사이에 두어야 하는 하루의 간격이 부족하므로 신규투자처 선정 일정에 지장이 가게 된다. 따라서 연차를 사용할 수 없다.

47 시간 계획

정답 ④

최대한 일정을 당겨서 작년투자현황 조사를 1, 4일에, 잠재력 심층조사를 6, 7일에, 1차 심사를 11～13일에, 2차 심사를 15, 18, 19일에 해야만 신규투자처 선정 일정에 지장이 가지 않는다. 즉, 19일까지는 연차를 쓸 수 없다. 따라서 19일까지 2차 심사를 마치고 20～21일에 연차를 사용한다면 22일에 최종결정, 25일 혹은 26일에 결과 발표를 할 수 있다.

48 시간 계획

정답 ③

사람들은 마감 기한보다 결과의 질을 중요하게 생각하는 경향이 있으나, 어떤 일이든 기한을 넘겨서는 안 된다. 완벽에 가깝지만 기한을 넘긴 일은 완벽하지는 않지만 기한 내에 끝낸 일보다 인정을 받기 어렵다. 따라서 시간관리에 있어서 주어진 기한을 지키는 것이 가장 중요하다.

오답분석

① A사원 : 시간관리는 상식에 불과하다는 오해를 하고 있다.
② B사원 : 시간에 쫓기면 일을 더 잘한다는 오해를 하고 있다.
④ D사원 : 창의적인 일을 하는 사람에게는 시간관리가 맞지 않는다는 오해를 하고 있다.

49 비용 계산

정답 ③

영희는 누적방수액의 유무와 상관없이 재충전 횟수가 200회 이상이면 충분하다고 하였으므로 100회 이상 300회 미만으로 충전이 가능한 리튬이온배터리를 구매한다. 이때 누적방수액을 바르지 않은 것이 더 저렴하므로 영희가 가장 저렴하게 구매하는 가격은 5,000원이다.

오답분석

① • 철수가 가장 저렴하게 구매하는 가격 : 20,000원
 • 영희가 가장 저렴하게 구매하는 가격 : 5,000원
 • 상수가 가장 저렴하게 구매하는 가격 : 5,000원
 따라서 철수, 영희, 상수가 리튬이온배터리를 가장 저렴하게 구매하는 가격의 합은 20,000+5,000+5,000=30,000원이다.
② • 철수가 가장 비싸게 구매하는 가격 : 50,000원
 • 영희가 가장 비싸게 구매하는 가격 : 10,000원
 • 상수가 가장 비싸게 구매하는 가격 : 50,000원
 따라서 철수, 영희, 상수가 리튬이온배터리를 가장 비싸게 구매하는 가격의 합은 50,000+10,000+50,000=110,000원이다.
④ 영희가 가장 비싸게 구매하는 가격은 10,000원, 상수가 가장 비싸게 구매하는 가격은 50,000원이다. 따라서 두 가격의 차이는 40,000원으로 30,000원 이상이다.

50 인원 선발

정답 ①

현재 갑의 부서배치는 갑의 성격을 고려하지 않은 배치이므로 갑의 업무 능력을 감소시킨다. 따라서 팀의 효율성을 높이기 위해 팀원의 능력·성격을 고려해 배치하는 적재적소 배치 방법이 필요하다.

오답분석

② 능력 배치 : 개인에게 능력을 발휘할 수 있는 기회와 장소를 부여한 뒤, 그 성과를 바르게 평가하고 평가된 능력과 실적에 대해 상응하는 보상을 하는 원칙을 말한다.
③ 균형 배치 : 모든 팀원에 대한 평등한 적재적소, 즉 팀 전체의 적재적소를 고려하는 것으로 팀 전체의 능력향상, 의식개혁, 사기양양 등을 도모하는 의미에서 전체와 개체의 균형을 이루도록 하는 배치를 말한다.
④ 양적 배치 : 작업량과 조업도, 여유 또는 부족 인원을 감안하여 소요 인원을 결정, 배치하는 것을 말한다.

51 인원 선발

정답 ③

사장은 최소비용으로 최대인원을 채용하는 것을 목적으로 하고 있다. 그러므로 가장 낮은 임금의 인원을 최우선으로 배치하되, 동일한 임금의 인원은 가용한 시간 내에 분배하여 배치해야 한다. 이를 적용하면 다음과 같이 인원을 배치할 수 있다.

<table>
<tr><th>구분</th><th colspan="2">월</th><th colspan="2">화</th><th colspan="2">수</th><th colspan="2">목</th><th colspan="2">금</th></tr>
<tr><td>08:00</td><td rowspan="7">기존 직원</td><td rowspan="2">김갑주</td><td rowspan="7">기존 직원</td><td rowspan="2">김갑주</td><td rowspan="7">기존 직원</td><td rowspan="2">김갑주</td><td rowspan="7">기존 직원</td><td rowspan="2">김갑주</td><td rowspan="7">기존 직원</td><td rowspan="2">김갑주</td></tr>
<tr><td>09:00</td></tr>
<tr><td>10:00</td><td rowspan="2">한수미</td><td rowspan="2">한수미</td><td rowspan="2">한수미</td><td rowspan="2">한수미</td><td rowspan="2">한수미</td></tr>
<tr><td>11:00</td></tr>
<tr><td>12:00</td><td rowspan="4">조병수</td><td rowspan="4">조병수</td><td rowspan="4">조병수</td><td rowspan="4">조병수</td><td rowspan="4">조병수</td></tr>
<tr><td>13:00</td></tr>
<tr><td>14:00</td></tr>
<tr><td>15:00</td><td rowspan="5">강을미</td><td rowspan="5">강을미</td><td rowspan="5">강을미</td><td rowspan="5">강을미</td><td rowspan="5">강을미</td></tr>
<tr><td>16:00</td><td rowspan="4">채미나</td><td rowspan="4">채미나</td><td rowspan="4">채미나</td><td rowspan="4">채미나</td><td rowspan="4">채미나</td></tr>
<tr><td>17:00</td></tr>
<tr><td>18:00</td></tr>
<tr><td>19:00</td></tr>
</table>

8시부터 근무는 김갑주가 임금이 가장 낮다. 이후 10시부터는 임금이 같은 한수미도 근무가 가능하므로, 최대인원을 채용하는 목적에 따라 한수미가 근무한다. 그다음 중복되는 12시부터는 조병수가 임금이 더 낮으므로 조병수가 근무하며, 임금이 가장 낮은 강을미는 15시부터 20시까지 근무한다. 조병수 다음으로 중복되는 14시부터 가능한 최강현은 임금이 비싸므로 근무하지 않는다(최소비용이 최대인원보다 우선하기 때문). 그다음으로 중복되는 16시부터는 채미나가 조병수와 임금이 같으므로 채미나가 근무한다. 따라서 채용할 인원은 김갑주, 강을미, 조병수, 채미나, 한수미이다.

52 비용 계산

정답 ④

- 기존 직원 : 8,000원×7시간=56,000원
- 김갑주, 한수미 : 8,000원×2시간=16,000원
- 조병수, 채미나 : 7,500원×4시간=30,000원
- 강을미 : 7,000원×5시간=35,000원

→ 56,000+(16,000×2)+(30,000×2)+35,000=183,000원

따라서 사장이 한 주 단위로 지급해야 하는 임금은 183,000원×5일=915,000원이다.

53 인원 선발

정답 ③

B, E는 전분기 총사고 건수가 0건으로 이번 분기 차감 혜택이 적용되어야 하지만, E의 경우 이번 분기 발신사고 건수가 5건으로 혜택을 받지 못한다. 이를 참고하여 직원별 벌점을 계산하면 다음과 같다.

(단위 : 점)

구분	수신물 오분류	수신물 분실	미발송	발신물 분실	벌점차감 혜택	총 벌점
A	–	2×4=8	–	4×6=24	×	32
B	2×2=4	3×4=12	3×4=12	–	O(−5)	23
C	2×2=4	–	3×4=12	1×6=6	×	22
D	–	2×4=8	2×4=8	2×6=12	×	28
E	1×2=2	–	3×4=12	2×6=12	×	26

따라서 두 번째로 높은 벌점을 부여받는 직원은 D직원이다.

54 비용 계산

정답 ③

벌점이 낮을수록 등수가 높으므로 이를 고려해 각 직원이 지급받을 성과급을 계산하면 다음과 같다.

구분	총 벌점	등수	지급비율	성과급 지급액
A	32점	5	50%(30점 초과)	50만 원
B	23점	2	90%	90만 원
C	22점	1	100%	100만 원
D	28점	4	80%	80만 원
E	26점	3	90%	90만 원

따라서 B직원과 E직원이 지급받을 성과급 총액은 90+90=180만 원이다.

55 품목 확정

정답 ③

B부서는 전분기 부서표창으로 인한 혜택을 받으나, D부서는 '의도적 부정행위' 유형의 사고가 3건 이상이므로 혜택을 받지 못한다. 주어진 정보에 따라 부서별 당월 벌점을 계산하면 다음과 같다.

구분	당월 벌점	전분기 부서표창 여부
A	(20×1)+(12×2)+(6×3)=62점	–
B	(20×1)+(12×4)+(6×2)−20=60점	○
C	(12×3)+(6×6)=72점	–
D	(20×3)+(12×2)=84점	○(혜택 못 받음)

따라서 벌점이 두 번째로 높은 부서는 C부서이다.

56 시간 계획

정답 ③

주어진 임무는 행사와 관련하여 모두 필요한 업무이므로 성과 발표 준비는 가장 오래 걸리는 과정이 끝났을 때 완성된다. 따라서 가장 오래 걸리는 과정인 A → C → E → G → H 과정과 A → C → F → H 과정이 모두 끝나는 데는 8일이 소요된다. 이때 A → C 작업은 두 과정에 모두 포함되므로 기간을 단축하면 전체 준비 기간이 짧아질 것이다. 반면 E → H나 E → G 작업을 단축하게 되더라도 다른 과정이 남아있으므로 전체 준비 기간은 짧아지지 않는다.

57 윤리

정답 ④

ㄴ. 모든 사람이 윤리적 가치보다 자신의 이익을 우선하여 행동한다면, 사회질서가 파괴될 수 있다.

ㄹ. 윤리적 행동의 당위성은 육체적 안락이나 경제적 이득보다 삶의 본질적 가치와 도덕적 신념에 근거한다.

오답분석

ㄱ. 모든 사람이 윤리적으로 행동할 때 나 혼자 비윤리적 행동을 하면 큰 이익을 얻을 수 있는데도 윤리적 규범을 지켜야 하는 이유는 어떻게 살 것인가 하는 가치관의 문제와도 관련이 있기 때문이다.

ㄷ. 사람이 윤리적으로 살아야 하는 이유는 윤리적으로 살 때 개인의 행복, 모든 사람의 행복을 보장할 수 있기 때문이다.

58 근면

정답 ③

(가), (다), (라)의 경우 외부로부터의 강요 때문이 아니라 자진해서 행동하고 있음을 확인할 수 있다. 자진해서 하는 근면은 능동적이고 적극적인 태도가 우선시된다.

오답분석

- (나) : 팀장으로부터 강요당하였다.
- (마) : 어머니로부터 강요당하였다.

59 책임 의식

정답 ②

(ㄱ) 경제적 책임 : 사회적으로 필요한 상품과 서비스를 생산·판매하여 이윤과 고용을 창출해야 하는 책임이다.
(ㄴ) 법적 책임 : 국가와 사회가 규정한 법에 의거하여 경영·경제 활동을 해야 하는 책임이다.
(ㄷ) 윤리적 책임 : 사회의 윤리의식에 합치되도록 경영·경제 활동을 해야 하는 책임이다.
(ㄹ) 자선적 책임 : 경제·경영 활동과는 직접 관련이 없는 기부·문화 활동 등을 자발적으로 해야 하는 책임이다.

60 봉사

정답 ①

봉사는 물질적인 보상이나 대가를 바라지 않고 사회의 공익, 행복을 위해서 하는 일이다. 따라서 적절한 보상에 맞춰 봉사에 참여하는 것은 적절하지 않다.

61 책임 의식

정답 ①

직업윤리 덕목은 다음과 같다.

- 소명 의식 : 나에게 주어진 일이라 생각함. 반드시 해야 하는 일
- 천직 의식 : 태어나면서 나에게 주어진 재능
- 직분 의식 : 자아 실현을 통해 사회와 기업이 성장할 수 있다는 자부심
- 책임 의식 : 책무를 충실히 수행하고 책임을 다하는 태도
- 전문가 의식 : 자신의 일이 누구나 할 수 있는 것이 아니라 해당 분야의 지식과 교육을 바탕으로 성실히 수행해야만 가능한 것이라고 믿고 수행하는 태도
- 봉사 의식 : 소비자에게 내가 한 일로 인해 행복함을 주는 태도

따라서 책임 의식과 전문가 의식에 어긋난 행동이 된다.

62 윤리

정답 ②

더글러스는 소음방지 장치를 약속할 수 없다고 하면서 이스턴 항공사와 계약을 통해 얻을 수 있는 매출로 인한 단기적 이익 및 주위의 부러움 등을 포기하였지만, 직업윤리를 선택함으로써 명예로움과 양심을 얻었다.

63 근면

정답 ④

잦은 지각을 일삼는 B사원에게 결여된 덕목은 근면으로, 이는 게으르지 않고 부지런한 것을 말한다. 직장에서의 근면한 생활을 위해서는 출근 시간을 엄수해야 하며, 술자리 등 개인적인 일로 업무에 지장이 없도록 해야 한다.

64 책임 의식

정답 ④

제시문에서는 경제적인 목적에 대한 내용을 확인할 수 없다. 직업은 경제적 목적 이외에 자신의 존재 가치를 실현하고 자기의 능력과 노력을 통하여 적극적으로 사회에 기여하기 위한 장이다.

직업인의 기본자세
- 소명 의식과 천직 의식을 가져야 한다.
- 봉사 정신과 협동 정신이 있어야 한다.
- 책임 의식과 전문 의식이 있어야 한다.
- 공평무사한 자세가 필요하다.

65 근면

정답 ③

직장에서의 근면한 생활을 위해서는 B사원과 같이 일에 지장이 없도록 항상 건강관리에 유의해야 하며, C대리와 같이 오늘 할 일을 내일로 미루지 않고, 업무 시간에 개인적인 일을 하지 않아야 한다.

오답분석

- A사원 : 항상 일을 배우는 자세로 임하여 열심히 해야 한다.
- D대리 : 사무실 내에서 메신저 등을 통해 사적인 대화를 나누지 않아야 한다.

66 윤리

정답 ①

인사를 교환한 뒤에는 바로 통화 목적(용건)을 말해야 한다.

67 윤리

정답 ④

명함을 받으면 그대로 집어넣지 말고 상세히 살핀 다음 읽기 어려운 글자를 물어보거나, 명함에 관해서 한두 마디 대화를 건네는 것이 적절한 명함 교환 예절이다.

68 책임 의식

정답 ②

L부장에게는 나 자신뿐만 아니라 나의 부서의 일은 내 책임이라고 생각하는 책임 의식이 필요하다.

69 윤리

정답 ④

- 기율 : 무관심이란 자신의 행위가 비윤리적이라는 것은 알고 있지만, 윤리적인 기준에 따라 행동해야 한다는 것을 중요하게 여기지 않는 것을 의미하므로 옳은 설명이다.
- 지현 : 무절제란 자신의 행위가 잘못이라는 것을 알고 그러한 행위를 하지 않으려고 함에도 불구하고 자신의 통제를 벗어나는 어떤 요인으로 인하여 비윤리적 행위를 저지르는 것이므로 옳은 설명이다.

오답분석

- 지원 : 비윤리적 행위의 주요 원인은 무지, 무관심, 무절제이며, 자유는 비윤리적 행위의 직접적 원인으로 볼 수 없다.
- 창인 : 어떤 사람이 악이라는 사실을 모른 채 선이라고 생각하여 노력하였다면, 이는 무관심이 아닌 무지에서 비롯된 것이다.

70 봉사

정답 ②

고객접점서비스(MOT)는 고객과 서비스 요원 사이에서 15초 동안의 짧은 순간 이루어지는 서비스로, 이 15초 동안 고객접점에 있는 서비스 요원이 책임과 권한을 가지고 우리 회사를 선택한 것이 가장 좋은 선택이었다는 사실을 고객에게 입증시켜야 한다. 이때, 서비스 요원의 용모와 복장 등은 첫인상을 좌우하는 중요한 요소가 된다.

오답분석

ㄱ. 고객접점서비스는 모든 서비스에서 100점을 맞았더라도 한 접점에서 불만이 나오면 $100 \times 0 = 0$의 곱셈 법칙이 적용되어 모든 서비스 점수가 0점이 된다.

ㅁ. 고객접점서비스를 강화하기 위해서는 서비스 요원의 권한을 강화하여야 한다.

한국남부발전 필기전형 답안카드

성 명

지원 분야

문제지 형별기재란	
(　　　)형	Ⓐ Ⓑ

수 험 번 호						
⓪	⓪	⓪	⓪	⓪	⓪	⓪
①	①	①	①	①	①	①
②	②	②	②	②	②	②
③	③	③	③	③	③	③
④	④	④	④	④	④	④
⑤	⑤	⑤	⑤	⑤	⑤	⑤
⑥	⑥	⑥	⑥	⑥	⑥	⑥
⑦	⑦	⑦	⑦	⑦	⑦	⑦
⑧	⑧	⑧	⑧	⑧	⑧	⑧
⑨	⑨	⑨	⑨	⑨	⑨	⑨

감독위원 확인
인

1	① ② ③ ④	21	① ② ③ ④	41	① ② ③ ④	61	① ② ③ ④
2	① ② ③ ④	22	① ② ③ ④	42	① ② ③ ④	62	① ② ③ ④
3	① ② ③ ④	23	① ② ③ ④	43	① ② ③ ④	63	① ② ③ ④
4	① ② ③ ④	24	① ② ③ ④	44	① ② ③ ④	64	① ② ③ ④
5	① ② ③ ④	25	① ② ③ ④	45	① ② ③ ④	65	① ② ③ ④
6	① ② ③ ④	26	① ② ③ ④	46	① ② ③ ④	66	① ② ③ ④
7	① ② ③ ④	27	① ② ③ ④	47	① ② ③ ④	67	① ② ③ ④
8	① ② ③ ④	28	① ② ③ ④	48	① ② ③ ④	68	① ② ③ ④
9	① ② ③ ④	29	① ② ③ ④	49	① ② ③ ④	69	① ② ③ ④
10	① ② ③ ④	30	① ② ③ ④	50	① ② ③ ④	70	① ② ③ ④
11	① ② ③ ④	31	① ② ③ ④	51	① ② ③ ④		
12	① ② ③ ④	32	① ② ③ ④	52	① ② ③ ④		
13	① ② ③ ④	33	① ② ③ ④	53	① ② ③ ④		
14	① ② ③ ④	34	① ② ③ ④	54	① ② ③ ④		
15	① ② ③ ④	35	① ② ③ ④	55	① ② ③ ④		
16	① ② ③ ④	36	① ② ③ ④	56	① ② ③ ④		
17	① ② ③ ④	37	① ② ③ ④	57	① ② ③ ④		
18	① ② ③ ④	38	① ② ③ ④	58	① ② ③ ④		
19	① ② ③ ④	39	① ② ③ ④	59	① ② ③ ④		
20	① ② ③ ④	40	① ② ③ ④	60	① ② ③ ④		

※ 본 답안카드는 마킹연습용 모의 답안카드입니다.

〈절취선〉

한국남부발전 필기전형 답안카드

성 명

지원 분야

문제지 형별기재란	
(　　　)형	Ⓐ Ⓑ

수 험 번 호						
⓪	⓪	⓪	⓪	⓪	⓪	⓪
①	①	①	①	①	①	①
②	②	②	②	②	②	②
③	③	③	③	③	③	③
④	④	④	④	④	④	④
⑤	⑤	⑤	⑤	⑤	⑤	⑤
⑥	⑥	⑥	⑥	⑥	⑥	⑥
⑦	⑦	⑦	⑦	⑦	⑦	⑦
⑧	⑧	⑧	⑧	⑧	⑧	⑧
⑨	⑨	⑨	⑨	⑨	⑨	⑨

감독위원 확인
인

1	①	②	③	④	21	①	②	③	④	41	①	②	③	④	61	①	②	③	④
2	①	②	③	④	22	①	②	③	④	42	①	②	③	④	62	①	②	③	④
3	①	②	③	④	23	①	②	③	④	43	①	②	③	④	63	①	②	③	④
4	①	②	③	④	24	①	②	③	④	44	①	②	③	④	64	①	②	③	④
5	①	②	③	④	25	①	②	③	④	45	①	②	③	④	65	①	②	③	④
6	①	②	③	④	26	①	②	③	④	46	①	②	③	④	66	①	②	③	④
7	①	②	③	④	27	①	②	③	④	47	①	②	③	④	67	①	②	③	④
8	①	②	③	④	28	①	②	③	④	48	①	②	③	④	68	①	②	③	④
9	①	②	③	④	29	①	②	③	④	49	①	②	③	④	69	①	②	③	④
10	①	②	③	④	30	①	②	③	④	50	①	②	③	④	70	①	②	③	④
11	①	②	③	④	31	①	②	③	④	51	①	②	③	④					
12	①	②	③	④	32	①	②	③	④	52	①	②	③	④					
13	①	②	③	④	33	①	②	③	④	53	①	②	③	④					
14	①	②	③	④	34	①	②	③	④	54	①	②	③	④					
15	①	②	③	④	35	①	②	③	④	55	①	②	③	④					
16	①	②	③	④	36	①	②	③	④	56	①	②	③	④					
17	①	②	③	④	37	①	②	③	④	57	①	②	③	④					
18	①	②	③	④	38	①	②	③	④	58	①	②	③	④					
19	①	②	③	④	39	①	②	③	④	59	①	②	③	④					
20	①	②	③	④	40	①	②	③	④	60	①	②	③	④					

※ 본 답안카드는 마킹연습용 모의 답안카드입니다.

한국남부발전 필기전형 답안카드

성 명

지원 분야

문제지 형별기재란	
(　　　)형	Ⓐ Ⓑ

수 험 번 호						
⓪	⓪	⓪	⓪	⓪	⓪	⓪
①	①	①	①	①	①	①
②	②	②	②	②	②	②
③	③	③	③	③	③	③
④	④	④	④	④	④	④
⑤	⑤	⑤	⑤	⑤	⑤	⑤
⑥	⑥	⑥	⑥	⑥	⑥	⑥
⑦	⑦	⑦	⑦	⑦	⑦	⑦
⑧	⑧	⑧	⑧	⑧	⑧	⑧
⑨	⑨	⑨	⑨	⑨	⑨	⑨

감독위원 확인
인

1	①	②	③	④	21	①	②	③	④	41	①	②	③	④	61	①	②	③	④
2	①	②	③	④	22	①	②	③	④	42	①	②	③	④	62	①	②	③	④
3	①	②	③	④	23	①	②	③	④	43	①	②	③	④	63	①	②	③	④
4	①	②	③	④	24	①	②	③	④	44	①	②	③	④	64	①	②	③	④
5	①	②	③	④	25	①	②	③	④	45	①	②	③	④	65	①	②	③	④
6	①	②	③	④	26	①	②	③	④	46	①	②	③	④	66	①	②	③	④
7	①	②	③	④	27	①	②	③	④	47	①	②	③	④	67	①	②	③	④
8	①	②	③	④	28	①	②	③	④	48	①	②	③	④	68	①	②	③	④
9	①	②	③	④	29	①	②	③	④	49	①	②	③	④	69	①	②	③	④
10	①	②	③	④	30	①	②	③	④	50	①	②	③	④	70	①	②	③	④
11	①	②	③	④	31	①	②	③	④	51	①	②	③	④					
12	①	②	③	④	32	①	②	③	④	52	①	②	③	④					
13	①	②	③	④	33	①	②	③	④	53	①	②	③	④					
14	①	②	③	④	34	①	②	③	④	54	①	②	③	④					
15	①	②	③	④	35	①	②	③	④	55	①	②	③	④					
16	①	②	③	④	36	①	②	③	④	56	①	②	③	④					
17	①	②	③	④	37	①	②	③	④	57	①	②	③	④					
18	①	②	③	④	38	①	②	③	④	58	①	②	③	④					
19	①	②	③	④	39	①	②	③	④	59	①	②	③	④					
20	①	②	③	④	40	①	②	③	④	60	①	②	③	④					

※ 본 답안카드는 마킹연습용 모의 답안카드입니다.

〈절취선〉

한국남부발전 필기전형 답안카드

성 명

지원 분야

문제지 형별기재란	
(　　　)형	Ⓐ Ⓑ

수 험 번 호						
⓪	⓪	⓪	⓪	⓪	⓪	⓪
①	①	①	①	①	①	①
②	②	②	②	②	②	②
③	③	③	③	③	③	③
④	④	④	④	④	④	④
⑤	⑤	⑤	⑤	⑤	⑤	⑤
⑥	⑥	⑥	⑥	⑥	⑥	⑥
⑦	⑦	⑦	⑦	⑦	⑦	⑦
⑧	⑧	⑧	⑧	⑧	⑧	⑧
⑨	⑨	⑨	⑨	⑨	⑨	⑨

감독위원 확인
ⓘ인

1	①	②	③	④	21	①	②	③	④	41	①	②	③	④	61	①	②	③	④
2	①	②	③	④	22	①	②	③	④	42	①	②	③	④	62	①	②	③	④
3	①	②	③	④	23	①	②	③	④	43	①	②	③	④	63	①	②	③	④
4	①	②	③	④	24	①	②	③	④	44	①	②	③	④	64	①	②	③	④
5	①	②	③	④	25	①	②	③	④	45	①	②	③	④	65	①	②	③	④
6	①	②	③	④	26	①	②	③	④	46	①	②	③	④	66	①	②	③	④
7	①	②	③	④	27	①	②	③	④	47	①	②	③	④	67	①	②	③	④
8	①	②	③	④	28	①	②	③	④	48	①	②	③	④	68	①	②	③	④
9	①	②	③	④	29	①	②	③	④	49	①	②	③	④	69	①	②	③	④
10	①	②	③	④	30	①	②	③	④	50	①	②	③	④	70	①	②	③	④
11	①	②	③	④	31	①	②	③	④	51	①	②	③	④					
12	①	②	③	④	32	①	②	③	④	52	①	②	③	④					
13	①	②	③	④	33	①	②	③	④	53	①	②	③	④					
14	①	②	③	④	34	①	②	③	④	54	①	②	③	④					
15	①	②	③	④	35	①	②	③	④	55	①	②	③	④					
16	①	②	③	④	36	①	②	③	④	56	①	②	③	④					
17	①	②	③	④	37	①	②	③	④	57	①	②	③	④					
18	①	②	③	④	38	①	②	③	④	58	①	②	③	④					
19	①	②	③	④	39	①	②	③	④	59	①	②	③	④					
20	①	②	③	④	40	①	②	③	④	60	①	②	③	④					

※ 본 답안카드는 마킹연습용 모의 답안카드입니다.

2026 최신판 시대에듀 한국남부발전 통합기본서

초 판 발 행	2025년 09월 25일 (인쇄 2025년 09월 16일)
발 행 인	박영일
책 임 편 집	이해욱
편 저	SDC(Sidae Data Center)
편 집 진 행	여연주 · 김미진
표지디자인	하연주
편집디자인	김경원 · 장성복
발 행 처	(주)시대고시기획
출 판 등 록	제10-1521호
주 소	서울시 마포구 큰우물로 75 [도화동 538 성지 B/D] 9F
전 화	1600-3600
팩 스	02-701-8823
홈 페 이 지	www.sdedu.co.kr

I S B N	979-11-383-9993-7 (13320)
정 가	24,000원

한국
남부발전

통합기본서

최신 출제경향 전면 반영

NEXT STEP
시대에듀가 합격을 준비하는
당신에게 제안합니다.
성공의 기회
시대에듀를 잡으십시오.
시대에듀
기회란 포착되어 활용되기 전에는 기회인지조차 알 수 없는 것이다.
– 마크 트웨인 –